지민의 탄생

지민의 탄생

지식민주주의를 향한 시민지성의 도전

김종영 지음

Humanist

* 일러두기

이 책의 일부는 이전에 출판된 논문들에서 발췌하여 책의 양식에 맞게 수정했다. 삼성백혈병 문제를 다룬 1장과 2장은 김종영·김희윤(2016) "〈반올림운동과 노동자 건강의 정치경제학〉,《경제와 사회》 109: 113~152"와 김종영·김희윤(2013) "〈삼성백혈병의 지식정치: 노동보건운동과 현장 중심의 과학〉,《한국사회학》 47(2): 267~318"을 바탕으로 한다. 자료 수집에 도움을 주고 이 글들이 이 책에 실리도록 허락해 준 김희윤 선생에게 고마움을 전한다. 광우병 촛불운동 문제를 다룬 3장과 4장은 김종영(2012), "〈탈중과 탈경계운동: 촛불운동의 구성과 동학〉,《담론201》 15(1): 5~44"와 김종영(2011), "〈대항지식의 구성: 미 쇠고기 수입 반대 촛불운동에서의 전문가들의 혼성적 연대와 대항논리의 형성〉,《한국사회학》 45(1): 109~152"를 바탕으로 했다. '황빠'현상을 다룬 6장은 김종영(2007), "〈'황빠'현상 이해하기: 음모의 문화, 책임전가의 정치〉,《한국사회학》 41(6): 75~111"에서 가져왔다. 7장과 8장의 경우, 논의구조는 김지원·김종영(2013), 〈4대강 개발과 전문성의 정치〉,《환경사회학연구 ECO》 17(1): 163~232"를 참고했고, 내용 전체는 이 책을 위해 새로 쓰였다. 4대강 사업이 끝난 이후 새로운 증거와 자료가 많이 나와 이에 대한 추가 조사와 분석을 실시했고, 이것이 7장과 8장의 내용을 풍부하게 만들어주었다. 자료 수집을 함께해준 김지원 선생에게 고마움을 전한다.

내가 만난 모든 지민에게

지식정치의 소용돌이 속에서

"유레카! 유레카!"

책상에서 벌떡 일어나 두 손을 번쩍 들고 난생처음 이 소리를 외쳤다. 삼성반도체공장 백혈병 집단발병 사태(이하 삼성백혈병 사태)를 추적하고 연구한 지 5년이 넘은 어느 날, 이 혼란스럽고 복잡한 사건을 그림으로 정리하는 과정에서 비로소 모든 것이 보였다.

과연 이 경합된 질병의 원인이 무엇인가? 단지 삼성(강자)이라는 이유 하나만으로 나는 편견에 사로잡혀 있는 게 아닌가? 반도체공장 노동자들의 주장에 충분한 과학적 증거가 있는가? 질병의 통계적 유의성이 없다고 밝힌 정부의 대규모 역학조사를 사회학자인 내가 반박할 수 있을까?

의문들을 풀기 위해 환자와 노동자 들을 만나서 질병이 일어난 경위를 인터뷰했다. 대항전문가, 정부 소속의 과학자, 삼성 소속의 과학자를 만나서 질병의 원인을 물어보았다. 비슷한 사례를 겪었던 미국 실리콘밸리를 직접 방문해서 과학자·변호사·활동가에게 이야기를 들었다. 반도체산업 직업병과 관련된 정부의 역학조사와 과학논문을 읽고 보건사회운동에 대한 사회과학논문을 섭렵했다. 그래도 여전히 사건이 전체적으로 이해되지 않았다. 무엇보다 피해자들이 많고, 삼성과 정부는 일관되게 부인하고, 국회에서는 진상을 밝히라는 정치인들이 목소리를 높였으며, 연구실에서는 이 사건의 원인을 규명하기 위해 양쪽 진영의 과학자들이 전전긍긍했다. 지식은 정치와 얽혀서 소용돌이쳤고, 나는 냉정과 열정 사이를 오갔다. 머리를 쥐어짜며 수많은 고민 끝에 드디어 알아낸 해답! 아르키메데스의 기쁨이 이런 것이었구나!

이 책은 지난 10여 년간 한국사회를 들끓게 만든 주요 분쟁에서 핵심으로 떠오른 지식정치를 분석한다. 지식정치란 사회적 투쟁의 과정에서 지식 자체를 둘러싼 갈등·경합·타협의 과정을 말한다. 지식과 정치는 분리되어야 한다는 이분법적 생각이 지배적인 세상에서 지식과 정치가 섞여 있다면 도대체 이를 어떻게 이해해야 한단 말인가? 그런 점에서 지식정치라는 주제는 대단히 이해하기 힘들고, 사회과학적 지식뿐만 아니라 자연과학·공학적 지식을 요구한다. 또한 이 투쟁들이 시민과 대항전문가들에 의해 촉발되었기 때문에 그들을 직접 만나고 이야기하는 아래로부터의 접근이 요구된다. 이런 점 때문에 한국의 학계와 사회에서 이 주제를 심도 있게 다루기는 어려웠다. 한국사회에서 커다란 혼란을 일으켰던 지식정치에 대해 10여 년 동안 탐구한 끝에 비로소 얻은 나의 지적 기쁨을 이 책으로 독자들과 나누고 싶다.

2005년 연구자로서 활동을 시작한 지 얼마 되지 않아 동료들과 나는 황우석 줄기세포 논문 조작 사건으로 인한 논란(이하 황우석 사태)의 소용돌이 속으로 빨려 들어갔다. 과학기술에 대한 사회학·인류학

·역사학·철학·정책학을 연구하는 사람들(흔히 과학기술학 분야라고 말한다)은 황우석 사태가 어떻게 전개될지 노심초사 지켜보았다. 이들 중 일부는 직접 MBC 〈PD수첩〉 프로그램을 도와주고 있었고, 따끈따끈한 정보를 퍼 날랐다. 서스펜스 영화보다 더 극적인 반전이 이어졌고, 내가 속한 학문 공동체는 밤낮으로 온라인과 오프라인에서 토론하고 황우석과 황우석 동맹(대통령·정치인·언론·과학자)을 비판했다. 다른 한편으로 사람들이 우리 분야에 대해 관심을 가질 것이라는 큰 기대도 있었다. 나는 당시 논란이 된 '황빠' 연구에 뛰어들어 운 좋게도 새로운 연구 주제를 찾는 데 성공했다.

황우석 사태의 여파가 잠잠해진 몇 년 뒤에는 미국산 쇠고기 수입을 반대하는 촛불운동(이하 광우병 촛불운동)이 한국을 집어삼켰다. 광우병을 염려하는 사람들이 거리로 뛰쳐나와 수개월 동안 시위를 벌였는데, 이런 현상은 1987년 민주화운동 이후 처음 있는 일이었다. 특히 '촛불소녀'로 지칭되는 청소년들이 시위를 이끌었던 건 모두에게 신선한 충격이었다. 동시에 광우병을 둘러싼 과학적 논쟁이 불붙으면서 언론에선 연일 프리온(prion)의 위험성이 보도되었고, 정부는 이를 부인했다. 또 한번 지식인들, 특히 사회학자들은 흥분했고, 나또한 흔치 않은 이 사회현상에 주목했다. 하지만 이전에 누구도 겪어보지 못한 사건에 다들 혼란스러워했고, 나에게도 이해하기 힘든 지적 도전이었다. 현장연구를 주로 하는 나는 시위가 어떻게 펼쳐지는지 지켜보았고, 넓디넓은 광화문 앞 대로를 자유롭게 활보하는 기회를 누리기도 했다. 이후 나는 시민과 과학자들을 인터뷰했고, 촛불운동이 가진 새로운 의미와 광우병을 둘러싼 지식정치를 분석했다.

광우병 사태가 일어날 무렵 삼성백혈병 사태가 시작되었고 여러 해 동안 언론에선 관심을 보였지만 사회과학자들은 이를 연구하지 않았다. 사회과학자들이 접근하기 힘든 이유는 여러 가지가 있다. 우선 자연과학적 내용에 익숙하지 않은데다 사건이 너무 복잡하고 모호해 어떻게 접근해야 할지 모른다. 나도 반도체공장과 질병의 연관관계에 대한 의심은 있었지만 확신은 없었다. 그러나 삼성백혈병은 나에게 아주 중요한 문제로 보였기 때문에 김희윤 선생과 함께 연구팀을 꾸리고 현장에 뛰어들었다.

촛불운동이 잦아들고 이명박 정부가 4대강 살리기 사업(이하 4대강 사업)을 본격 추진하자 수천 명의 교수가 집단적으로 항명하는 사태가 벌어졌는데, 지식정치에 관심이 있던 나는 이를 비상한 관심을 가지고 지켜보았다. 4대강 사업이 진전되고 과학기술논쟁이 점화될 때 나는 과학기술의 사회적 거버넌스 연구팀(SSK, Social Sciences Korea)의 김지원 선생과 연구팀을 꾸렸다. 이명박 정권이 끝나고 박근혜 정부가 들어섰지만 4대강 사업을 둘러싼 논쟁은 끝나지 않았다. 감사원은 4대강 사업을 성과가 거의 없는 총체적 부실로 규정하고 사업 중 담합에 의한 여러 비리연루자를 고발했다. 전문가와 시민은 녹조현상을 4대강 사업과 연관시키며 비판했다. 이 책을 위해 나는 이명박 정권 이후의 4대강 사업에 대해 추가 조사도 수행했다.

연구는 질문에서 시작하고 질문은 두 가지에서 비롯된다. 내가 알고 싶은 것과 세상이 나에게 묻는 것. 물론 이 두 가지는 근본적으로 섞여 있지만. 나의 첫 번째 책《지배받는 지배자: 미국 유학과 한국 엘리트의 탄생》이 전자에 속한다면, 이 책은 후자에 속한다. 사회 자체는 창발적인(emergent) 성격을 지니고 있고 사람들은 창조적이기 때문에 사회현상은 때로 우리의 이해를 넘어선다. 새로운 현상에는 새로운 시각과 개념이 필요하다. 나는 혼란과 놀라움 속에서 아래로부터 이를 독창적으로 이해하려 노력했다.

이 책은 한국에서 격렬하게 벌어진 지식정치를 국가 중심의 지배지식동맹과 시민사회 중심의 시민지식동맹의 대결이라는 관점으로 이해한다. 특히 시민지식동맹의 시민과 대항전문가를 '지민(知民)'이란 개념으로 규정하고, 정치엘리트와 지식엘리트에게 부여된 이중의 위임(정치권력에의 위임과 지식권력에의 위임)을 문제 삼는다. 궁극적으로 나는 이 책을 통해 민주주의의 주인인 시민이 지식이 필요한 다양한 정책에 적극적으로 숙의하고 참여할 수 있는 지식시민권의 확장을 주장하고, 나아가 지식민주주의가 실현되기를 희망한다.

이 책을 마무리하는 시점에 나는 다시 광화문 앞에서 타오르는 촛불을 보고 있다. 나는 최순실-박근혜 게이트에서 엉망인 지식엘리트와 정치엘리트의 부당한 결합으로 빚어진 비극에 참담했지만, 똑똑한 시민들이 거대한 민주주의를 표출하는 것을 보고 감흥에 젖었다. 8년 만에 다시 보는 촛불이기도 하고 촛불운동에 대한 나의 연구가 새로운 의미를 찾게 되어 내심 반갑고 뿌듯했다. 하지만 최순실-박근혜 게이트에서 지식엘리트들의 몰락을 재차 바라보면서 착잡한 마음을 가눌 수 없었다. 지식엘리트들은 권력과 자본에 철저하게 종속되어 공공선과 정의 그리고 민주주의를 배신했다. 이들이 보여준 이루 말할 수 없는 추악함·비루함·치졸함·무능함·줏대 없음·뻔뻔스러움에 내가 '천민공동체'라고 명명했던 한국의 대학과 지식공동체의 저열함을 재차 확인할 수 있었다. 다른 한편 2016-2017년의 촛불운동은 이 책이 보여주고 있는 시민들의 역능·똑똑함·발랄함·공공선과 민주주의에의 의지를 다시 한번 확인시켜주었다. 그래서 나는 지식인이 아니라 똑똑한 시민 곧 지민에 의한 민주주의가 우리가 나아갈 방향임을 재차 깨닫는다. 지식인의 시대가 가고 지민의 시대가 왔다.

이 책의 연구를 위해 많은 사람에게 도움을 받았다. 우선 지난 10여 년의 현장에서 인터뷰와 참여관찰을 도와준 모든 면접자와 연구 파트너에게 감사드린다. 그들의 열린 마음과 따뜻한 친절이 없었다면 이 연구는 불가능했을 것이다. 삼성백혈병 연구에서는 반올림의 전문가·환자·가족·활동가 들에게 깊이 감사드린다. 지난 10여 년을 싸워온 환자와 가족, 활동가 들에게는 너무나 길고 고통스러운 시간이었을 터인데, 여러 해 동안 현장을 왔다 갔다 하는 우리 연구팀을 웃음으로 맞아준 애정 어린 마음에 경의를 표한다.

광우병 촛불운동 연구에서 인터뷰에 응해주신 반대 측 전문가와 찬성 측 전문가 모두에게 감사를 드린다. 예민한 정치적 사안인데도 반대와 찬성을 떠나 과학자로서 개방된 태도와 진지한 토론에 임해주신 기억이 새록새록 떠오른다. 촛불운동에 참여하고 인터뷰에 응해주신 촛불소녀들, 거리의 지민들, 유모차부대, 예비군부대, '여성삼국'카페, 시민기자, 시민단체 활동가 들에게도 감사를 전한다.

황우석 사태 연구에서는 한학수 PD, 강양구 기자, 김병수 박사, 한재각 박사께 큰 도움을 받았다. 비록 황우석 사태를 보는 관점은 달랐지만 현장연구를 도와주신 모든 '황빠'에게도 고마움을 전한다.

4대강 사업 연구에서는 인터뷰에 응해주신 전문가들과 환경운동연합의 활동가들에게 감사드린다. 이 책을 출판하는 데 큰 도움을 주신 휴머니스트 출판사의 편집진에게 감사드린다. 오랜 시간 읽힐 수 있는 책이 되기를 바라는 마음을 휴머니스트 편집진이 책에 잘 담아주었다.

이 책은 2013년 정부(교육부)의 재원으로 한국연구재단의 지원을 받아 수행된 연구의 결과물(NRF-2013S1A3A2053087)이다. 이 연구와 관련하여 SSK를 이끌었던 박희제 교수님께 깊이 감사드린다. 이 연구 프로젝트를 수행하면서 많은 도움을 주신 김은성·홍성욱·김기흥·박범순·앤드루 피커링(Andrew Pickering)·데이비드 거스턴(David Guston)·대니얼 클라인만(Daniel Kleinman) 교수님들께도 감사드린다. 황우석 사태부터 현재까지 한국의 과학기술과 사회에 대해 오랫동안 같이 고민하고 토론해온 한국과학기술학회의 선생님들께도 감사드린다.

가족의 따뜻하고 변함없는 지원은 활기찬 연구와 끈기 있는 집필을 이끌어준 원동력이다. 항상 옆에서 묵묵히 지원을 해준 현아에게 감사할 따름이다. 책을 쓰는 동안 배드민턴 파트너가 되어준 은산이는 힘이 넘치는 강한 스매싱으로 나에게 경쟁심을 불러일으켰다. 공부는 조그마한 노력들이 수없이 쌓여야만 하는 과정이라는 것을 은산이의 수학 공부를 보면서 다시 한번 깨닫는다. 생활 속에서 활력과 깨달음을 준 은산이에게 고마움을 전한다.

삶에 경계가 없듯 사회에도 경계가 없다. 따라서 사회학은 태생적으로 탈경계적이고 오지랖이 넓은 학문이다. 지난 10여 년 동안 이 연구와 관련해서 학문 분야를 가로질러 다양한 분야의 지식인들을 만났고, 자신의 삶의 현장에서 지식으로 무장하고 사회 문제를 해결하고자 하는 여러 적극적인 시민들을 만났다.

내가 지난 10여 년 동안 거리에서, 강의실에서, 카퍼레이드에서, KTX에서, 카페에서, 연구실에서, 기자회견장에서, 언론사에서, 국회에서, 미국에서, 산에서 그리고 강에서 만난 모든 지민에게 이 책을 바친다. 그들은 협동적 지성을 실천했고, 나 또한 시민지성을 함께 만들어가는 지민임을 깨달았다. 이 책은 지민들과의 대화이자 협동의 결과물이다.

2017년 3월
김종영

프롤로그

: 지식정치란 무엇인가?

호세 아르까디오 부엔디아는 5레알을 낸 뒤 얼음 위에 손을 얹은 채 몇 분 동안 그대로 있었는데, 그사이 신비한 물건을 만지고 있다는 두려움과 기쁨으로 인해 그의 가슴은 부풀어 오르고 있었다. 그는 어떻게 설명해야 좋을지 몰라, 자식들이 그 신비한 경험을 직접 할 수 있도록 10레알을 더 지불했다. 어린 호세 아르까디오는 얼음을 만지려 하지 않았다. 반면에 아우렐리아노는 앞으로 한 발자국 나아가 얼음에 손을 얹더니 화들짝 뒤로 뺐다. "펄펄 끓고 있어요."

– 가브리엘 가르시아 마르케스,《백년의 고독》[1]

2011년 11월의 어느 쌀쌀한 가을 오후, 모 대학 캠퍼스에서는 '반도체·전자산업 노동자 건강권과 환경정의'라는 주제의 심포지엄이 열렸다. 교수이자 운동가인 한 저명한 의사는 한국·미국·홍콩·타이완 등에서 모인 운동가와 전문가 들이 참석한 이 국제 심포지엄에서 자신의 잘못을 담담하게 고백했다. 그는 한국에서 일어나고 있는 반

---

1) 가브리엘 가르시아 마르케스 지음,《백년의 고독 1》, 조구호 옮김, 민음사, 2000.

도체산업 직업병 사건에 대한 소견을 발표했다. 직업환경의학 전문가인 그는 강원도 탄광 광부들의 진폐증, 원자력발전소와 갑상선암과의 관계, 미군기지에서의 발암물질 조사 등 사회적 약자의 건강과 사회정의 실현을 위해 오랫동안 기여해온 인물이었다. 2007년 삼성 백혈병 논란이 일어나기 시작했을 때 존경받는 전문가이자 활동가인 그의 조언을 듣기 위해 후배들이 찾아오자 그는 이 싸움에서 환자-노동자 측이 이길 수 없을 것이라고 말했다. 반도체공장의 화학물질과 질병 발생의 인과관계가 명확하지 않고, 또한 상대가 삼성이라는 이유였다.

이 문제를 처음으로 제기한 사람은 삼성반도체에서 일하다 백혈병으로 숨진 고 황유미 씨의 아버지 황상기 씨였다. 그는 속초에서 택시 운전을 하는 평범한 시민이었고, 반도체공장의 화학물질과 딸의 죽음 간의 인과관계를 밝히기 위해 2007년부터 10여 년을 싸웠다. 황상기 씨의 투쟁은 2014년 개봉된 김태윤 감독의 영화 〈또 하나의 약속〉에 의해 대중적으로 알려졌다. 황상기 씨는 이 의사의 성찰적인 고백을 강연장에서 묵묵히 듣고 있었다.

시간이 지나면서 병을 앓거나 숨진 사람들의 제보가 늘어났다. 아울러 공장에서 발암물질이 사용되었다는 증거가 드러나고, 유사한 사례가 미국·일본·타이완·영국 등에서 발생한 사실들이 밝혀졌다. 정부는 역학조사를 통해, 삼성은 고용과학(science for hire)을 동원해 질병의 인과관계를 부정했으나 질병에 대한 증거와 제보는 날로 늘어났다. 이날의 국제 심포지엄은 이제 이 운동이 국제적 운동으로 진화하여 세계적인 관심을 받고 있다는 확증이며, 반도체공장의 화학물질이 노동자들의 건강을 위협한다는 과학적 증거가 점점 더 쌓여 가고 있음을 뜻했다.

전문가조차 회의적이었던 질병의 인과관계가 어떻게 환자-노동자들의 연대에 의해 밝혀졌는가? 논쟁적인 지식의 경합과정에서 지식인과 시민은 어떻게 싸우고 또 어떻게 협력하는가? 정부의 역학조사와 삼성의 고용과학은 대항전문가들의 과학과 무엇이 어떻게 다른가?

2010년 벚꽃이 흩날리는 봄날, 2008년 미국산 쇠고기의 수입을 반대하는 운동에서 대표적인 대항전문가로 알려졌던 수의학자 우희종 교수를 인터뷰했다. 그는 자신이 여러 해 동안 겪었던 과학과 정치의 소용돌이에 대해 진술하게 대답했다. 국내에서는 드물게 광우병을 일으키는 프리온이라는 물질을 연구해온 우희종 교수는 노무현 정부 시절 야당이었던 한나라당의 요청으로 국회에 출석해서 미국산 쇠고기 수입의 위험성을 증언하기도 했다. 당시 한나라당 의원들은 그의 의견에 동의했다. 그러나 광우병 촛불운동이 들끓고 있던 2008년 5월 17일, 우 교수는 다시 국회에서 증언을 하게 되는데, 여당이 된 한나라당은 미국산 쇠고기 수입이 안전하다며 그와 의견을 달리했다. 노무현 정부 당시 그의 의견에 동조하여 미국산 쇠고기 수입 금지에 찬성한 공무원들도 정권이 바뀌자 미국산 쇠고기가 안전하다고 입장을 바꾸었다. 우 교수는 검역과 관계된 과학에서는 위험을 미리 방지하는 사전예방의 원칙(precautionary principle)을 택해야 하며, 그러지 않을 때 국민의 건강이 심대하게 위협받을 수 있다고 강조했으나 정부와 보수진영의 공격을 받는 시련을 겪었다.

2010년 8월에는 정부 측의 입장에 섰던 예방의학을 전공하는 A 교수를 만났다. 그는 위험성 평가 연구에 대해 1998년부터 오랫동안 하버드대학교 위험분석센터와 공동연구를 진행했다. 위험과학 분야의 권위자로 인정받아 환경보건법의 제정에도 깊숙이 관여해온 그는 2008년 촛불운동 초기에는 광우병 문제에 전혀 관심이 없었으나 문제가 확대되자 위험평가 전문가로서 사건에 개입하기로 마음먹었다. 당시 한국인의 유전자가 서구인들에 비해 세 배 정도 취약하다는 연구결과에 대해 그는 "1억분의 1과 1억분의 3"의 차이이기 때문에 실제로 광우병에서는 유전자의 영향이 극히 미미하다고 주장했다. 그는 신중한 태도로 사전예방의 원칙에는 기본적으로 찬성하나 국민이 지나치게 광우병을 걱정하기 때문에 확률론을 들고 나왔다고 고백했다.

시간이 지난 지금 보수진영은 "미국산 쇠고기로 인해, 광우병으로 죽은 사람이 한 명이라도 있나?"라고 주장하며 촛불운동의 부당성을 강변할 수 있다. 반면 촛불운동에 가담한 측은 "촛불운동이 미국산 쇠고기 수입에 대한 요건을 강화했기 때문에 아직까지 광우병이 문제가 없다"라고 주장할 수 있다. 우희종 교수와 같은 대항전문가의 말이 맞는가, 아니면 정부 측에 서서 확률론을 주장한 전문가의 말이 맞는가? 아직까지 광우병 때문에 죽은 사람이 아무도 없기 때문에 당시 시민들은 광우병에 대해 터무니없이 과도한 공포와 불안에 떤 것인가? 아니면 정부의 늦은 대응 때문에 온 나라가 메르스(MERS) 사태로 심대한 타격을 받은 사례로부터 비추어볼 때, 당시 시민들의 적극적인 대처 요구 덕분에 광우병의 공포로부터 안전한 것인가?

황우석 사태가 2005년 말부터 2006년까지 이어졌을 때 과학기술에 대한 사회학·인류학·역사학적 연구를 수행하는 과학기술학(science and technology studies, STS) 연구자 집단은 한편으로는 분노를, 다른 한편으로는 흥분과 열광에 휩싸였다. 황우석팀의 광범한 연구 부정행위에 분노했지만, 이 사태는 당시만 해도 낯설었던 과학기술학의 중요성을 만천하에 알릴 절호의 기회였다. 과학기술사회학 연구자들이 주축이 된 이 집단의 일부는 운동지향적이었고 시민과학센터라는 시민단체를 형성했는데, 황우석 사태 당시 핵심 제보자를 보호해주고 〈PD수첩〉을 돕는 일까지 수행했다. 그런데 배아줄기세포의 존재 유무가 핵심 쟁점으로 떠오를 때 뜻밖에도 황우석을 열렬히 지지하는 '황빠'[2]가 급격하게 형성되었다. 많은 과학기술학 연구자는 평소 과학기술에 시민들이 적극적으로 참여해야 한다는 입장을 줄기차게 펴왔으나, '황빠' 같은 경우 민족주의 이데올로기에서 벗어나지 못한 이해할 수 없는 집단이라고 주장했다. 하지만 B 연구자에게는 이들의 주장이 모순처럼 들렸다. 시민들의 참여를 독려해왔던 사람들이 이제는 시민들('황빠')의 참여를 부정한다는 이유 때문이었다. B 연구자는 참여지향적인 일군의 과학기술사회학자들이 시민 참여('황빠' 운동)를 부정하는 언변에 큰 모순이 있다는 내용을 이 연구자들의 인터넷 게시판에 올렸고, 이는 이 연구자 집단에서 논쟁을 불러일으켰다. 어떤 면에서 B 연구자의 문제제기는 일리가 있었으나 당시는 반(反)황우석 대 친(親)황우석의 구도가 날카롭게 대립하는 때여서 이 문제는 감정싸움의 양상이 되었다.

과학기술사회학에서 '시민의 과학 이해(Public Understanding of Sci-

---

2) 이 책에서 '황빠'는 희화화나 조롱을 함축한 것이 아니라 열성 황우석 지지자를 가리키는 준말로 사용된다. 그들은 일상생활에서 거리낌 없이 스스로를 '황빠'라고 한다. 이 책에서는 종종 열성 지지자, 황우석 지지자 등과 같이 맥락에 따라 바꾸어서 쓰인다. '황빠'에 반대되는 의미로 열성 황우석 비판자를 '황까'라고 한다. '황빠' 운동은 2005년을 전후로 절정에 이르렀고, 그 이후로 지지자 그룹의 일부만이 계속 활동해오고 있다.

ence, 이하 PUS)'는 중요한 하위분과였지만, 한국에서는 경험적 연구가 거의 없는 낯선 분야였다.[3] 당시 갓 박사학위를 받은 나는 '황빠'연구에 뛰어들었다. 나는 현장연구방법을 택해 이들의 모임과 시위현장을 직접 방문했다. 언론은 '황빠'들을 '인지부조화'·'스톡홀름증후군'·'유사파시즘'으로 몰아붙이며 거의 정신병자 취급했다. 현장에 들어가기 전 나는 언론의 이런 보도 때문에 그들이 나를 해칠지도 모른다는 약간의 불안감을 가지고 있었다. 하지만 그들을 직접 만나자 여느 시민처럼 나를 친절하게 맞아주었다.

'황빠' 내에서는 황우석 사태를 음모라고 보는 시각이 팽배했고 황우석의 책임을 정부, 공동연구자, 특정 기업이나 집단의 책임으로 떠넘겼다. 이들은 과학 부정행위가 일어났지만 국익과 환자를 위해 줄기세포 연구는 계속되어야 한다고 주장했다. 나는 '황빠'를 비판하는 논문을 썼지만, 그들은 내 글의 논조에 대해서 비이성적인 공격을 하지는 않았다.

그렇다면 황우석 사태에서 과학은 도대체 우리에게 무엇이었나? 노벨상을 목표로 한국인의 자존심을 세우려는 프로젝트가 어떻게 세계적 망신이 되었는가? 부정한 과학자를 지지하는 시민을 어떻게 이해해야 하는가? 과학공동체와 정부는 과학을 통한 '희망'과 '미래'를 왜, 어떻게 창출하는가? 이들이 과학을 통해 펼치는 '희망·열광·자존심의 정치경제학'을 어떻게 이해해야 하는가?

2010년 가을 오후, 서울의 어느 커피숍에서 4대강 사업 반대운동

---

3) 이 분야에 대한 개괄적인 설명에 대해서는 한국과학기술학회의 《과학기술학의 세계》(휴먼사이언스, 2014)를 볼 것을 권한다.

에서 가장 주목받은 지식인 중 한 명인 김정욱 교수를 만났다. 그는 환경공학 분야의 전문가로, 지난 30여 년 동안 환경운동에 직접 개입해온 활동가였다. 환경공학자들은 환경영향평가·수리조사·지형조사 등 대규모 사업들과 관계된 여러 연구 프로젝트를 수행한다. 하지만 그는 정부의 대규모 건설 사업에 줄기차게 반대해온 경력 때문에 서울대학교 교수임에도 연구 과제가 없다고 토로했다. 그는 "정부가 하는 정책에 대해서 비판적으로 나오는 사람들은 밥벌이가 없죠"라고 말하며 4대강 사업을 반대하는 전문가들이 여러 불이익을 당하고 있다고 개탄했다. 2010년 8월에 출판된 그의 저서 《나는 반대한다: 4대강 토건공사에 대한 진실 보고서》는 언론의 주목을 받으며 4대강 사업 반대운동의 체계적인 논리를 제공했다.[4]

《조선일보》는 김정욱 교수를 인천공항 건설도 반대했다는 이력을 문제 삼아 '반대만 하는 교수'로 강하게 공격했다. 그는 이 비판에 대해 인천공항의 위치가 남한 영토의 한쪽 끝부분에 있어 경제성이 낮고, 갯벌이 없어져 생태계가 파괴되기 때문이라고 반박했다. 또한 인천공항 건설과 4대강 사업은 전혀 다른 문제이기 때문에 논리를 따져야지 인상만으로 공격하는 것은 옳지 않다는 입장을 밝혔다.

4대강 사업 찬성 전문가 중 가장 저명한 사람 중 한 명은 이명박 정부 당시 국립환경과학원 원장을 역임한 박석순 이화여대 환경공학과 교수였다. 그는 4대강 사업 반대논리를 무마시키고 그 필요성을 알리기 위해 《부국환경이 우리의 미래다》라는 책을 출판했다.[5] 그

4) 김정욱, 《나는 반대한다: 4대강 토건공사에 대한 진실 보고서》, 느린걸음, 2010.
5) 박석순, 《부국환경이 우리의 미래다》, 사닥다리, 2012.

는 한때 동강댐 건설을 반대했을 뿐만 아니라 국내의 대표적인 환경단체의 회원이기도 했다. 책 제목이 시사하듯 그는 환경개발을 경제성장의 논리로 연결하며 4대강 사업이 부국의 길이라고 주상했다. 또한편 우리 연구팀은 4대강 사업에서 핵심 역할을 하지는 않았지만 내부사정을 훤히 알고 있는 C 교수를 만났다. 그는 4대강 사업 찬성의 핵심 전문가 그룹이 이명박 정부 당시 국토해양부 장관들에게 "꼼짝도 못 했"으며 의사결정권이 없었다고 증언했다. 한마디로 그들은 청와대에서 내려오는 지시를 따르는 사람들이었다. 도대체 누구의 말이 맞는가? 4대강 사업 반대 전문가들은 찬성 전문가들을 "사이비 지식인", 후자는 전자를 "반대만 하는 지식인"이라고 비판한다. 왜 전문가들은 싸우는가? 4대강 사업을 반대하거나 찬성하는 지식은 어떻게 만들어지고 경합하는가? 지식과 정치는 도대체 어떤 관계를 가지는가?

—

지식정치: 지배지식동맹과 시민지식동맹

이 책은 지난 10여 년 동안 한국사회를 들끓게 만든 주요 분쟁에서 핵심으로 떠오른 지식정치를 분석한다. 지식정치란 사회적 투쟁의 과정에서 지식 자체를 둘러싼 갈등·경합·타협의 과정을 말한다. 한국에서의 지식정치는 아래로부터 형성된 시민지식동맹이 정치엘리트와 지식엘리트로 이루어진 지배지식동맹과 대결하는 특징을 가지고 있다. 경험연구자로서 나는 구체적인 네 가지 사례(반올림운동, 광우병 촛불사태, 황우석 사태, 4대강 사업 반대운동)에서 어떻게 지식정치가 펼쳐지는지를 보여줄 것이다. 우리는 지식과 정치는 분리된 것 또는 분리되어야만 하는 것이라고 생각하는 경향이 있다. 과학의 자율성을 강조하는 전통적인 과학관은 지식이 정치에 개입해서는 안 되며, 그 역도 마찬가지라고 주장한다. 지식은 객관적이고 신중한 차가운 영역이며, 정치는 논쟁적이고 대결적인 뜨거운 영역이다.

하지만 지식정치를 다루는 이 책은 이러한 이분법에 도전한다. 지식정치는 마술적 리얼리즘에 기반을 둔 마르케스의 소설《백년의 고독》에 나오는 '펄펄 끓는 얼음'과 같다. 지식정치에서 지식은 살아 움직이고 저항하고 정치화되며, 정치는 지식을 통해 냉정함과 신중함을 가지려고 한다. 곧 지식이 정치가 되고 정치가 지식이 된다. 이 책은 왜, 어떻게, 누구에 의해 지식정치가 펼쳐지는지를 분석함으로써 전통적인 지식 대 정치, 지식인 대 시민, 지식 대 실천 사이의 이분법에 도전한다.

모든 지식이 정치화되는 것은 아니며, 모든 분쟁이 지식정치를 동반하는 것도 아니다. 우리는 '다양한 지식(multiple knowledges)'이라는 개념을 이해해야 하는데, 이것은 상대적으로 안정되고 전문가 집단에서만 공유되는 지식에서부터 불안정하고 비교적 쉽게 정치화되는 지식까지 지식과 정치가 맺는 관계가 다양하다는 뜻이다. 예를 들어 중성미자의 발견이 정치화되는 경우는 드물며, 반면에 광우병 연구나 기후변화 연구와 같이 휘발성이 강한 지식 또한 존재한다. 하지만 지식의 정치성은 미리 고정된 것이 아니라 역동적이다. 예를 들어 DDT에 관한 지식의 경우 레이첼 카슨의 저작《침묵의 봄》출판 이후로 본격적으로 정치화되었다.[6] 한국의 경우 가습기 살균제 문제는 다수의 사망자가 발생한 이후에 살균제 성분과 폐질환 간의 인과관계에 대한 과학적 문제가 정치적 문제로 비화됐다. 따라서 지식과 정치가 맺는 관계는 역동적이며 열려 있다. 우리가 지식정치에 직면하는 것은 우리가 지식사회에 살고 있기 때문이다.

현대사회는 지식사회이다.[7] 우리의 일상생활은 기술체계와 전문가체계에 의존한다. 인간은 도로·다리·지하철·전기·전화·인터넷과 같은 기술적 하부구조를 만드는 동시에 이 네트워크들에 의해 생활을 영위한다.[8] 다른 한편 우리는 의사·기술자·법률가·과학자·은행원·회계사 등 전문가체계에 의존한다. 사회 시스템은 지역적인 시공간의 제약을 벗어나서 탈맥락화되고 추상화된 메커니즘 속에서만 가능하다. 탈맥락화된 사회적 관계가 가능하다는 의미는 사회체계의 시공간을 확장(time-space distanciation)시킨다는 의미이다. 이를 앤서니 기든스는 탈배태성(disembeddedness)이라고 일컫는데, 곧 우리의 행위가 특정한 맥락을 탈피할 때에만 현대 시스템은 작동한다는 것이다. 탈배태성의 가장 중요한 두 가지 요소는 돈과 전문지식체계이다.[9] 돈은 가치가 표준화되고 추상화된 형태이며 특정 시공간을 넘어서 작동한다. 지식체계는 우리의 물질적이고 사회적인 환경을 조직하며 이 또한 특정 시공간을 탈피해서 작동한다. 지식과 일상은 현대사회

6) 레이첼 카슨,《침묵의 봄(The Silent Spring)》, 김은령 옮김, 에코리브르, 2011, 3장.

7) 지식사회에 대한 전반적인 설명에 대해서는 Nico Stehr, *Knowledge Societies*(London: Sage Publications, 1994)를 참고하기 바란다.

8) 허우긍·손정렬·박배균 엮음,《네트워크의 지리학》, 푸른길, 2015; Bruno Latour, *Reassembling the Social: An Introduction to Actor-Network-Theory*, Oxford: Oxford University Press, 2005.

9) Anthony Giddens, *The Consequences of Modernity*, Stanford: Stanford University Press, 1990, pp. 20~24.

에서 다양하고 복잡하게 엮여 있으며 지식체계 없이 우리의 현대적 일상은 존재할 수 없다. 곧 우리의 일상은 본원적으로 지식체계와 연결된다.

그렇다면 지식과 현대정치의 관계는 어떻게 분석되어왔는가? 정치학자인 샤츠슈나이더는 민주주의는 전문가와 무지한 시민들의 협력 형태라고 말한다.[10] 시민들은 자신이 무지한 분야에 대해 전문가들을 믿고 따르며, 그들에게 특정한 일을 '위임'한다. 환자는 의사에게 자신의 치료를, 피고인은 변호사에게 재판을, 학부모는 교사에게 자식의 교육을 위임한다. 전문가들은 일반인에게 합당한 대가를 받으며 역할에 책임을 진다. 시민과 전문가의 관계는 곧 위임의 관계이다. 사회과학에서 흔히 주인-대리인 이론(principal-agent theory)은 시민-전문가의 관계를 전통적으로 설명하는 방식이다. 환자·피고인·학부모는 비용을 지불하는 '주인'이며 의사·변호사·교사는 주인이 요청한 일을 위임받아 처리하는 '대리인'이다. 주인은 특정한 역할을 직접 수행할 능력이 부족한 사람이며, 대리인은 이 일을 처리할 능력이 있는 사람이다.

주인-대리인 관계는 다양한 방식으로 나타나는데, 지식정치에서는 시민-전문가뿐만 아니라 시민-정부, 정부-전문가의 관계에서도 주인-대리인 관계가 중첩되어 있다.[11] 현대 민주주의의 주인은 시민이며, 이들은 자신들의 이익을 대리할 정치인들을 선출한다. 정치인

10) E. E. Schattschneider, *The Semi-Sovereign People*, New York: Holt, Rinehart, and Winston, 1960, p. 137.

11) David Guston, *Between Politics and Science: Assuring the Integrity and Productivity of Research*, Cambridge: Cambridge University Press, 2000, p. 18~20.

은 시민들의 주권을 위임받아 권력을 행사하는데, 이것이 대의민주주의 또는 간접민주주의다. 정부는 경제·국방·교육·보건·치안 등 사회의 모든 부문의 행정을 수행하는 과정에서 관료조직과 전문가들에 의존한다. 정치인들은 자신이 직접 수행하기에는 부족한 기술적 의사결정을 전문가들에게 위임한다. 즉 정치인들은 이때 주인이 되며 전문가들은 대리인이 된다. 전문가들은 대학·기업·언론 등 시민사회로부터 충당할 수도 있고 필자가 '국가지식기구'라고 부르는 다양한 종류의 정부출연연구소나 정부연구기관으로부터 동원될 수도 있다. 따라서 지식정치에서 시민은 정치적 결정을 정치인에게 위임하고, 기술적 결정은 전문가에게 위임한다. 즉 '이중의 위임'이 발생한다.

주인-대리인 이론은 이른바 이상적 계약 이론에 바탕을 둔다. 주인인 시민은 자신들을 대변할 정부에게 권한을 위임하는 계약을 하고, 정부는 자신들이 수행하지 못하는 지식 생산을 지식인들에게 위임하는 계약을 체결한다. 권한을 위임받는 대신 정부는 시민에게 책임을 지며, 전문가는 정부와 시민에게 책임을 진다. 문제는 현실에서 이러한 이상적인 주인-대리인 관계가 잘 작동하지 않는다는 점이다.

이 책의 주요쟁점인 지식정치는 대리인들인 정부-전문가 동맹이 거꾸로 주인인 시민들의 권리와 이익에 반하는 정책을 펼 때 시민지식동맹이 이에 저항하는 방식으로 펼쳐진다. 가령 광우병 쇠고기 사태에서 이명박 정부는 한미 FTA의 선결요건으로 미국산 쇠고기 수입을 허가하게 되고, 정부 측 전문가들은 미국산 쇠고기가 광우병에 안전하다고 진단한다. 시민들은 자신의 건강과 안전을 위해 미국산 쇠고기 수입을 반대하는 시위를 하려고 거리로 나서게 되며, 대항전문가와 동맹하여 정부-전문가 동맹에 반기를 든다.

삼성백혈병 사태에서 시민을 보호해야 할 고용노동부(정부)와 산업안전보건연구원(이하 산보연)이라는 국가지식기구의 전문가들은 반도체공장과 질병 간의 인과관계를 부인하는데, 이에 맞서 노동자와 대항전문가의 연대가 형성된다. 곧 한국에서의 지식정치는 지배지식동맹과 시민지식동맹의 대결로 펼쳐진다. 이는 시민·정부·전문가가 이상적으로 맺는 주인-대리인의 관계가 전도되기 때문이며 곧 국가-전문가 동맹이 지배적이 되고 시민은 이에 종속되기 때문에 발생한다.

주인-대리인 이론은 시민·정부·전문가의 관계를 형식적으로 설명해주지만 현실적으로는 작동하지 않기 때문에 지식정치를 설명하는 데 충분하지 않다. 나는 이 형식적이고 이상적인 계약이론 대신 구성주의를 택하는데, 구성주의에서 사회적 실재는 행위자의 능력과 다양한 구조적 힘들에 의해 만들어진다.

지식정치의 형성과 과정은 예측할 수 없다는 점에서 우발적이다. 누가 한 아버지(고 황유미 씨의 아버지 황상기 씨)의 투쟁이 국제적인 노동보건운동으로 진화할지 상상했겠는가? 누가 정부의 미국산 쇠고기 수입 결정이 유례를 찾기 힘든 촛불운동을 촉발하리라 짐작했겠는가? 누가 정부·언론·시민의 절대적인 지지를 받은 한 과학자(황우석)의 연구 부정행위가 무명의 브릭(BRIC, Biological Research Information Center) 연구자들에 의해 밝혀질지 상상했겠는가? 지식동맹의 형성은 우발적인 동시에 다양한 방식으로 진화한다. 가령 황우석 사태 당시 지배지식동맹은 정부·과학공동체·언론·국민 간의 강력한 동맹의 형태를 띠었고, 시민지식동맹은 〈PD수첩〉·소수의 시민단체·브릭 연구자 들로 이루어졌다. 황우석 사태 때 지배지식동맹의 갑작스러운 붕괴는 브릭에서 무명 과학자들이 제시한 결정적 증거들 때문이었다.

광우병 촛불운동에서 시민지식동맹은 인터넷을 기반으로 한 쌍범한 시민-대항전문가였고, 지배지식동맹은 정부와 관료집단, 친정부 성향의 전문가·보수언론이었다. 이 두 동맹이 '구성'된다는 의미는 이들의 형성·대결·타협의 양상이 맥락에 따라 다양하다는 의미이다.

지배지식동맹과 시민지식동맹의 형성과 진화가 다양하지만, 이 두 동맹 간의 대결로 귀결되는 이유는 무엇일까? 이는 한국의 국가·민주주의·사회운동의 성격 속에서 이해되어야 한다. 국가는 막강한 자원과 권력을 가진 가장 강력한 행위자로 한국의 사회체계를 만들고 관리해왔다. 노동운동·농민운동·학생운동·시민운동을 망라해서 거의 모든 운동이 국가를 공격대상으로 삼고 있다는 점은 한국 사회운동의 주요 특징이다.[12] 지식정치를 동반하는 갈등에서도 국가의 결정에 대한 반발과 공격은 예외 없이 나타난다. 예를 들어 광우병 촛불운동과 4대강 사업 반대운동은 이명박 전 대통령과 행정부에 대한 공격으로 나아갔고, 반대논리를 제공하기 위해 시민지식동맹이 형성되었다. 국가는 한편으로 전문가 그룹을 체계적으로 동원할 수 있는 국가지식기구를 직접 관리할 수 있다. 예를 들어 4대강 사업에서 정부는 한국건설기술연구원·국토연구원·환경정책평가연구원 등에 소속된 많은 전문가를 직접 동원했다. 게다가 국가는 전문가를 자신의 편으로 만들거나 적어도 자신을 적으로 만들지 않을 수 있는 자원과 힘

---

12) 김동노, 〈한국의 사회운동과 국가: 국가의 사회 개입과 사회운동의 정치지향성〉, 김동노 외 《한국사회의 사회운동》, 다산출판사, 2013.

을 가지고 있다. 따라서 국가는 대학과 연구소의 전문가들을 더욱 쉽게 끌어들일 수 있고, 정부의 정책에 반대하는 전문가들을 체계적으로 배제할 수 있다.

4대강 사업을 반대했던 전문가들이 연구 과제 수주에 불이익을 받는 등 체계적인 배제를 당해왔다는 김종욱 교수의 말은 이런 점에서 의미심장하다. 시민지식동맹은 전문가들이 국가에 의해 다양한 방식으로 포섭되는 것을 우려한다. 반면 정부와 동맹을 맺는 전문가들은 연구비 지원과 같은 금전적 자원을 확보할 수 있을 뿐만 아니라 국가 정책에 영향력을 미치고 국가기구에서 중대한 위치를 차지하는 '국가 귀족(state nobility)'이 되려는 야망을 가진다. 이런 제도적 자원을 체계적이고 일사분란하게 동원할 수 있다는 점에서 국가를 중심으로 한 지식동맹이 지배지식동맹이 된다.

시민사회를 중심으로 구성되는 시민지식동맹은 열세한 자원과 지식을 가지고 국가를 중심으로 한 지배지식동맹에 저항하기 때문에 '대항'지식동맹이 된다. 곧 지식동맹 간의 권력과 자원의 불균등은 지배지식동맹과 시민지식동맹으로 나누어지는 중요한 이유가 된다. 실천지향적인 한국 지식인들은 다양한 전문가 사회운동조직을 형성해왔는데, 이는 시민지식동맹을 형성하는 데 중요한 자원이 된다. 가령 황우석 사태에서는 시민과학센터, 삼성백혈병 사태에서는 한국노동안전보건연구소(이하 한노보연)·노동건강연대·건강한노동세상, 광우병 사태에서는 보건의료단체연합 등이 대표적인 전문가 사회운동조직이었다.

다른 한편 대학·연구기관·병원 등에 소속된 참여지향적인 지식인들은 현실 문제에 적극적으로 개입함으로써 열세에 놓여 있거나 대항논리가 필요한 시민들에게 자신들의 지식을 제공해왔다. 대표적으로 광우병 사태의 우희종 교수나 삼성백혈병 사태의 백도명 교수를 들 수 있다. 지배지식동맹에 저항하는 논리를 제공한다는 의미에서 이들을 흔히 '대항전문가'라고 부른다.

지배지식동맹이 주로 제도권을 통해서 형성된다면, 시민지식동맹은 제도권의 외부 또는 주변화된 영역에서 형성되는 경향이 있다. 지배지식동맹의 주요 축인 국가·국가지식기구·대학·기업 등은 확고한 제도적 기반을 가지고 있으며 자원과 인력이 풍부하다. 시민지식동맹은 자원이 빈약한 시민들과 대항전문가 집단으로 구성되기 때문에 열세에 놓이게 된다. 따라서 시민지식동맹이 지배지식동맹에 주로 저항하는 방식은 사회운동(social movement)이다.

—

탈경계운동[13]

지식정치에서 열세에 놓인 시민지식동맹은 사회운동을 형성하여 지배지식동맹에 대항하게 된다. 이 운동의 특징은 지식/정치, 운동/일상, 시민/전문가, 그리고 로컬/내셔널/글로벌의 경계를 넘나드는 운동방식으로 나타나는데 나는 이를 탈경계운동이라고 부른다. 탈경계운동은 여러 여건 속에서 발생하는데, 시민들의 높은 교육 수준, 인터넷에 의한 정보 접근의 용이성, 전문지식집단의 분열, 글로벌화로 인

---

13) 이 절의 일부분은 김종영, 〈탈중과 탈경계운동〉, 《담론 201》 15(1), 2012, 6~10쪽에서 가져왔다.

한 다양한 물적·인적 교류의 확대 등을 꼽을 수 있다. 탈경계운동의 형성 또한 역사적·제도적 조건들 속에서 이해되어야 하기 때문에 한국 사회운동의 주요 특징과 흐름을 파악할 필요가 있다.

사회운동론에 대한 논의는 방대하며 저자에 따라 분류하는 방식이 다르지만 크게 두 가지로 구분된다. 즉 사회운동은 운동의 과정에 초점을 두는 연구와 운동의 원인에 초점을 두는 연구로 나뉠 수 있다.

운동조직·참여자·이데올로기와 감정의 동원·운동의 효과와 영향·운동의 사이클 등 운동과정론은 운동의 다양한 단계와 요인을 분석하며 이론적으로 경제주의적 시각(자원동원론)·정치주의적 시각(정치과정론)·문화주의적 시각(프레이밍과 정체성)으로 대별된다.[14]

운동의 거시적 원인에 초점을 맞추는 신사회운동론은 후기산업사회의 산업구조 변화, 정당정치의 한계, 시민사회의 활성화, 일상생활 정치의 대두 등 사회운동의 새로운 원인을 거시적 구조에서 찾는 데 초점을 둔다.[15] 이 두 가지 연구정향(research orientation)은 많은 경우 혼합되며 연구 주제에 따라 다양한 방식으로 결합된다.

민주화 이후 한국의 사회운동은 제도화와 자율화라는 두 가지 특

---

14) David Meyer and Sidney Tarrow(eds.), *The Social Movement Society: Contentious Politics for a New Century*, Lanham, Maryland: Rowman & Littlefield Publishers, 1998; Jeff Goodwin and James Jasper, *Rethinking Social Movements*, New York: Rowman & Littlefield Publishers, 2004; Doug McAdam, John McCarthy, and Mayer Zald, *Comparative Perspectives on Social Movements*, Cambridge: Cambridge University Press, 1996.

15) Jean Cohen and Andrew Arato, *Civil Society and Political Theory*, Cambridge, MA: The MIT Press, 1992; Claus Offe, "New Social Movements: Challenging the Boundaries of Institutional Politics", *Social Research* 52(1), 1985, pp. 817~868; Alberto Melucci, "A Strange Kind of Newness: What's 'New' in New Social Movement?" in E. Larana et al.(eds.), *New Social Movement: From Ideology to Identity*, Philadelphia: Temple University Press, 1994, pp. 101~131.

징을 가진다.[16] 사회운동의 제도화는 한편으로는 제도정치와 국가가 운동의 요구와 이해관계를 수렴하는 것이고, 다른 한편으로는 운동의 이념·자원·행위양식이 조직화되고 규칙화되는 것을 의미한다. 제도정치는 시민사회의 다양한 요구를 받아들이고 운동에서 제기된 사회적 의제들을 정책적 의제로 변형시킨다. 동시에 전문운동조직이 형성되고 운동의 방식이 관례화되면서 제도영역의 다른 조직들과 운동조직은 일상적이고 규칙적인 관계로 정립된다.[17]

사회운동의 자율화는 국가로부터 시민사회의 상대적인 독립을 의미하며, 이는 운동의 정치적 기회구조가 증가함을 의미한다. 자율화는 시민운동의 이념·조직·성격의 다변화를 가져온다. 저항의 공간과 네트워크는 확대되며 시민단체는 증가하고 활동도 다양해진다. 하지만 시민운동단체는 저항의 권위와 운동조직을 관례화시킴으로써 권위주의화되고 위계적인 조직구조가 되는 모순을 낳는다. 이러한 양상 속에서 가장 중요한 변화 중 하나는 시민단체 주도로 수렴되지 않는 사회운동이 온라인을 통해 본격적으로 일어났다는 점이다. 인터넷을 기반으로 하는 사회운동 분석은 운동의 주체·공간·의제·방식·효과에서 기존의 오프라인 시민단체운동과의 차이점을 조명하고 그 정치적 영향력을 인정했다.[18]

---

16) 조희연, 〈'거대한 운동'으로의 수렴에서 '차이의 운동들'로의 분화〉, 조희연 외 엮음, 《거대한 운동에서 차이의 운동들로》, 한울아카데미, 2010, 60쪽.

17) 조대엽, 《한국의 사회운동과 NGO》, 아르케, 2007, 265쪽.

18) 김용철·윤성이, 《전자민주주의》, 오름, 2005; 김정훈, 〈민주화 과정에서의 사회운동의 분화와 변화에 대한 연구〉, 조희연 외 엮음, 앞의 책, 217~244쪽; 민경배, 《사이버스페이스의 사회운동》, 한국학술정보, 2006.

네트워크를 통한 사회운동은 자발적 결사체의 형성, 장소의 구속성으로부터의 탈피, 탈권위주의적이고 평등한 문화, 인터넷 공론장의 활성화 등을 특징으로 한다. 특히 조대엽은 2000년대 들어 새로운 운동 주체와 운동 주기가 나타난다고 주장했는데, 그는 '유연자발대중'에 의한 사회운동이 기존 시민단체의 연고중심주의를 깨뜨리고 일상에 기반을 둔 새로운 사회운동을 주도할 가능성을 제시했다.[19] 따라서 한국의 사회운동은 제도화와 자율화라는 큰 흐름이 있는 동시에 이와 병렬적으로 인터넷을 중심으로 일어나는 탈제도적·탈권위적·탈중심적인 운동방식이 공존하며 상호작용을 하고 있다. 지식정치에서 시민지식동맹의 형성도 이 두 운동방식이 다양하게 연결되어 결합되는 것을 특징으로 하는데 이를 나는 탈경계운동으로 이해한다.

탈경계운동이란 지식(또는 과학)/정치, 운동/비운동(일상), 온라인/오프라인, 전문가/시민, 로컬/내셔널/글로벌, 그리고 자연과학/공학/사회과학의 경계를 뛰어넘는 운동을 의미한다. 첫째, 탈경계운동은 지식(또는 과학)과 정치의 경계를 넘나드는데, 이는 지식이나 과학적 사실이 정책적 판단과 긴밀하게 연결되어 있으며, 과학지식의 불확실성과 비결정성으로 인해 나타난다. 여기서 과학적 합리성뿐만 아니라 사회적 합리성도 중요한데, 문제 해결을 위해 지식과 정치의 결합이 반드시 필요하기 때문이다. 삼성백혈병 사태, 광우병 사태, 황우석 사태 그리고 4대강 사업 문제에서 지식과 정치는 경계를 넘어 혼합되며 지식정치로 발전하게 된다.

둘째, 탈경계운동은 전통적인 운동의 개념을 넘어서며 운동/비운

---

19) 조대엽, 앞의 책, 258~264쪽.

동(일상)의 경계를 넘어선다. 사회운동은 대부분 전문적 운동가와 운동조직에 의존하며, 이들은 운동의 지속·효과·규모를 형성하는 데 중요한 역할을 한다. 하지만 새로운 사회운동에서 시민들은 인터넷을 통해 자발적으로 조직되며 운동의 자원과 구성원은 절묘하게 결합한다. 일반시민은 자신의 일상적인 문제를 이슈화하며, 운동가는 시민과 함께 이를 정치화한다. 삼성백혈병 사태와 광우병 사태에서 이를 본격적으로 문제시한 사람들은 일반시민들이었으며, 전문 운동가들은 이들의 참여와 순발력에 감탄했다. 다른 한편 운동가들은 일상생활에서 제기된 문제들을 포착하고 조직화한다.

셋째, 탈경계운동은 온라인/오프라인의 경계를 넘어선다. '반도체 노동자의 건강과 인권 지킴이, 반올림'(이하 반올림)은 반도체공장에서 심각한 질병을 앓았던 사람들을 인터넷을 통해 제보를 받고 오프라인 시위를 인터넷과 휴대전화를 통해서 조직하며, 관련 정보를 온라인을 통해 공유한다. 광우병 촛불운동 당시 아고라·쌍코·언소주·안티MB·아프리카TV 등의 웹사이트는 운동의 결집·전달·대의 구성·정부논리의 비판 등을 온라인을 통해 형성했고, 오프라인에서 일어나는 촛불운동과 긴밀하게 연결되었다. '황빠'운동의 진원지는 황우석을 지지하는 온라인 모임이었으며, '황까'의 진원지 역시 브릭이라는 과학자들의 온라인 커뮤니티였다. 4대강 사업 반대운동에서는 운동단체들이 온라인 커뮤니티를 형성하고 지속적으로 반대논리를 전파하고 운동세력을 결집시켰다.

넷째, 탈경계운동에서 전문가와 시민 사이의 구분이 모호해진다. 일반시민도 학습을 통해 전문적인 지식을 습득하며 자신의 일상적인 지식을 운동의 한 방편으로 삼는다. 이른바 '시민 지식(lay knowledge)'

은 일상생활에서 나오는 실천적 지식으로 대항적 전문지식과 연대해서 정부나 자본의 논리를 깨는 데 활용된다. 또한 시민들은 전문가들과의 직접적인 접촉이나 강연 등을 통해 더욱 심도 있는 지식을 획득하게 된다. 한편 전문가들은 사회운동에 참여하는 과정에서 시민들이 좀 더 알기 쉽게 전문지식을 변형한다.

다섯째, 탈경계운동은 로컬/내셔널/글로벌의 경계를 넘어선다. 삼성백혈병 운동에서 해외 전문가와 노동자 들은 미국·일본·타이완·영국 등에서 일어난 전자산업 질병과 삼성반도체에서 일어난 질병 간의 연관관계를 알려주었다. 광우병 사태 때 해외 각지에서 교포와 유학생 들이 촛불운동을 조직했으며, 재미교포들은 미국의 쇠고기 문제와 실상을 실시간으로 전달하여 촛불운동에 정당성을 부여해주었다. 황우석 사태 때는 재미 과학자들이 연구윤리 문제를 제기했는데 이는 천안함 사태 때 재미 과학자의 개입과 유사하다. 4대강 사업 반대운동에서 세계적으로 저명한 전문가와 환경운동가 들은 사업 반대의 논리를 제공하는 중요한 인적 자원이었다.

마지막으로 탈경계운동은 자연과학/공학/사회과학의 경계를 넘어선다. 한국의 사회운동 분석에서 지식인은 주로 인문사회과학자들을 뜻했다. 다른 한편 국내외의 사회운동에서 과학의 역할을 분석할 때 전문가들은 주로 과학기술자를 의미했다. 국내외의 인문사회과학자와 과학기술자 들은 상대방의 영역에 대해 관심이 덜하고 상대적으로 무지한 편이다. 지식정치와 탈경계운동에서 이들은 서로를 필요로 하며 상대방의 지식에 대해 관심을 갖게 된다. 이 책에서 분석하는 네 가지 사례에서 자연과학사·공학사·인문사회과학사·법률가 들은 자신의 지식을 넘어서 다른 지식들과의 연대를 통해서 혼성적 지식을 구성한다. 이렇게 연대하는 이유는 지식정치가 곧 혼성적이기 때문이다.

—

지민의 탄생과 지식시민권

민주주의는 '인민 지배'를 주요 이념으로 하는, 다양하고 혼합되어 있으며 때로는 쟁투하는 이념·실천·문화·제도 들의 복합적인 사회기술적 지배양식이다. 이 요소들의 다양한 결합에 따라 '다양한 민주주의'가 가능하고 '열려 있는' 지배양식으로써 민주주의는 끊임없이 진화한다. 민주주의의 주요 모델들은 공화주의·자유민주주의·직접민주주의·참여민주주의·숙의민주주의 등이 있으며, 실제에는 이들 모델들이 혼용되어 있다.[20] 민주주의에서 여러 이념과 요소는 자유주의 대 사회민주주의, 대의민주주의 대 직접민주주의 등과 같이 대결양상을 보이기도 한다.[21] 민주주의를 행정부·입법부·사법부의 제도적 차원에서의 작동으로 이해하는 것은 정치에 대한 협소한 정의를 바탕으로 하는 것이다. 민주주의는 국가와 시민사회를 가로지르는 영

---

20) 데이비드 헬드, 《민주주의의 모델들》, 박찬표 옮김, 후마니타스, 2010. 헬드는 민주주의의 모델을 크게 초기의 네 가지 모델, 후기의 다섯 가지 모델로 나눈다. 초기의 네 가지 모델은 아테네의 고전적 민주주의, 근대의 공화주의, 자유민주주의, 그리고 마르크스주의적 직접민주주의이고, 20세기 이후의 다섯 가지 모델은 경쟁적 엘리트주의 민주주의, 다원주의, 법치민주주의, 참여민주주의, 그리고 숙의민주주의이다. 헬드 자신은 이들을 종합한 '자유주의적 사회주의(liberal socialism)' 모델을 제시하는데, 이는 국가와 시민사회의 동시적 민주화, 즉 이중의 민주화를 지향한다.

21) 주성수·정상호 편저, 《민주주의 대 민주주의》, 아르케, 2006.

역에서 작동하기 때문에 이는 이념·실천·문화·제도 들을 포괄하는 것으로 보아야만 한다.

'사회기술적(socio-technical)' 지배양식으로 민주주의를 정의하는 것은 현대 민주주의를 이해하는 데 대단히 중요하다. 현대사회는 지식사회이며, 이를 관리하고 지배하기 위해서 광범한 관료조직과 사회기술적 네트워크(socio-technical network)를 필요로 한다. 가령 국가의 조세는 국세청과 전산 시스템을 필요로 하며, 정부의 사회복지는 다양한 행정기관과 광범한 통계에 의존한다. 선거는 선거관리위원회와 같은 관료조직뿐만 아니라 신문·방송·인터넷 같은 통신 시스템에 의존하며 인쇄술과 개표기계 같은 기술 시스템을 필요로 한다. 현대 민주주의는 단지 인민의, 인민에 의한 지배가 아니라 인민과 전문화된 관료조직, 다양한 기술로 구성되는 사회기술적 네트워크에 의한 지배로 이해되어야 한다. 이 지점이 지식정치가 민주주의에서 중요한 이유이다.

민주주의의 주요 행위자로서의 시민은 지배자인 동시에 피지배자다.[22] 대의민주주의에서 시민은 그들을 대표하고 지배할 지도자를 선출한다. 지배자/피지배자라는 시민의 이중성은 위임정치인 대의민주주의의 주요 모순점이다. 시민의 활동 범주는 투표를 하고 출마를 하는 정치적인 행위에 국한되지 않는다. 시민의식·시민 참여·시민단체와 같은 말들에서 알 수 있듯 시민은 '공동체'의 구성원으로서의 '공적 활동'에 참여하는 존재이다. 즉 시민은 '정치적 영역(political sphere)'

---

22) 시민은 역사적이며 정치적인 개념이다. 시민의 다차원적 의미에 대해서는 신진욱, 《시민》(책세상, 2008)을 볼 것을 권한다.

이라는 좁은 범위보다는 '공적 영역(public sphere)'이라는 넓은 범위에서 이해될 필요가 있다. 이 책에서 소개되는 시민들은 자신들의 '생활'을 '정치'의 영역으로 확대해나간다는 점에서 공적 활동을 한다. 비제도적 차원에서의 공적 활동, 즉 사회운동의 중요성은 형식적 또는 대의민주주의의 한계 속에서 두드러진다.

그렇다면 왜 지민(知民)인가? 지민은 지식인으로서의 시민을 뜻하는 동시에 시민으로서의 지식인을 뜻한다. 지식인으로서의 시민은 자신과 관계된 일상적인 일과 공적인 일을 연결시키는 의미에서 '사회학적 상상력'을 가진다. '똑똑한 시민' 또는 '공부하는 시민'으로서의 지민은 단순히 의견을 표출하는 주체가 아니라 자신의 일상과 공동체에 영향을 미치는 정책을 실제적인 상황에서 판단하고 적용하는 실천적인 지식의 공동 생산자(co-creators 또는 co-producers)이다. 시민으로서의 지식인(대항전문가)은 시민의 권리에 반하는 지배지식동맹의 정책에 대항한다. 이들은 시민을 '위한' 전문가라기보다 시민과 '함께'하는 전문가로서 시민들이 제공하는 아래로부터의 지식과 자신들의 전문성을 결합시킨다.

시민과 지식인의 경계는 모호해지고 지식인의 인식론적 특권은 흔들리고 있다. 현대의 대의민주주의 체제는 통치자-관료적 기능 집단-피치자로서의 시민이라는 3중 구조로 이루어져 있다.[23] 여기서 통치자는 시민이 선출한 정치인으로 정치적 결정을 시민으로부터 위임받고, 관료적 기능 집단은 기술적 결정을 정치인들로부터 위임받

23) Raymond Geuss, *History and Illusion in Politics*, Cambridge: Cambridge University Press, 2001, p. 50.

는다. 관료적 기능 집단이 충분한 전문성을 확보하고 있지 못할 때는 외부의 전문가들과 같이 일하게 된다. 즉 대의민주주의에서 주요 정책 결정은 정치인-전문가에게 이중으로 위임된 구조에 바탕을 두고 있다. 이 책에서 시민들은 지배지식동맹, 즉 정치엘리트와 지식엘리트의 연합에 대항하면서 새롭게 지식을 만들거나 해석하는 주체로서 이해된다. 지식정치의 과정에서 '통치구조의 외부'에 있는 시민들은 자신들의 권리를 주장하며 '통치구조의 내부'에 있는 정치엘리트들과의 '정치적 대결'뿐만 아니라 자신들의 주장이 타당하다는 것을 보여주기 위해 정치엘리트들과 동맹관계에 있는 지식엘리트들과 '지식 대결'을 해야만 하는 상황에 처한다. 따라서 시민은 지민으로 재탄생해야만 한다. 여기서 지민은 정치인들이 전문가에게 위임한 지식에 대해 알 권리, 지식생산을 위해 연구 주제와 연구비를 결정할 권리, 자신들의 문제를 연구해줄 지식생산기구를 요청할 권리 등의 지식시민권을 요구하게 된다.

지식시민권(또는 지적 시민권, 지식권, intellectual citizenship)이란 무엇인가? 시민을 규정하는 특성을 시민권(citizenship)이라고 하며, 이는 시민의 다양한 권리·의무·자질을 포함하는 지위의 특성으로 이해될 수 있다. 시민권은 "공동체 구성원에게 부여되는 일종의 지위"로 '동등'한 지위를 가진 사람들은 '평등'한 권리와 의무를 가져야 함을 의미한다.[24] 시민권 개념은 구성원으로서의 평등/불평등 개념에 천착해 있으며 적용에 있어 보편성을 강조한다. 시민권은 역사적으로 형성되고 발전되어 왔는데, 영국의 사회학자 토머스 H. 마셜은 근대 민주

---

24) 토머스 험프리 마셜·톰 보토모어, 《시민권》, 조성은 옮김, 나눔의 집, 2014, 55쪽.

주의의 시민권 발달을 공적 시민권(또는 공민권, civil citizenship), 정치적 시민권(또는 정치권, political citizenship), 사회적 시민권(또는 사회권, social citizenship)으로 나누어서 설명한다. 공민권은 18세기에 주로 법적인 영역에서 보장된 권리로서 신체의 자유, 언론·사상·신앙의 자유, 재산 획득의 자유, 공정하게 대우받을 권리 등 자유주의적 가치를 담은 권리들을 뜻한다. 정치권은 19세기에 발전한 시민권으로 선거를 통해 정치에 참여할 권리를 뜻한다. 사회권은 20세기에 발전한 시민권으로 적절한 교육과 의료를 포함한 사회 서비스를 받을 권리와 사회가 발전함에 따라 경제적·물질적 성과를 배분받아 인간다운 삶을 누릴 수 있는 권리를 뜻한다. 사회권은 최근 한국사회에서 가장 활발하게 논의되는 시민권의 영역으로 복지와 분배를 초점으로 하고 있으며, 시민권의 '물질적 근간(material foundation)'에 천착한다.[25]

토머스 마셜이 제시한 시민권은 확장적이고 진화적이며 때론 모순적이다. 공민권은 자유권으로 국가로부터 개인의 보호와 자신의 이익을 추구할 권리를 뜻하지만, 사회권은 사회경제적 지위가 낮은 사람들을 국가가 보호해야 한다는 것을 뜻한다. 따라서 시민권은 질서정연한 의무와 권리의 다발이 아니라 국가·경제·시민사회 간의 갈등과 합의로 성취된 역사적·사회적 구성물이다. 마셜의 시민권 개념은 가장 고전적이면서 독창적인 이론이었지만 이후에 여러 비판을 받았다. 우선 사회권에 대한 지나친 주장이 영국적 편견에서 비롯되었다는 점이다. 영국 학자로서 영국의 경험을 반영한 마셜의 사회권

25] Bart van Steenbergen, "The Condition of Citizenship: an Introduction", in Bart van Steenbergen(ed.), *The Condition of Citizenship*, London: Sage Publications, 1994, p. 3.

개념은 각국에서 다른 양상을 보인다. 가령 개인의 자유가 훨씬 강조되는 미국에서는 강한 공민권 전통이 사회권의 성장을 방해해왔다. 이런 전통에서는 사회복지에 의존하고 있는 계층을 동등한 시민으로 바라보는 대신 이류 시민으로 여기는 경향이 있다. 다른 한편 마셜은 사회권을 시민권의 마지막 단계라고 주장함으로써 다른 종류의 시민권이 출현하는 것을 예견하지 못했다. 마셜의 이론은 60년 전에 처음으로 주창되었고, 이후에 문화적 시민권·글로벌 시민권·생태적 시민권 등 다양한 시민권이 출현했다.

지식시민권은 정치 공동체에서 시민들의 알 권리, 지식생산에 참여할 권리, 해석할 권리 등을 포함한 지적 권리의 출현을 의미한다. 이는 시민권을 한 단계 더 향상시키고 정치적 사안에 대한 시민의 지적인 이해와 참여의 확장을 의미한다. 마셜의 논의에서는 국가와 시민 간의 갈등에서 공민권과 정치권이 출현했고, 이후에 자본주의와 사회계급(주로 노동자계급) 간의 갈등에서 사회권이 출현했다고 설명한다. 역사적으로 이 갈등들은 주로 다양한 종류의 '운동'을 통해서 표출되었는데, 시민권의 확장은 비제도적 도전에서 제도적인 안착의 과정을 거친다. 공민권·정치권·사회권이 긴 역사적 과정을 통해 출현했고 다양한 제도를 통해서 확립되었듯이 지식권의 등장을 현재 우리가 목도하고 있지만, 이것이 어떻게 역사적 과정을 통해 다양한 방식으로 실현될지는 열린 질문이다. 하지만 지식시민권 논의는 지식사회 또는 정보사회에서 시민권의 '지적 근간(intellectual foundation)'에 천착하며 시민권의 영역을 확장시킨다.

지민은 '지식-권력'의 인프라에 의해 지배받는 훈육된 수동적 주체와는 상반된다. 세계적으로 폭넓게 인기를 누리고 있는 미셸 푸코의 관점은 지식체제에 의해 객관화되고 통제되고 있는 주체가 근대 권력에 의해 복속되는 과정을 분석했다.[26] 근대사회를 '쇠창살(iron cage)'로 묘사한 막스 베버의 관점과 유사한 미셸 푸코의 관점은 주체가 지식-권력체제에 어떻게 대항하는가 하는 질문을 던지지 않는다. 지민은 '지식-권력'의 효과가 어떻게 자신의 삶과 경험을 억압하는지를 직시하며 시민지식동맹을 통해서 적극적으로 대처하는 시민이다. '지식-권력'의 동맹은 이들을 길들이지 못하며, 이들은 이에 대항할 수 있는 정치적 능력뿐만 아니라 지적 능력을 지녔다. 이런 관점에서 이 책은 철저히 반푸코적이며 지배적인 '지식-권력'에 맞선 대항지식(oppositional knowledge)의 형성을 보여줄 것이다.

—

협동적 지식인 또는 탈경계 지식인

이 책의 지식인에 대한 분석이 기존의 지식인론과 어떻게 다른지 말하기 위해서는 이를 간략하게 살펴볼 필요가 있다. 지식인에 대한 분석은 20세기 동안 다양한 방식으로 전개되어왔는데, 지식인에 대한 규정은 크게 세 가지로 나뉜다. 그 자체로서 계급이라는 관점(class-in-themselves), 다른 계급에 종속되거나 봉사하는 계급이라는 관점(class-bound), 계급에 얽매이지 않는다는 관점(class-less).[27]

---

26) Michel Foucault, *Power/Knowledge: Selected Interviews and Other Writings 1972~1977*, Colin Gordon(ed.), New York: Pantheon Books, 1980; Michel Foucault, *Discipline and Punish: The Birth of the Prison*, Alan Sheridan(trans.), New York: Vintage Books, 1995.

27) Charles Kurzman and Lynn Owens, "The Sociology of Intellectuals", *Annual Review of So-*

첫째, 지식인은 다른 계급들과 다른 독특한 계급을 형성한다는 관점(드레퓌스파 지식인, 벤다, 코저, 벨과 굴드너와 같은 새로운 계층 이론가, 부르디외 등)은 지식인이 국가·계급·인종의 이해관계에 얽매이지 않으며, 사회 전체의 이익을 위해서 행동하거나 또는 지식인의 자기 이해가 사회 전체의 보편적인 이해에 일치한다고 주장한다. 이 관점은 보편적 이성을 가지고 있는 지식인 그룹은 연대를 해야 하며, 다른 계급들이 가진 특수한 이해관계로부터 벗어나야 한다고 주장한다.

둘째, 지식인은 자신의 출신 성분의 대변자로서 이에 구속되어 봉사해야 된다는 관점은 지식인이 자율적이고 독립적이라는 점을 부인한다. 대표적으로 안토니오 그람시의 '유기적 지식인'과 푸코의 '특수적 지식인'은 현대사회의 계급(생산) '관계'나 지식-권력 '관계' 속에서 지식인의 역할을 파악해야 한다고 강조한다. 특히 그람시의 '유기적 지식인'론은 좌파 진영에 큰 영향력을 발휘해왔는데, 이는 중세적 교회권력이나 봉건권력에 봉사했던 '전통적 지식인'이나 자본가의 이익을 대변하는 '부르주아 지식인'과 대별된다.

셋째, 지식인은 계급 관계에서 자유로운 존재로서 외부적 관심과 조건에서 벗어나 자율적인 존재라는 관점은 첫 번째 관점과 유사하나, 지식 계급 자체를 형성할 필요는 없다고 주장한다. 카를 만하임의 '자유부동하는 지식인'은 이 관점의 대명사로, 이후에 탈코트 파슨스, 로버트 머튼, 랜들 콜린스와 같은 학자들이 계승한다. 지식인은 교회·국가·계급조직 등 여타의 제약으로부터 벗어나서 계급 자체를 초월해야 한다는 입장이다.

---

ciology 28, 2002, pp. 63~90.

국내에서 지식인 논의를 가장 종합적으로 정리한 학자는 강수택이다.[28] 그는 시대별로 지배적이었던 한국 지식인론의 유형을 다음과 같이 구분했다. 1950년대는 실존주의 영향하의 '창백한 인텔리론', 1960년대는 근대국가 형성을 둘러싼 '참여 지식인론', 1970년대는 독재에 항거하고 정치적으로 소외된 민중을 지지하는 '민중적 지식인론', 1980년대는 민주화와 사회 변혁을 지향하는 '진보적 지식인론', 1990년대는 국내외의 정치경제적 변화에 따른 진보적 지식인론의 퇴조와 '신비판적 지식인론', 2000년대는 시민사회에 대한 관심에서 촉발하여 생활 세계를 지키고 공적 사안에 관심을 갖는 '시민적 지식인론'이 각 시기별로 가장 두드러졌다.

한국 지식인론의 특징은 지식인과 국가, 시민(민중), 자본과의 관계에 따라 그 역할들을 '당위적'으로 선언하는 데 있다. 강수택이 정리한 한국의 지식인론들은 경험적이지 않고 정치적 지향성과 현실 변혁성을 지향한다. 그 특징은 첫째, 사회적 약자들을 지지하거나 그들과 연대한다는 점, 둘째, 사회의 다양한 모순을 비판하고 민주화와 변혁을 이끈다는 점에서 대부분은 엘리트주의적이라는 점, 셋째, 지식인이 '실제로 어떻게 행동하느냐'라는 경험적인 분석이 아니라 다른 사회세력들과의 관계에서 어떠한 지식인이 바람직한가라는 규범적인 내용이 주를 이루고 있다는 점이다.

나는 '다양한 지식인'이 존재한다고 보는 입장이다. 지식인은 균질한 집단이 아니며 다양한 구조와 맥락, 다른 행위자들 간의 관계, 정치적·실천적 지향, 자신의 전문성 등에 따라 형성되는 이질적인 집

---

28) 강수택, 《다시 지식인을 묻는다》, 삼인, 2001.

단이다. 지식인은 국가나 자본, 대학과 같은 교육기관, 언론 같은 제도적이고 구조적인 조건하에서 다양한 관계를 맺고 다양한 업무와 역할을 수행한다. 멤버십에 있어서도 개방성과 다양성이 존재하는데, 제도적인 차원에서 지식인은 교수·언론인·작가 등을 포함할지 모르나, 열린 측면에서는 일반시민들도 포함할 수 있다. 지식인 집단은 자신의 정치적 성향이나 의지에 따라 다른 계급이나 집단과 연대하기도 한다. 가령 특정 계급과의 연대에서 지식인은 그람시가 말하듯 유기적 지식인이 될 수도 있고 부르주아 지식인이 될 수도 있다. 또한 구글의 설립자 래리 페이지와 세르게이 브린, 페이스북의 설립자 마크 저커버그와 같이 지식인들은 자본가가 될 수도 있다.[29] 따라서 지식인의 멤버십과 정체성은 사회·정치적으로 구성되는 것이지, 미리 주어진 것이 아니다.

이 책은 기존의 지식인론과 달리 지식인을 '경험적'으로 분석한다. 즉 그들이 어떻게 행동해야만 한다는 규범적인 접근보다 그들이 실제 상황에서 어떻게 행동하느냐에 초점을 맞춘다.

기존의 지식인론에서 보이는 지식인은 확고한 세계관과 비전을 가지고 정확한 목표를 향해 나아가는 무결점적인 이미지를 가지고 있다. '진보적 지식인'·'비판적 지식인'·'시민적 지식인' 들은 당위가 제시하는 방향을 따라 사회와 역사의 진보를 위해 뚜벅뚜벅 걸어가는

---

29) 최근의 억만장자들 중 상속자보다 자수성가형이 많은데, 이는 정보 기술(IT), 생명공학 기술(BT), 나노 기술(NT) 등 지식경제 또는 지식산업의 부상과 연관된다. 억만장자 중 상당수가 자신이 가진 지식을 바탕으로 막대한 자본을 쌓는 데 성공했다. 즉 지식인 자체가 자본가로 발전할 수 있는 길은 얼마든지 열려 있다. 따라서 우리는 전통적인 지식인 관에서 벗어나 좀 더 역동적인 지식인 관을 가질 필요가 있다.

이념형적 지식인이다.

하지만 실제 상황에서의 지식인은 불완전하고 자본·권력·명성과 같은 유혹에 흔들리며 정확한 정답을 알지 못하는 등 취약점이 많다. 또한 이전의 지식인론은 인문사회과학자들에 의한 인문사회과학적 지향을 지닌 지식인에 대한 분석이 대부분이었다. 이 책에서는 변호사·사회과학자·언론인과 같은 인문사회과학분야의 지식인을 포함하지만 다양한 의료·과학·기술 분야의 전문가들도 포함한다.

다양한 지식인 중에서 이 책에서 초점을 두는 지식인들은 시민지식동맹과 지배지식동맹에 주요한 역할을 하는 사람들이다. 시민이 지식인화되고 지식인이 시민화되더라도 여전히 우리는 전문가로서의 지식인을 일반시민과 경험적으로 구별할 수 있다. 직업환경전문의·토목공학자·수의학자·생명공학자·변호사·사회과학자 등 이 책에서 다루는 전문가들은 제도적으로 승인된 지식인들로서 일반시민과 구별된다.

제도적으로 부여된 '지적 특권'을 가졌으면서도 쟁점이 되는 사안에서 지식인들은 '전문가적 혼동'에 빠져들고 확실한 대답을 제시하지 못한다. 왜 그러한가? 이 장의 처음에 소개된 에피소드에서 저명한 직업환경전문의는 왜 자신의 잘못을 인정하고 반도체공장의 백혈병 노동자들이 옳았다고 고백했는가? 정부 측 전문가들이 안전하다고 말하는 미국산 쇠고기에 대해서 시민들은 왜 위험하다고 판단하는가? 4대강 사업에서 정부 측 전문가들의 논리는 왜 시민-대항전문가들의 연합에 의해 반박되는가? 황우석 사태에서의 연구 부정행위는 어떻게 이름 없는 네티즌과 비판적 언론에 의해 밝혀졌는가?

위의 질문들에 답하기 위해 우선 '지식의 불확실성'을 언급할 필요가 있다. 보건·의료·환경·정보 분야에서 논쟁이 되는 지식들은 최종적 결론에 도달하기는 힘들고, 다양한 해석에 열려 있으며, 경합될 가능성이 크다. '명확하고 대다수가 동의하는 인과성'은 드물기 때문에 이 인과성을 둘러싼 논쟁, 즉 '인과성 정치'가 펼쳐진다. 반도체공장의 화학물질은 정말 백혈병을 유발하는가? 30개월령 이상의 미국산 쇠고기는 과연 광우병을 일으키는가? 4대강 사업은 정부가 제시한 수치만큼 물 부족을 해결하고 일자리를 창출하는가? 이를 판단하는 '확고한 지식'은 얻기가 힘들며, 그렇기 때문에 논쟁은 발생한다.

둘째, '지식의 창발성'이 중요한데, 새로운 지식은 끊임없이 예측할 수 없는 방향으로 생산되며, 이 과정에서 다양한 사회물질적(socio-material) 관계들이 영향을 받기 때문이다. 가령 가습기 살균제 문제는 한국에서 문제가 생기기 전에 어떤 과학적 연구도 수행되지 않았으며, 사람들의 죽음을 통해 의문이 제기되고, 특정 화학물질이 세제로는 문제가 없을지라도 호흡을 했을 때는 문제가 되었다. 즉 이 화학물질과 우리 몸의 상관관계에 대한 지식은 새롭게 생산되고, 이것은 정치·경제·일상생활에 전반적인 영향을 미친다. 광우병 문제나 반도체산업의 질병 문제도 마찬가지다. 따라서 우리는 지식을 고정된 실체가 아니라 여러 방향으로 전개될 수 있는 움직임으로 이해해야 한다.

셋째, 이 책에서 다루는 지식정치의 문제들은 '혼성적'인데 이는 과학적 영역뿐만 아니라 법·경제·정치적 영역에 걸쳐 있다. 삼성백혈병 문제는 반도체공장의 화학물질과 질병 간의 관계뿐만 아니라 산업재해(이하 산재) 보상, 노동자의 작업장에서의 권리, 법정에서의 '상당인과관계'를 둘러싼 논쟁, 노동조합의 개입 여부, 진보정당과 진보정치인의 개입 등 다양한 영역에 걸쳐 있다. 미국산 쇠고기 수입에 의해 촉발된 광우병 논쟁은 과학적 인과관계뿐만 아니라 한미 FTA 문제, 국민 안전을 둘러싼 법률투쟁, 시장에서의 쇠고기 이력제 도입과 가축감시프로그램 등의 문제와 연결된다. 4대강 사업은 개발과 효과의 인과성뿐만 아니라 국가 재정 투입과 일자리 창출 같은 경제적 문제, 국가하천법과 환경법 등 법적 문제, 대통령의 특정 어젠다(agenda)의 실현을 둘러싼 정치적 문제를 포함한다. 황우석 사태는 줄기세포의 진위 여부에 대한 공방과 함께 과학기술에 대한 국가연구개발비의 투입 문제, 황우석 사단과 정치계의 후원 문제, 연구윤리 위반을 둘러싼 윤리적·법적 문제 등과 연결된다. 따라서 전문가로서의 지식인은 자신의 분야만 가지고는 혼성적 이슈를 종합적으로 이해하는 데 어려움을 겪는다.

지식의 불확실성과 창발성, 그리고 혼종성 속에서 지식을 둘러싼 정치적 쟁점이 일어나고, 정부를 중심으로 한 지배지식동맹에 대항하여 대항전문가들은 시민사회를 중심으로 시민지식동맹을 형성하게 된다. 여기서 시민지식동맹의 지식인들은 지민과 다른 대항전문가와 협력하는 협동적 지식인 또는 자신의 전문성의 경계를 넘어 탈경계 지식인으로 활동한다. 이들은 지민, 비판적 언론, 다른 전문가들과 공동의 사실 찾기에 나서며, 사회운동의 과정에서 자신의 전문성을 정치적 공격으로 전환한다.

여기서 중요한 지점은 지식인이 지적 행위자(intelligent agent)인 동시에 정치적 행위자(political agent)라는 점이다. 지적 행위자로서 이들은 냉정하게 지식을 생산하고 동원해야 하는 반면, 정치적 행위자로서 이들은 뜨거운 논쟁과 경합에 참여한다. 따라서 지배지식동맹과 시민지식동맹의 전문가들 자체가 '펄펄 끓는 얼음', 곧 자신의 직업과

정치적 활동 사이에서 긴장과 갈등을 수반한다. 정치적 행위자로서의 이들의 위치성(positionality)은 지적 활동에 중대한 영향을 미친다. 즉 시민지식동맹에서 지식인은 시민과 대등한 위치에 있지만, 지배지식동맹에서 지식인은 정부나 자본에 종속되어 있는 '지배받는 지배자'로서, 이들은 민주적인 토론의 장에서 자신의 의견을 자유롭게 표출하는 데 제약을 받는다. 따라서 지식정치에서 지식인의 역할과 활동은 한편으로 지식의 불확실성·창발성·혼종성을, 다른 한편으로 지식인과 시민·정부·자본 간의 복잡하고 역동적인 관계를 고려해야만 한다.

현장연구: 살아 움직이는 탐구 또는 탈경계적 방법

2015년 12월의 어느 추운 겨울 밤, 나는 사회학자를 꿈꾸는 제자와 함께 서울 강남역 8번 출구 앞에 세워진 비닐 텐트 안에 앉아 있었다. 우리는 삼성백혈병 사태에 반발하여 형성된 운동단체인 반올림이 삼성을 상대로 벌이는 84일째 노숙투쟁에 참여하는 중이었다. 강남역 8번 출구 쪽은 세계적 기업인 삼성그룹의 본사가 하늘 높이 치솟아 있는 곳이다. 삼성 측 경호원들은 우리의 동태를 파악하고 있었지만, 추운 날씨 탓에 여러 겹의 비닐로 텐트를 쳐서 밖에서는 안이 보이지 않는다. 이제껏 길거리에서 노숙을 해본 적은 없었기 때문에 추운 하룻밤을 견디기 위해 털실내화·장갑·털모자·두꺼운 양말 그리고 스키복 바지로 무장했다. 밤이 깊어 추위가 맹위를 떨칠 때 나는 현장연구자가 되기를 원하는 제자에게 어떻게 현장연구를 수행해왔는지

재미있는 에피소드 위주로 들려줬다. 실은 시간이 빨리 지나가기를 간절히 바라면서.

내가 가장 좋아하는 에피소드 중의 하나는 2006년에 '황빠'를 연구하던 중 열렬한 '황빠' 한 사람을 인터뷰한 일이다. 당시 '황빠'운동에 깊숙이 관여해온 한 남자를 만나기 위해 그에게 전화를 걸었을 때 그는 나를 수원의 광교산으로 오라고 했다. 이제까지 연구를 수행하면서 총 3백여 명을 인터뷰했지만, 산에서 인터뷰를 한 경우는 이것이 처음이자 마지막이었다. 황우석 사태 당시 믿을 수 없는 위기상황들이 벌어지고 음모론이 난무하자 안전한 장소라고 여긴 수원의 광교산에서 만나자고 한 것이었다. 무슨 일이 일어날지도 모른다는 두려움에 친구에게 나의 동선을 말해두고 소식이 없으면 경찰에 신고하라고 일러두었다. 이 '황빠'와 나는 차 안에서 해가 저물어가는 광교산의 호수를 바라보며 이야기를 나누었다. 자연스레 첫 질문은 왜 '황빠'가 되었느냐였다. 그는 북파공작원들을 훈련시킨 군인이었다. 제대 후 어렵사리 결혼하고 아들 하나를 낳았다. 그는 아이를 강하게 키워야 한다는 생각에 추운 겨울 산에서 아이와 같이 냉수마찰을 하곤 했다. 어느 날 냉수마찰 후 아이의 몸에서 열이 났고, 열은 여러 날 동안 지속되었다. 감기 정도로 생각하고 병원에 데려가지 않다가 열이 펄펄 나는 상황이 되어서야 병원에 갔다. 하지만 때는 너무 늦어 고열 때문에 아이는 척수마비가 되었고 휠체어에서 평생을 보내게 되었다. 그는 죄책감에 시달렸고, 아이를 일으켜 세우기 위해서 줄기세포에 희망을 걸고 '황빠'가 되었다. 좀 더 자세한 이야기는 이 책의 6장에서 다시 설명한다.

광교산에서 이루어진 '황빠'와의 만남은 질적 연구(qualitative research)에서 말하는 이피퍼니(epiphany)를 나에게 주었다. 이는 개안(開眼) 또는 각성이라는 뜻으로, 어떤 결정적인 계기가 한 사람에게 깨달음을 주고 삶의 방향이 바뀌는 것을 의미한다. 그 '황빠'의 이야기는 사회과학적 언어로 표현할 수 없는 강렬하고 처절한 것이었다. 사회과학적 글에서는 사람들이 숨을 쉬지 않는다. 나처럼 현장연구를 하는 사람들의 글에서는 그나마 사람들이 가냘프게 숨을 쉰다. 하지만 실재 세계에 만난 사람들은 거칠게 숨을 쉰다.

다른 몇 가지 에피소드를 들려주다 보니 새벽이 되었다. 새벽 3시에 겨우 잠자리에 누우니 추위가 고통스럽게 피부 깊숙이 파고들었다. 반올림 활동가들은 어떻게 84일 동안 노숙을 해왔을까. 지난 10여 년 동안 이어진 삼성과 정부를 상대로 한 싸움은 어떻게 가능했을까. 권력·법·돈·지식이라는 자원이 전혀 없는 상태에서 이들이 할 수 있는 일이라고는 몸을 던져 자신의 권리를 표현하는 방법밖에 없었으리라. 단 하룻밤을 노숙하는데도 시멘트 바닥에서 올라오는 냉기를 통해 이들의 처절함이 느껴지는 듯했다. 제자에게 궁극적으로 하고 싶었던 말은 사회학자는 현장연구를 통해 태어나고 성장한다는 점이다. 지식정치에 뛰어든 지식인들처럼 현장에 뛰어든 '현장'연구자는 명확한 답을 모르며, 현장에서 만난 사람들과 호흡을 같이하며 그들의 열정과 처절함을 느끼고 공동의 사실을 찾는 데 파트너로서 참여한다. 하지만 현장'연구자'는 분석자로서의 시각과 장점을 잊어서는 안 된다. 생생하고 친숙한 현장을 낯설게 보고 동시에 현장의 이야기를 일반적이고 분석적인 개념으로 전환시킴으로써 사회과학적 분석을 생산해야 한다. 내부자이자 외부자라는 현장연구자의 동시적 위치성은 현장이라는 생생한 맥락과 함께 분석의 일반성과 보편적 적용이라는 요구를 모두 충족시키는 것을 목표로 한다.

현장연구는 미시적 방법이 아니라 미시와 거시의 경계를 넘어선 탈경계적 방법이다. 시위현장, 언론 보도, 국회 활동, 지식 생산 활동 등은 미시적인가 아니면 거시적인가? 이것이 단지 일상적인 상호작용으로 끝난다면 미시적이겠지만 이를 넘어서 사회적 관심을 받고 논쟁이 된다면 거시적이 될 수도 있다. 브뤼노 라투르가 말하듯이 어떤 행위는 미시·거시적으로 미리 정해진 것이 아니라 행위자-연결망의 효과에 따라 달라질 수 있다.[30] 행위자-연결망의 방법론은 다양한 행위자와 네트워크가 어떻게 연결되어 있는지를 추적하기 때문에 탈경계적이다. 나는 시위현장·국회·대학·연구기관·언론기관·운동단체의 사무실 등을 방문하면서 각 행위자들의 생생한 활동을 탈경계적으로 이해하려 했다. 또한 오프라인뿐만 아니라 많은 경우 온라인에서 다양한 활동이 일어나기 때문에 이들의 온라인 활동도 지속적으로 관찰했다. 삶과 정치에 경계가 없기 때문에 이를 연구하는 사회학도 탈경계적이어야만 한다.

이 책에 소개되는 네 가지 사례에 대한 현장연구를 시간 순서대로 간략하게 설명하면 다음과 같다. 우선 황우석 사태와 '황빠'운동에 대한 연구는 2005년 11월 말부터 2007년 5월까지 수행되었다. 당시 황우석 사태가 본격적으로 일어나 이와 관련된 한학수 〈PD수첩〉 PD, 제보자 K와 B, 강양구 《프레시안》 기자, 김병수 시민과학센터 간사, 한재각 전 민주노동당 정책위원, 황우석지탄국민연대의 대표 M씨를 인터뷰했다. '황빠'운동에 관해서는 이들의 활동을 온라인과 오프라

---

30) Bruno Latour(2005), 앞의 책.

30) Bruno Latour(2005), 앞의 책.

인에서 참여·관찰했고, 그들 중 18명을 인터뷰했다.

광우병 촛불운동에 대해서는 2008년부터 2011년 사이에 연구를 수행했다. 우선 2008년에 광우병 촛불집회에 여러 번 참가했으며, 그 이후 2010년 4월부터 2011년 2월까지 34명을 심층 인터뷰했다. 인터뷰는 최대한 다양한 목소리를 듣기 위해 다양한 계층·젠더·직업군에서 면접자를 선별했다. 촛불운동에는 다양한 범위의 사람들이 참여했기 때문에 가장 핵심적으로 활동했던 사람들을 중심으로 인터뷰했다. 예를 든다면 촛불운동을 촉발시켰던 〈PD수첩〉의 관계자, 이명박 전 대통령 탄핵운동을 주도했던 '안단테'와 '안티MB' 대표, 대항논리를 제공했던 우희종 교수, 시위현장에서 뜨거운 반응을 받았던 유모차부대, 예비군부대, 촛불소녀들, 법적 투쟁을 이끌었던 '민주사회를 위한 변호사모임'(이하 민변) 관계자 등을 인터뷰 대상자에 포함시켰다. 인터뷰 질문은 행위자들의 활동과 위치에 따라 조금씩 변경되었는데, 인터뷰이들이 촛불운동에 참가한 이유, 촛불운동에서의 활동, 정체성의 변화, 촛불운동이 자신에게 어떤 의미인지 등을 물어보았다. 34명 중 전문가는 12명이었는데, 선정기준은 그가 촛불운동에 얼마나 깊이 관여했느냐 하는 점이었다. 워낙 큰 사회적 이슈였기에 깊이 관련된 전문가들은 언론에 자주 등장했고, 따라서 이들을 비교적 쉽게 확인할 수 있었다.

4대강 사업에서의 지식정치를 살펴보기 위해서 우리 연구팀은 2010년 9월부터 2013년 3월 사이에 전문가를 중심으로 18명의 인터뷰를 수행했다. 2012년 4대강 사업이 마무리되고 나서도 논쟁이 계속되었기 때문에 이 책의 집필을 위해 2016년에는 추가 조사를 수행했다. 4대강 사업은 과학기술·법·경제·환경문제 들이 복합적으로 얽혀 있기 때문에 다양한 분야의 전문가들이 관여했다. 전문지식을 둘러싼 논쟁은 사업 반대 측과 사업 찬성 측으로 나뉘어 격렬하게 전개되었다. 공학·환경·경제·법·문화 부문에서 가장 적극적으로 활동해 온 분들을 인터뷰 대상자로 선정했다. 인터뷰 질문은 크게 세 가지로 구성되는데, 이것은 전문가들의 경력과 환경과 관련된 전문적 경험, 4대강 사업과 관련된 단체에서 역할과 활동, 전문가들끼리의 협력과 연대 활동이다. 첫째, 경력에 대한 질문은 전문가로서 어떤 지식을 가지고 있는지를 알기 위한 것이다. 환경과 관련된 전문적 경험의 유무는 4대강 사업과 관련된 전문성의 정치에서 해당 전문가의 전문성과 권위를 파악하기 위한 것이다. 둘째, 4대강 사업과 관련된 단체에서의 역할과 활동은 찬성과 반대를 둘러싼 전문성 정치의 동학을 파악하기 위한 것이다. 셋째, 전문가들의 협력과 연대 활동에 대한 질문은 전문가들끼리 어떻게 정보를 구성하고 협력하였는지에 관한 것이다.[31]

삼성백혈병 사태에 대해서는 2011년 9월부터 2014년 8월까지 36개월 동안의 현장연구가 이루어졌으며, 2015년부터는 틈틈이 현장을 방문하여 추가 조사를 했다. 우리 연구팀은 2011년 9월 초 반올림의 핵심 관계자들을 만났으며, 반도체산업 직업병 문제에 관심이 있음을 밝히고 현장연구에 대한 허락을 얻었다. 이후 반올림이 주최하는 각종 모임과 행사에 참석하여 일들을 도왔으며, 이 과정에서 자연스럽게 라포르(rapport)와 신뢰를 형성할 수 있었다. 현장연구 과정에

---

31) 이 부분에 대한 방법론적 설명은 김지원·김종영, 〈4대강 개발과 전문성의 정치〉, 《ECO》 17(1), 2013, 177~178쪽에서 가져왔다.

서 환자-가족·활동가·정부기관 전문가·삼성 측 관계자 등을 인터뷰하고 공식·비공식적 자료들을 얻었다. 참여관찰은 시위현장·세미나·학회·기자회견 현장·각종 회의·일상적인 대화를 포함한다. 삼성백혈병 사태에 대한 사회·정치적 측면뿐만 아니라 과학적 측면을 중요하게 다루기 때문에 관련된 과학논문과 보고서도 중요한 자료가 되었다.

펄펄 끓는 얼음을 만져보기: 책의 구성

이 책은 지식정치라는 '펄펄 끓는 얼음'을 탐구한다. 마르케스의 소설 《백년의 고독》에 나오는 '펄펄 끓는 얼음'은 지식정치의 뜨거움과 냉정함, 불확실성과 절박함, 이중성과 역설을 잘 드러내주는 적절한 은유일 것이다. 얼음같이 차가워야 하는 지식은 정치의 장으로 옮겨져 뜨겁게 되고, 쟁투를 벌이는 뜨거운 정치는 차가운 지식으로 자신을 무장하려 든다. 여기서 나는 구체적인 네 가지 사례로부터 지식정치와 지민의 참여를 자세하게 보여줄 것이다. 본문은 크게 사례에 따라 4부로 이루어지며, 각 부는 다시 두 장으로 이루어지게 배치했다.

1부에서는 반올림운동과 반도체산업 직업병 사례를 다루는데, 1장에서는 반올림운동의 형성과 전개를, 2장에서는 삼성백혈병 사태의 지식정치를 각각 다룬다. 1장은 반올림운동을 체화된 노동보건운동으로 정의하고 이를 노동자 건강의 정치경제학과 연관시켜서 파악한다. 첫째, 반도체산업 직업병이 어떻게 사회적으로 발견되고 정치화되는지를 분석한다. 둘째, 이를 노동자 건강을 둘러싼 다양한 정치·

경제·과학·법률적 관계들 속에서 분석한다. 셋째, 노동자의 권리와 지배체제 사이의 불균등한 힘 때문에 이 직업병은 부인되는데, 이에 대항하기 위해서 반올림운동의 형성과 전개를 살펴본다. 넷째, 산업재해보상보험(이하 산재보험)의 보상체계와 질병 판정이 노동자-환자에게 어떻게 불리하게 작용하는지를 살펴본다. 다섯째, 근로복지공단에 의해 기각된 산재보험급여는 결과적으로 노동자-환자들의 법정투쟁으로 이어지는데, 이를 면밀히 분석한다. 마지막으로 반올림 측과 삼성 측의 협상이 어떻게 진행되었는지를 분석한다.

2장에서는 반도체를 중심으로 한 전자산업 직업병에 대한 구성과 의학지식의 경합과정을 분석한다. 이를 구체적으로 유해물질의 존재와 노출 여부, 충분한 노출 여부, 의학적 인정의 세 가지 측면에 대해 지배지식동맹과 시민지식동맹의 경합이 이루어지는 과정을 통해 살펴본다. 여기서 정부의 집단역학조사와 삼성의 고용과학의 내용을 분석하고, 정부와 삼성에 맞서 대항전문가들이 어떻게 조직되고 어떤 지식활동을 하는지 살펴본다. 나아가 반올림을 중심으로 한 시민지식동맹의 현장 중심의 과학이 어떻게 지배지식동맹의 관리 중심의 과학과 대립되는지 분석한다.

2부에서는 광우병 사태를 다루는데, 3장에서는 광우병 촛불운동의 형성과 전개를, 4장에서는 이를 둘러싼 지식정치를 분석한다. 3장은 촛불운동을 온라인/오프라인, 운동/비운동, 전문가/시민, 일상/과학/정치의 경계를 넘어서는 혼성적·탈경계 운동으로 이해한다. 여기서는 운동주체, 운동 방식/운동 공간, 운동의제, 운동 성과의 네 가지 차원으로 나누어서 분석한다. 첫째, 나는 촛불운동의 주체를 지민으로 이해하는데, 촛불운동의 지식정치는 시민과 대항전문가 들끼리 지식을 생산·교환·유통하는 과정에서 발생한다. 둘째, 운동의 전개 방식을 탈중심적이고 탈경계적으로 파악한다. 촛불운동은 상향식과 하향식의 운동방식이 동시에 존재하며, 자발적으로 참여한 시민들과 조직된 시민단체가 결합된 것이다. 셋째, 운동의제가 일상/과학/정치의 경계를 허물고 각기 다른 부문의 사회운동들을 융합시키는 다양한 이슈와 쟁점으로 확장되는 과정을 살펴본다. 넷째, 다차원적이고 지속적인 운동 성과를 정치·제도·운동조직·주체형성적인 측면으로 나누어서 분석한다.

4장은 광우병 촛불운동에서 광우병을 둘러싼 지식정치를 중심으로 어떻게 시민지식동맹이 지배지식동맹과 다투는지를 분석한다. 이를 구체적으로 광우병에 대한 정의·번역·추이 문제, 광우병 특정위험물질과 30개월령 이상 쇠고기 수입 문제, 가축감시 프로그램과 국제수역사무국(이하 OIE)의 국제기준논쟁, 한국인 유전자와 치사율 논쟁, 미국산 쇠고기 수입을 둘러싼 통상·경제적 문제들, 촛불운동과 미국산 쇠고기 수입을 둘러싼 법률투쟁 등으로 나누어서 알아볼 것이다. 여기서 시민지식동맹의 강화 과정을 대항적 전문지식의 대중화, 대항논리의 풍부화와 혼성화, 대항논리의 정교화, 그리고 대항논리의 민첩화로 특징지어서 설명한다.

3부는 황우석 사태와 '황빠'운동을 다루는데, 5장에서는 황우석 사태에서 나타난 지배지식동맹과 시민지식동맹의 대결을, 6장에서는 지배지식동맹이 붕괴한 결과인 '황빠'운동을 분석한다. 5장은 우선 황우석 지배지식동맹의 형성 과정을 분석한다. 이를 과학 내부와 과학 외부로 나누어서 설명하고 황우석 동맹의 국제적 네트워킹을 추적한다. 둘째, 〈PD수첩〉·제보자·시민과학센터·무명의 네티즌들로 이루어진 시민지식동맹의 우발적인 결합을 살펴본다. 셋째, 두 지식동맹의 예측할 수 없는 격돌을 당시의 시점에서 실시간으로 분석한다. 넷째, 황우석 지배지식동맹과 반황우석 시민지식동맹 사이에 벌어진 지식투쟁의 구체적인 쟁점을 네 가지로 나누어서 설명한다.

6장은 '황빠' 운동을 분석하는데, 이는 지배지식동맹의 급격한 붕괴로 인해 발생한 사건으로, 민족주의적 열망과 미래주의적 비전에 기반을 둔 집단적 감성, 한국 사회체제에 대한 불신의 문화, 황우석 사태의 복잡함과 이해하기 어려움, '황빠'들의 통찰 없는 박식함과 사회과학적 환원주의, 언론의 애국주의·경제주의·미래주의 담론의 유포가 복합적으로 결합되어 나타난 현상으로 이해한다. 황우석 사태의 핵심은 논문 조작이라기보다는 지배지식동맹의 총체적 부실과 이로 인한 신뢰의 위기로 해석한다.

4부는 4대강 사업을 다루는데, 7장은 4대강 사업과 관련된 지배지식동맹과 시민지식동맹의 형성과 갈등을, 8장은 4대강 사업의 지식정치를 다룬다. 7장에서는 첫째, 이명박 정부에서 4대강 사업을 추진하게 된 배경, 둘째, 정부가 중심이 된 지배지식동맹의 형성 과정, 셋째, 시민사회가 중심이 된 시민지식동맹의 형성 과정, 넷째, 친정부적인 성향에 반발하여 형성된 대항전문가들이 펼친 대한하천학회의 활동, 다섯째, 시민지식동맹의 주요 연구단체인 '생명의 강 연구단'과 '4대강조사위원회'의 활동을 알아본다.

8장은 4대강 사업의 지식정치를 분석하는데, 이를 크게 '물 부족국가' 프레임 논쟁, 홍수 예방 실효성 논쟁, 보를 둘러싼 논쟁, 수질을 둘러싼 논쟁, 경제적 논쟁, 그리고 생태계 논쟁으로 나누어서 설명한다. 4대강 사업을 둘러싼 지식정치는 이 프로젝트가 끝난 이후에도 계속되었고, 사회/자연의 이분법을 넘어서는 혼종적인 성격을 띤다. 사업 이후 감사원과 정부의 보고서가 규정했듯이 4대강 사업은 총체적 부실로 드러나는데, 이는 정치엘리트와 지식엘리트의 부당한 동맹의 결과임을 보여준다.

에필로그에서는 정치권력과 지식권력의 부당한 결합이 민주주의를 위험에 빠뜨림을 경고하고, 시민과 대항전문가의 협동적 지성이 민주주의에서 요구됨을 강조한다. 이 책의 경험연구는 지민의 탄생과 지식시민권의 확장을 보여주며, 이는 한국 민주주의에서 새로운 시민 모델을 제시하는 것이다. 나아가 반민주적인 전문가 모델을 넘어서서 시민과 '함께' 문제를 풀어나가는 민주적 전문가 모델이 필요함을 역설한다. 지배지식동맹의 민주화를 위해 정부정책의 수립·집행·평가에 다양한 숙의제도와 시민 참여가 확대되어야 하고, 지배지식동맹의 자원과 권력의 독점을 막기 위해 지민에 의한 민주적 통제가 이루어져야 함을 강조한다. 또한 시민지식동맹의 제도화는 안정적인 자원을 동원하고 대항전문가의 확보를 위해 필요함을 설명한다. 민주주의에서 지식의 자유와 평등은 반드시 필요한데, 이것이 우리가 지식민주주의를 추구해야 하는 이유임을 역설한다.

1부

삼성백혈병과 반올림운동

1장

반올림운동과
노동자 건강의 정치경제학

2013년 겨울의 어느 오후, 우리 연구팀은 영화 〈또 하나의 약속〉의 시사회가 열리는 경희대학교 평화의전당으로 향했다. 이 대학의 언덕에 세워진 건물로, 유럽의 대성당을 연상케 하는 웅장한 외관의 건물 앞에 수십 대의 카메라가 진을 치고 있었다. 제작비가 부족해 8천 명의 일반시민들이 클라우드 펀딩으로 3억 9천여만 원을 모은 이 영화는 반도체공장에서 일하다가 죽은 딸의 사인을 밝히려는 어느 아버지의 투쟁을 그렸다. 정치적으로 여러 해 동안 이슈가 되어왔기 때문에 영화에 대한 언론의 관심은 뜨거웠다. 나는 기념으로 평화의전당 홀에 마련되어 있는 커다란 포스터 앞에서 사진을 찍고 2층으로 올라가 영화를 보았다.

속초상업고등학교를 졸업한 황유미 씨는 어려운 가정 형편 때문에 대학 진학을 포기하고 2003년 10월에 학교 동기생 10여 명과 함께 삼성반도체에 입사한다. 그녀는 기흥공장(1984년 설립, 9개의 웨이퍼 가공 라인이 있음)의 노후 라인 중 하나인 3라인에서 확산 공정과 습식 식각 공정을 담당했다. 황유미 씨는 2005년 5월경 구토·피로·어지럼증 같은 증세를 보이다가 같은 해 6월 10일경 아주대학교 병원에서

급성골수성백혈병 진단을 받고 12월에는 골수이식수술을 받았다. 하지만 2006년 11월경 백혈병이 재발하여 외래 진료를 받던 중 2007년 3월 6일 사망한다. 황유미 씨의 아버지 황상기 씨는 속초에서 택시운전을 직업으로 하고 있었다. 그는 딸을 간호하면서 삼성반도체공장에서 일하다가 백혈병에 걸린 사람이 다섯 명 더 있다는 사실을 발견하게 된다. 특히 황유미 씨와 같은 라인, 같은 조에서 일했던 이숙영 씨가 아주대학교 병원에서 치료를 받다 사망한 경우를 보고 이것이 산재일 것이라고 생각하게 된다. 2006년 10월 삼성 관계자가 황유미 씨의 속초 집을 방문하게 되고, 황상기 씨는 삼성 측에 산재 처리를 요구하지만 삼성 측은 개인 질병이라며 거절한다. 그 후 황상기 씨는 언론사와 정당을 찾아가 딸의 병에 대해 문제를 제기하려 했지만 아무런 관심을 받지 못했다. 이런 와중에 황유미 씨가 사망하자 《말》지의 윤보중 기자와 '건강한 노동세상'의 장안석 씨가 아주대학교 병원에서 사건을 취재하여 처음 공론화된다.

황유미 씨를 비롯하여 여러 명의 노동자가 삼성반도체공장에서 일하다가 백혈병으로 사망했다는 사실이 알려지고, 이것이 산재일 가능성이 있음을 인지한 후 2007년 11월 20일 '삼성반도체 집단 백혈병 진상규명과 노동기본권 확보를 위한 대책위원회'는 기흥공장 정문에서 발족식을 하고 삼성을 규탄한다. 총 19개 단체가 연합하여 여러 차례 회의를 거친 후 출범한 대책위는 같은 해 '반올림'으로 발전하게 된다. 하지만 향후 10여 년이라는 시간 동안 삼성과 정부를 상대로 싸움을 이어가게 될 줄은 아무도 몰랐다.

삼성백혈병 또는 반도체산업 직업병의 진실은 과연 무엇인가? 반올림의 상임활동가 손진우 씨는 일반인에게 이 질병에 대해 설명하기가 어렵다고 토로한다. 의료지식·역학조사·반도체지식·화학물질·산재보험의 체계·법률지식 등 다양한 전문지식이 요구되기 때문이다. 설사 이러한 전문지식을 알고 있더라도 반도체공장의 환경과 노동자의 질병 유발 간의 인과관계를 확신하기는 어렵다. 반도체산업 직업병에 대한 연구를 수행해온 직업환경의학 전문의인 김형렬은 명확한 인과관계를 밝히는 것은 불가능에 가깝다고 말한다. 왜냐하면 화학물질에 대한 노출을 확인하고 정량화하기 어렵고, 자료 미비로 과거 현장에 대한 재현이 어려워 역학연구의 수행에 한계가 있기 때문이다. 따라서 인과관계를 밝혀야만 직업병으로 인정한다는 것은 일종의 환상이고, 어떤 나라에서도 그렇게 하지 않는다.[1] 한국의 법률 체계에서는 산재 판정에서 자연과학적 인과관계가 아니라 '상당'인과관계를 기준으로 채택하고 있다. 이런 조건 속에서 진실을 찾기 위해 여러 해 동안 이어진 반올림의 노력을 의사이자 운동가인 공유정옥은 다음과 같이 설명한다.[2]

공유정옥 정말 많은 사람, 익명의 사람이 제공해줬던 많은 정보를 가지고 정말 맨땅에(집을 지은 거예요). 순서대로 쌓은 것도 아니에요. 기왓장부터 오기도 하고, 서까래가 나중에 오기도 하고, 주춧돌이 맨 끝에 오기도 하고. 그걸 가지고 집을 지었다 허물었다, 지었다 허물었다 하면

---

1) 김형렬, 〈원인 규명 어려운 질병의 보상, 어떻게 풀어갈 것인가〉, 《삼성과 하이닉스 사례로 본 반도체 직업병 문제 국회토론회 자료집》, 2015년 12월 15일.

2) 공유정옥, 〈반도체산업의 노동안전을 둘러싼 전문성의 정치: 삼성반도체 노동자의 백혈병 문제를 중심으로〉, '전문성의 정치와 민주주의 학술포럼' 가톨릭대학교 발표, 2011년 7월 1일.

서 사실들을(재구성했죠). [중략] 익명의 제보자로부터 기와 한 장(증거)을 2년 만에 찾았는데 이게 기둥인지 서까래인지 몰라서 이렇게도 놔보고 저렇게도 놔봤죠. 그걸 딱 놓았는데, 다른 전문가들에게서 "그게 되겠냐?", "소설 쓰지 마라", "연금술 하지 마라" 이런 이야기를 들었어요. [중략] 이건 진짜 못할 짓이다! 누가 하겠냐, 이걸! 이건 집단으로 하니까(했지!) 이 많은 전문가가 정말 땡전 한 푼 안 받고 밤새 공부해가면서 이걸 하셨거든요.

전문성과 현장성을 두루 갖춘 의사이자 활동가의 이 처절한 고백은 한편으로 이 사건이 예측할 수 없는 방향으로 진행되었고, 다른 한편으로는 이 사건을 이해하는 것이 얼마나 어려운지를 잘 말해준다.[3] 지식사회학과 과학사회학을 전공한 나도 이 사건을 이해하기 너무나 어려웠다. 나는 여러 해 동안 반도체 제작 공정, 질병에 대한 이해, 역학조사, 산재의 판정과 보상 절차, 반도체산업 직업병의 세계적 상황, 산재를 둘러싼 법적 논쟁 등 다양한 전문 분야를 섭렵했다. 다른 한편 노동자·의사·변호사·국제 활동가·삼성 관계자·정부 관계자 등을 심층 면접하면서 공유정옥처럼 '기왓장·서까래·주춧돌'들을 모으고 '집을 지었다, 허물었다'를 반복했다.

2016년 겨울의 어느 날, 나는 최종적으로 반올림운동에 대해 분석하면서 의자에서 벌떡 일어나 두 손을 번쩍 들고 "유레카! 유레카!"를 외쳤다. 마침내 이 사건의 모든 것이 이해되었다! 이 복잡한 사건에 대

---

3) 공유정옥은 반올림의 상임활동가로서 직업환경 분야의 의사이다. 반올림이 결성되고 나서 10여 년 동안 반올림 활동을 조직하는 한편, 의사로서 전문성을 발휘하여 반도체 직업병 질환의 원인을 찾기 위해 노력해왔다.

해 내가 왜 그토록 강한 지적 회열을 느꼈는지 지금부터 공유해보자.

—

아픈 몸들의 연대: 체화된 노동보건운동

황유미 몸에 멍이 자주 들었고요. 그리고 먹으면 토했어요. 자주 피로하고, 어지럽고 그랬거든요. 친구가 병원에 가보자고. 그래서 병원에 가봤는데 피가 이상하다고 큰 병원에 가보래요. 그래서 큰 병원에 갔더니 백혈병 판정받고. 그때 엄청 울었고, 죽는 줄 알았어요. 제가…… 그때만 생각하면 눈물 나고 그래요. [중략] 언니(이숙영)도 저랑 같은 잡(job)을 했거든요. 막 다른 언니들이 이거 해달라, 저거 해달라고 그러니까…… 잡이 어떤 거냐 하면, 매뉴얼 설비가 있고 그 안에 케미컬(화학물질)이 들었거든요. 그걸로 이렇게 담갔다 뺐다 담갔다 뺐다 하는 거예요.

당시 23세였던 고 황유미 씨가 2007년 3월 사망하기 한 달 전 고향인 속초 집에서 요양하던 중 남긴 말 중에서 일부를 옮겼다. 아버지 황상기 씨는 황유미 씨처럼 삼성반도체공장에서 일하다 백혈병에 걸린 노동자가 다섯 명이 더 있다는 사실을 발견하게 된다. 이 사건 이후 2015년 9월까지 직업병이 의심되어 반올림에 제보된 사례는 총 360여 명에 달한다.

이후 전개된 반올림운동은 그런 측면에서 노동자의 건강을 위해 정부·삼성·주류 과학과 싸우는 보건운동(health social movement)이라 할 수 있다. 보건운동은 건강과 관련된 제도·정책·믿음체계·연구와 실천을 변혁시키기 위한 집합 행동이다.[4] 이는 공식적인 의료기관과 권력, 전문가의 권위, 의료 서비스의 불평등과 배제 등에 대한 도전으로, 의료접근운동(health access movement), 특정집단보건운동(constituency-based movement), 그리고 체화된 보건운동(embodied health movement)으로 나뉠 수 있다.[5]

의료접근운동은 의료 서비스에 대한 평등한 접근을 추구하는 운동으로, 국가의료 시스템의 확장, 의료보험의 확대, 치료 및 약품에 대한 가격 인하 등을 추구한다. 특정집단보건운동은 계급·인종·젠더 등 특정 집단의 의료 문제와 불평등을 해소하기 위한 운동으로, 노동보건운동·여성보건운동·동성애자보건운동·환경보건운동 등을 들 수 있다. 마지막으로 체화된 보건운동은 질병의 원인·진단·치료·예방을 설명하는 주류 의학 또는 과학지식에 반발하여 환자의 집단 질병 경험을 중시하고 이들의 문제를 해결하기 위한 운동이다.

이 과정에서 사람들은 주류 과학의 질병에 대한 해석에 반기를 들고 자신들의 질병 경험을 중시하는 '대중 역학(popular epidemiology)'을 구성하게 된다.[6] 이는 주류 역학, 즉 통계적 유의성과 엄격한 인과성

4) Rachel Morello-Frosch, Stephen Zavestoski, Phil Brown, Rebecca Altman, Sabrina McCormick, and Brian Mayer, "Embodied Health Movements", in Scott Frickel and Kelly Moore(eds.), *The New Political Sociology of Science*, Madison, WI: The University of Wisconsin Press, 2006, p. 245.

5) Phil Brown and Stephen Zavestoski, "Social Movements in Health: An Introduction", in Phil Brown and Stephen Zavestoski(eds.), *Social Movements in Health*, Oxford: Blackwell Publishing, 2005, p. 7.

6) Phil Brown, "Popular Epidemiology and Toxic Waste Contamination", *Journal of Health and Social Behavior*, 33, 1992.

을 바탕으로 한 지식체계를 거부하고 자신들이 몸소 겪은 경험과 환경을 바탕으로 지식을 구성한다는 점에서 대항과학의 성격을 띤다. 체화된 보건운동은 이전의 의료 지식으로 질병의 원인을 찾지 못하거나 질병과 환경적 요인 간의 관계가 논쟁이 되는 경우에 발생하는데, 에이즈운동·유방암운동·담배규제운동 등이 이에 해당된다.[7] 세 가지 보건운동 유형은 배타적인 것이 아니라 단지 개념적인 구분으로, 서로 결합된 형태들이 존재할 수 있다.

체화된 보건운동은 개인의 질병 경험(illness experience)이 사회적 이슈로 발전하는 것이다. 이는 찰스 라이트 밀스가 말한 '사회학적 상상력(sociological imagination)'의 과정, 곧 개인의 문제(personal trouble)가 공적 문제(public issue)로 전환되는 경우라고 할 수 있다.[8] '개인'의 질병 경험은 다른 사람들도 유사한 질병 경험을 갖고 있음을 사회적으로 발견하게 되어 '집단적 질병 경험'으로 진화하게 된다. 최초에 황상기 씨는 같은 증상을 지닌 사람을 단 여섯 명만 발견했다. 반올림은 결성 후 지금까지 반도체공장에서 일하다 백혈병이나 여타 질병에 걸린 사람들을 체계적으로 수집해왔다. 이들이 수집한 제보에 따르면 2009년 3월에는 21명, 2010년 6월에는 58명, 2011년 6월에는 155명, 2015년 9월에는 362명으로 늘어났다. 이 집단적 질병 경험의 원인을 둘러싸고 정부와 기업에 책임이 있다는 '프레임'이 설정되고, 이를 해결하기 위한 제도적 방안이 존재하지 않는 상황에서 집단적 질병

7) Phil Brown, *Toxic Exposure: Contested Illnesses and the Environmental Health Movement*, New York: Columbia University Press, 2007, pp. 26~27.

8) C. Wright Mills, *The Sociological Imagination*, New York: Oxford University Press, 1959.

경험은 '정치적 질병 경험'으로 전환되고 보건운동을 낳는다.

반올림은 질병 경험을 수집하는 과정에서 제보자를 대면 인터뷰한다. 여기서 나이와 성별 등의 기본적인 인구학적 정보뿐만 아니라 입사 일자·퇴직 일자·발병 시기·가족력 등을 체계적으로 수집한다. 무엇보다 중요한 것은 노동환경에 대한 구체적인 정보를 수집하는 일이다. 작업의 종류·취급한 화학물질·근속연수·야간업무·스트레스 등 노동환경과 노동자의 건강에 대한 구체적인 정보를 수집한다.

10여 년 동안 노동자의 질병 종류는 다양해졌고 문제가 되는 기업도 점차 확대되었다. 처음에는 백혈병·림프종·재생불량성 빈혈 등 림프계·조혈기관 계통의 암에 집중되던 질병은 뇌종양·유방암·난소암·배아세포종 등의 암과 루게릭병(근육위축성측삭경화증)·다발경화증·베게너육아종증 등의 희귀 질병도 포함하게 되었다. 반도체산업 직업병이 문제가 된 첫 사업장은 삼성반도체였지만, 점차 삼성전자의 다른 계열사인 LCD·휴대전화 등 삼성전자 전체로 확대되었다. 이 사태는 삼성을 넘어 반도체 회사와 전자산업 전반으로 확대되는데, SK하이닉스·LG전자·QTS·아남반도체(현 ATK) 등으로부터도 제보자가 나타났다. 특히 SK하이닉스에 대한 문제제기가 2014년 언론을 통해 본격적으로 일어났고, SK하이닉스는 선제적으로 대응해 자발적으로 외부 전문가로 구성된 검증위원회를 통해 사내 안전보건현황을 점검하고, 2015년 11월 노동환경과 질병의 인과관계보다는 검증위의 자문과 협의를 통해 자체적인 안전보건개선방안과 보상안을 발표했다.

〈표 1-1〉 반올림 제보자 현황(2015년 9월 2일 기준)

	회사	생산제품	제보 현황 (2015. 9. 2)		산재신청	근로복지공단				법원			
			제보	사망		신청취하	심사중	승인	불승인	소취하	소송중	승소확정	패소확정
삼성	삼성전자	반도체	182	60	45	1	24	3	4	1	8	4	1
		LCD	35	12	10		4		2		3		1
		삼성전자 DS부문 소계	217	72	56	1	28	3	6	1	11	4	2
		휴대폰, TV, 냉장고 등 가전제품	23	13	2		1		1				
	삼성전기	PCB, 전자부품	14	10	3		3						
	삼성 SDI	TV브라운관, PDP, 전자부품	36	10									
	테크윈, SDS 등	IT모듈(칩 조립), 정밀기기 등	3	2									
	삼성계열사(전자산업 분야)소계		293	107	61	1	32	3	7	1	11	4	2
비삼성	하이닉스, 매그나칩, ATK(구 아남), 페어차일드, 서울반도체, LG디스플레이, LG전자 등		69	24	9		6	1	1		1		
총 계			362	131	70	1	38	4	8	1	12	4	2

반올림운동은 반도체공장 노동자의 건강과 인권을 중심으로 한 특정집단보건운동인 동시에 이 질병의 원인을 둘러싸고 지배적인 과학체계에 반기를 들고 환자의 질병 경험을 중심으로 아래로부터 구성하는 대중 역학이라는 점에서 체화된 보건운동이라고 볼 수 있다. 이러한 결합적 특징을 가졌다는 측면에서 나는 반올림운동을 체화된

노동보건운동(또는 노동안전보건운동)으로 규정한다. 반올림운동은 지식의 측면에서는 노동자의 대중 역학이 기존의 주류 과학과 충돌하며, 사회구조의 측면에서는 노동자의 건강을 둘러싼 경제적 관계, 정치적 관계, 법률적 관계의 불평등과 충돌한다. 따라서 반올림운동은 체화된 노동보건운동으로서의 구성과정뿐만 아니라 노동자 건강의 정치경제학을 고려해야만 비로소 온전히 이해할 수 있다.

노동자 건강의 정치경제학

J씨(삼성반도체 기흥공장 노동자, 2010년 백혈병으로 사망) 그런데 결국 문제는 일을 빨리해야 해서 발생했어. 충분한 시간을 가지고 잔류 가스를 뽑아내야 하는데, 여유를 가지고 일을 할 형편이 못 되었어. 결국 빨리해야 해서 문제가 발생했지.[9]

삼성반도체 디퓨전 공정에서 1988년부터 2006년까지 일하다 2010년 사망한 J씨의 이 증언은 산업현장에서 노동자의 안전보건보다 이윤 추구가 중시될 때, 노동자가 어떻게 위험에 놓이는지 잘 보여준다. 반도체산업은 대단히 경쟁적인 첨단산업으로 복잡하고 변화가 빠르며 높은 생산효율을 요구한다. 다른 피해자는 "생산량을 증가시

---

9) 임자운, 〈첨단 산업의 유해성과 그 해소 방안: 삼성반도체 사례를 중심으로〉, 《노동법연구》39, 2015, 58쪽. 임자운 변호사는 반올림 상임 활동가로 피해 노동자들의 법정 변론을 맡고 있다. 반도체공장 노동자들의 노동환경에 대한 진술은 반올림에 의해 체계적으로 모아졌고, 이를 임 변호사가 2015년 《노동법연구》에 발표했다.

키기 위한 압박이 많았습니다. 런을 얼마나 빨리 빼는가를 두고 동료들 간에 경쟁을 벌이곤 했습니다"라고 진술했는데, 이는 종종 인터록과 같은 안전장치를 풀거나 안전에 별 신경을 쓰지 않는 경향으로 나타난다.[10] 그래서 반도체산업 직업병 사태를 이해하기 위해서는 노동환경의 정치경제학이 중요하다. 실제 작업 현장에서 기업은 이윤 추구라는 목적으로 인해 생산량에 집중하고 결과적으로 빈번하게 안전수칙을 무시한다. 급성백혈병에 걸려 사망한 K씨의 기록을 보면 반도체 라인의 백랩(Back-lap) 공정에서 일했는데 가스나 화학물질 누출 사고가 잦았고 장비를 세트업하는 과정에서 보호장구를 착용하지 않고 작업하는 경우가 많았다.

반도체공장의 환경을 조사한 정부 측 연구원도 기업 측이 화학물질의 위험성에 대해서 전혀 개념이 없었고, 오로지 생산에만 집중해왔다고 진술했다. 반도체 직업병 문제가 사회적 이슈가 되자 노동안전을 위한 정부 측의 조사가 이루어져 연구원이 파견되었다. 그러나 이 연구원은 당시 조사 환경에 대해 "너무너무 귀찮아했던 것 같아요, 회사들이"라며 노동안전 점검이 공장의 생산을 방해하는 일로 받아들여졌음을 진술했다. 반도체공장에 환경안전팀이 있는데도 이들은 화학물질의 유해성과 직업병 발생에 대한 어떤 지각도 없었다고 한다. 따라서 작업의 속도를 높이기 위해 안전수칙을 어기는 것이 관례여서 이런 경우가 비일비재했다는 것이다.

이처럼 노동자 건강과 직업병은 생산의 지점, 곧 공장이라는 현장에서 나타나는 노동자와 기업의 관계 속에서 이해되어야 한다. 이뿐

---

10) 임자운, 앞의 글, 59쪽.

만 아니라 산재를 둘러싼 고용노동부 산하 근로복지공단, 역학조사를 맡는 산보연, 직업병을 판별하는 업무상질병판정위원회(이하 질판위), 산재가 기각되었을 때 노동자를 보호하기 위한 법률제도 등과 긴밀하게 연관된다. 곧 반도체산업 직업병과 같은 직업병은 노동자 건강의 정치경제학 속에서 이해되어야 한다.

'노동자 건강의 정치경제학'은 노동자 건강을 둘러싼 다양한 정치적·경제적·과학적·법률적 관계를 설명하는 것이다. 구체적인 행위자 중심으로 설명하면 이는 노동자 건강과 자본·국가·보험회사·연구기관이 어떤 관계를 맺고 있는지를 이해하는 것이다. 산재, 곧 노동자 건강의 손상은 이윤 추구를 목적으로 하는 작업장 내에서 발생하기 때문에 다른 건강 손상과 구별된다. 작업장에서는 생산과 이윤의 추구가 주된 목적이 되고 노동자 건강은 부수적인 것으로 치부된다. 노동자 건강의 정치경제학은 "질환과 손상의 생산, 질환과 손상에 대한 인식이나 인정, 관리 방법, 그리고 피해 노동자의 보상"이라는 내용으로 나누어 살펴볼 수 있다.[11]

문제는 반도체산업 직업병이라는 것이 눈으로 확인할 수 있는 종류의 일시적이고 단발적인 사고라기보다는 오랫동안 화학물질에 노출되는 상황과 관계된다는 점이다. 만약 노동자가 사고사로 작업장에서 사망했다면 그 내용과 보상을 합의할 수 있지만, 반도체산업 직업병은 그 내용 자체가 경합되고 확실치 않다. 따라서 이 질병이 정말 작업장에서 발생한 것인지, 직업병으로 인정해야 하는지, 관리 방

11) 존 우딩·찰스 레벤스타인(John Wooding and Charles Levenstein), 《노동자 건강의 정치경제학》, 김명희 외 옮김, 한울아카데미, 2008, 31쪽.

<그림 1-1> 반올림 운동과 노동자 건강의 정치경제학

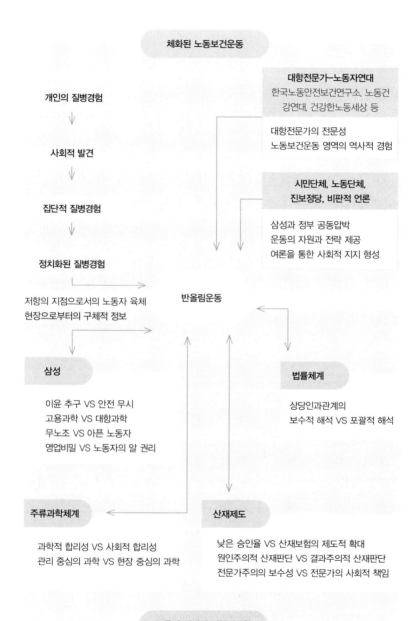

법이 잘못되었는지, 보상을 정말 해줘야 하는지 등의 의문이 제기된다. 곧 산재의 정치경제학 자체가 대상과 내용에 있어 정해져 있지 않고 '열려' 있다. 결과적으로 정부·삼성·연구기관·법원은 기존 산재의 정치경제학 속에서 질병을 부인하고, 체화된 노동보건운동으로서의 반올림운동은 그것에 도전한다. 따라서 이 운동은 정부·삼성·연구기관·법원 등 모든 영역에서 투쟁을 벌이게 되고, 단순한 산재보상을 넘어 노동건강과 관련된 기존 체제의 변혁을 요구하게 된다.

이 전체적인 과정을 나는 〈그림 1-1〉로 요약했다. 이 그림의 윗부분은 체화된 노동보건운동인 반올림운동의 형성 과정을 설명하고, 아랫부분은 이 운동이 기존의 노동자 건강의 정치경제학과 어떻게 충돌하는지를 간략하게 보여준다. 이후에 전개될 구체적인 사항들에 앞서 이 사건의 종합적인 프레임을 제공하는 이 그림을 숙지하면 각 절의 내용이 좀 더 쉽게 이해될 것이다.

—

반올림운동의 전개

반올림의 활동은 크게 여섯 가지로 나눌 수 있다. 첫째, 질병에 걸린 제보자들을 확인하고 이들을 조직하여 근로복지공단에 산재보험급여를 신청하는 일이다. 이 과정에서 대항전문가들의 의료지식과 과학지식이 동원되는데, 질병의 원인이 공장의 환경과 연관된다는 내용을 밝히는 일이다. 둘째, 각종 거리시위를 통해 이슈를 알리고 관련기관을 압박하는 일이다. 셋째, 언론에 이 사건을 알림으로써 이를 주요한 '사회 문제'로 만들고 더 많은 제보자와 관심 있는 사람들을 동원하는 일이다. 넷째, 정치권과의 연대를 통해 노동자들의 권익을 알리고 정치적으로 기업들을 압박하고 문제 해결을 촉구하는 일이다. 다섯째, 국제연대를 통해서 삼성백혈병 문제를 해외에 알리고 미국·일본·타이완·영국 등에서 일어났던 유사한 사례를 통해서 운동의 지식과 전략을 만들어내는 일이다. 여섯째, 행정소송에서 전문가와 증인 들을 동원하여 법정에서 피해자들의 산재보험급여 승인을 이끌어내는 일이다.

초기 반올림에서 우선시한 것은 반도체공장에서 일하다 백혈병이나 암에 걸린 노동자들의 제보를 받는 일이었다. 인터넷 익명 게시판에 글을 올리면 반올림 측의 활동가가 전화로 상담을 하고, 환자-가족 측에서 허락한다면 직접 만나서 질병이 일어나게 된 경위를 상담하게 된다. 이 과정에서 제보자의 직장이 다양하게 보고되는데, 초기 제보자의 직장인 삼성전자 반도체 부문뿐만 아니라 삼성전자의 LCD, 휴대전화 사업장에서 일했던 노동자들의 제보가 이어졌다. 제보를 해왔지만 이 중에서 산재 인정을 받기 힘들다고 중간에 포기하거나, 회사의 회유로 산재보험급여 신청을 하지 않거나 소송을 취하하는 사례, 산재보험급여 신청의 법적 효력 기간이 지난 사례 등도 상당하다. 제보자들의 질병을 파악한 후 반올림은 전문가들과 함께 재해경위서·업무관련성 평가서·의사소견서 등의 자료를 바탕으로 근로복지공단에 산재보험급여를 신청한다.

거리 시위는 삼성 본관·근로복지공단·삼성반도체 기흥공장·수원역 등 다양한 장소에서 이루어졌다. 시위의 형식은 피켓 시위, 추모제, 기자회견과 규탄성명서 발표, 퍼포먼스 등 다양하게 이루어진다. 피켓 시위에서 종종 유족들은 상복 차림으로 질병 때문에 사망한 가족의 억울함을 표현한다. 질병투쟁의 과정에서 질병을 앓고 있던 환자가 사망하는 경우가 여러 번 있었는데, 그때마다 반올림과 환자-가족들은 장례식 직후 삼성 본관 앞에서 추모제와 장례식을 진행함으로써 삼성의 책임을 촉구해왔다. 환자들의 사망이나 투쟁과 관련된 중요한 사건이 발생했을 때 시위현장은 기자회견장으로 바뀌기도 한다. 사망한 노동자가 죽음에 이르게 된 경위, 산재보험급여 신청의 정당성, 삼성과 정부의 진실 은폐 등 다양한 메시지가 기자회견을 통해 전달된다. 가장 인상 깊은 거리 퍼포먼스는 시위 참가자들이 반도체공장에서 입는 하얀 방진복 차림으로 나와 거리에 쓰러지고 다른 시위자가 그 위에 꽃을 뿌리는 행위였다. '하얀 방진복'이란 깨끗하고 순결한 이미지와 '꽃다운' 젊은 노동자의 죽음이라는 이미지의 상충을 통해 사건의 모순을 극대화시키려는 의도이다. 거의 모든 시위에서 사망한 노동자들의 큰 영정이 동원되는데, 대부분 젊은 여성이 많기 때문에 '나약하고 힘없는' 여성 노동자의 '억울하고 비참한' 죽음의 메시지가 강렬하게 전달된다.

삼성백혈병 사건이 중요한 사회 문제로 부각되는 데 있어 언론 역시 커다란 역할을 했다. 《조선일보》·《중앙일보》·《동아일보》와 같은 주요 보수언론에서는 삼성백혈병 사건을 거의 다루지 않았지만, 진보적인 언론을 통해 환자-가족의 사연, 반올림의 주요 활동, 산재보험급여 신청 기자회견이나 산재보험급여 불승인 등이 보도되면서 삼성백혈병 사건과 제도적 절차의 불합리함 등이 이슈화되었다. 특히 KBS의 〈추적60분〉 방영으로 이 사건에 대한 일반시민의 인지도가 높아졌다. KBS 〈추적60분〉은 총 세 편에 걸쳐 방영되었는데, KBS가 가진 위상 덕분에 유족·반올림·제보자·삼성 관계자·정부 관계자 들의 입장까지 취재가 가능했고, 비교적 자세한 내용을 방영할 수 있었다.[12] 〈추적60분〉의 전체적인 편집과 메시지는 분명 삼성과 정부에 비판적이며, 사망한 환자와 반올림의 편을 들어주었다. 언론을 통해 이 문제는 중요한 사회 문제로 떠올랐으며, 삼성/정부라는 권력과 돈 있는 세력과 힘없고 병든 노동자라는 대립되는 이미지를 만들어냈다. 언론의 또 다른 중요한 역할은 언론보도 이후 제보자들이 더 늘어났다는 점이다. 예를 들어 백혈병으로 숨진 고 황민웅 씨의 아내 정애정 씨는 삼성반도체의 작업환경이 남편의 죽음과 관계가 있을 것이라고는 상상도 하지 못했다. 주위 사람들이 언론에 나온 내용을 정애정 씨에게 알려주었으며, 여러 경로를 통해 알아본 다음 직접 반올림을 찾아왔다. 정애정 씨는 남편과 같이 삼성반도체에서 11년 동안 근무한 사람으로서, 현장에 대한 자세한 정보를 반올림 측에 제공해주었다.

반올림은 야당과 연대하여 삼성과 정부(고용노동부)의 대책을 촉구하고 노동자의 건강과 권익을 보호할 것을 촉구했다. 2008년부터 매년 국회 환경노동위원회의 국정감사에서 이 문제를 논의했는데, 이때 환자·유가족·대항전문가뿐만 아니라 삼성전자 간부·산보연 관계자 등이 출석하여 질병의 원인과 해결 대책에 대해 질의를 받았다. 2009년에는 민주당 김상희 의원과 민주노동당 홍희덕 의원이 서울대학교 역학조사를 바탕으로 삼성전자 반도체 제작 공정에서 1급 발암물질인 벤젠이 검출되었다고 보도자료를 내고 2008년 삼성과 산

---

12) 이 사건을 다룬 KBS 〈추적60분〉의 제목과 방영 일자는 다음과 같다. 〈나는 일터에서 암을 얻었다〉(2010년 5월 19일), 〈삼성 '직업성 암' 논란 다시 불붙다〉(2011년 1월 26일), 〈끝나지 않은 악몽, 반도체 직업병 논란 확산〉(2011년 11월 30일).

보연 관계자들이 잘못된 증언을 했다고 주장했다.[13] 2011년에는 민주당 이미경 의원은 삼성전자가 산재 인정을 막아 1년에 143억원의 이익을 취해왔다고 비판했다.[14] 산재가 없는 사업장은 매년 50퍼센트가 줄어든 산재보험요율을 인정받아 정부에 산재보험료를 내는데, 삼성은 지난 수년간 한 건의 산재도 보고하지 않았다. 이는 삼성백혈병의 산재 인정 여부가 수백억 원에 달하는 산재보험료와 직결되어 있다는 사실을 알린 계기가 되었다. 즉 삼성백혈병의 산재 인정 여부는 기업의 이익과 직접적인 관계가 있다는 것이다. 2012년 7월 26일에는 통합진보당 심상정 의원의 주관으로 국회의원회관에서 '삼성백혈병·직업병 피해자 증언대회'가 열렸다. 이 자리에서 환자와 가족은 삼성의 산재 은폐와 회유에 대한 비판, 투병 이야기를 통해 환자들의 고통, 근로복지공단의 산재 처리의 부당함 등을 증언했다. 반올림 활동가들도 삼성 직업병 제보와 피해 현황, 첨단 전자산업 현장에서의 건강 문제, 산재 인정 절차의 복잡함과 어려움 등을 말했다. 정치권에서의 이러한 움직임을 통해서 이 문제는 단지 산재 인정이라는 직업병의 문제에 머무르지 않고, 노사관계, 공장에서의 환경 문제, 산재제도의 문제 등 제도적인 차원의 개혁 요구로 이어졌다.

반올림의 국제연대는 삼성반도체공장 백혈병 산재인정 투쟁(이하 삼성백혈병 투쟁)의 전개 과정에 있어 중요한 역할을 한다. 2008년 9월 (26일~29일) 필리핀 마닐라에서 열린 '산업재해 피해자의 권리를 위

---

13) 김상희·홍희덕, 〈삼성전자 반도체 공정에서 1급 발암물질 벤젠 검출〉, 노동부 국정감사 보도자료, 2009년 10월 23일.

14) 이미경, 〈삼성전자, 산재 인정 막아 1년에 143억 이득〉, 보도자료, 2011년 10월 5일.

한 아시아 네트워크(Asian Network for the Rights of Occupational Accident Victims)'의 연례 컨퍼런스에 반올림의 공유정옥, 환자–가족인 정애정, 변정필 기자[15]가 참가했다. 공유정옥과 정애정은 삼성반도체산업 직업병에 대해 발표했고, 이를 계기로 중국·타이완·동남아시아·미국 등의 환경운동가들과 연대하기 시작한다. 특히 미국의 '실리콘밸리 독성물질 방지연합(Silicon Valley Toxics Coalition, SVTC)'과 '기술의 사회적 책임을 위한 국제운동(International Campaign for Responsible Technology, ICRT)'의 설립자인 테드 스미스와 '산타클라라 노동안전보건센터(Santa Clara Center for Occupational Safety and Health, SCCOSH)' 설립자이며 현재 캘리포니아 '워크세이프(Worksafe)' 이사로 있는 어맨다 허즈와의 만남은 반올림의 국제연대 활동에 큰 영향을 미친다. 어맨다 허즈는 1980년대 IBM의 반도체공장에서 일하던 노동자들의 직업병(백혈병·암 등) 투쟁을 조직화하고 이끌어온 변호사이자 활동가로, 현재까지 전 세계의 노동보건운동에 중요한 역할을 하고 있다.

반올림의 국제연대는 두 가지 측면에서 중요하다. 첫째, 반도체공장의 직업병을 과학적·의학적으로 이해하는 선행 사례를 제공했다는 점이다. 반도체공장에서의 질병은 미국·일본·타이완·영국 등에서 1980년대부터 이미 보고되었으며, 여러 종류의 과학논문이 출판되었다. 특히 1980년대에 있었던 IBM 사례와 이와 관련된 연구는 삼성백혈병 투쟁의 주요한 지식자원으로 동원된다. 이를 통해 삼성백혈병이 단지 한국의 지역적 문제가 아니라 반도체공장이 있는 세계

---

15) 변정필 씨는 당시 《민중언론 참세상》에서 기자로 활동했으며, 동행 취재 및 통역의 역할을 했다. 이후 테드 스미스의 인터뷰를 보도했다.

어디에서나 일어나는 문제라는 점을 확인시켰다.

둘째, 반올림의 국제연대는 삼성백혈병 문제의 국제적 공론 형성에 중요한 역할을 했다. 2010년 3월 반도체 노동자 산재사망 추모기간에 맞춰서 반올림과 전국금속노동조합, 지구지역행동네트워크가 공동 주최한 '아시아 전자산업 노동자들의 현실과 투쟁'이라는 주제로 국제 심포지엄이 국가인권위원회에서 열렸다. 이러한 국제 여론의 형성은 삼성에 대한 투자에도 영향을 미쳤는데, 세계 3대 기금운용사 중 하나인 'APG 자산운용'은 2010년 5월 일곱 개 투자회사들과 함께 삼성에 공동질의서를 보내고 독립적인 조사를 요구했다.[16] 전자산업 질병 관련 국제 활동가들은 한국을 여러 차례 방문해 삼성직업병 투쟁에 힘을 보태주었다. 2011년 11월에 미국의 테드 스미스, 타이완의 웬링 투, 중국의 이이 쳉, 한국의 백도명·공유정옥 등은 서울대학교에서 '반도체·전자산업 노동자 건강권과 환경정의'라는 심포지엄을 갖고 서로의 경험과 지식을 공유했다. 또한 2012년 6월에는 '전자산업 노동권과 환경정의를 위한 국제회의'를 수원에서 열었는데, 이때 세계 각국의 활동가 30여 명은 강남역 삼성 본관 앞에서 문제 해결을 위한 시위와 기자회견을 가졌다.

테드 스미스 등이 편집하고 공저한 책《*Challenging the Chip: Labor Rights and Environmental Justice in the Global Electronics Industry*》가 한국어로 2009년 번역되었는데, 이 책은 미국·일본·타이완·영국 등의 국가에서 일어났던 전자산업 피해자와 노동운동에 대한 것으로,

---

16) 김봉규, 〈"삼성백혈병" 배경에는 反노동적 관리 방식 있다〉, 《프레시안》, 2010년 12월 28일.

전자산업 직업병이 한 국가를 뛰어넘은 국제적인 문제라는 점을 각인시켜주었다.[17]

근로복지공단에 신청한 산재보험급여가 기각되자 환자와 반올림 측은 행정소송을 제기했다. 이 과정에서 반올림 측은 법률 전문가들과의 연대를 통해 법정투쟁을 이끌었다. 증명의 부담은 소송을 제기한 환자-가족에게 있기 때문에 다양한 증거를 수집하고 종합하는 과정이 필요했다. 전 세계적으로 전자산업 직업병이 법정에서 이긴 경우는 없기 때문에 질병과 작업환경 사이의 인과관계를 밝히기 위해서는 과학적·의학적·법률적 지식이 서로 정교하게 짜여야만 한다.[18] 따라서 법률 전문가·환자-가족·반올림 측은 2009년 7월부터 6개월간 세미나를 통해 현장에서의 지식과 전문지식의 교류를 통해 다양한 증거를 종합했다. 또한 유사한 사례에 대한 판례들을 찾아내어 원고 측에 유리하게 재구성함으로써 원인관계가 확실하지 않은 직업병에 대해 설득력 있는 자료로 사용했다. 이런 공동교육의 결과물은 원고 측 소장 및 준비서면으로 도출되는데, 여기에는 다양한 현장 증거와 과학적 증거가 총망라되어 있다. 재판의 진행 과정에서도 반올림은 현장에서 같이 일했던 동료들을 찾아내 증언대에 세운다든지, 전문가들의 의견을 수렴하여 재판 상황에 맞는 사실들을 제공했다.

---

17) 테드 스미스 외,《Challenging the Chip: 세계 전자산업의 노동권과 환경정의》, 공유정옥 외 옮김, 메이데이, 2009.

18) 법정에서의 과학의 역할에 대해서는 Sheila Jasanoff, *Science at the Bar: Law, Science, and Technology in America*, Cambridge, MA: Harvard University Press, 1995; Gary Edmond, "The Law-Set: The Legal-Scientific Production of Medical Propriety", *Science, Technology, & Human Values* 26(2), 2001, pp. 191~226을 볼 것. Jasanoff의 책은 2011년 한국에서 《법정에 선 과학》 이란 제목으로 번역, 출판되었다.

산업재해보상보험 보상체계와
질병 판정 정치

산업재해보상보험(이하 산재보험)은 노동자의 건강과 인권을 지키기 위한 중요한 수단이지만 정부·기업·노동의 이해관계 안에서 복잡하게 작동한다. 산재보험은 1964년 한국에 가장 먼저 도입된 사회보험이다.[19] 산재보험이 국민건강보험·국민연금·고용보험과 질적으로 다른 점은 보험료 부담 주체이다. 산재보험을 제외한 사회보험은 보험료를 사용자와 노동자가 공동으로 부담하지만, 산재보험은 사용자(기업)가 보험료를 지불하고 보험의 혜택은 노동자가 받는다. 우리나라의 산재보험료율은 두 단계에 거쳐 산출되는데, 산재에 대한 업종별 보험료율이 정해진 다음 산재예방의 성과를 반영하여 업종별 보험료율을 최대 50퍼센트 범위 내에서 할인 또는 할증한다.[20] 여기서 삼성전자를 비롯한 반도체 회사들은 반올림이 주장하는 산재를 부정해야만 하는 금전적 이해관계에 놓인다. 2011년 반도체업종의 일반요율은 0.7퍼센트인데, 삼성전자는 재해 발생 정도가 낮아 50퍼센트 할인된 0.35퍼센트의 요율을 적용받았다. 이에 따라 삼성전자는 한 해 143억 원의 산재보험료 차익을 챙길 수 있었다.[21] 산재보험의 정치경제

---

19) 우명숙, 〈한국의 복지제도 발전에서 산재보험 도입의 의의: 복지제도 형성과 발전주의적 국가개입〉, 《한국사회학》 41(3), 2007, 154~185쪽.

20) 김상호·배준호·윤조덕·박종희·원종욱·이정우, 《산재보험의 진화와 미래》, 21세기북스, 2014, 23쪽.

21) 이미경, 앞의 글.

학에서 삼성전자는 산재를 부정하고 작업환경과 질병의 인과관계를 부정할 수밖에 없다.

산재보험급여 신청과 승인 절차는 상당히 복잡하다. 노동자는 근로복지공단에 요양급여신청서를 접수하는데 이때 근로경력사항(사업주 및 근로자 여부 확인), 재해경위서, 업무관련성 소견서(의사 작성) 등을 내게 된다. 근로복지공단은 의학 조사와 업무관련성 조사를 벌이게 되는데, 의학 조사는 의학적 진단명 검토·기존 건강보험 진료기록 요청 및 확인·건강진단 결과표 입수 및 확인·개인력 및 생활환경 조사 등으로 이루어지고, 업무관련성 조사는 근로이력 조사·기존 작업환경측정자료·물질안전보건자료(MSDS)·작업공정도자료·근로자 및 사업주 문답·작업 공정·유해물질 조사 등으로 이루어진다. 이 자료들이 질병 판정에 충분하다고 생각하면 자문이 불필요하다고 판단하여 근로복지공단은 질판위에 판정을 맡기게 된다. 자문이 필요하다고 생각되면 산보연에 조사를 의뢰하게 되는데, 반도체산업 직업병의 경우 이제까지 수행된 연구가 없어 산보연에 자문을 의뢰했다. 반올림은 전문가인 노무사들의 네트워크를 활용하여 수백 명에 이르는 제보 노동자와 환자-가족의 산재보험급여 신청을 진행하고, 효과를 극대화하기 위해 작업환경과 질병적 유사성을 판단하여 산재보험급여 집단 신청을 하는 등의 전문적인 역할을 수행해왔다.

산재보험과 관련하여 반올림운동에서 중요한 부분은 반도체산업 직업병에 대한 질판위의 인정 문제다. 이 인정은 질판위(반도체산업 직업병의 경우 역학조사를 수행했기 때문에 역학조사평가위원회가 중심이 됨) 소속 전문가들의 다수결에 의해 결정되는데, 여기서 중요한 점은 질병 판정의 과정이 단지 '과학적 판단'이라기보다는 사회적 판단과 혼합되어 있다는 점이다. 진폐증처럼 특정 직업병이 전문가들 사이에서 받아들여지고 있다면 문제가 없지만, 반도체산업 직업병처럼 전문가 사회에서 생소하고, 과학적 연구가 불충분한 질병의 판정은 경합된다. 다음은 반올림 측이 신청한 최초 6인의 산재에 대해 질판위가 내린 다수결 의견인데, 모두 압도적 의견으로 기각되었다.

〈표 1-2〉 업무상질병판정위원회(역학조사평가위원회)의 산재 결정

이름	업무상질병판정위원회 판정(산재 기각 : 중립 : 채택)
A	9 : 1 : 3
B	9 : 1 : 3
C	10 : 1 : 2
D	9 : 1 : 3
E	9 : 1 : 3
F	8 : 0 : 2

반올림은 질판위의 전문가주의에서 유래하는 보수성을 비판했다. 전문가들은 신중함·정교함·확실함이라는 가치를 중요하게 여기는 집단으로, 이는 '전문가 문화'의 일반적인 특성이다. 이들은 충분한 증거가 없다면 새로운 사안에 대해 보수적인 태도를 보인다. 즉 질병과 노동환경의 인과관계를 판단할 때 실제 인과관계가 없는데 있다고 할 때 발생하는 오류(type 1 error, false positive)보다 실제 인과관계가 있는데 없다고 할 때 발생하는 오류(type 2 error, false negative)를 선택하는 경향이 있다.[22] 증거가 '확실치 않다면' 실제로 노동환경에 질병 가

---

22) Phil Brown(1992), 앞의 글, p. 274.

능성이 존재한다고 하더라도 그것을 기각할 경향성이 더 높다는 말이다.

다른 한편 질판위 판정의 사회·정치적 맥락을 이해해야 한다. 질판위에 직접 참여한 경험이 15년 이상인 백도명 교수는 질판위 구성상 노조 측에서 추천한 인사의 의견이 '마이너리티(소수자)'라고 말한다. 질판위의 토론 과정에서 가장 흔한 근골격계 질환을 산재로 인정해주게 되면 "우리나라 경제가 망가지지 않겠냐는 의견을 갖고 있는 사람들(질판위 전문가들)도 꽤 많다"고 오랜 질판위 경험을 밝혔다. 이 진술을 통해 과학적 판단에 전문가의 사회적 가치가 반영됨을 확인할 수 있다. 곧 질판위 판정은 과학적 판단과 사회적 판단이 혼재되어 있는 영역이다.

질판위의 보수성과 정치성은 직업병으로 인한 암의 경우 노동자의 산재 인정 비율이 아주 낮다는 점과 연결된다. 가령 2012년 이전 한국에서 직업성 피부암·신장암·골육종암이 신청된 사례는 한 건도 없다. 또한 대장암·간암·담낭암·비강암 등은 신청되어도 업무관련성 여부를 조사하는 연구가 한 차례도 수행된 바가 없다. 직업병 암의 승인 비율을 보면 한국은 2010년 기준 0.23퍼센트인데 비해 오스트리아는 2.72퍼센트, 벨기에 9.86퍼센트, 프랑스 10.44퍼센트, 독일 6.07퍼센트였다. 다른 OECD 국가들과 비교해볼 때 그 승인 비율이 매우 낮다.[23] 이런 상황에서 반올림은 2012년 4월 근로복지공단을 상대로 반도체산업의 산재 인정을 최초로 이끌어내는 성과를 거둔다.

---

23) 백도명, 〈업무상 질병 승인과정의 문제점과 대책〉, 대한직업환경의학회 주관 제45회 산업안전보건강조주간 세미나 발표 자료, 2012년 7월 3일.

그 이후 여러 건이 산재 인정을 받았는데, 이는 비록 명확한 인과관계를 밝힌 것은 아니지만 그간 진행된 반도체산업 직업병에 대한 여러 지식이 축적된 결과였다. 우리 연구팀은 반도체산업 직업병 판정에 직접 관여한 한 전문가를 인터뷰했는데, 질판위 위원들이 산재를 인정한 이유는 사회적 압력 때문이라기보다 그간 반도체산업 직업병에 대한 지식이 전혀 없었는데 점차 연구가 진행되어 지식이 생산되었고, 질판위 위원들이 이러한 지식들을 접하고 난 다음 태도가 바뀌었기 때문이라고 증언했다. 반올림은 사회적 합리성과 과학적 합리성을 축적하는 방향으로 나아갔으며, 이는 질병 판정에서 작은 성과를 이루어내게 되었다. 하지만 반올림에 의해 제기된 대다수의 산재보험급여 신청은 기각되었고, 이는 법정투쟁으로 이어지게 된다.

—

산재 인정을 둘러싼 법정투쟁

2007년과 2008년에 반올림은 근로복지공단에 여섯 명에 대한 산재보험급여를 신청했으나 〈표 1-2〉가 보여주듯 2009년에 열린 질판위에서 압도적으로 기각되었다. 이에 반올림은 2010년 10월에 행정소송을 제기했는데, 1심 판결은 2011년 6월, 2심 판결은 2014년 8월에 내려졌다. 우리 연구팀은 반올림의 법정투쟁을 이끌었던 변호사들을 인터뷰했고, 행정소송을 제기했던 다섯 명(여섯 명 중 한 명은 삼성과 합의하에 소취하)의 1심과 2심 판결문을 면밀히 살펴보았다. 1심과 2심 모두에서 고 황유미 씨와 고 이숙영 씨는 승소하고 나머지 세 사람은 패소했다. 이 판결은 상당한 논란의 소지를 안고 있는 것인데, 그 이유를 알기 위해서는 산재 판단에 대한 법률적 이해가 필요하다.

업무상 질병의 인정기준을 정한 법은 산업재해보상보험법 시행령 34조 1항이다. 이 법에 의하면 업무수행 과정에서 유해요인을 취급하거나 노출된 경력이 있을 것, 업무상 질병에 이르기까지 '충분히' 노출되었을 것, 그리고 그 질병이 의학적 인정을 받을 것이라는 세 가지 요건을 충족시켜야만 산재로 인정받을 수 있다.

이런 법적 기준을 바탕으로 이루어지는 산재에 대한 법률적 판단은 과학적 합리성과 사회적 합리성이 결합한 법리적 해석이다. 산업재해보상보험법은 산재를 판정함에 있어 업무와 재해 발생 사이에 '상당인과관계'가 있어야 한다고 명시하는데, 이는 "그 인과관계가 반드시 의학적·자연과학적으로 명백히 증명되어야만 하는 것은 아니고, 근로자의 취업 당시 건강상태, 질병의 원인, 작업장에 발병 원인 물질이 있었는지 여부, 발병 원인 물질이 있는 작업장에서의 근무기간 등 제반 사정을 고려할 때 업무와 질병 또는 그에 따른 사망 사이의 상당인과관계가 있다고 추단되는 경우"이다.[24] '상당'인과관계에서 '상당'에 대한 판단은 법정에서 결정된다.[25] 따라서 '상당'을 둘러싼 법률적 경합이 일어나며, 증거들에 대한 해석은 사회적으로 구성되는 것이다. 하지만 여전히 상당인과관계에서 '인과관계'의 부분이 중요한데, 업무상 질병을 뒷받침하는 과학적 증거가 많으면 많을수

---

24) 대법원 2005년 11월 10일 선고, 2005두8008: 대법원 2008년 5월 15일 선고, 2008두3821.

25) 업무상 재해 인정기준이 '명백한 경우'에서 '상당인과관계'로 바뀐 것은 한국 최초의 노동보건운동인 원진레이온 노동자들과 대항전문가들의 계속된 투쟁에 따른 것이다. 이를 통해서 이 중요한 문구에 대한 법 개정이 이루어졌다. 이 사실에 대해서는 강태선, 〈원진레이온 직업병투쟁의 협상론적 해석〉, 《보건학논집》 52(2), 2015, 12쪽을 볼 것.

록 노동자에게 유리하다. 실제로 앞서 언급한 과학적 연구들은 판결
에 지대한 영향을 미쳤는데, 그 자료들을 언급하면 다음과 같다.

〈표 1-3〉 행정소송 공방과 판결에 사용된 주요 자료들

작성기관	법정 공방과 판결에 영향을 미친 주요 자료들
산업안전보건연구원	집단역학조사(2008)
산업안전보건연구원	개별역학조사(작업환경측정, 역학조사평가위원회 판정)
서울대학교	반도체 사업장 위험성 평가(2009)
산업안전보건연구원	반도체 사업장 근로자의 작업환경 및 유해요인 노출특성 연구(2012)
삼성전자	과거 작업환경 측정 결과
삼성전자	환경수첩
반올림	피해자, 현장 동료 등의 진술과 제보

승소와 패소를 가르는 상당인과관계의 기준은 모호한데, 전체적으
로 보았을 때 승소한 두 명이 제시한 증거의 양이 패소한 세 명이 제
시한 증거의 양보다 많다. 여기서 자료에 대한 '해석적 유연성'은 상
당히 중요한데, 이것은 어떤 자료를 질병의 결정적인 증거로 채택할
것인가에 대한 법관의 인식적 재량을 의미한다. 고 황유미(백혈병) 씨
와 고 이숙영(백혈병) 씨의 경우 법정은 세척작업 중 벤젠에 노출된
점, 가속이온주입기 등에서 발생하는 이온화방사선에 노출된 점, 습
식식각 또는 확산 공정에서 다른 유해 화학물질에 노출된 점, 누출
사고 등 비정상적인 작업환경 등에 노출된 점, 야간교대제 근무의 영
향 등 총 다섯 가지를 인정해 이들의 백혈병과 작업환경 간에 상당인
과관계가 있음을 판결했다.

반면 패소한 고 황민웅(백혈병) 씨의 경우 인근 공정에서 벤젠(발암물질)에 노출되었을 가능성, 백랩 공정에서 아르신(발암물질)에 노출되었을 가능성을 인정했으나, 이것이 백혈병을 유발한다는 증거가 없다며 기각했다. K(백혈병)씨의 경우 반도체 제작 공정에서 열분해로 인해 발생할 수 있는 벤젠이나 포름알데히드 등의 발암물질에 노출될 가능성, 야간근무와 초과근무 등으로 인한 과로, 트리클로로에틸렌(이하 TCE. 법원은 2급 발암물질로 명시, 국제암연구소는 1급 발암물질로 분류)의 사용을 인정하나, 이 요건들이 암을 유발한다는 충분한 증거가 없다고 판결했다. S(비호지킨림프종)씨의 경우 인근 공정에서 발생 가능한 벤젠이나 포름알데히드 등의 발암물질에 노출되었을 가능성, 야간근무와 초과근무 등으로 인한 과로, 도금 공정에서 황산(1급 발암물질)·납(2급 발암물질)·주석 등에 노출된 점, TCE를 사용한 점을 인정하나 이것이 암을 유발했다는 근거가 없다고 판결했다.

여기서 승소와 패소를 가르는 기준이 상당히 '자의적'임을 알 수 있다. 상당인과관계에서 '상당'의 명확한 기준은 애초에 존재하지 않는다. 패소한 세 명에 대해서 법정은 모두 발암물질에 노출될 가능성은 인정했으나 산재 인정은 기각되었다. 고 황유미 씨와 고 이숙영 씨의 경우 증거가 더 많았지만, 비슷한 연령대의 동일한 성별의 노동자가 비슷한 시기에 동일한 직무를 수행하다 동일한 질병에 걸려서 사망한 점이 판결에 영향을 미쳤을 것이다. 한편 재판부는 과학적 사실을 해석하는 데 엄밀하지 못했다. 판결문에서 가장 중요한 부분 중 하나는 국제암연구소(IARC)가 인정하는 1급 발암물질인 벤젠·이온화방사선·황산 등에 대한 노출 여부였다. 2차 판결이 있기 전 2012년 국제암연구소는 TCE를 2급 발암물질에서 1급 발암물질로 승격시켰다. 이 말은 TCE 사용을 인정한 S와 K의 판결에 있어 상당인과관계를 높이는 요인이었다. 그러나 재판부는 판결문에 계속해서 TCE를 2급 발암물질로 명기했다. 이 판결에 심각한 문제가 있다는 것은 반올림뿐만 아니라 연구를 위해 인터뷰한 삼성 측 전문가도 동의하는 것이었다(밑줄 필자 강조).

> **삼성 측 전문가** 실제로 발암물질에 노출된 건 S예요. S는 TCE에 노출되었고, 림프종이거든요. [중략] (그건) 합리적인 연관성 수준에서의 의학적 사실이에요. TCE라는 게 악성 림프종을 일으킨다는 것은 어느 정도 일반적으로 받아들여지는 사실이에요. 이 사람이 TCE에 노출돼 다른 여러 사람에 비하면 가장 유력한 사람이에요. 삼성도 부인하지 않습니다.[27]

이 전문가는 법정에서 고 황유미 씨, 고 이숙영 씨와 함께 적어도 S씨가 승소하리라고 예상했다. TCE가 2012년에 1급 발암물질(Group 1)로 승격되었다는 점을 고려하면 2014년 있었던 2차 판결에서 S씨뿐만 아니라 K씨 역시 승소의 가능성이 컸다. 이 사건에 깊숙이 개입해 반올림의 반대쪽에 있던 삼성 측 전문가조차 인정한 점인데도 재판부는 한편으로는 화학물질과 질병에 대해 무지했고 다른 한편으로는 새로운 과학적 사실의 발견을 무시한 채 상당인과관계를 받아들이지 않았다. 법원의 보수적인 결정에 반올림은 크게 실망했지만, 고 황유

---

26) 삼성 측 전문가는 1차 판결이 내려진 후인 2012년 7월 3일에 인터뷰했다. S씨의 경우 2차 판결에서도 산재가 기각되었다. 국제암연구소가 2012년에 TCE를 1급 발암물질로 승격시킨 점을 고려한다면 S씨에 대한 2차 판결의 문제가 심각함을 알 수 있다.

미 씨와 고 이숙영 씨의 승소는 반도체 직업병을 인정한 세계 최초의 사례였다. 즉 언론과 국민에게 반올림운동의 정당성을 높여주었고, 삼성과 정부를 더욱 압박하는 계기가 되었다.

조정위원회와 사태 처리를 둘러싼 갈등

반도체산업 직업병에 대한 과학적인 연구들과 사회운동의 영향력으로 반올림의 주장이 점점 설득력을 얻었다. 반면 국제적 기업이자 사회적 강자인 삼성전자는 점점 더 사회적 압력에 직면하게 된다. 2012년 산보연의 보고서는 삼성반도체공장에 발암물질이 있다는 사실을 확인시켜주었다. 국회에서는 '삼성백혈병·직업병 피해자 증언대회'가 열리고, 환경노동위원회에서는 여러 해 동안 이 사건이 국정감사의 이슈로 등장했다. 국제 연대를 통해 형성된 해외 운동가들은 삼성전자 본관을 방문하여 항의 시위를 벌였다. 반올림은 거리시위와 퍼포먼스를 꾸준히 조직했고, 노동계와의 연대를 통해 직업병에 대한 정부와 기업의 대책을 요구했다. 2013년 1월 28일 삼성전자 화성공장에서 불산이 누출되어 사상자 다섯 명이 발생하면서 고용노동부는 특별감사를 실시하게 된다. 감사 결과 고용노동부는 삼성전자가 2천여 건의 산업안전보건법을 위반했다고 발표했다. 또한 언론은 삼성반도체보다 하이닉스반도체의 문제가 더 심각하다고 주장하여 하이닉스반도체의 자체 조사를 이끌어내게 된다. 급기야 이 사건을 주제로 영화 〈또 하나의 약속〉이 2014년 2월에 개봉되어 50만 명의 관객을 동원하게 된다. 이 일련의 사건은 언론을 통해 대대적으로 보도되었고 삼성전자를 압박하게 된다.

이런 사회적 압력에 굴복하여 삼성전자는 2014년 5월 권오현 부회장이 공개 사과하고, 보상과 재발방지대책을 약속하게 된다. 문제 해결을 위해 삼성은 환자-가족과 이전부터 물밑접촉을 해 왔는데, 이제는 공식적으로 사과·보상·재발방지대책을 위한 합의과정을 논의하게 된다. 그러나 합의의 주체를 선정하는 과정에서부터 긴 시간이 소요되었다. 그 과정에서 환자-가족 중에 일부는 반올림에서 분리되어서 가족대책위원회(이하 가대위)를 구성하고 반올림·가대위·삼성 간의 조정위원회를 제안하게 된다. 이들 3자는 2014년 12월 김지형 변호사(전 대법관)를 위원장으로 하는 조정위원회를 구성하여 본격적으로 조정협상을 진행했다.[28]

조정위원회에서 삼성전자 측 10명, 가대위 측 8명, 반올림 측 6명의 조정 당사자들이 직접 참여하여 사과·보상·재발방지에 대한 세부적인 협상에 임했다. 이 세 주체는 조정위원회의 권고안에 합의하고 그 내용을 2015년 7월 23일 발표했다. 조정권고안의 주요 골자는 이 사태 해결을 위해 공익 목적의 사회적 기구를 설립하며, 이 기구에 삼성이 1천억 원을 기부하는 것이다. 이 공익기구의 대표는 대한변호사협회·한국법학교수회·경제정의실천시민연합·참여연대·한국산업보건학회·한국안전학회·대한직업환경의학회에서 추천받은 인사들로 구성함을 권고했는데, 이 단체들은 반올림·가대위·삼성 측이 영향력을 행사할 수 없으며 사회적으로 신뢰받는 곳이다.

27) 방희경, 〈삼성 반도체 직업병 조정권고안 언론보도의 문제점〉, '삼성전자 반도체 직업병 조정권고안' 보도를 통해 본 삼성의 언론지배 국회토론회, 2015년 10월 12일, 2~3쪽.

조정권고안은 공익기구를 중심으로 세부적인 사과·보상·재발방지에 대한 구체적인 방안을 제시한다. 삼성전자 대표이사인 권오현 부회장이 이미 사과한 바 있지만, 세 주체는 합의에 의한 사과를 공식화할 것을 요구했다. 기존의 공개 사과는 삼성의 실질적인 책임 인정보다는 도의적 책임이 주된 내용이었기 때문이다. '사과안'에 삼성전자의 관리 부실과 피해 노동자들과 그 가족이 겪은 아픔을 포용할 것을 제안했다. 더불어 '노동건강인권선언'을 할 것을 권고했는데, 이것은 이 사태를 계기로 노동건강인권의 중요성을 천명한다는 의미를 담고 있다. 보상안은 보상 대상자·질환의 범위·질환의 구분·최소 근무기간 및 퇴직 후 최대 잠복기·보상액에 대한 구체적인 가이드라인을 제시했다. 보상액은 공익기금 1천억 원 중 70퍼센트(7백억 원) 상당을 사용할 것을 제안했다. 마지막으로 재발방지안으로 삼성전자 내부에 재해관리 시스템을 강화하고 공익법인에 옴부즈맨 시스템을 구축하여 매년 지속적으로 관리를 받을 것을 제안했다.

이 조정권고안은 삼성 측 10명이 직접 참여하여 이끌어낸 합의였는데도 2015년 9월 삼성전자는 권고안의 거부를 발표한다. 대신 삼성은 1천억 원의 보상금을 내놓고 피해자들을 개별적으로 보상하는 안을 실행한다. 삼성 측이 불만을 가지게 된 내용은 공익단체의 설립과 이와 연관되어 상시적인 관리감독을 수행하게 될 옴부즈맨 제도였다. 삼성은 이를 삼성반도체의 운영과 자율성을 건드릴 수 있는 민감한 문제로 인식했다. 반면 조정위원회는 노조가 없는 삼성전자 측에서 노동자의 안전과 건강을 소홀히 할 것을 염려했다. 삼성전자의 조정권고인 폐기는 보수진영 언론과 진보진영 언론 간의 여론전으로 이어지게 된다.[28] 보수진영의 언론은 조정권고안이 "산재보상법의 근간을 흔들어놓을 뿐 아니라, 경영권을 침해하고, 졸속으로 도출"된 것이라고 공격했다.[29] 또한 가대위와 반올림의 갈등을 확대 재생산하고, 반올림이 피해 가족들을 대표하지 못한다고 비난했다. 보수언론은 반올림이 공익단체의 지분을 확보하려는 불순한 의도로 문제 해결을 방해하고 있다고 공격했다. 삼성은 진보언론과 반올림의 반발을 무시하고 개별적으로 피해 노동자들에게 보상을 진행한다.

반올림은 삼성 측이 조정권고안을 파기해버리자 다시 거리로 나서게 된다. 서울 강남역에 위치한 삼성본관 앞에서 계속해서 시위를 조직했으며, 급기야 2015년 10월 초부터 삼성본관 앞에서 상주하며 수백 일이 넘게 노숙투쟁을 벌이게 된다. 이런 끈질긴 투쟁은 삼성 측을 다시 협상 테이블로 나오게 했으며, 2016년 1월 12일 삼성·가대위·반올림은 재해예방대책에 최종적으로 합의하게 된다. 이 합의안은 애초 조정위원회가 제안한 것보다는 조금 후퇴한 것이지만, 이전의 삼성전자의 관리에 비해서는 상당한 진전을 이룬 것이었다. 재발 방지안은 크게 두 가지로 나뉘는데, 하나는 삼성전자 내부에 재해관리 시스템을 강화하는 것이고, 다른 하나는 옴부즈맨위원회를 두어 삼성전자의 관리를 검토·평가하고, 문제가 있을 때 개선안을 권고할 수 있게 하는 것이다. 삼성전자는 보건관리팀을 만들어 50여 명의 인력을 배치하고 건강지킴이센터를 만들어 임직원의 건강을 관리하는 한편, 환경에 대해 공장 주위의 지역민 및 지역 언론과 협력하기로 합의했다. 옴부즈맨위원회는 위원장 1인과 위원 2인의 총 3인으로

---

28) 방희경, 앞의 글.

29) 방승배, 〈'삼성전자 백혈병' 조정위 권고안 3대 논란〉, 《문화일보》, 2015년 7월 24일.

구성되어 2016년 1월 1일부터 3년간 한시적으로 운영되지만, 삼성전자의 특별한 사정이 없는 한 3년 범위 안에서 연장할 수 있도록 했다. 그러나 삼성과 합의된 내용은 재해예방대책에 한정된 것일 뿐이고, 사과와 보상에 대해서는 여전히 합의가 이루어지지 않아서 10여 년을 끌어온 반올림운동의 과제로 남아 있다.

〈표 1-4〉 반올림운동 주요사건 일지

일시	주요사건
2007년 3월	삼성반도체 전 직원 황유미 씨 사망과 최초 문제제기(총 6명 백혈병 확인)
2007년 11월	반도체 노동자의 건강과 인권 지킴이 반올림 결성
2008년 12월	산업안전보건연구원 집단역학조사 발표
2009년 3월	제보자 21명 늘어남
2009년 8월	반올림 국제연대 시작
2010년 1월	백혈병 피해자 5명 서울행정법원 소송 제기
2010년 6월	피해 제보자 58명으로 늘어남
2011년 6월	행정소송 1심 선고, 황유미 등 2명 산업재해 인정. 제보자 155명으로 늘어남
2011년 11월	반도체·전자산업 노동자 건강권과 환경정의 국제 심포지엄 개최
2012년 2월	산업안전보건연구원 반도체 작업환경 보고서 발표
2012년 4월	근로복지공단, 삼성반도체 노동자 재생불량성빈혈 산업재해 판정
2014년 2월	영화 〈또 하나의 약속〉 상영
2014년 5월	삼성전자 공식 사과
2014년 8월	행정소송 2심 선고, 황유미 등 2명 산업재해 인정
2014년 12월	가족대책위원회·삼성전자·반올림, 조정위원회 구성
2015년 7월	조정위원회 조정권고안 발표
2015년 9월	삼성전자 조정위원회 권고안 거부. 자체 보상위원회 구성 후 개별보상 시작. 반올림 반발, 제보자 362명으로 늘어남(삼성 293명, 삼성 외 기업 69명)
2015년 10월	반올림 노숙투쟁과 삼성본관 앞에서 조직적인 시위 시작
2015년 11월	SK하이닉스 반도체 노동자 보상 발표
2016년 1월	조정위원회 재해예방대책 합의

2장

현장 중심의 과학

삼성백혈병 또는 반도체산업 직업병 문제가 제기되자 초기에 정부는 이를 '과학적'으로 부정했다. 정부 측은 2008년 12월 집단역학조사를 발표하고 반도체공장의 작업환경과 직업성 암 발병 간의 인과관계를 통계적으로 부인했다. 산재 인정을 신청한 최초 여섯 명(황유미·이숙영·황민웅·S·K·P)의 개별역학조사에서도 산보연과 근로복지공단은 노동환경과 직업병 간의 관계를 부정했다. 고 황유미 씨의 경우 역학조사평가위원회 13인 중 업무관련성이 낮다는 전문가는 9명, 명백한 증거가 없다는 전문가는 1명, 업무관련성이 있다는 전문가는 3명으로 산재 인정 여부를 기각했다(업무상질병 여부 회신서: 황유미, 산보연, 2009년 3월 25일). 나머지 다섯 명도 역학조사평가위원들 절대 다수의 반대 의견으로 기각되었다.

반올림운동의 대척점에 서 있는 삼성전자도 반도체공장의 노동환경과 질병과의 관계에 대해 일관되게 침묵하거나 부인했다. 처음 문제가 불거진 2007년부터 3년여간 침묵을 지켜오던 삼성이었지만, 삼성반도체에서 일하다가 백혈병 투병 중에 반올림운동을 지지하던 고 박지연 씨의 죽음이 언론에 다시 주목을 받자 공식입장을 발표할 수밖에 없었다. 2010년 4월에 임직원들에게 보낸 공지에서 삼성전자는 반올림 측이 "우리 회사의 근무환경이 백혈병을 유발한다고 억지 주장을 하고 있다"고 주장했다. 이 공지에서 삼성전자는 정부의 집단역학조사를 언급하면서 삼성반도체공장은 "환경·안전·보건 분야의 국제표준인 ISO 14001과 OSHAS 18001을 인증받은, 글로벌 최고 수준의 환경·안전 관리를 하는 사업장"이라고 주장했다(2010년 4월 15일, '백혈병 논란에 대한 회사 입장'). 문제가 계속되자 삼성전자는 2010년 인바이런(Environ)이란 국제 과학 컨설팅 회사를 고용하여 노동환경과 반도체산업 직업병 간의 인과관계를 조사하고 2011년 7월 조사 결과를 발표했는데, 반도체산업 직업병 가능성을 부인했다.

체화된 보건운동에서 중요한 한 축이 사회운동이라면 다른 축은 대항지식이다. 이 지식은 의학지식·과학지식·법률지식·사회과학지식 등을 두루 포함하는 혼성적인 성격을 지니는데, 이는 질병을 둘러싸고 다양한 전문지식이 연관되어 있기 때문이다. 반올림운동에서 의사·과학자·노무사·변호사 등 대항전문가들은 백혈병에 대한 과학·법적 지식투쟁을 장기간 벌여왔다. 여기서 과학·의학적 지식은 논쟁의 핵심이 되는데, 왜냐하면 노동환경과 질병 간의 인과성을 둘러싼 투쟁이 반올림운동의 핵심이기 때문이다. 이 사례에서 지배지식동맹은 정부·삼성·국가지식기구의 전문가로 구성되며, 시민지식동맹은 반올림·노동자-환자·대항전문가로 구성된다. 이들은 각각 관리 중심의 과학과 현장 중심의 과학을 구성하여 지식정치를 펼친다. 두 진영의 지식 구성을 자세히 살펴보기 전에 최근 다른 분야보다 보건운동에서 지식정치가 왜 중요한지 좀 더 개념적인 설명이 필요하다.

지역적 지식, 전문성의 정치, 과학의 이해연계

정부와 기업을 상대로 투쟁하는 보건운동(또는 의료운동)에서는 질병 경험을 기반으로 한 지역적 지식(local knowledge), 전문성의 정치(politics of expertise), 과학의 이해연계(interest-ladenness of science)와 같은 문제들에 직면한다. 사회운동에서 지배적인 과학지식에 대항하는 지역적 지식의 중요성은 오랫동안 강조되어왔다.[1] 지역적 지식은 지배적 과학의 인식론적 권위에 도전하고, 일반인의 인식론적 정당성을 부여한다. 최근 보고되고 있는 아토피·새집증후군·화학물질 과민반응·전자파 유해성·전자산업 직업병 같은 질병들은 정확한 발병 원인을 찾기 힘들고 기존의 의학지식으로 해결할 수 없는 경우가 많다. 환경질병은 주체가 통제할 수 없는 낯선 몸을 환자가 경험하고 의학적 담론이 담아낼 수 없는 새로운 해석적 공간을 창출한다. 전문가들은 이러한 질병의 원인과 치료에서 무능력을 드러내고 혼동을 경험하게 되며, 환자들은 질병의 원인을 내부가 아니라 외부, 즉 환경에서 찾는

---

1) 대표적으로 언급되는 연구들은 미국과 유럽의 사례들인데, 미국 러브 커널(Love Canal)의 환경문제와 보건운동, 브루클린 지역의 오염과 '거리과학'(Jason Corburn, *Street Science: Community Knowledge and Environmental Health Justice*, Cambridge, MA: The MIT Press, 2005), 에이즈운동과 연관된 보건운동(Steven Epstein, *Impure Science: AIDS, Activism, and the Politics of Knowledge*, Berkeley: University of California Press, 1996), 매사추세츠 워번(Woburn) 지역의 환경문제와 '대중역학'(Brown, 앞의 글, 1992), 영국 컴브리안 지역의 오염과 지역적 지식(Brian Wynne, "May the Sheep Graze Safely: A Reflective View of the Expert-Lay Knowledge Divide", in S. Lash (ed.), *Risk, Environment, and Modernity*, London: Sage, 1996, pp. 44~83) 등을 들 수 있다.

다. 여기서 환자들은 전문적 의학지식이 아닌 자신의 경험과 느낌에 기반을 두고 주위 환경과 몸의 관계를 파악하고 새로운 행동방식을 취하게 되는 '실천적 인식론'을 채택한다.[2] 예를 들어 특정 물질이나 장소가 아토피를 일으킨다면 환자들은 이를 피하게 된다. 특정한 장소와 경험에 기반을 둔 지역적 지식은 분명 실험과학으로 대표되는 근대과학의 인식론과 어긋나고 질병의 합리성은 경합된다. 반도체산업 직업병에 대한 공식적인 개별역학조사를 통해 정부는 질병의 원인이 반도체공장과 무관하다는 결론을 내렸는데, 이에 대해 환자-가족들은 작업환경의 유해성을 자신들의 경험으로부터 재구성해나가고 전문가들과의 연대를 통해 '현장 중심의 과학'을 구성한다.

전문성의 정치는 경합되는 질병과 같은 과학지식의 불완전성·불확실성과 연관된다.[3] 여기서 누가 기술적 권위와 합법성을 가지며, 어떤 정책적 절차를 거쳐야 하는지는 열린 질문이 된다. 전문성의 정치에 대한 논의는 2000년대 초반부터 과학기술사회학의 중심 이슈로 떠오르는데, 이는 시민들이 사회운동과 다양한 방식을 통해 과학기술의 지식생산뿐만 아니라 정책적 의사결정에 관여하는 경우가 점점 더 늘어나기 때문이다.[4] 시민들은 정부와 과학자에게 주어진 이중

2) Steve Knoll-Smith and H. Hugh Floyd, *Bodies in Protest: Environmental Illness and the Struggle over Medical Knowledge*, New York: New York University Press, 1997.

3) Harry Collins and Robert Evans, "The Third Wave of Science Studies: Studies of Expertise and Experience", *Social Studies of Science* 32(2), 2002, pp. 235~296.; Brian Wynne, "Seasick on the Third Wave: Subverting the Hegemony of Propositionalism", *Social Studies of Science* 33(3), 2003, pp. 401~417.

4) Sergio Sismondo, *An Introduction to Science and Technology Studies(2nd ed.)*, West Sussex, UK: Wiley-Blackwell, 2010.

의 위임(정책결정의 위임과 과학적 사실의 결정에 대한 위임)에 도전하고, 이 두 가지 결정과정에서 참여를 요구한다.[5] 정치-경제적 모델에서는 과학적 사실에 대해 가장 능력 있고 권위를 가진 사람이 과학적 사실을 결정하고 이를 정부가 받아들이는 것이 비용-편익에 가장 적합하다고 가정한다. 하지만 반도체산업 직업병 사례와 같이 과학적으로 경합되는 상충된 해석이 나오고 환자들이 정부로부터 위임받은 과학자들의 해석을 받아들이지 않을 때, 이 모델은 심각한 문제점을 안게 된다.

최근의 경험적 사례들을 볼 때 과학적 사실 판단과 정책적 결정에 시민의 참여가 확장(extension)되고 있는데 이는 여러 요인 중에서도 사회운동과 대항전문가의 역할이 크다고 볼 수 있다.[6] 대항전문가들은 제2차 세계대전 후 기술비판주의와 함께 급격하게 늘어났으며, 최근 한국의 과학기술논쟁에서도 이들을 종종 찾아볼 수 있다.[7] 삼성백혈병 사례에서도 기존 전문가들의 지식 결정과 정책 의사결정은 도전받고 이들의 합법성은 흔들리게 된다. 동시에 대항전문가들은 주류적 지식 생산에 반발하여 피해자들과 연대하여 현장성에 기반을 둔 지식을 만들어낸다.

---

5) David Guston, 앞의 책.

6) Massimiano Bucchi and Federico Neresini, "Science and Public Participation", in Edward Hackett et al.(eds.), *The Handbook of Science and Technology Studies*(3rd ed.), Cambridge: The MIT Press, 2008, pp. 449~472.

7) Scott Frickel, *Chemical Consequences: Environmental Mutagens, Scientist Activism, and the Rise of Genetic Toxicology*, New Brunswick: Rutgers University Press, 2004.; Kelly Moore, *Disrupting Science: Social Movements, American Scientists, and the Politics of the Military, 1945~1975*, Princeton: Princeton University Press, 2008.

삼성백혈병 사태가 더욱 복잡하게 되는 주요원인 중 하나는 과학의 이해연계(interest-ladenness)이다. 과학이 중립적·보편적·객관적이라는 일반적인 규범은 과학기술의 상업화와 과학을 통한 기업의 이익 방어로 인해 크게 흔들려왔다.[8] 과학기술사회학에서 일련의 연구들은 '과학의 정치경제학'이 지구적 자본주의에서 보편적으로 나타나는 현상이라고 지적하고, 산업체와 과학 간의 관계를 면밀히 분석할 것을 요구한다.

삼성백혈병 사태에서 과학의 이해연계는 두 가지 방식으로 나누어서 생각해볼 수 있는데, 하나는 삼성전자 측이 지불해야 하는 직간접적인 비용 손실이며, 다른 하나는 '기업의 영업비밀'이다. 삼성은 이익을 방어하기 위해 질병의 원인과 작업환경의 관계를 정부의 역학조사에 근거하여 부정해왔을 뿐만 아니라 독자적으로 인바이런이라는 고용과학을 동원했다. 반도체산업 직업병은 삼성전자에 세 가지 차원의 경제적 이익과 관련된다. 첫째, 앞서 설명했듯이 반도체산업 직업병이 공장의 환경 때문에 발생한 것으로 판명될 경우에 삼성전자는 산재보험요율을 높게 적용받아 더 많은 돈을 납부해야 한다. 둘째, 반도체산업 직업병을 둘러싼 투쟁 과정에서 브랜드 가치는 돈으로 환산할 수 없는 타격을 받게 된다. 셋째, 1980년대 미국 IBM사와 반도체산업 노동자 사이에 있었던 소송에서 결국 IBM이 질병에 걸린 노동자들과 합의한 것과 마찬가지로, 삼성 역시 질병에 걸린 피해자들에 대한 보상금의 문제를 해결해야 한다. 따라서 삼성은 반도체

---

8) 시민과학센터, 《시민의 과학》, 사이언스북스, 2011.; Rebecca Lava, Philip Mirowski, and Samuel Randalls, "Introduction: STS and Neoliberal Science", *Social Studies of Science* 40(5), 2010, pp. 659~675.

산업 직업병과 작업환경 간의 차이를 전면적으로 부정할 수밖에 없는 이해관계에 놓여 있는 것은 틀림없다.

삼성백혈병 사태에서 지식정치에 더 중요하게 작용하는 이해연계는 '기업의 영업비밀'이다. 이는 반도체산업 직업병의 원인을 파악하는 데 결정적인 어려움을 낳는다. 삼성은 '기업의 영업비밀'이라는 명분하에 자료를 전적으로 공개하지 않거나 조사를 회피 또는 지연시켰다. 삼성은 반도체공장에서 사용하고 있는 화학물질과 이전의 작업환경 기록을 모두 공개하지 않는다. 유해한 화학물질의 존재 여부를 알아야만 질병의 원인을 밝힐 수 있는데, 반올림 측은 향후 제보를 통해서야 부분적으로 유해 화학물질의 사용을 알게 된다. 또한 삼성은 환자의 개별역학조사와 함께 일했던 동료들이 법정에서 증언하지 못하도록 막음으로써 환자 측의 증거 수집을 제한한다. 기업의 '비밀성'은 과학의 '개방성'과 충돌하며, 이는 과학의 이해연계와 관계된다.

질병의 지식구성

삼성백혈병 사태의 핵심은 환자의 질병이 공장의 환경과 인과적 관계가 있는지를 밝혀내는 것이다. 법률에서는 직업병을 판정할 때 확고하고 기계적인 인과관계보다는 상당인과관계를 채택하고 있다. 이는 직업병의 판정에 있어 환자가 자신의 질병을 의학적·자연과학적으로 '명백히' 입증해야만 하는 것이 아니고, 근로자의 취업 당시 건강상태, 질병의 원인, 작업장에 발병원인물질이 있었는지 여부, 발병

원인물질이 있는 작업장에서의 근무기간 등 제반 사정을 고려할 때 업무와 질병 또는 그에 따른 사망 사이에 상당한 인과관계가 있어야 함을 말한다. '상당'이란 말이 모호하고 불확실하지만, 제반 의학적·과학적 증거들이 '많으면 많을수록', 그리고 이것이 '설득력과 권위'를 가질수록 인정받기가 유리하다고 볼 수 있다.

전체적인 질병의 구성·조사·판정의 절차는 상당히 복잡하고 경합적인 과정을 거치는데 〈그림 2-1〉은 이것을 일목요연하게 나타낸 것이다. 여기서 주의해야 할 것은 그림에서 표현된 질서정연한 질병 구성과 조사 과정은 반올림 측이 수년간의 싸움과 고민 속에서 어렵게 성취한 것이라는 점이다. 초기에 환자·활동가·전문가 들은 어디서부터 어떻게 질병을 조사해야 할지 몰랐다. 여러 우연한 상황 속에서 반올림은 여러 제보, 활동가들의 고민, 과학적 공부와 토론 등을 거쳐 종합적으로 질병의 발생 경위를 밝혀내었다. 곧 반올림 측의 질병 구성은 준비된 과학적·지식적 자원이 없는 상황에서 환자·전문가·활동가 들이 절박하게 협력하여 만들어낸 지식의 건축물이다. 〈그림 2-1〉에서 보듯이 반올림 측의 끈질긴 조사와 요구 끝에 정부의 개별역학조사·집단역학조사·반도체사업장노출평가보고서 등의 공식적인 조사가 이루어졌다.

〈그림 2-1〉 반도체산업 직업병의 지식구성

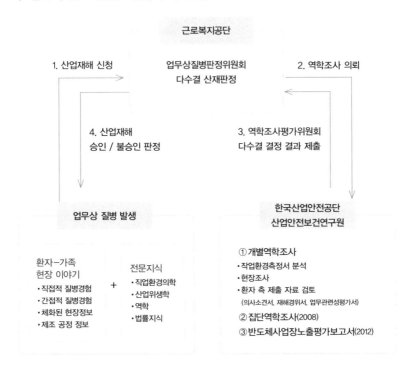

앞서 설명했듯이 질병과 작업환경 사이에 인과관계가 확립되는가, 즉 업무상 질병 인정 여부는 1) 유해물질의 존재와 노출 여부, 2) 충분한 노출 여부, 3) 의학적 인정 여부로 나뉘는데, 모두 경합의 대상이 된다. 환자-반올림 측과 정부-삼성 측의 질병에 대한 경합은 지식을 구성하고 판단하고 해석하는 방식의 차이에서 기인한다. 전자가 노동자들의 '현장 경험'을 바탕으로 귀납적 증거들을 '최대한' 동원하고 이를 대항전문가들이 과학적·의학적으로 연결시키는 방식을 따른다면, 후자는 형식적이고 관리적인 방식으로 정보를 구성하며 '기업의 이익'과 '영업비밀 보장'이라는 프레임 안에서 정보를 '최소한으로' 통제하는 방식을 취한다. 이 구성방식의 경합은 환자가 증거의 부담을 지는 것, 그리고 반도체산업 직업병(또는 전자산업 직업병)에 대한 과학적 지식의 불완전성·불확실성·상충성 같은 요건들이 맞물려 노동자에게 불리하게 작동한다.

우선 반도체공장의 유해물질 존재 및 노출 여부에 대한 경합이 벌어진다. 반도체는 모래에 있는 규소 성분을 추출하여 전기로에서 액체 상태로 만들고, 이를 잉곳(ingot, 규소봉)이라는 결정체로 만든다.[9] 잉곳을 잘라 웨이퍼(wafer)를 만들고, 이 웨이퍼 표면에 여러 막을 형성시킨 다음, 특정 부분을 선택적으로 깎아내는 작업을 한다. 웨이퍼에 회로 패턴을 만드는 전체 작업을 팹(FAB, fabrication) 공정이라고 하며, 웨이퍼를 자르고 금속을 연결시킨 다음 성형 과정을 거치면 반도체 칩이 된다. 반도체가 만들어지는 과정은 산화(oxidation)·광학현상(lithography, 감광 공정 포함)·식각(etching)·도핑(doping, 확산 공정 포함)·화학증착(chemical vapor deposition)·금속화(metalization)의 총 여섯 가지 공정을 거친다. 반도체공장에서 사용되는 화학물질은 알려진 것만 400여 가지로, 이 가운데 산업안전보건법상 측정대상 물질은 189가지다. 반도체 공정에서 문제가 되는 화학물질은 발암물질인 벤젠·산화에틸렌·TCE·아르신과 비소화합물·포름알데히드 등이다. 이들은 백혈병과 각종 암을 일으킨다고 과학계에 보고돼왔다. 이에 덧붙여 반도체 공정에서 사용되는 방사선 발생장치에서 나오는 이온화방사선의 노출 여부도 중요하다.

하지만 특정 유해물질의 존재 여부를 확인하는 데에는 다음과 같

9) 최영락·이은경, 《세계 1위 메이드 인 코리아: 반도체》, 지성사, 2004, 36~45쪽.

은 문제점이 있다. 첫째, 노출·발병·질병 인지까지 걸리는 시간은 상당히 길기 때문에 과거 작업환경에 대한 정보를 얻기 어렵다. 또한 첨단산업의 경우 기술이 굉장히 빨리 바뀌기 때문에 설비를 포함한 작업환경도 빨리 바뀐다. 둘째, 삼성은 영업비밀이라는 이유로 과거 작업환경에 대한 정보를 적극적으로 공개하지 않는다. 셋째, 유해 요인에 대한 조사가 불완전하고, 작업과정에서 화학물질의 복잡한 상호작용을 측정할 수 없어 정보가 불완전하다.

환자-가족들이 산재보험급여를 신청하자, 산보연은 반도체공장에 유해 화학물질이 있었는지에 대해 조사했다. 조사를 위해 먼저 삼성 반도체공장에서 해마다 실시하는 작업환경측정결과를 제출받아 검토했다. 법에 의하면 반도체공장은 노동자의 안전을 위해 해마다 작업환경측정을 실시해야 한다. 이 자료들을 분석한 결과 일부 금속과 유기화학물이 나왔지만 발암물질은 없는 것으로 확인되었다. 다음으로 반도체공장에 대한 현장조사를 실시했다. 산보연은 2008년 문제가 제기된 기흥공장과 온양공장의 라인에서 직접 작업환경을 측정했다. 이 조사에서도 역시 벤젠과 같은 발암물질은 검출되지 않았으며, 방사선 발생장치도 자연방사선 수준 이하로 측정되었다. 산보연의 자료는 피해자들이 어떤 발암물질에도 노출된 적이 없음을 말하는 것이었다.

현장에서 일했던 환자와 가족, 동료 들의 이야기와 제보는 유해물질의 존재와 노출을 밝혀내는 데 가장 중요한 토대가 된다. 예를 들어 고 황유미 씨는 확산 공정과 감광 공정에서 일했는데, 이때 유해물질인 과산화수소와 BOE(Buffered Oxide Etchant, 플루오린화수소·플루오린화암모늄·계면활성제의 혼합물)가 있는 통에 웨이퍼를 담갔다 꺼내는 작업을 되풀이했다(일명 '퐁당퐁당' 공정). 회사 동료들은 황유미 씨가 '불산(플루오린화수소산)'에 담갔다 빼는 작업을 계속했다고 말하고, 또한 방사선 설비에도 상당히 노출되었다고 증언했다. 반도체 제작 공정과 설비가 상당히 복잡하여 환자와 동료 들은 이 과정에 대해 전문가들에게 상세히 설명해주었다. 예를 들어 '퐁당퐁당' 작업 중에는 배기장치가 작동하여 위에서 아래로 바람이 흐르기 때문에 유해가스를 마시지 않는다는 삼성 측의 주장에, 동료 엔지니어는 위에서 내려오는 바람의 속도가 그렇게 강하지 않으며 가스 냄새가 옆으로 퍼진다고 증언했다. 또한 안전한 작업환경을 위한 '인터록'을 작업 속도를 높이기 위해 끈다는 다수의 증언이 나왔다.

유해물질의 존재와 노출 여부는 삼성반도체 엔지니어의 중요한 제보에 의해 확인되었다. 2010년 5월에 《한겨레21》은 삼성반도체 기흥 공장에서 엔지니어들에게 나누어 주는 '환경수첩'을 입수했다.[10] 이 수첩은 반도체 공정에서 각종 유해물질 목록을 담은 것으로 기밀로 분류되어 있고, 회사 밖으로의 유출이 금지되어 있었다. 《한겨레21》은 과학자와 의사 들에게 유해물질 분석을 의뢰했고, 이를 통해 TCE, 시너, 감광액(PR), 디메틸아세트아미드, 아르신(AsH_3), 황산(H_2SO_4), 이렇게 총 여섯 가지의 발암물질과 40여 종의 자극성 물질이 반도체 공정에 사용되었던 사실이 드러났다. TCE 같은 경우 세계적으로 위험한 발암물질로 알려져 있는데, 이전까지 삼성은 이 물질을 사용하지 않는다고 발표한 바 있다. 감광액에는 중크롬산염과 벤젠, 시너에

---

10) 임지선·허재현, 〈삼성반도체 '발암성 물질' 6종 사용 확인〉, 《한겨레21》, 2010년 5월 24일.

도 벤젠이라는 발암물질이 들어 있었다. 의학적으로 벤젠은 널리 알려진 백혈병 유발 물질이고, TCE도 백혈병 의심인자로 보고되고 있다. 이 환경수첩에서 드러난 유해물질의 존재는 법원 판결에서도 중요하게 참작되었다.

대항전문가들의 과학적 논문 역시 유해물질의 존재와 노출 여부를 밝혀내는 데 중요한 역할을 했다. 2009년 6월부터 10월까지 5개월 동안 서울대학교 백도명 교수를 연구책임자로 하여 총 열 명의 산업보건분야(산업의학·산업위생·산업독성·산업환기) 전문가들은 '반도체 사업장의 위험성 평가'를 실시한다.[11] 삼성백혈병이 사회적 주요 이슈로 떠오르고 노동계와 시민들의 압력이 거세지자 노동부는 주요 반도체 업체(삼성전자반도체·하이닉스반도체·엠코테크놀로지코리아)를 설득하여 전문가들로부터 위험성 평가를 받게 한다. 백도명 교수는 국내 직업환경의학(이전에는 산업의학)의 권위자로, 오랫동안 산업안전보건과 관련된 정부의 주요 직책을 맡아오면서 질병 판정, 유해물질 분류와 등록, 유해물질 작업지침 등에 관여해온 대표적인 전문가이다. 또한 20년 넘게 노동계 쪽을 대표하는 직업환경의사로, 대항전문가들의 형성과 연대에도 커다란 역할을 해왔다. 《반도체 사업장의 위험성 평가》 보고서는 크게 반도체공장에서 이루어지는 위험의 파악, 위험의 인식, 위험의 관리로 나누어졌고, 당시에는 반도체 사업장의 유해물질 위험 파악에 초점을 맞추고 있었다. 삼성반도체의 경우 사용한 화학물질은 99가지였고, 이 가운데 회사에서 파악하고 있는 물질은 40

---

11) 이 보고서는 일반에 공개되지 않았고, 시민단체와 언론에 일부 구체적인 내용이 알려졌다.

퍼센트였다. 이 가운데 단 한 건도 구성성분에 대한 확인을 하지 않았다. 즉 언제 어떤 화학물질이 어떻게 사용되어왔는지를 회사 측에선 파악하지 않았다.

중요한 점은 반도체 공정에서 발암물질이 검출된 것이다. 서울대학교 연구진은 감광 공정에서 대표적인 유해물질인 벤젠과 에틸렌글리콜 에테르가 검출되었음을 보고했다. 또한 이온 주입 과정에서 노출되는 도판트(dopants, 아르신·보론·포스핀 등)가 발암성·가연성이 있는 위험물질이라는 점, 아르신 가스 사용으로 인한 부산물질인 비소화합물이 백혈병·피부암·방광암의 원인이 된다는 점을 보고했다. 서울대학교 보고서는 환자들이 일한 과거 상태의 조사가 아니라 현재 상태의 조사라는 점에서 유해물질 노출과 환자의 발병 사이에 직접적인 인과관계가 있음을 밝혀내지는 못했지만, 과거에 일한 노동자들이 발암물질에 노출되었을 개연성이 높다는 것을 밝혀냈다. 서울대학교 보고서는 발암물질 존재 여부를 부인한 산보연의 연구와 정면으로 배치되었으며, 법정에서도 중요한 과학적 근거로 채택되었다.

업무상 질병의 두 번째 인정 조건은 비록 노출이 되었더라도 '충분히' 노출되었느냐 하는 노출 수준 또는 정도의 문제이다. 여러 어려움 속에서 백혈병 및 암의 원인이 되는 물질에 노출되었음을 증명했더라도 발병에 이르기까지 '충분히' 노출되었는지를 증명하기는 쉽지 않다. 예를 들어 산보연은 급성백혈병에 걸린 세 명의 여성 노동자의 산재보험급여 신청을 평가하면서 '백혈병의 원인 요인(벤젠·이온화방사선·포름알데히드·1, 3-부타디엔·산화에틸렌)에 노출된 수준이 자연노출수준으로 낮고, 역학적 연구결과에서도 직업적 노출이 있었다고 보기는 어렵다'라는 이유로 모두 기각시켰다. 다시 문제가 되는 것은 첫째, 과거 작업환경측정 자료가 없거나 부족하다는 것이다. 작업환경 측정 대상물질이 매우 제한적이고 반도체공장에서 사용된 400여 종의 화학물질 중 측정된 것은 10퍼센트 전후에 불과하다. 둘째, 유해물질들 중 상당수는 아직 노출기준 자체가 없고, 노출기준이 있더라도 그것이 타당한가의 의문이 남는다. 예를 들어 통상 여섯 시간을 측정하고 이것을 여덟 시간 가중 평균 농도로 산출하는 방식을 택하는데, 이는 작업환경을 '관리'하기 위해 실시되는 것이 목적이지, 실제 노출 상황을 반영한 것이 아니다. 정상업무 중 간헐적 노출, 비정상시의 간헐적 노출, 간접적 노출, 복합 노출 및 유해요인 간 상호작용은 측정할 수 없는 것이 현실이다. 예를 들어 1997년에 입사하고 2005년에 백혈병이 발병하여 사망한 황민웅 씨의 경우, 2002년 백랩 작업 공정 당시 불완전한 조건에서 설비를 가동하면서 여러 가지 시험적인 공정작업 때문에 누출사고 등이 수시로 일어났는데 이런 경우의 간헐적 노출은 질병 판정 때 고려의 대상이 되지 않았다. 작업환경이 안정화되었을 때 노출수준을 측정하는 것과 안정화되기 전 측정하는 것은 상당한 차이를 보인다. 일반적인 작업환경 측정은 회사의 협조 아래 진행되기 때문에 이미 공정이 안정화된 단계에서 이루어지고, 따라서 통상 노출수준을 초과하는 경우는 드물다. 근로복지공단은 황민웅 씨의 경우 1) 백랩 공정이 작업환경 측정 대상 공정이 아니었고, 2) 유해화학물질에 노출되었을 가능성을 인정하지만 벤젠 등 백혈병을 일으키는 물질에 노출된 근거가 없고, 3) 백혈병 유발인자인 이온화방사선 등에 직접적으로 노출되었다고 볼 만한 자료가 없다는 산보연의 역학조사 결과에 의거하여 유족의 산재보험급여 신청을 기각시켰다.

노출수준에 대한 정보가 약할 때 다른 정황들을 종합하여 노출수준이 '상당한지'를 판단하는 경우가 있지만, 이 경우 판단 근거가 명확하게 적용되는 것은 아니다. 예를 들어 2012년 4월 처음으로 재생불량성빈혈 산재 인정을 받은 K씨는 삼성반도체 온양공장 도금·절단·절곡 공정에서 5년 5개월 동안 근무했다. 도금공정은 납성분을 사용하는 공정으로, K씨는 과거에 납중독과 빈혈을 진단받았다. 이 의학 자료는 과거에 노출이 상당했을 것이라는 근거로 인정받아 산재보험급여 승인을 받았다. 또한 산보연의 2012년 반도체공정의 정밀 유해요인조사 결과에 따라 K씨가 과거에 작업을 하는 동안 성형 공정에서 수지가 가열되거나 열분해될 때 벤젠이나 포름알데히드 등의 조혈기계에 영향을 미치는 화학물질에 복합적으로 노출되었을 가능성이 있다고 밝혀진 것 역시 근로복지공단이 산재보험급여를 승인한 이유다. 반면 삼성반도체에서 5년간 근무한 또 다른 여성 L씨는 K씨와 같은 시기에 동일한 절단과 절곡 공정에서 일하다 급성백혈병에 걸려 산재보험급여를 신청했으나 기각되었다. L씨가 산재보험급여를 신청한 때는 2008년 4월이며, 역학조사를 거쳐 2009년 5월에 산재불승인 결정을 받았고, 2010년에 행정소송을 제기했는데, L씨의 경우 2012년 산재 인정을 받은 K씨와는 달리 과거에 대한 불완전한 자료로 인해 불인정된 셈이다.

업무상 질병에 대한 세 번째 조건인 '의학적 인정' 여부 또한 경합된다. 질병은 복잡한 과정에서 일어나고, 반도체산업 직업병(또는 전자산업 직업병)과 같이 눈에 보이지 않고 복잡한 요인을 가지는 질병은 과학자 커뮤니티 안에서 좀처럼 완벽한 합의에 이르기 힘들다. 특정 화학물질과 질병 사이의 인과관계에 대한 연구가 상당수 있다고 하더라도 서로 다른 결론을 내는 경우가 많아 의학적 인정 여부는 또 다시 해석과 논쟁의 대상이 된다. 산보연과 삼성의 전략은 질병의 원인이 명확하지 않다는 불확실성과 불완전성을 끊임없이 제기하는 것이다. 이에 반해 반올림과 환자의 전략은 더 많은 과학적 증거자료를 찾아내는 일이다. 다음의 사례들은 산보연이 특정질병의 원인이 명확하지 않다는 논리로 어떻게 산재보험급여 신청을 기각했는지를 잘 보여준다.[12]

- 루게릭병(ALS: Amyotrophic Lateral Sclerosis, 근위축성측삭경화증 또는 루게릭병) 36세 남성(삼성반도체 가공공장 5라인 설비 엔지니어로 14년 근무)
  "산업안전보건연구원 직업성질환 역학조사 결과는 신청인의 ALS는 현재까지 명확한 원인이 밝혀져 있지 않는 질병이며, 작업적 연관성에 대해서도 알려진 바가 많지 않다."
- 뇌종양 30세 여성(삼성반도체 고온 테스트 업무 6년 근무)
  "의학적으로도 뇌종양의 경우 일반적인 발병기전상 대부분 원인 불명으로 알려져 있는 바……."
- 다발성경화증 20세 여성(삼성 LCD공장 납땜 3년 근무)
  "다발성경화증 자체가 원인이 확실치 않은 질병이고 상기인의 경우 업무관련성 여부에 대해서도 현재까지 의학적인 결론이 없는 상태임"

---

12) 공유정옥, 〈전자산업 종사자의 업무상 질병 특성 및 쟁점〉, 대한직업환경의학회 주관 제 45회 산업안전보건 강조주간 세미나 발표 자료, 2012년 7월 3일.

산보연 측에 맞서서 반올림의 대항전문가들은 의학적 인정을 받기 위해 두 가지 전략을 택하는데, 하나는 특정 유해성 평가에 대한 '공신력 있는 기관'의 사례를 끌어오는 것이고, 다른 하나는 반도체산업에서 발생한 질병에 대해 연구한 '저명하고 권위 있는 논문들'을 찾아내는 것이다. 종종 대항전문가들은 화학물질의 규제와 대처가 일찍 발달한 선진국의 기관, 특히 미국의 규제기관이나 전문단체의 경험과 권위를 빌려온다. 예를 들어 한국의 경우 발암물질인 벤젠의 허용기준이 2003년에서야 10피피엠에서 1피피엠으로 낮추어진 반면, 미국 산업위생사협의회(ACGIH)에서는 이미 1990년대에 벤젠의 허용농도를 0.1피피엠으로 낮추라고 권고했다. 이 규준에서 보면 2003년 이전 일했던 반도체공장의 한국 노동자들은 농도가 높은, 즉 암이 발생할 확률이 높은 환경에서 일해왔음을 알 수 있다. 현재 한국의 많은 화학물질 관리기준이 미국의 허용농도보다 높거나, 같다고 하더라도 시기적으로 미국보다 뒤처진다고 볼 수 있다. 또한 대항전문가들은 역학에서 인과관계에 널리 쓰이는 '브래드퍼드 힐 기준(Bradford Hill Criteria)'을 채택할 것을 주장한다. 이 기준은 과학적 연구결과나 실험연구결과가 없어도 업무관련성을 배제해서는 안 된다고 명시하고 있으며, 특정물질과 질병의 관계를 노동자의 입장에서 더욱 포괄적으로 정의한다.

의학적 인정을 획득하기 위한 대항전문가들의 또 다른 전략은 반도체공장 또는 유사한 산업에서 발생하는 질병에 대한 과학논문을 수집하고 분석하는 일이다. 한국에는 이 분야에 대한 논문이 전무한 상태였고, 반도체산업이 먼저 발달한 나라에서 이 문제도 먼저 발생했기 때문에 미국·영국·타이완 등에서 연구된 경우가 많았다. 해외

연구가 모두 환자-가족의 의견을 지지하는 내용은 아니었고, 사측의 의견을 대변하는 경우도 있었다. 그럼에도 해외연구의 분석은 질병과 반도체공장 환경요인 간 상관관계에 대한 의학적·과학적 근거 구축에 중요한 지식적 기반을 제공했으며, 논리적 준거를 형성하는 데 중요한 역할을 했다. 그뿐만 아니라 반도체공장에서 일어나는 질병이 개인의 질병이 아니라 집단적 질병이라는 점을 과학적으로 입증하는 자료로 활용되었다.

질병과 작업환경 간의 인과관계 구성과 그에 따른 경합은 과학의 불확실성, 기업 영업비밀로 인한 정보의 제한성, 과거 상황의 재현 불가, 환자 증명의 원칙 등과 같은 요인들에 영향을 받는다. 이러한 불리한 여건 속에서 환자(노동자)-대항전문가의 연합인 반올림은 노동자의 현장성과 전문가의 전문성을 결합시키는 방식으로 지식을 구성해나갔으며, 이를 통해 과학적 근거를 구축했다. 예를 들어 반올림 활동가이자 직업환경의사인 공유정옥은 노동자들의 현장 경험 이야기가 이 질병을 이해하는 데 결정적이었다고 말한다. 가령 M씨의 경우 그녀의 현장 증언과 다른 노동자의 제보가 없었다면 발암물질인 이온화방사선의 노출 여부를 알 수 없었을 거라고 말한다.

공유정옥 M씨가 엑스선 검사를 했다고 얘기했을 때 '그게 방사선'이라고 알아들을 수 있는 전문가는 필요했죠. 하지만 M씨가 엑스선을 썼단 얘기를 하지 않았다면 저희가 알 방법이 없어요. 회사는 "방사선이 발생하는 장치와 이온을 주입하는 임플란트 기계에서 엑스선이 나오고, 두 가지 다 자연방사선 수준이었다"는 측정 결과를 내놨는데, 저희는 그 거짓말을 그대로 믿었거든요. 그런데 어느 날 새로운 제보자가

XRF 기계(형광 엑스선 분석기. 방사선이 나오는 기계)가 있대요. [중략] 이 사람이 증언하는 건 곳곳에 XRF가 있었다는 거예요(노동자들이 공장 곳곳에서 인지하지 못한 채 방사선에 노출되었다는 뜻).

현장의 노동자들은 당시 작업환경에서 있었던 이야기들을 자세히 들려주지만, 그것을 전문적인 용어로는 이해하지 못했다. 위에서 보듯이 M씨는 엑스선 검사를 했지만, 그 때문에 방사선에 지속적으로 노출되었다는 것을 인지하지는 못했다. 이런 현장상황을 반올림의 대항전문가들은 과학적 용어로 '번역'한다. 비호지킨림프종으로 투병 중인 삼성반도체의 전 노동자 S씨는 대항전문가들이 과학적 언어로 번역한 전문성의 효과를 다음과 같이 말한다.

S씨 제가 무슨 약품을 썼다, 무슨 일을 했다고 말하고, 그것이 위험한 것이었다고 말하면 그 사람들(의사·대항전문가 들)은 뭐가 위험한지 수치로 얘기해요. 단국대 김현주 선생님(의사·대항전문가)이 제 발병 소견을 작성해주셨는데, 그분은 어떤 공간에서 이만큼 하면 노출이 얼마만큼 되고, 사람한테 어떻게 된다고 수치로 말해줬어요. 그리고 외국 논문을 인용해서 해주시니까 제가 백날 '위험하다, 위험한 것 썼다, 무슨 약품을 썼다'고 말한 것보다 단 하나의 숫자로 말하는 게 열배 백배가 좋아 보여요.

이 이야기에서 드러나듯이 이들의 지식 구성방식은 의사·과학자가 노동자의 현상 정보를 과학적 용어로 번역해내는 이른바 '현장성에 기반을 둔 전문성'을 구축하는 것이다. 현장성은 질병의 원인을 찾는 데 풍부하고 세밀한 자료를 제공하고, 전문성은 여기에 '권위와 신뢰'를 덧붙인다. 이러한 지식 구성방식으로 반올림은 산보연과 삼성의 지식 구성에 대등하게 맞설 수 있었다. 반올림운동에서 여러 전문적인 정보를 취합하여 질병의 구성과 이해에 깊이 관여한 이종란 노무사는 이렇게 말한다.

이종란 솔직히 말해서 이 분야에 누가 전문가냐 하면 그 사람들이에요. 그 사람들이 현장을 제일 잘 알아요. 예를 들어서 어느 배관 부위에서 무엇 때문에 가스가 새는지 이런 것들은 현장노동자들밖에 모르거든요. 그거는 아무리 뛰어난 산업위생 전문가가 들어가도 한눈에 파악할 수 있는 게 아니고, 어쨌든 그쪽 분야에 전문가는 현장노동자들이에요. 반도체산업에서 반도체를 어떻게 만드는지를 누가 알겠어요? 그 노동자들이 알고 있고, 그 얘기가 제대로(전달될 필요가 있었죠). 특히 피해자들이나 유족들 말고 현장 경험이 있는 사람들한테 그 얘기를 듣는 건 너무나 필요했고, 중요했죠. 삼성백혈병 산재 인정 판결을 이끌었던 것도 사실은 그런 현장 동료를 증인으로 세울 수 있었기 때문이에요. 우리 서류에서 삼성에 결코 뒤지지 않았던 내용도 현장에서 굉장히 전문적으로 들어온 것이거든요. 반박할 수 있는 건 다 그들로부터 나왔던 거예요.

——

정부의 집단역학조사와 삼성의 고용과학

삼성백혈병의 주요쟁점 중의 하나는 이것이 '집단적' 질병이냐 아니냐의 여부이다. 삼성백혈병 문제가 사회적 이슈로 떠오르자 근로복지공단은 산보연에 반도체공장 노동자의 백혈병 위험 집단역학조사를 의뢰한다. 2008년 3월부터 12월까지 진행된 집단역학조사는 같은 해 12월 29일 발표되었다.[13] 이 연구는 개별역학조사의 판정과 법정 다툼에서도 주요한 자료로 인용되어왔기 때문에 좀 더 자세한 설명이 필요하다.

이 집단역학조사는 반도체공장의 노동자들에게 백혈병 관련 질환의 위험이 높은지 낮은지의 여부를 판단하기 위해 삼성전자뿐만 아니라 하이닉스·동부하이텍 등 총 6개 회사의 9개 반도체 사업장과 37개의 협력업체를 대상으로 진행되었다. 이 조사를 위해 코호트(cohort) 분석이 사용되었는데, 코호트란 역학조사나 연구를 위해 관찰하고자 한정한 특정집단을 말한다. 이 조사에서 코호트는 고용보험자료와 회사 인사자료, 통계청의 사망원인자료 및 중앙암등록본부의 암등록자료를 바탕으로 구축되었다. 위험도 평가의 지표는 표준화 암사망비, 표준화 암발생비, 표준화 의료이용비인데, 표준화란 표준인구와 관찰집단 간의 사망률이나 발생률을 비교하고자 할 때 성별이나 연령 등 인구 구성상의 차이가 미치는 영향을 제거하기 위한 것이다. 표준화비는 1을 기준으로 통계적 유의성 여부를 판단한다. 고용보험자료와 인사자료를 합친 대상자는 총 22만 9,683명이었고, 이 가운데 중복되는 수는 12만 7,212명(55.4%)이었다. 이 조사에서는 고용보험 코호트와 인사자료 코호트를 분리하여 표준화비를 구했다.

---

13) 산업안전보건연구원, 〈반도체 제조공정 근로자의 건강실태 역학조사 보고서 요약본〉, 2008년 12월 29일.

이처럼 산보연의 연구는 다양한 자료와 많은 노동자를 포함시킨 방대한 조사로, 상당히 많은 비용과 시간, 전문가적 노력이 투여되었음은 틀림없다.

집단역학조사의 결과를 요약하면 다음과 같다.[14] 고용보험 코호트를 이용해 분석한 결과 반도체산업 노동자의 사망 위험수준은 남성(표준화비 0.53)과 여성(표준화비 0.66) 모두 일반인구집단(표준화비 1)보다 낮았고 통계적으로 유의했다. 림프계·조혈기계 암(혈액암)으로 인한 사망 역시 남성은 일반인구집단보다 낮고 통계적으로 유의했으며, 여성은 1.56으로 일반인구집단보다 높았으나 통계적으로 유의하지 않았다(인사자료 코호트 대상. 95퍼센트 신뢰구간 0.68~3.08). 백혈병 위험도 분석에서 남성의 경우 백혈병 사망은 일반인구집단보다 낮았고 발병은 비슷한 수준이었다. 여성의 경우 표준화 사망비가 1.48(95퍼센트 신뢰구간 0.54~3.22), 표준화 암발생비가 1.31(95퍼센트 신뢰구간 0.57~2.59)로 평균보다 높았으나, 둘 다 통계적으로 유의하지 않았다. 비호지킨림프종의 위험도 평가에서는 팹 생산직 여성 표준화 암발생비가 2.66(95퍼센트 신뢰구간 1.15~5.25), 조립 공정의 생산직 여성의 표준화 암발생비가 5.16(95퍼센트 신뢰구간 1.68~12.05)으로 일반인구집단보다 높았으며 통계적으로 유의했다. 이 집단역학조사의 결과를 간단하게 말하면 생산직 여성의 비호지킨림프종의 발병 위험이 통계적으로 유의하게 나온 것 이외에 어떤 것도 '통계적으로 유의미'하게 나오지 않았다. 즉 반도체공장의 백혈병 위험은 '통계적으로' 부정되었다.

집단역학조사가 발표된 바로 다음 날인 2008년 12월 30일 반올림

---

14) 산업안전보건연구원, 앞의 글, 33~34쪽.

은 이 조사 결과를 다음과 같은 세 가지 이유로 즉각 반박했다.[15] 첫째, 고위험 집단의 존재를 뭉뚱그림으로써 발병 위험을 희석시켰다. 예를 들어 삼성전자 전체 공장에서 19명의 백혈병이 보고되었지만 기흥공장의 노후 라인인 1·2·3라인에서만 5명이 발병했다. 발병이 자주 일어나는 공장의 노동자와 그렇지 않은 공장의 노동자를 모두 분모로 포함시키는 경우 통계적으로 유의하지 않은 결과가 나오며, 이러한 조사 수법은 이전 미국과 영국에서도 수행되어 전문가들의 비판을 받았다. 둘째, 이 조사는 소위 '건강노동자효과(healthy worker effect)'를 고려하지 않았다. 즉 반도체공장의 노동자들은 젊은이들로 일반인보다 훨씬 건강한데, 이 효과를 고려하지 않고 통계적 유의성을 판단했다는 것이다. 셋째, 산보연의 역학조사는 동일한 기전의 질병에 대해 각기 다른 해석의 잣대를 들이댔다. 림프종이 높다는 것은 림프계·조혈기계 암이 위험하다는 뜻인데 그렇게 해석하지 않았으며, 여성의 경우 백혈병이 높게 나왔는데 통계적으로 유의하지 않다고 해서 위험성이 축소되었다.

여론이 점차 악화되자 삼성은 산보연의 연구뿐만 아니라 직접 과학을 동원할 필요성을 느낀다. 삼성백혈병 문제가 2007년부터 시작되었지만 삼성전자는 2010년 3월까지 침묵으로 일관했고, 어떤 공식적 입장도 내놓지 않았다. 초기에 백혈병으로 산재 인정 신청을 했던 박지연 씨가 2010년 3월 31일 사망하자 인터넷 언론과 진보적 언론을 중심으로 그녀의 죽음이 널리 알려졌으며, 삼성에 대한 비판이 쏟아졌다. 4월 1일 삼성은 트위터에 박지연 씨 사망에 대해 고인의 명

---

15) 박일환·반올림, 《삼성반도체와 백혈병》, 삶이보이는창, 2010, 73~77쪽.

복을 빈다는 내용을 올렸고, 4월 12일에 가진 기자회견에서 처음으로 삼성전자의 공식적인 입장을 표명했다. 삼성은 '삼성백혈병 의혹'을 불식시키기 위해서 기자들에게 반도체 생산라인의 일부를 공개하고, 공신력 있는 연구기관·학술단체와 컨소시엄을 구성하여 재조사를 하고 의혹을 남김없이 해소하겠다고 발표했다. 삼성전자 내부에서 재조사가 어떻게 이루어져야 할지에 대한 논의가 있었으며, 삼성백혈병에 대한 논란이 극단적으로 양분되어 있어 국내의 어떤 연구진이 조사를 수행하더라도 신뢰받을 수 없다는 결론에 도달한다. 따라서 국제적으로 권위 있는 기관에 조사를 위탁하면 그 결과에 대한 권위와 신뢰를 얻을 수 있으리라 판단했다. 국내 기업이 과학적 연구조사를 외국 기관에 의뢰하는 것은 극히 이례적인 일로, 삼성전자 측으로서도 이에 대한 정보가 부족했다. 따라서 공신력 있는 과학 전문 컨설팅업체를 "알음알음 소문으로 찾고" 미국에 있는 한국 과학자의 자문을 받아 내부회의를 거친 다음 인바이런이란 미국 컨설팅회사를 선택하게 되었다.[16]

2011년 7월 14일 삼성전자 기흥공장에서 2010년부터 1년간 이루어진 인바이런의 연구결과가 발표되었다. 조사를 수행한 인바이런 전문가들과 대항전문가인 백도명·공유정옥도 참석했다. 인바이런은 두 가지 종류의 연구를 수행했는데, 하나는 반도체공장의 현재 환경을 바탕으로 과거 위험을 평가하는 것이고, 다른 하나는 산재 인정 신청을 낸 여섯 명의 노동자에 대한 위험평가이다. 인바이런은 삼성

---

16) 인바이런과 삼성은 이후 이 연구에 대한 두 가지 보고서를 공개한다. Environ, "Samsung Worker Exposure Characterization Study", 2011; Environ, "Exposure Reconstruction and Risk Opinion for Six Employees Diagnosed with Hematopoietic Cancers", 2011.

전자 반도체공장의 유해물질 노출수준이 국제기준보다 상당히 낮고, 이 물질들이 잘 관리되고 있다고 발표했다. 여섯 명의 사례에 대해서도 네 명은 발암물질에 노출된 적이 없고 두 명은 노출된 적이 있지만 질병을 일으킬 만한 수준은 아니라고 주장했다. 인바이런의 연구결과는 삼성 측이 일반에 상세하게 공개하기를 거부하다가 2012년 3월 멕시코 칸쿤에서 있었던 제30차 국제산업보건회의(ICOH)에서 좀 더 상세한 내용이 발표되었다.

반올림 측의 대항전문가들은 인바이런의 발표를 즉각 반박했다. 인바이런의 데이터는 모두 삼성 측에서 제공한 자료였으며, 첫 번째 연구에서 현재의 작업환경을 바탕으로 과거의 위험을 평가하는 것의 문제점과 과거 환경을 판단할 때 형식적으로 수행된 삼성 측의 작업환경조사결과를 바탕으로 했다는 문제점을 지적했다. 두 번째 연구 역시 삼성 측이 제공한 자료와 산업안전보건 연구원의 개별역학조사 자료를 바탕으로 했다는 문제점을 안고 있었다. 인바이런의 조사가 빈약함을 삼성 측 전문가도 시인했다.

삼성 측 전문가 빈약하죠. 그게 사실은 빈약할 수밖에 없는 게, 자료 자체가…… 그 이상의 자료가 어디서 생길 것도 아니고, 뒤져낼 것도 아니고…….

반올림 측은 인바이런의 연구가 삼성과 산보연에 정당성과 면죄부를 주기 위한 일종의 '청부과학'이라고 비판했다. 공교롭게도 클린턴 행정부의 에너지부에서 환경 분야 차관보를 지내고 미국 노동부 내 산업안전보건청(OSHA)의 부소장을 역임했던 데이비드 마이클스의 책이 《청부과학》이란 제목으로 2009년 한국에 번역되었다. 뜻밖에도 이 책에 고용과학의 대표적인 회사 중 하나로 인바이런이 소개되면서 기업들로부터 돈을 받고 크롬과 간접흡연의 유해성을 반박하기 위한 연구를 수행한 사실이 명시되어 있었다.[17] 삼성 측은 《청부과학》에 인바이런이 나오는 것을 미리 알지 못했으며, 고용과학의 대표적인 예로 인바이런이 지목된 것에 당혹스러워했다. 반올림의 비판은 설득력이 있었으며, 인바이런 연구의 정당성과 공정성을 의심케 하기에 충분했다. 대항전문가들은 산보연과 삼성의 고용과학을 비판하는 동시에 이 문제에 대해 과학적 연구가 필요하며, 스스로 과학적으로 무장해야만 싸움에서 이길 수 있다고 생각해서 연구회를 만드는데, 이는 다음 절에서 다룬다.

———

대항전문가들의 조직화와 활동

대항전문가들이 처음부터 잘 조직된 것은 아니었다. 2007년부터 2008년 말까지 개인적 친분이 있는 전문가끼리 활동하다가 정부와 삼성의 대응에 따라 점차 조직화되어갔다. 앞서 설명한 2008년 말 산보연의 반도체공장 근로자 집단역학조사는 삼성백혈병의 집단적 질병 여부를 판단할 수 있는 중요한 준거가 되는 연구였다. 이 조사에서 반도체공장 환경과 백혈병 사이의 인과관계가 없다고 발표되자

---

17) David Michaels, *Doubt is Their Product: How Industry's Assault on Science Threatens Your Health*. Oxford: Oxford University Press, 2008, pp. 99, 107~108.

전문가들은 이 내용을 빨리 파악하고 반박할 필요가 있었다. 반도체 공장에서의 질병 발생을 설명하기 위해서는 역학·직업환경의학·산업위생의학 등의 다양한 전문지식이 필요하고, 이것들을 종합적으로 연결시켜야만 한다. 가령 직업환경의사가 산보연의 집단역학조사를 즉각적으로 반발하기에는 역학적 통계 내용 분석에 대한 전문지식이 부족했다. 따라서 전문적인 역학자가 있으면 '책임감 있고 신속하게' 반박할 수 있는 것이다. 결과적으로 산보연의 역학조사를 분석하기 위해 4~5인의 전문가가 모였으며, 역학을 잘 아는 전문가의 주도적인 작업에 의해 단 하루 만에 설득력 있게 반박되었다. 이 경험은 분명 대항전문가들끼리의 연대가 필요함을 일깨워주었다.

대부분의 대항전문가는 직업이 있거나 활동하는 단체가 있어 반올림 활동에 전적으로 매달리기는 어렵다. 가령 대항전문가들 중 의사가 많은데, 일주일에 3일 정도는 진료를 봐야만 해서 시간을 내기 어렵다. 자료 수집을 제외하고 피해자들의 재해경위서를 작성하는 데에만 약 1주일의 시간이 걸리는데, 수십 명이나 되는 피해자의 재해경위서를 몇몇 전문가가 모두 작성하기에는 역부족이었다. 또한 제보자들이 삼성반도체뿐만 아니라 다른 전자산업의 노동자들로 점차 늘어났고 질병도 다양해졌다. 따라서 체계적으로 피해를 조사하고 재해경위서를 작성하고 연구를 진행할 수 있는 전문가들의 조직이 필요했다. 이러한 이유 때문에 2010년 10월경 대항전문가들에 의해 전자산업노동자건강연구회(이하 전노연)가 만들어졌다.

한 달에 한 번씩 열렸던 전노연은 대항전문가 10~15명이 참석해 진행되었고, 전자산업의 질병과 관련해 피해자 지원, 상호교육, 연구와 같은 일들을 수행했다. 피해자 지원은 현장조사, 관련된 질병의 과학논문 조사, 재해경위서 작성, 법정에서의 의료지식 동원 등을 포함한다. 주로 직업환경의사들이 이 영역을 다루는데, 국내에는 전자산업 직업병에 대한 지식기반이 미비했기에 새로운 학습을 통해 피해자의 재해경위서를 작성해야만 하는 상황이었다. 이를 위해 연구회에서 활발한 토론이 이루어졌다. 재해경위서와 업무관련성평가서를 작성할 때의 어려움, 질병의 해석에 대한 견해, 유사 사례 간 비교 등이 논의되었고, 각자의 경험을 공유할 수 있는 자리가 되었다.

우선 피해자들의 재해경위서와 업무관련성평가서를 작성하는 과정에서 자연스럽게 전문가들끼리의 상호교육이 필요하다는 의견이 제기되었다. 제보자가 늘어남에 따라 이들이 다루는 질병이 처음에는 백혈병에서 뇌종양·유방암·자궁암으로 퍼져나갔고, 루게릭병·다발경화증·육아종 같은 희귀질병까지 다루어야만 하는 상황이 되었다. 질병 하나와 환경의 관계를 다루는 데도 상당한 시간의 학습이 필요하기 때문에 각자 질병 하나씩을 심층적으로 공부해서 서로 가르쳐주는 방식으로 연구회가 진행되었다. 또한 반도체산업 직업병과 관련된 외국 논문들을 분석함으로써 질병·유해물질·인구집단·작업환경 같은 환경적 요인과의 관계를 학습할 수 있는 장이 되었다. 반도체공장에서 발병한 사례를 중심으로 1980년대부터 30여 편의 과학논문이 출판되었고, 이 모두를 자세히 분석하고 학습하려면 상당한 노력과 시간이 걸리는데, 이것을 집단적 학습 분배와 교육을 통해 달성한 것이다.

전노연은 연구를 통해 전자산업 직업병을 깊이 이해하고 데이터를 수집하는 활동을 진행했다. 연구는 데이터들을 더욱 체계적으로 분석함으로써 전자산업 직업병을 집단적 질병으로 인정하도록 만드는 중요한 전략적 방법이었다. 앞서 언급한 바 있는 해외학술논문들에 대한 연구 분석은 계속되는 산재 인정 신청과 법정 공방에서 피해자들에게 유리한 자료로 활용되었다. 전노연에서는 전자산업 직업병 리뷰 논문(review article) 작성, 의료보험 수진자 자료이용 역학연구, 공단 역학조사 자료의 재분석, 노동자를 위한 산업보건 매뉴얼 제작 등과 같은 연구 활동들이 제안되었다. 리뷰 논문 작성이나 공단 역학조사 자료의 재분석과 같은 연구는 연구비와 연구 인력이 확보되어야만 가능하기 때문에 간단한 방식의 연구가 먼저 이루어졌고, 상당한 자원이 동원되는 연구 계획들은 진행상황이 비교적 느린 편이었다.

전노연의 의미 있는 성과 중 하나는 2012년 직업환경보건 분야의 저명한 국제학술지인 《직업환경보건국제저널(IJOEH)》에 삼성백혈병 문제를 다룬 논문이 게재된 것이다. 삼성전자에서 일한 노동자의 암 사례 58건 중 백혈병과 비호지킨림프종 17건을 상세히 다룬 이 논문은 피해자들의 인구학적 특징·직업력·병력 등을 정밀히 분석했으며, 벤젠·포름알데히드·비소·이온화방사선 등의 발암물질이 검출되었다는 내용을 담아 노동자들의 질병과 작업환경의 관련성을 강력하게 시사했다.[18] 이 저널의 앞표지는 고 황유미 씨와 아버지인 황상기 씨가 생전에 찍은 사진으로 장식되었다. 논문 게재 사실은 진보언론을 통해 널리 알려졌으며, 이는 전노연이 학계 안에서 과학적·사회적 파급력 및 정당성을 확보하는 데 중요한 근거가 되었다.

또한 대항전문가들은 정책연구와 개발을 통해 산재보험의 근본적

---

18) Inah Kim et al., "Leukemia and non-Hodgin Lymphoma in Semiconductor Industry Workers in Korea", *International Journal of Occupational and Environmental Health* 18(2), 2012, pp. 147~153.

인 개혁을 요구했다. 한국의 산재는 재해가 일어난 '원인'에 초점을 두고 있으며, 그 원인 제공이 기업에게 있을 때만 보상이 이루어지는 '원인주의'를 채택하고 있다. 이에 반해 유럽의 선진국에서는 산재의 '결과'에 맞추어 대부분 보상을 해주는 '결과주의'에 기초를 두고 있다. 물론 각 국가에서는 '원인주의'와 '결과주의'의 다양한 배합으로 산재에 대한 보상이 이루어진다. 대항전문가들은 산재보험제도의 많은 부분이 노동자의 권익과 배치된다고 주장하며 체계적인 정책연구를 시도한다. 먼저 산재보험급여의 신청 절차가 매우 까다로워서 상당수 노동자는 산재보험이 있는지, 어떻게 신청하는지를 모른다. 질병의 원인 증명 책임이 노동자에게 있는데다 전자산업 직업병처럼 눈에 보이지 않는 유해물질을 노동자 스스로 파악하기는 힘들기 때문에 애당초 산재보험급여 신청을 하지 않는 점도 심각하다. 산재 인정 비율이 낮아 실질적으로 노동자가 보상을 받는 경우가 드물다고 주장하는 대항전문가들은 이런 문제들과 더불어 한국의 산재보험제도는 산재를 심사하는 위원회의 문제, 재해조사의 불투명성과 비공개의 문제, 산재 예방의 문제 등을 안고 있다고 말한다. 이들은 반올림의 궁극적인 목적이 삼성백혈병 문제의 해결을 넘어 산재보험의 구조적인 개혁에 있으며, 이를 통해 노동자의 건강과 인권을 지키고자 한다고 말한다.

대항전문가들은 질병의 구성과 경합의 전 과정에서 피해자들과 밀착하여 이 논쟁을 이끌어나갔을 뿐만 아니라 스스로 연구회를 만들어 피해자 지원·연구·정책개발 등을 조직했다. 이들 활동의 가시적 성과는 첫째, 법정에서 전자산업 직업병의 산재 인정을 이끌어내었다. 고 황유미·이숙영에 대한 산재 인정은 세계 최초로 전자산업 직업병을 인정한 판결이었다. 이 법정 공방의 과정에서 앞서 설명한 전문가들의 과학적 연구와 질병 구성이 핵심적인 자료로 이용되었다.

둘째, 반도체공장에서 일한 여성의 재생불량성빈혈에 대한 산재 인정을 2012년 4월 최초로 이끌어내는 데 중요한 역할을 했다. 삼성은 이 결정을 사회운동에 굴복한 정치적 판단이라고 비난했다. 이에 당시 산재 심사에 참여한 역학조사평가위원회 위원을 인터뷰하면서 질병 판정의 정치적 판단 개입 여부에 대해 질문했다. 그는 산재 여부를 결정하는 데 있어 전문가로서 느끼는 사회적 부담감이 압력으로 작용할 수 있다는 것에 대해서는 수긍했으나, 산재 인정의 주요 요소는 '과학적 증거들의 축적'이라고 주장하며, 정치적 판단에 대해서는 부정했다. 지난 수년간 반도체산업 직업병이 사회적 이슈가 되었기 때문에 위원들은 이 질병에 대한 여러 과학적 자료들을 학습했고, 이를 통해 더 많은 위험요소를 인지하기 시작했다. 반도체산업 직업병이 문제가 되었던 초기에는 '역학조사평가위원회' 위원들 역시 해당 질병에 대한 전문적인 지식이 거의 없었다. 따라서 위원들은 기존의 자료들을 근거로 결정을 내려야 했는데, 당시 반도체산업 직업병에 대한 국내 사례는 거의 보고되지 않았다. 하지만 지난 수년간 새로이 제기된 과학적 증거들 대부분은 대항전문가들에 의해서 축적된 것이거나, 이들과 운동세력의 압력에 의해 발견된 것이었다. 예를 들어 2012년 2월 산보연은 삼성전자를 비롯한 여러 반도체공장에서 벤젠·포름알데히드·이온화방사선·비소 등이 발견되었다고 발표했다.[19] 이는 정부가 반도체공장에 발암물질이 있다는 것을 처음으로 인정하는 계기가 되었으며 향후 반올림의 활동, 삼성의 태도, 법정 공방에 영향을 주게 된다. 지난 30여 년 동안 세계 각지에서 전자산업 직업병 투쟁의 리더로서 큰 역할을 담당해왔던 테드 스미스와 타이완의 환경질병 운동에 관여하고 있는 웬링 투는 인터뷰에서 삼성백혈병 운동의 특징은 사회운동과 전문가들의 긴밀한 연대라고 주장하며 다음과 같이 말한다.

테드 스미스 지난해 반도체산업 직업병 심포지엄에서 나는 많은 한국의 전문가, 즉 의사·산업위생전문가·역학자 들을 만났습니다. 내가 미국에서 이제까지 본 전문가들보다 훨씬 더 많고 서로 탄탄하게 연결된 조직이었어요. 미국·스코틀랜드·타이완의 케이스들보다 한국의 반도체산업 직업병 문제와 관련해 더 많은 전문가가 활동하고 있습니다. 삼성 케이스에서 전문가들이 더욱 관여하고 관심을 가지고 공부를 하고 또 노동자들을 지원하고 있다는 사실은, 내 견해로는 특이하고 아주 중요합니다.

웬링 투 반올림은 공장에서 어떤 화학물질을 사용했는지, 노동자들이 어떤 문제가 있었는지 같은 아주 유용한 정보들을 알고 있습니다. 타이완의 RCA의 경우[20]에는 그런 정보들을 많이 가지고 있지 않아요. [중략] 우리는 여기서 많은 직업환경의사들이 삼성 케이스를 도와주고 있는 것을 봤습니다. 하지만 타이완에선 그렇게 많은 의사를 찾기

---

19) 산업안전보건연구원, 《반도체 제조 사업장에 종사하는 근로자의 작업환경 및 유해요인 노출특성 연구》, 2012.

20) 타이완의 타오위안에서는 RCA의 전직 노동자들이 공장의 유해물질로 2백 명 이상이 사망했다. 이 사건은 1990년대에 타이완에서 큰 이슈가 되었으며 10년이 넘게 투쟁이 계속되었다. 이에 대한 자세한 설명은 테드 스미스 외, 앞의 책, 16장을 볼 것.

가 힘들어요. 또한 사회운동에 많이 관여하고 있는 의사들은 드물죠. 그래서 우리는 삼성 케이스에서 의사들, 특히 직업환경의사들이 나서고 있는 것에 대단히 감명을 받았습니다.

이들은 삼성백혈병 운동에 관여하고 있는 대항전문가들이 많고 잘 조직되어 있는 것이 다른 나라의 케이스와 비교했을 때 특이하고 중요한 점이라고 강조한다. 의료운동의 경우 질병의 원인을 밝혀내는 데 전문적이고 풍부한 '정보'가 중요하며, 삼성백혈병의 경우 노동자들과 연대한 대항전문가의 역할이 매우 컸다고 볼 수 있다. 환자·활동가·전문가 들은 대항지식의 구성을 넘어 전문가와 과학이 바뀌어야만 한다고 주장한다. 다음 절에서는 이 내용을 다룬다.

——

관리 중심의 과학 대 현장 중심의 과학: 과학과 전문가 비판

삼성백혈병 투쟁의 핵심은 사회운동과 과학의 결합이다. 질병의 원인이 경합될 때 과학을 구성하는 방식에서 정부와 삼성 측은 관리 중심적 접근인 반면, 반올림 측은 현장 중심적 접근을 택한다. 관리 중심적 접근은 해당 질병이 사회적 문제가 되지 않도록 정보를 통제하고 지식 구성의 과정에서 최대한 노동자와 운동가의 참여를 제한하는 것이다. 관리 중심은 과학적 객관성과 확실성을 주요 이데올로기로 동원하며 질병의 원인을 규명하는 데 있어 그 결정을 전문가에게 위임한다. 현장 중심의 접근에서는 노동자의 현장 경험이 지식 구성의 중요한 원천이 되며, 질병에 대한 최대한 다양한 정보를 아래로부터 구성하는 방식이다. 현장 중심적 접근은 과학적 객관성과 합리성에 문제를 제기하고 과학적 판단을 넘어 사회·정책적 판단을 강조한다. 반올림 측의 환자·활동가·전문가는 제도 차원에서 이루어지는 주류적 과학 생산 방식을 비판하는데, 이는 크게 현장성의 결여, 철저하지 못한 과학과 조사 수행, 이해관계에 따른 정보 접근의 제한과 특정한 방식으로 과학 조직하기, 과학의 한계에 대한 무지와 이에 따른 사회적 판단의 필요성에 대한 불감증으로 요약될 수 있다.

관리 중심 접근의 첫 번째 문제인 현장성 결여는 반올림의 주요 비판 대상이었다. 이미 설명했듯이 질병의 구성 과정에서 반올림 측은 노동자들로부터 현장 경험과 작업환경에 대한 정보를 수집했다. 반올림은 현장을 직접 방문하지 않고 테이블 앞에서 전문가들이 직업병의 원인을 판단할 때의 위험성을 지적했다. 대항전문가인 김현주(직업환경의) 교수는 현장에 갔을 때 비로소 작업환경의 유해성이 종합적으로 이해될 수 있다고 말한다.

김현주 작업장이라는 곳은 변화무쌍해요. 살아 있는 생물과 같아요. 그래서 오늘은 별로 유해인자가 없어도, 생산 물량이 증가하거나 기계가 고장 나면 유해해질 수 있어요. 잘 관리되던 사업장이 한순간에 뭔가에 노출될 수도 있죠. 그래서 끊임없이 주기적으로 점검을 해야 해요. [중략] (질병을 확인하기 위해) 실제로 작업장(삼성반도체공장)을 보고 나서는 내가 추론한 것들이 상당히 근거가 있구나 하는 확신이 생겼죠. 예를 들면 이런 거예요. 공장의 1층과 2층이 뚫려 있거든요. 뚫려 있다는 얘기만 들었을 때는 어떤 크기로 얼마나 많이 뚫려 있는지 모르잖아요. (현장에) 가서 보니까 바닥의 구멍도 다 보이니까, '아, 이렇게 뚫려 있구나, 어느 정도 노출이 되겠구나' 하는 감이 딱 생기는 거예요.

반올림 측은 질병의 원인을 자세히 알기 위해서는 현장 정보를 최대한 수집해야 하는데도 그러지 않는다고 정부와 삼성을 비판한다. 산재 인정 신청을 결정하는 자문의사협의회(질판위의 이전 기구)의 최후 진술에서 김옥이 씨는 전문가들의 현장성 결여를 비판하며 다음과 같이 말했다.[21]

김옥이 제가 의사 선생님들께 질문 하나 하겠습니다. 10년 전 제가 일했던 환경이나 자료에 대해 다 보셨는지요? 얼마나 알고 계시고 충분히 검토하셨는지요? 제가 일했던 현장에 한 번이라도 가보셨는지요? 피해자인 저에게 사전에 질문 하나라도 하셨는지요? 그러고도 이 자리에서 승인 여부를 판단하실 수 있겠습니까? 제 질문에 의사로서 부끄럼 없이 대답하신다면 선생님들의 결정에 따르겠습니다.

반올림 측의 두 번째 비판은 정부와 삼성이 더욱 세밀한 조사와 연구를 하지 않고 오히려 연구를 수행하지 않거나 형식적으로 수행한다는 것이다. 형식적 접근은 질병에 대해 조사를 하지 않거나 철저하게 탐구하지 않고 기존의 지식으로만 판단하는 경향을 말한다. 즉 더욱 철저하게 조사하면 질병의 원인을 밝혀낼 수 있는 가능성이 더 크다는 뜻이다. 고 황민웅 씨의 아내 정애정 씨는 산보연 측이 조사를

---

21) 박일환·반올림, 앞의 책, 92쪽.

제대로 수행하지 않는다고 비판했으며, 고 황유미 씨의 아버지 황상기 씨 역시 철저한 연구가 이루어져야 한다며 다음과 같이 말한다.

정애정 산보연에서 1년 동안 황민웅(남편. 백혈병으로 2005년 사망)에 대한 개인별 역학조사를 했다고 내놓은 게 4장인가 5장이었어요. 한 장은 애기 아빠에 대한 기본내력이에요. 이 사람이 몇 월에 입사하고 이런 거. 한 장은 이 사람이 일했던 공정 설명이에요. 또 한 장은 애기 아빠가 일했다는 설비현장을 그려놨어요. 그리고 또 한 장은 제가 쓴 탄원서. 그다음 거기에 대한 답변을 삼성 측에서 쓱 해놨어요. 하루만 몰아치기를 하면 낼 수 있는 내용을 가지고 1년 동안 해왔다고 내놓은 거예요. 너무 기본적인 자료를 내놓은 걸 보고 너무 실망을 했죠.

황상기 의학 전문가라는 선생님들도 책에서 배운 내용만 갖고 살살 얘기하는 거 같았어요. 어떤 병에 걸린 거 같으면 그 병에 대한 역학조사를 철저히 파고들지 못하고 책에서, 학교에서 공부한 그 내용만 가지고 자꾸 얘기를 하니까 현실하고 맞지가 않는 거예요. [중략] 제대로 된 역학조사를 하기 위해서는 산업의학 전문가들도 전문적으로 파고들어서, 실제로도 긴 시간을 가지고, 10년·20년씩 긴 시간을 가지고 할 때 제대로 된 역학조사가 나올 거라 생각합니다.

이 두 환자 가족은 반도체산업 직업병에 대한 정부와 삼성 측의 조사와 연구가 지나치게 무성의했다고 비판하며, 더 세밀하고 철저하게 수행할 것을 요구했다. 그에 반해 정부와 삼성은 조사와 연구를 최소화하여 질병에 대한 정보를 더 적게 만드는 전략을 취한다. 가령

2009년 이전에는 반도체공장 환경에 대한 산보연의 조사가 엄격하게 이루어지지 않았다. 반올림의 압력에 못 이겨 좀 더 세밀하게 수행된 2012년 산보연의 조사는 반도체공장에서 다양한 종류의 발암물질이 검출됨을 확인시켜주었다. 이는 분명 삼성에 불리한 결과였다. 즉 '철저하고 세밀하게' 연구하면 할수록 유해물질에 대한 정보는 더 많아지는데, 정부와 삼성은 이를 회피하려는 태도를 취한다. 이처럼 '수행되지 않는 과학(undone science)'은 수동적으로 연구비를 지원하지 않는다든가 연구 주제의 선택 과정에서 자연스럽게 제외되는 방식을 택한다.[22] 즉 연구와 조사를 덜 함으로써 유해물질의 정보를 덜 알게 하는 방법을 취하는 것이다.

세 번째 비판으로는 과학의 이해연계성이다. 반올림 측에서는 삼성 측의 고용과학 의혹을 꾸준히 제기해온 바 있다. 삼성은 영업비밀이라는 이유로 작업환경과 피해자에 관한 정보를 제한하고, 정부는 이 사건에서 삼성의 이익을 암묵적으로 편든다. 삼성은 과거에 어떤 물질들이 쓰였는지, 공장의 환경은 어땠는지 등에 대한 자세한 정보를 제공하지 않으며 질병의 인과적 요인을 사전에 차단한다. 2010년 박지연 씨의 사망으로 사건이 사회적으로 크게 이슈화되기 전까지 삼성은 어떤 공식적 입장도 내놓지 않고 공장의 내부도 공개하지 않았다. 또한 고용과학을 동원하여 삼성이 공장을 유해한 물질로부터 잘 관리하고 있고, 환자들과 작업환경은 어떤 관계도 없다고 주장했다. 삼성은 좀 더 직접적으로 과학을 동원해 자신들의 입장을 대변

22) Scott Frickel et al., "Undone Science: Charting Social Movement and Civil Society Challenges to Research Agenda Setting", *Science, Technology, & Human Values* 35(4), 2010, pp. 444~473.

하는 반면, 정부는 간접적인 방식으로 삼성의 편을 든다. 오랫동안 질병 판정에 관여해왔던 백도명 교수는 직업병의 판정이 기업의 이익과 결부되어 있는데, 이것이 '직접적인 입김'이라기보다는 암묵적인 것이라고 말한다.

> **백도명** 예를 들자면 쑤시고 아픈 근골격계 질환은 자세가 잘못됐다거나 무거운 걸 들어서 생기는데, 우리나라 같은 경우 주로 제조업 공정에서 일어나요. 대기업에서 주로 문제가 많이 됐습니다. 그래서 현대자동차 같은 경우 그런 문제가 많은데, 현대자동차에서 환자가 올라왔다고 하면 질병판정위원들이 저런 걸 (산재로) 인정하면 어떻게 자동차회사를 운영하느냐는 식으로 결정하게 돼요.

반도체산업 직업병에서 전문가들의 판정은 삼성의 입김이 직접적으로 관여했다기보다, 증거가 명확하지 않기 때문에 간접적으로 기업의 편에 서는 것이 현실이라고 백 교수는 설명한다. 과학의 이해연계성에서 더욱 중요한 점은 기업의 이해관계가 과학적 내용에 직접적으로 영향을 미치기보다는 '과학을 수행하고 조직하는 방식'에 영향을 미친다는 것이다. 기업의 이해관계와 관련된 과학 수행은 내용을 조작한다기보다는 특정한 방식으로 연구를 조직함으로써 궁극적으로 기업의 이득에 기여하는 것이다. 가령 앞서 설명했듯이 산보연의 연구와 삼성의 고용과학은 주어진 정보를 기업의 이익에 맞게 조직함으로써 결국 삼성의 이익에 부합하는 형식을 따른다. 즉 관리 중심의 접근 방식을 택함으로써 정보를 최소화하고, 중립을 무기로 과학적 불확실성을 생산함으로써 문제가 되고 있는 질병을 '탈문제화'

하는 방식을 택한다.

　마지막으로 반올림은 정부와 삼성 측이 과학의 한계에 대해 무지하고, 이에 따라 과학적 판단의 불충분함을 인정하지 못한다고 비판한다. 반올림은 결국 삼성백혈병의 경우 사회·정책적 판단을 해야 함을 주장한다. 이 비판은 《매일노동뉴스》의 지면에서 있었던 논쟁에서 잘 드러나는데, 권동희 노무사와 김은아 산보연 직업병연구센터 소장, 공유정옥 한노보연 연구원은 연달아서 칼럼을 게재하고 산보연의 역학조사에 대해 공방을 벌였다.[23] 먼저 권동희 노무사는 산보연을 비판하면서 상당인과관계를 채택하는 산재 인정 법리보다 더 까다로운 '의학적 인과관계'에 집착하는 경향, 정보를 모두 공개하지 않는 폐쇄성, 과학적으로만 판단하려는 '전문가주의'를 지적했다. 이에 산보연의 김은아 소장은 과학적 판단과 사회법리적 판단은 달라야 하며, 질병 판단에 있어서는 과학적 인과관계를 따지는 것이 중요하고, 산보연의 역할은 과학적 인과관계를 밝히는 데 국한되어야 한다고 반론을 제기했다. 이에 대해 공유정옥 연구원은 반도체산업 직업병의 원인 규명에 있어 기존의 과학적 연구가 가지고 있는 불완전함과 불충분함을 지적하고, 공장의 현실과 노동자들이 전하는 사실에 접근하지 못하는 산보연 조사의 한계, 정보를 완전 공개하지 않는 산보연의 태도를 지적했다. 또한 산보연이 '과학적 판단'을 앞세워 '사회적 판단'을 보류하는 것은 윤리의식의 부재라고 비판했다.

　이상의 비판과 주장에서 반올림은 정부와 삼성이 삼성백혈병 사안

23) 권동희, 〈산업안전보건연구원과 역학조사가 문제다〉, 《매일노동뉴스》, 2011년 12월 5일; 김은아, 〈산보연의 역학조사는 '과학적 판단'이 준거〉, 《매일노동뉴스》, 2011년 12월 8일; 공유정옥, 〈산업안전보건연구원의 '사회적 판단'이 문제다〉, 《매일노동뉴스》, 2011년 12월 12일.

에 대해 다른 방식으로 과학을 조직해야만 한다고 주장한다. 현장성, 세밀한 조사, 이해관계에서 벗어날 것, 정보의 공개, 과학의 한계 인정과 사회적 판단의 필요성은 기존의 관리 중심의 과학이 받아들여야만 하는 요소라는 것이다. 즉 현장 중심의 과학으로 재조직되어야 하는데, 이것은 연구의 과정과 결과물을 전적으로 전문가들에게 위임하는 것이 아니라 노동자들의 참여와 개입, 현장에 기반을 둔 연구, 세밀하고 철저한 아래로부터의 조사 방식을 택하는 것이다.

노동보건운동의 변혁성과 과학의 재구성

한국의 노동보건운동은 미국과 유럽에 비해 상대적으로 짧은 역사를 가지고 있다. 공장의 환경과 노동의 강도로 인한 노동자들의 건강 문제와 높은 산업재해율은 1970년대부터 심각하게 보고되었다.[24] 한국에서 노동자 건강과 관련해 가장 주목받았던 사건은 이황화탄소 중독으로 인해 현재까지 수백 명의 사상자를 낸 원진레이온 사건이었다. 1980년대에 이 사건을 계기로 노동보건운동에 대한 관심이 높아졌지만, 한국의 노동운동은 임금투쟁과 정치투쟁이 주를 이루어왔으며, 보건운동은 상대적으로 큰 관심을 받지 못했다.

반올림운동은 상대적으로 소외된 노동자들의 건강 문제에 대해 이의를 제기하고, 이들의 건강과 복지를 위해 진상규명과 제도개선을 추구하는 계급적인 성격을 지니고 있다. 반올림의 주요 활동가들은

---

24) 구해근, 《한국 노동계급의 형성》, 신광영 옮김, 창비, 2002, 90~93쪽.

오랫동안 노동운동에 헌신해왔는데, 반도체산업 직업병에 대한 해결이 더딘 이유 중의 하나가 삼성전자에 노조가 없기 때문이라며 이 문제와 연관하여 노조 결성이 필요하다고 주장했다.

노동보건운동은 계급적인 성격을 띠는 동시에 보편성과 급진성을 가지고 있다. '몸의 아픔'이라는 인간이 가진 보편적 고통을 매개로 계급을 넘어 여성·지역·인권의 영역으로 연대를 넓혀갈 수 있는 잠재력이 있다. 또한 몸은 무엇으로도 대체될 수 없고 양보될 수 없는, 지켜져야만 하는 마지막 보루이기 때문에 공식적 의료 담론과 기술에 의해 완전히 훈육되지 않는 저항의 주체이자 사회변혁을 이끌어낼 수 있는 급진성을 내포하고 있다. 반올림운동이 한 환자 아버지의 투쟁에서 국제적 노동보건운동으로 발전한 이유는 보건운동이 가진 이러한 성격에서 비롯된 측면이 크다. 반올림운동은 거대 기업과 정부에 맞서 거리투쟁, 산재보험 개혁 요구, 여론 조성, 정치권과의 연대, 국제적 운동조직과의 연대, 법정투쟁, 그리고 과학투쟁을 벌여나갔다. 이처럼 삼성백혈병 투쟁은 노동자들의 '몸을 아프게 한' 경제·복지·과학 체제의 모순을 드러내고 이를 변혁시키기 위해 '모든 수단을 동원한 정치'이다.

하지만 무엇보다 삼성백혈병 운동에서 지식정치는 중요하다. 질병의 원인을 밝히는 경합의 과정에서 과학은 운동의 인식적 정당성과 권위를 부여하는 동시에 운동의 주요 추동력이 된다. 작업환경과 질병의 인과성이 없다고 여겨질 때 이 운동의 존재 이유는 사라진다. 이 장에서 소개된 노동자와 환자 들의 '현장 중심의 과학'은 일종의 지역적 지식으로, 정부에 의한 제도적·지배적 과학과 삼성의 고용과학과는 대별된다. 노동자와 활동가 들은 과학을 스스로 조직하는데,

이는 비제도적 수단인 노동자의 경험을 동원하여 대항과학을 만들어 낸다.

지역적 지식은 다양한 의미로 해석할 수 있지만, "특정한 장소·문화·공동체에 위치한 내러티브·도구·실천의 집합"으로 볼 수 있다.[25] 지역적 지식은 대중 역학, 거리과학, 상황지워진 지식(situated knowledge) 등 다양한 형태로 개념화되어왔으며, 지배적 과학과 지식에 억압받거나 대안적인 역할을 수행하는 의미로 사용되어왔다. 지역적 지식은 구체적인 상황과 문화에서 형성된 일반인들의 집단적인 경험과 그 경험이 발생하는 장소를 중시한다. 따라서 물질적이고 사회적인 관계로서의 경험과 장소를 고려치 않은 과학적 지식은 종종 탈맥락적이라는 비판을 받아왔다. '현장 중심의 과학'은 분명 이러한 지역적 지식의 속성을 가지고 있으나, 나는 이 개념과 관련하여 지식 구성의 권력적인 측면과 규범적인 측면을 좀 더 강조하고자 한다. 한마디로 현장 중심의 과학은 노동자-환자들의 '절박한 과학(desperate science)'과 대항전문가들의 '사려 깊은 과학(thoughtful science)'의 결합이라고 볼 수 있다.

절박한 과학은 사회적 약자의 과학이다. 주류 과학은 관료 조직, 물질적 하부구조, 전문가적 지식체계, 연구비 등 상당히 비싼 자원들에 기반을 두고 있다. 노동자-환자들의 절박한 과학은 정부의 제도과학과 삼성의 고용과학에 맞서 동원할 수 있는 자원이 절대적으로 빈약하다. 이들은 노동자들의 화학물질 사용 여부, 질병을 앓았던 노동자들의 이야기 수집, 공장 배치와 작업 활동, 자신들의 질병 경험

---

25) Jason Corburn, 앞의 책, p. 63.

등 가능한 모든 수단을 동원하여 지식들을 수집한다. 이들의 과학은 주류과학과 달리 '어디서, 어떻게, 누구에 의해 수행해야 할지 모르는' 과학이다. 공유정옥이 증언하듯이 '맨땅에서' 일구어낸 불굴의 과학이자 이미 죽은 가족의 억울함을 풀어주기 위한 처절한 과학이다. 절박한 과학은 제도적인 안정성을 갖추고 있으면서 객관성과 중립성을 지향하는 실증주의적 과학과 대비된다. 객관성과 중립성을 표방하는 산보연의 과학은 현장 중심이라기보다 통계 중심적이며, 아래로부터의 구성이라기보다 위로부터의 구성이며, 절박하다기보다 문제를 최소화하려는 관리 중심의 '마지못해 수행하는 과학'이다. 실험실에서 행해지는 주류 과학의 중립성·객관성·차가움·탈정치성과 대비되는 현장 중심의 과학에서 '현장'은 노동 현장의 절박함·다급함·생생함·육체성을 내포한다. 권력과 자원을 가진 과학은 뜨거울 필요도 절박할 필요도 없다. 과학적 자원과 지식권력이 없는 사회적 약자의 과학은 사회정의를 실현시키기 위한 '뜨거운 과학'이며 지식 생산에 있어 비대칭적 권력관계를 고려치 않는 '차가운 과학'과 대립된다.

삼성백혈병 운동에서 노동자-환자들의 절박한 과학은 주류과학과 고용과학에 대항하는 데 충분치 않다. 이것은 사회정의를 실현하기를 갈망하는 규범적 지향을 가진 대항전문가들의 '사려 깊은 과학'과 결합되었을 때 비로소 힘을 발휘한다. 대항전문가들은 과학과 정치의 연계성을 파악하고 있으며, 과학이 사회적 약자, 특히 노동자들의 인권과 복지를 위해 활용되어야 한다는 규범적인 태도를 지닌다. 이들은 과학과 연관된 권력과 이해관계를 '사려 깊게' 숙고하여 과학을 수행한다는 점에서 중립성과 객관성을 표빙하는 실증주의적 과학관과 대별된다. 이들은 과학과 정치는 함께 구성되며, 과학은 자연세계에 의존할 뿐만 아니라 과학의 생산과 관계된 제도·문화·권력 관계에 의존한다는 사실을 중요시한다. 이러한 인식적이고 규범적인 차이 때문에 이들은 과학이 사회적 약자를 위해 수행되어야 한다고 주장한다.

대항전문가들은 실증주의적 과학에 반하여 노동자들의 현장 경험과 질병 경험을 중시하고, 이를 다시 권위 있는 전문적인 과학지식과 연결시킨다. 이들은 지배적인 과학이 지닌 탈현장성에 대해서 강하게 비판한다. 이들은 노동운동에 오랫동안 관여해왔으며 노동보건운동에서 현장의 중요성을 설파해왔다. 노동운동에서 대학생과 지식인들이 '현장으로 간다'는 의미는 노동자들의 절박한 상황을 몸소 느끼고 배우겠다는 의미인 동시에 '지식을 위한 지식', '현장과 동떨어진 지식', '대학과 연구실에 갇힌 지식'을 배격한다는 의미를 지닌다. '사려 깊은 과학'은 현장과 연구실, 사회 문제와 연구 문제, 삶과 앎을 연결시키려는 연구 활동이다. 또한 '사려 깊은 과학'은 과학의 한계를 알고 인정하는 '겸손한 과학'이다. 대항전문가들은 과학이 해당 문제를 완전히 해결할 수 없으므로 사회적·정책적 판단 아래 노동자의 질병을 해결해야 한다고 주장한다. 따라서 이들은 과학자들에게 과학적 합리성뿐만 아니라 사회적 합리성을 가질 것을 주문하며 전문가들이 사회 문제에 관심을 가질 것을 요구한다.

삼성백혈병의 지식정치는 '누구에 의한, 누구를 위한 과학인가'라는 심각한 질문을 던진다. 우선 '누구에 의한 과학'이란 과학 활동의 참여 문제와 관계된다. 과학적 활동에 참여할 수 있는 자격은 '전문성'을 요구하며, 이는 연구자들이 가진 배타적인 능력으로 인식되어 왔다. 연구는 과학자들에 의한 활동이며, 이들은 일반인에 비해 '기술적 우위성'을 가지며, 사회는 이들에게 과학적·기술적 결정을 '위임'한다. 하지만 삼성백혈병의 경우처럼 과학적 지식이 불완전하고 과학적 확실성이 오지 않을 '고도 상황'²⁶에서는 기술적 합리성뿐만 아니라 문화적·사회적 합리성이 요구된다. 기술적 의사결정에 불만을 느끼는 환자와 활동가 들은 그 결정에 '참여'하겠다고 요구한다. 이들은 과학 수행의 '다운스트림(downstream, 과학기술의 적용 및 효과)'뿐만 아니라 '업스트림(upstream, 과학기술 수행에 있어 연구 주제의 설정, 연구비 배분, 연구 참여자 결정)'에의 참여도 요구한다. 가령 삼성백혈병의 원인을 찾는 과학적 연구에 연구 참여자, 연구를 수행하는 방식, 연구비의 배분 문제에 관여할 권리를 요구한다. 즉 반올림 측은 연구 수행에 환자 측과 대항전문가들의 참여를 요구하고, 연구가 현장 중심으로 이루어져야 하며, 반도체산업 직업병의 원인을 위해 더 많은 연구비가 투자되고 더 폭넓은 연구가 수행되어야 한다고 주장한다. 또한 과학적 사실의 해석에 있어서도 환자와 대항전문가가 참석하는 '확장된 동료 심사'를 요구한다.²⁷ '수행되지 않은 과학'은 노동자와 시민의 건강과 복지를 위해 수행되어야 하며, 이를 전적으로 전문가와 정부에게 맡기지 않고 공동의 사실 찾기를 해야 한다고 이들은 주장한다. 즉 전문성을 노동자–환자와 전문가 들이 공동으로 구성해야만 한다는 것이다.

---

26) 사뮈엘 베케트의 희곡 《고도를 기다리며》에서 두 부랑자는 고도를 기다리지만 그는 끝내 오지 않는다. 나는 비유적으로 과학적 확실성이라는 '고도'가 끝내 오지 않는 상황에서 과학적·정치적 결정을 내려야 하는 경우를 '고도 상황'이라고 부른다.

27) Silvio Funtowicz and Jerry Ravetz, "Science for the Post-Normal Age", *Futures* 25(7), 1993, pp. 739~759.

그렇다면 과학은 도대체 누구를 위한 것인가? 어떤 당파성도 가지지 않는 공평함과 객관성의 추구라는 과학의 이념은 과학사회학에서 끊임없이 도전을 받아왔다. 이념이 아닌 실행·문화·제도로서의 과학은 특정한 물질·사회·권력적 관계 속에서 배태되고 수행된다. 미국에서 거대과학이 발전한 것은 제2차 세계대전 전후의 군비 경쟁과 연관되어 있고, 1980년대 이후 과학의 급격한 상업화는 기업의 이윤 추구와 직접적으로 연관되어 있다는 것은 널리 알려진 사실이다. 따라서 과학기술이 정치·경제·법의 영역과 끊임없이 교류하며 함께 진화해간다는 사실은 이제 과학기술사회학의 진부한 진리가 되었다. 과학 자체가 사회·권력적 관계로 환원되지 않는 물질적인 특성과 사회를 변형시키는 힘이 있다고 할지라도 과학은 어디까지나 '세계-내-과학(science-in-the-world)'이다. 과학은 복수적이며 비통일적이지만, 그 위치상 특정한 이해관계와 권력관계에 의해 수행방식에 영향을 받을 수밖에 없다.

삼성백혈병 사태에서 정부의 관리 중심의 과학은 정보와 참여자를 통제하고 조사를 철저하게 수행하지 않음으로써 문제를 최소화하는 방식으로 과학을 수행한다. 삼성의 고용과학은 기업의 이익을 위해 세밀한 연구를 수행하지 않고 기존의 형식적인 자료와 산보연의 자료를 재활용하는 수준으로 연구를 수행한다. 의료·환경·정보 분야에서의 시민·정부·기업 간의 갈등은 후기산업사회에서 끊임없이 일어났으며, 과학이 공공성을 회복해야 한다는 주장은 설득력을 얻고 있다.

반올림의 대항전문가들은 과학이 노동자-환자들을 위해 다른 방식으로 조직되어야 한다고 주장한다. 즉 더 많은 사람을 참여시키고, 사회적 약자를 위해 과학적 연구 주제를 선택하고, 그들의 현장 문제를 해결하기 위해 과학은 재구성되어야 한다고 말한다. 더욱 중요한 점은 이제 '지민'들은 자신의 권리를 위해 '싸울 준비'뿐만 아니라 '알 준비'도 되어 있다는 것이다. 삼성반도체에서 일하다 백혈병으로 숨진 황민웅 씨의 아내 정애정 씨는 다음과 같이 말한다.

정애정 저는 솔직히 말해서 질병의 의학·과학·법적 지식을 공부로, 책으로 얻지 않았어요. 5년 동안 싸워오니까 자연히 알게 되더라고요. 싸우다 보니까 자연히 습득이 되더라고요…….

2부

광우병 촛불운동과 탈경계정치

3장

지민과 탈경계운동

2008년 초여름의 어느 저녁, 나는 직장과 가까운 곳에서 저녁을 먹고 서울시청으로 차를 몰았다. 미국산 쇠고기 수입에 항의하는 촛불집회에 참가하기 위해서다. 시청 근처는 이미 수만 명의 시민들로 가득 찼기 때문에 시청에서 다소 멀리 떨어진 곳에 주차를 하고 시청으로 향했다. 이미 시위대는 시청을 출발하여 한국은행과 신세계백화점이 있는 곳을 지나 롯데백화점과 명동을 향하고 있었다. 저 멀리 보이는 수만 개의 촛불로 집회 참가자의 수를 가늠할 수 있었다. 길옆에서 초 하나를 구해 불을 붙이고 재빨리 시위대 행렬에 끼었다. "미친 2MB(이명박)와 광우병 쇠고기 때문에 우리가 미치겠다", "광우병 쇠고기, 네가 먼저 먹어라", "엄마, 광우병 쇠고기 먹기 싫어요", "한미 쇠고기 무역협정 즉각 재협상하라" 등과 같은 팻말들이 눈에 들어왔다. 나는 발걸음을 재촉해서 행렬의 맨 앞을 따라잡았는데, 이들은 조계사를 지나 청와대를 향하고 있었다. 여느 시위와 달리 시위대는 젊은 사람과 늙은 사람, 여자와 남자, 부모와 아이 등 다채로웠다. 경찰은 내로변을 통세하는 것을 포기하고 청와대로 가는 길목만 경찰버스로 바리케이드를 쳤다.

시청 앞 광장과 서울의 중심부가 시위대로 가득 찬 경우는 1987년의 민주화 시위 이후 처음일 것이다. 행진하면서 나는 시위대의 맨 앞에 서게 되었는데, 전에는 서울에서 가장 넓은 도로 한복판을 걸어 다녀본 적이 없었다. 6월의 상큼한 바람이 내 이마에 와 닿을 때 나는 알 수 없는 자유로움을 느끼면서 동시에 혼동스러웠다. 평범한 시민으로서만이 아니라 사회학자로서도 이런 종류의 시위를 듣지도 보지도 못했기 때문이다. 대통령은 민주적으로 선출되었고, 어느 누가 죽지도 않았다. 그런데 왜 시민들은 수십 일이 넘게 자발적으로 거리에 쏟아져 나와 촛불을 드는가? 이제 막 출범한 정부는 왜 이렇게 무기력한가? 시민·언론·전문가·정부는 광우병을 둘러싸고 어떤 위험 정치를 펼치고 있는가? 광우병에 대한 지식투쟁은 왜 이렇게 중요한가? 우리는 도대체 어떤 종류의 정치를 하고 있는가?

모든 것이 이해되지 않았다. 시위대에는 지도부가 없었다. 한국의 민주화를 이끌었던 학생 주도도 아니며, 그렇다고 계급투쟁이나 임금인상을 요구하는 노동자 주도도 아니었다. 중학생·주부·대학생·직장인·예비군·동호회원 등 가지각색이다. 이들의 시위는 인터넷에 생중계되고, 광우병에 대한 과학적 사실은 국민 상식이 되었다. 정부는 무기력하고 언론은 보이콧을 당하고 지식인들은 신뢰를 잃었다. 이 종잡을 수 없는 촛불집회를 이해하기 위해 향후 수많은 담론이 쏟아졌다. 촛불집회에 참여했던 당사자들과 지식인들을 만난 이후 나는 비로소 답을 찾았다.

2008년 촛불운동은 시민지성의 멤버인 지민에 의한 탈경계운동이다. 이 장은 촛불운동을 이해하기 위한 기존연구와의 대화이기도 하다. 첫째는 2008년 촛불운동 분석에 대한 연구이며, 둘째는 한국 사회운동에 대한 연구이다. 촛불운동 분석에 대한 연구는 크게 전체적 원인과 과정에 초점을 둔 연구와 촛불운동의 주요한 요소(운동의 주체, 운동방식, 쇠고기에 대한 위험인식 등)를 다룬 연구로 나뉠 수 있다. 한국 사회운동에 대한 논의는 조대엽·조희연·민경배 등의 연구를 참조하여 한국 사회운동에서 촛불운동이 가지는 위치를 분석하고자 했다.

우선 2008년 촛불운동의 원인과 과정을 전체적으로 분석한 대표적인 연구로는 정태석과 홍성태의 연구를 들 수 있다. 정태석의 접근은 신사회운동론과 유사한데, 그는 산업사회에서 위험사회·서비스사회·소비사회로의 전환이 갈등의 중심을 생산에서 시장과 소비로 옮겨가게 만들며, 갈등의 주요쟁점들 또한 위험·먹거리·환경·의료의 영역으로 옮겨간다고 말한다. 그는 이 과정에서 소비자운동·환경운동·공공성운동과 같은 새로운 운동형태가 촉발하게 되며, 연대는 분산화·개인화되고 차이와 다양성을 포섭하는 형태로 발전한다고 주장한다.[1] 이러한 양상을 가장 잘 대변하는 것이 바로 촛불운동이었으며, 이 운동은 새로운 정치와 연대의 가능성을 열어준다는 것이다. 정태석의 연구는 촛불운동과 거시적인 사회변동을 연결시켰다는 장점이 있으나, 실제 운동 과정에 대한 분석이 빠져 있고, 논의가 추상적이라는 단점을 가지고 있다.

이에 반해 홍성태의 연구는 촛불운동의 과정을 자세히 분석하는 동시에 이를 정보사회와 위험사회의 거시적 변화와 연결시킨다. 홍성태는 촛불운동을 3단계로 구분해 확산기(2008년 5월 2일~6월 10일),

---

[1] 정태석, 〈광우병 반대 촛불집회에서 사회구조적 변화 읽기〉, 《경제와 사회》81, 2009, 265쪽.

전환기(6월 11일~7월 7일), 소강기(7월 8일~10월 말)로 나누고 촛불운동의 역동적인 전개를 자세히 보여준다.[2] 아울러 촛불운동을 주체·목표·지식·비용·방식·매체의 여섯 가지 핵심요소로 나누어 촛불운동이 가진 독특함을 드러내고자 했다. 그의 연구는 촛불운동의 과정과 특징을 잘 요약한 것이 장점이지만, 집필의 시점이 2008년 10월 말이라는 점을 고려할 때 좀 더 심도 있는 논의로 발전하지 못했다는 아쉬움이 있다.

촛불운동의 주요 요소들에 초점을 맞춘 연구들은 운동에 참가한 주체들에 대한 연구[3], 광우병을 둘러싼 위험인식에 대한 연구[4], 온라인-오프라인을 연결하는 운동방식에 대한 연구[5] 등 다양한 관점과 접근에서 이루어졌다. 이러한 연구들은 촛불운동의 주요 요소들을 심도 있게 밝혀냈다는 의미를 지니지만, 이를 전체적인 운동과정과 연결시키지 못하는 단점을 지닌다. 예를 들어 운동주체에 대한 연구는 주로 10대 청소년들에게 맞추어져 있는데, 새로운 정치주체의 등장과 이를 분석했다는 데 의미가 있지만, 그 밖의 다른 주체들을 종합적으로 분석하지 못한 한계가 있다. 온라인-오프라인을 연결하는

2) 홍성태, 〈촛불집회와 민주주의〉, 《경제와 사회》 80, 2008, 15~16쪽.

3) 김철규·김선업·이철, 〈미국산 쇠고기 수입 반대 촛불집회 참여 10대의 사회적 특성〉, 《경제와 사회》 80, 2008, 40~67쪽; 이해진, 〈촛불집회 10대 참여자들의 참여 경험과 주체 형성〉, 《경제와 사회》 80, 2008, 69~107쪽.

4) 박희제, 〈미국산 쇠고기 파동과 대중의 위험인식의 합리성〉, 《현상과 인식》 33(4), 2009, 91~114쪽; 조병희, 〈광우병 인식의 사회적 구성〉, 정진성 외 편집, 《위험사회, 위험정치》, 서울대학교출판문화원, 2010, 101~124쪽.

5) 백욱인, 《한국사회운동론》, 한울아카데미, 2009; 윤성이, 〈2008년 촛불과 정치참여 특성의 변화〉, 《세계지역연구논총》 27(1), 2009, 315~334쪽.

운동방식에 대한 연구는 운동공간에 대한 논의를 확장시켰다는 의미를 지니지만, 이것이 운동의제·운동방식·운동주체의 다원화와 탈중심성과 어떤 연관관계가 있는지는 밝히지 못했다.

이 장은 기존의 촛불운동 연구에서 보여주지 못한 다음과 같은 점들을 보여주려 한다. 첫째, 촛불운동의 전체적 구성을 운동주체·운동방식/운동공간·운동의제·운동성과로 나누고, 이들의 역동적인 관계를 보여주고자 한다. 둘째, 이 장은 개별적으로 연구되었던 부분들을 연결시켜 새로운 종합과 해석을 이끌어내고자 하며, 그 과정에서 나는 촛불운동을 시민지성의 멤버인 지민에 의한 탈경계운동으로 이해하고자 한다. '지민' 개념은 기존에 지배적이었던 대중이나 민중의 개념을 해체함과 동시에 새로운 운동집단의 등장을 의미한다. 지민과 탈경계운동은 운동/비운동, 시민/전문가, 일상/정치/과학, 로컬/내셔널/글로벌의 경계를 넘나드는 운동주체와 운동방식을 의미한다. 셋째, 운동의제의 형성에 있어 과학/정치/일상, 자연세계/사회세계의 경계를 넘어서며 전문가/시민의 구분이 모호해진다. 시민들은 일상의 삶과 각자의 영역에서 전문성을 끌어내며, 폐쇄적이고 권위적인 전문가주의에 도전한다. 환경과 보건의료 등 새로운 운동들은 많은 경우 '물질세계'에 대한 대응을 수반하는데, 이때 운동의 논리는 사회적 합리성뿐만 아니라 과학적 합리성을 요구하게 된다. 따라서 운동은 자연과학/사회과학의 경계를 넘어선 혼종전문성을 요구하게 되며, 실제로 2008년의 촛불운동은 전문가들의 혼종적 연대에서 큰 힘을 얻었다. 넷째, 탈경계운동은 운동들 사이의 경계를 넘어서는데, 촛불운동의 경우 광우병 쇠고기 수입반대뿐만 아니라 이명박 정부의 각종 신자유주의 정책에 대한 반대운동으로 확장되었다. 이와 같이 촛불운동을 새롭게 해석하려는 것이 이 장의 목적이며, 4장에서는 이를 둘러싼 지식정치를 좀 더 심도 있게 다룬다.

네트워크 시민지성의 멤버로서의 지민

이 절에서는 지민이라는 개념으로 촛불운동의 주체에 대한 기존의 논의를 해체하고 재구성하고자 한다. 나는 촛불운동에서 가장 빈번하게 등장하는 시민에 대한 담론들, 즉 좌파적 전통에서 등장하는 대중론, 마이클 하트·안토니오 네그리의 다중론, 그리고 조대엽의 유연자발집단론의 개념들을 비판적으로 검토한다.

　대중에 대한 개념과 이해는 다양하고 복잡하여 이 개념에 대한 심층적인 이해는 방대한 연구와 이해를 필요로 하지만, 일반적으로 마르크시즘·프랑크푸르트학파·대중정치론(mass politics theory)·미디어 문화 연구 등에서 제시되는 개념이 대중에 대한 가장 영향력 있는 해석으로 자리 잡고 있다. 프리드리히 엥겔스는 가장 믿지 못할 지식은 대중의 상식이라고 비판했으며, 안토니오 그람시는 대중을 부르주아 헤게모니로부터 벗어나기 위해 지식인에 의해 끊임없이 교육되어야 하는 존재로, 루이 알튀세르는 대중을 지배 이데올로기에 호명되는 존재로 보았다. 프랑크푸르트학파에게 대중은 객체화되고 원자화된 저급문화와 지배 이데올로기의 수동적 소비자이다.[6] 한나 아렌트·

---

6) Georg Stauth and Bryan Turner, "Nostalgia, Postmodernism and the Critique of Mass Culture", *Theory, Culture, & Society* 5, 1998, pp. 509~526.

에리히 프롬·윌리엄 콘하우저·필립 셀즈닉과 같은 대중정치 이론가들은 대중은 극단정치에 동원되기 쉬운 자들로서 민주주의를 위협하며, 사회적 관계에서 고립되고, 정치적 엘리트의 결정을 무비판적으로 수용하는 무리로 취급된다.[7] 임지현의 '대중독재론'은 대중의 저항과 능동성을 상정하면서도 대중을 강제와 동의의 결합에 의해 합의독재를 만들어내는 존재로 보았다.[8] 사회학과 미디어 연구에서 대중은 형체가 없고 무기력하며 이질적이지만 같은 경험을 하고 사회관계가 빈약하며 리더십이 없는 무리이다.[9] 영국 문화연구에서는 대중을 지배 이데올로기에 저항하는 의미 생산자로 상정하지만, 대중에 대한 단순한 이해가 문화와 사회를 왜곡해서 이해하는 데 동원되므로 이 개념을 해체해야 한다고 주장한다.

이상과 같이 사회과학자들의 대중에 대한 해석은 대부분 부정적이며, 비판적인 인식을 가진 지식인들과 종종 대별된다. 이러한 인식은 특히 좌파 지식인들에게서 강하게 드러나는데, 이들은 촛불집회의 대중에 대한 낙관을 경계한다. 예를 들어 백승욱은 촛불운동의 대중을 '유사과학'에 속을 수 있는 반지성주의적 집단으로 비판하며 대중지성을 과학적 분석으로 대체해야 한다고 주장한다.[10] 백승욱과 같

7) Joseph Gusfield, "Mass Society and Extremist Politics", *American Sociological Review* 27(1), 1962, pp. 19~30.

8) 임지현, 〈'대중독재'의 지형도 그리기〉, 임지현·김용우 엮음, 《대중독재》, 책세상, 2004, 17~55쪽.

9) Eliot Freidson, "Communication Research and the Concept of the Mass", *American Sociological Review* 18(3), 1953, pp. 313~317; Edward Shils, "The Theory of Mass Society", *Diogenes* 10, 1962, pp. 45~66.

10) 백승욱, 〈경계를 넘어선 연대로 나아가지 못하다〉, 당대비평 기획위원회 엮음, 《그대는

은 좌파 '과학주의'는 엘리트적 시각에 입각해 대중의 능동성과 저항을 무시하는 경향이 있으며, 정보사회와 고학력사회에서 시민들이 능동적으로 지식을 구성하는 능력과 이것을 운동의 자원으로 동원하는 능력을 간파하지 못한다.

촛불운동을 이해하기 위해 제시된 또 다른 개념은 다중이다. '다중(multitude)'은 다양한 집단의 네트워크를 의미하며, 이는 "하나의 통일성이나 단일한 동일성으로 결코 환원될 수 없는 내적 차이로 구성되어" 있다.[11] 이런 점에서 다중은 민중(people)·계급(class)·대중(masses)으로 대별되는 단일한 정체성에 기반을 둔 집단과 구별된다. 다중은 잠재적이고 포괄적이며, 따라서 "사회적 생산을 하는 온갖 다양한 주체로 구성"되어 있다.[12] 그렇다면 획일성과 동질성이 없는 집단이 어떻게 저항하고 연대할 수 있는가? 하트와 네그리는 포스트모던 사회에서는 비물질적 노동(immaterial labor)과 삶정치적 생산(biopolitical production)이 지배적이며, 이것은 경제적인 생산을 넘어 문화적·정치적인 측면에서 다양한 지배와 갈등을 양산하게 된다고 말한다. 비물질적 노동은 "지식·정보·소통 또는 정서적 반응 등과 같은 비물질적 생산물들을 창출하는 노동"을 가리킨다.[13] 다중의 삶정치적인 생산은 새로운 정체성을 생산하며, 비물질적인 노동을 통해 소통과 협력의 네

왜 촛불을 *끄셨나요*》, 산책자, 2009, 46~47쪽.

11) 마이클 하트·안토니오 네그리(Michael Hardt and Antonio Negri), 《다중》, 조정환·정남영·서창현 옮김, 세종서적, 2008, 18쪽.

12) 마이클 하트·안토니오 네그리, 앞의 책, 20쪽.

13) 마이클 하트·안토니오 네그리, 앞의 책, 144쪽.

트워크라는 사회적 형태를 취하는 경향이 있다.[14] 이들은 민주주의에 대한 열망을 가지고 있으며, 자신들의 주체성과 삶정치적 생산에 기반을 두어 연대하고 투쟁한다. 하트와 네그리는 다중의 다면성과 환원불가능성을 강조하면서도 민주주의를 열망하는 다양한 주체의 연대 가능성을 설파한다. 다중을 통해 '공통된 것의 생산(the production of the common)'이 가능해지고, 이를 통해 전쟁·부패·가난·반민주주의와 싸울 수 있다.[15] 다중론이 가지고 있는 문제점은 다중의 목적론적 환원에 있는데, 이 점은 하트와 네그리 역시 알고 있다. 이들은 다중에서 제국에 저항하는 살아 있는 대안을 찾고자 한다.[16] 그런 의미에서 다중에 있어 더욱 중요한 것은 경험적 사실이나 정의 자체가 아닌, "다중은 무엇이 될 것인가"라는 "정치적 기획"이다.[17] 다시 말해 다중은 경험적인 분석의 대상이라기보다 제국을 무너뜨리고 민주주의를 실현시킬 수 있는 공통된 것을 찾아 연대하기 위해 만들어진 목적론적 존재이다.

　나는 대중에 대한 좌파의 엘리트주의적 해석과 특정한 목적론을 가진 '다중'론을 거부한다. 그렇다면 대중에 대한 궁극적인 목적론적 가정 없이, 촛불운동에서 저항의 주체였던 대중을 어떻게 이해할 수 있을까? 필자는 이 지점에서 조대엽의 '유연자발집단' 개념이 유용하다고 생각한다. 조대엽은 2000년대 이후 한국 시민사회의 재구조화를 제도화된 시민단체의 발달과 인터넷을 기반으로 한 유연자발집단

---

14) 마이클 하트·안토니오 네그리, 앞의 책, 101쪽.

15) 마이클 하트·안토니오 네그리, 앞의 책, 402쪽.

16) 마이클 하트·안토니오 네그리, 앞의 책, 18쪽.

17) 마이클 하트·안토니오 네그리, 앞의 책, 142쪽.

의 등장으로 분석한다. 이 유연자발집단은 조직형태가 유연하고 다양하며 온라인/오프라인의 경계를 넘어서 활동한다. 이들은 영향력의 정치에서 새로운 주체로 등상해 공론화에 적극적으로 개입하며, '정치의 문화화'를 일으켜 정치/문화/놀이를 연결시킨다.[18] 유연자발집단은 복잡성·모호성·유연성·모호함을 지니는 집단으로, 기존의 운동조직이나 사회집단과 구별된다.[19]

지식정치에서 중요한 점은 이러한 유연자발집단이 운동단체일 뿐만 아니라 지식단체라는 점이다. 곧 이들은 네트워크 시민지성의 멤버인 지민이다. 지민은 분명 앞서 촛불운동의 주체를 부정적으로 해석하는 일부 좌파 지식인들과 대척점에 서 있다. 시민지성론에서 시민은 선동에 의해 움직이는 존재가 아니라 자신의 삶과 사회를 이해하고 바꾸려는 존재이다. 촛불운동에서의 대항논리는 균질하고 연속적으로 이루어진 것이 아니라 시민·전문가·미디어 사이의 혼성적 전문성으로 이루어졌으며, 이러한 이질적 지식 연합체가 바로 시민지성이다. 따라서 시민지성론은 사회변혁의 주체인 지민, 즉 이질적이지만 공통의 지식 찾기에 몰두하는 지민을 긍정한다. 특히 시민지성으로서의 지민은 네트워크 사회에서 온라인/오프라인, 로컬/내셔널/글로벌의 경계를 넘어 활동한다.

지민은 다양성을 아우르며 창발적이다. 연구자들이 촛불운동에서 가장 놀라워한 사실 중 하나는 10대 청소년들의 전면적인 등장, 다양한 방식을 이용한 주부들의 저항, 정규직/비정규직·일용직/전문가를

---

18) 조대엽, 앞의 책, 276쪽.
19) 조대엽, 앞의 책, 260쪽.

넘어선 참가 등에서 보이듯 운동 주체들이 단일성과 통일성 없이 연대했다는 점이다. 지민은 제국주의의 타파나 이상사회의 건설과 같은 거대한 이념으로 움직이지 않는다. 이들은 자기가 싫은 것이나 좋은 것을 위해 움직인다. 이들은 또 자신이 알고 있고 배운 틀에서 행동하며, 남을 가르치지 않는다는 점에서 탈지도적이고 탈엘리트적이다. 이들은 자신과 관련된 생활적인 이슈에서 정부의 정책에 반감을 가졌기 때문에 촛불집회에 나왔다고 말한다. 이런 의미에서 지민은 감정적이며 동시에 이성적이다. 곧 이들은 '뜨거운 뇌' 또는 감정적 이성을 가졌다. 이들은 광우병에 대한 불안과 공포로 모이기도 했지만, 광우병이 왜 위험한지를 여러 매체를 통해 학습하고 자신의 행동을 정당화한다. 지민은 또한 여러 네트워크의 연결이기 때문에 이 가운데는 전문가들도 다수 포함되어 있고, 이들은 직접 전문적 지식을 생산한다. 이런 전문가들은 다양한 언론·집회·인터넷을 통해 대항지식을 퍼뜨린다. 따라서 지민에게 있어 '시민지성'과 '시민열정'은 분리될 수 없다. 또한 지민은 다양한 이념적인 스펙트럼을 가지고 있을 뿐만 아니라 얼마든지 자신의 이념성과 정치성을 변형시킬 수 있는 존재이다. 지민의 정치성에는 진보·중도·우파의 이념이 공존하며, 상황에 따라서 이러한 이념들은 변형된다.

20대 남성 정치적으로 중립인 사람이 사실 가장 정치적인 거잖아요. 중립이라는 건 어떤 성향이 있고, 그걸 숨기는 거잖아요. 우리가 여기서 (촛불집회에서) 영리활동을 하는 것도 아닌데, 나와서 목소리를 내고, 연행당하거나 부상당할 각오까지 하고 나온 건데……

이 남성처럼 평소에 정치적으로 중립이거나 관심이 없던 사람들도 촛불집회 때 적극적으로 참여했다. 《조선일보》를 열심히 구독했고 정치에 무관심했던 30대의 한 여성은 자신이 어떻게 해서 열렬한 반대자가 되었는지를 설명한다. 이 여성은 노무현 정부 때 미국산 쇠고기 수입을 극구 반대했던 《조선일보》가 훨씬 더 나빠진 조건으로 미국산 쇠고기를 수입하는 이명박 정부를 두둔하는 것을 보고 《조선일보》와 이명박 정부를 모두 비판하게 되었다. 이 여성은 자신의 계급성을 "된장성이 강한" 육아정보 사이트를 드나드는 "경제적으로 상당히 여유 있는" 사람이라고 밝힌다. 하지만 미국산 쇠고기 수입은 자기 아이에게 위험하다고 판단했기 때문에 정부의 정책에 분노를 느껴서 촛불집회에 참여했다. 이처럼 촛불집회에 참가했던 상당수가 이념을 넘어 연대했다. 따라서 지민은 계급정치보다 생활정치에 기반을 둔 경우가 많다.

　촛불운동에 참가했던 시민들은 참가자들의 다양성을 인정하며 이들이 굳이 하나가 될 필요가 없다고 말한다. 정부정책과 사회현실이 부당하다고 느끼지만, 이들은 운동 하나로 모든 것을 해결하고자 하는 이상을 가지지 않는다. 무엇보다 촛불운동에서의 지민은 양자역학적 무리이다. 여러 온라인 사이트를 옮겨 다니며 자신의 의견을 밝히고, 자연스럽게 자신이 활동하는 사이트들 간의 지식적·정치적 연대를 형성한다. 이들은 아고라·82쿡·아프리카TV·쭉빵카페 등 핵심적인 사이트들을 돌아다닌다. 무수한 사이트에서 크로스-포스팅을 하고 자신들의 주장을 끊임없이 쏟아낸다. 한편 지민은 집회현장에서 지도부의 말에 따르기도 하다가 따르지 않기도 한다. 오프라인에서 싸움은 다방향으로 일어났고, 시민지성으로서의 지민은 거리를 휘젓고 다닐 정도로 활동적이다. 이들에게 지성은 곧 운동이며 운동은 곧 지성이다.

시민지성으로서의 지민은 시위현장에서 세대/계급/젠더를 넘어선 연대와 움직임을 보여주었다. 이름도 모르는 사람들과 서로 이야기하고 물과 음식을 제공했으며, 경찰에 맞서 시위대를 보호하고 노래와 게임을 같이 즐기는 모습을 보여주었다. 촛불집회에 적극적으로 참여한 한 노점상은 다음과 같이 자신의 경험을 말한다.

> **30대 남성** 저 같은 하층민…… '하층민'이라고 표현할게요. 되게 못살거든요. 가난한 사람인데, 병원 원장님이나 대학 교수님 들과 격 없이 얘기할 수 있는 공간이었어요. 그것도 굉장히 행복했어요. 그런 분들의 얘기를 듣는 것도 좋았고요. 그 자리에서는 백수든, 연봉 2천만 원짜리든, 88만원세대든, 촛불소녀라고 표현된 중학생이든 (누구나) 말할 수 있는 소통구조가 있었어요. 그런데 이런 좋은 걸 굳이 하나로 묶을 필요가 없지 않나요?

이 남성의 표현처럼 지민은 연대하지만 굳이 하나가 될 필요가 없는 유연성과 관용성을 가진 존재이다. 이들은 하나의 운동이 모든 문제를 해결해줄 수 있다고 믿지 않는다. 이들은 운동을 통해 자기가 바뀌어야 한다고 생각하는 문제를 둘러싸고 연대하며, 그것이 해결되었을 때는 해체되는 속성을 지닌다. 지민은 다양한 사람들의 무리이기 때문에 이들의 개입 정도도 다양하다. 어떤 이들은 인터넷에서만 주로 활동하기도 하고, 어떤 이들은 더욱 적극적으로 집회에 나온다. 어떤 이들은 조직에 가입하거나 후원하기도 하고, 어떤 이들은 조직을 직접 만들기도 한다. 따라서 네트워크 시민지성으로서의 지민은 다양한 방식과 정도로 개입하며 연대할 수 있다.

탈중심적 운동방식과 탈경계적 운동공간

촛불운동의 운동방식은 운동공간과 분리해서 생각할 수 없다. 두 요소를 결합해서 이해해야 한다는 주장은 최근의 사회운동론에서 이미 제기되고 연구되었으며, 온라인 사회운동에서는 이 문제를 좀 더 중요하게 생각한다.[20] 온라인에서는 시공간을 초월해 비동시적이며 쌍방향적인 방식으로 다수 대 다수의 의사소통이 가능하다.[21] 정보사회에서의 탈경계적 네트워킹은 사회운동이 더욱 활발하게 일어날 수 있는 조건을 만들어준다. 하지만 운동공간을 기술적으로 환원하는 것은 경계해야 한다. 운동방식/운동공간은 기술적인 동시에 사회적이며 문화적이다. 예를 들어 촛불집회와 광장에서의 축제적 형식은 최근 한국 사회운동이 가지는 사회문화적 특징이라고 할 수 있다. 이절에서는 촛불운동의 운동방식·운동공간을 네 가지 측면에서 다룬다. 첫째, 운동이 온라인-오프라인으로 연결되었으며, 다양한 종류의 운동전략들이 동원되었다. 여기서는 인터넷을 포함한 와이브로·휴대전화·1인 미디어와 같은 뉴미디어를 포함한다. 둘째, 운동방식은

---

20) Byron Miller, *Geography and Social Movements*, Minneapolis: University of Minnesota Press, 2000.

21) 민경배, 앞의 책, 61쪽.

상향식과 하향식이 동시에 존재했는데, 이것은 시민들의 자발적 참여와 기존의 운동조직이 결합됨을 의미한다. 셋째, 촛불운동은 로컬/내셔널/글로벌하게 연결되는데, 시위의 과정이 지역과 국가의 경계를 넘어선다. 넷째, 투쟁이 축제화되고 축제가 투쟁화되는 양상을 보였다. 여기서 의미와 재미가 결합되고, 이것은 다시 감정적 연대와 운동의 지속성을 낳았다.

첫째, 무엇보다 촛불운동의 혁신은 온라인 운동과 오프라인 운동의 연계에서 찾을 수 있다. 최초 집회의 기획을 여러 네티즌이 제안했고, 그것에 따라 2008년 5월 2일 첫 집회가 열렸다. 중앙시민운동을 주도했던 몇몇 사람은 5월 2일 현장에서 집회가 어떻게 이루어질지 자못 궁금해서 당시 집회에 참여하여 상황을 관찰했다. 2002년 효순·미선 추모 촛불집회와 2004년 노무현 탄핵반대 촛불집회가 이념적·정치적 이슈였다면, 2008년의 촛불집회는 생활상의 이슈였기에 누구도 촛불운동의 파급력이 그렇게 강하리라곤 상상치 못했다. 한 시민단체 운동가는 당시 시민들의 자발적 조직과 참여에 대해 상당히 놀랐다고 말하며 이렇게 표현한다.

시민단체 운동가 지휘부도 없고, 앰프도 없고, 조명도 없는 청계광장에서 1만여 명이 가득 촛불만 들고, 웅성웅성하면서 단일한 구호도 없고, 노트에 자기 구호를 써오는 사람도 있고. 그런 걸 보면서 시민단체들이 오히려 시민들보다 시대 변화나 상황에 대한 분노가 늦었구나, 그분들은 인터넷상에서 몇 달 동안 MB정부가 추진하는 정책들을 보면서 국민을 성상적으로 내변하고 있지 않다는 깃을 느끼고, 대의민주주의의 한계를 극복하기 위해서 직접 행동으로 나섰구나 하고 생각했죠. [중략] 지금까지 한국의 사회운동과 확연히 다른 게 운동권이나 단체가 리드하지 않는, 지도자 없이 촉발된 대규모 사회변혁 캠페인이었다고 생각해요.

촛불운동의 시작부터 끝까지 시민들의 온라인과 오프라인 활동은 긴밀하게 연관되었다. 와이브로를 이용한 촛불집회의 실시간 중계는 단순히 오프라인의 상황을 전달한 것이 아니라 온라인으로 보고 있던 시민들을 집회에 참여하게 만드는 역할을 했다.[22] 예를 들어 한 시민은 장사를 하다가 아프리카TV 인터넷 방송을 보고는 도저히 참지 못해 집회현장에 직접 뛰어들어 활동했다고 말한다. '예비군부대'가 만들어진 것도 인터넷 방송을 통해 여성들이 전경에게 폭행당하고 있다는 소식을 듣고 몇몇 예비역이 시위대를 보호하기 위해서 조직한 것이다. 초기에는 아무런 설명 없이 집회현장만 내보내다가 시민저널리스트들이 생겨서 해설을 덧붙여 방송하는 등 다양한 방식이 이루어졌다. 휴대전화도 실시간으로 사람들을 모으는 역할을 했다. 집회가 지도부에 의해 조직적으로 지휘된 것이 아니라 여러 조직이 다양한 방향으로 활동하는 형태로 진행되다 보니 각각의 단체 구성원들은 모임 장소와 시위대의 이동방향을 휴대전화로 조율했다. 예를 들어 '유모차부대'의 엄마들은 각자 아이들을 이끌고 현장에 도착해 처음에는 모임 장소조차 파악하기 어려웠는데, 현장에서 휴대전화와 인터넷으로 확인한 다음 결집했다. 이들은 다른 여러 단체의 회

---

22) 이창호·배애진, 〈뉴미디어를 활용한 다양한 사회운동방식에 대한 고찰: 2008년 촛불집회를 중심으로〉, 《한국언론정보학보》 44, 2008, 44~75쪽.

원들과 인터넷과 휴대전화로 연락을 주고받으며 현장상황을 파악하고 움직였다. 집회현장에서의 동영상 촬영은 경찰의 진압을 감시하고 시위대의 피해를 시민들에게 알리는 강력한 무기가 되었다. 예를 들어 2008년 6월 초 집회현장에서 전경이 서울대학교 여학생을 구타하는 장면이 삽시간에 주요언론과 인터넷으로 번져나가 촛불집회에 기름을 부었다.

둘째, 운동방식에서 상향식과 하향식이 동시에 존재했고 긴밀하게 연결되었다. 즉 시민들의 자발적인 참여와 기존의 운동조직이 여러 방향으로 결합했다. 운동이 온라인-오프라인으로 연결된다고 해서 반드시 상향식이지는 않다. 기존의 운동단체들은 온라인-오프라인을 연결시키지만, 많은 경우 지도부가 지휘하는 하향식 운동방식을 채택한다.[23] 선행 연구들은 중앙시민운동과 풀뿌리운동의 차이를 하향식과 상향식 운동방식으로 구분하기도 하는데, 중앙시민운동의 경우 전문운동가가 이슈를 중심으로 미디어를 활용하는 방식을 주로

---

23) 민경배(앞의 책, 206쪽)는 온라인-오프라인이 연계된 사회운동을 집중형 조직운동, 임시형 조직운동, 거점형 네트워크 운동, 분산형 네트워크 운동으로 나눈다. 집중형 조직운동은 사회운동 단체가 운동의 중심적 지위를 차지하여 온라인을 활용하는 것이 주를 이루고, 임시형 조직운동은 단일 현안을 중심으로 모였다가 후에 조직이 해산되거나 성격이 바뀌는 운동을 의미한다. 거점형 네트워크 운동은 단일한 홈페이지를 중심으로 다양한 방식의 공익 이슈를 제기하는 운동을 말하며, 분산형 네트워크 운동은 안티 운동처럼 조직적 멤버십이 없고 핵심 주체가 존재하지 않는 경우이다. 촛불운동은 이 네 가지 운동의 구분에 들어맞지 않는다. 얼핏 임시형 조직운동 같아 보이지만, 민경배(앞의 책, 210쪽)가 말하듯이 그것은 '손전등 모델'로서 특정 영역만 집중적으로 비출 뿐이다. 예를 들어 '이동통신요금 인하 운동'이나 '러브호텔 난립 저지 운동'과 같은 경우로서, 온라인-오프라인 간의 연대를 통해 특정한 문제를 해결하기 위한 운동이다. 촛불운동의 경우 단일 현안으로 출발했지만 점차 의제가 폭넓게 확대되었고 다채로운 참여자들의 요구와 다양한 운동방식까지도 포괄했기 때문에 '손전등 모델'과는 맞지 않다.

택하는 반면, 풀뿌리운동은 사람을 주체로 상향식으로 일을 만들어 간다는 것이다.[24] 촛불운동의 경우 이러한 상향식과 하향식 운동방식이 동시에 이루어졌다. 우선 시민의 자발성으로 대표되는 상향식 운동방식의 경우, 시민들의 저항은 인터넷의 여러 사이트를 중심으로 시작되었다. 2008년 4월 18일 한미 정상회담을 하루 앞두고 한미 쇠고기 수입협상이 타결되고, 여러 언론 매체는 미국산 쇠고기의 위험성을 우려했다. 이명박 정부의 출범 초기 인수위에서 공표했던 여러 정책(영어몰입교육, '고소영' 내각, 공기업 민영화, 교육자율화, 대운하 사업 등)은 여러 불만을 불러왔으며, 한미 쇠고기 협상 타결 전인 4월 초부터 인터넷 포털 사이트 다음(daum)의 아고라를 중심으로 이명박 탄핵 서명운동이 시작되었다. 온라인 탄핵 서명운동을 주도한 안단테에 의하면(필자와의 인터뷰) 〈PD수첩〉 방영 전 서명 수는 1천여 명에 불과했으나, 〈PD수첩〉 방영 후 급격하게 늘었다고 한다. 서명을 주도한 사람이 고등학생이라는 사실이 알려지면서 서명에 참여한 인원은 촛불운동 초기인 2008년 5월 5일 1백만 명을 돌파했다. 인터넷에서의 자발적인 운동과 저항은 순식간에 일어났고 소용돌이쳤다. 평소 문화적·생활적 소재들을 공유하는 동호회 사이트들에서도 광우병과 관련된 정부정책을 비판하는 정치적 내용들이 넘쳐났다. 대표적으로 소울드레서·마이클럽·화장빨·쭉빵카페·엠엘비파크·82쿡 등의 동호회 사이트는 점차 정치적 사이트의 성격을 띠면서 온라인에서 촛불운동을 주도하는 주요 장소로 떠올랐다. 온라인에서 이루어지는 촛불운동의 자발적인 저항방식은 탄핵 서명운동뿐만 아니라 항의글

---

24) 하승우,《풀뿌리공론장에 대한 이론적 고찰》, 경희대학교 정치학과 박사학위논문, 2006.

달기, 주요 인터넷 사이트 공격(청와대 홈페이지 다운, 경찰청 기동대 홈페이지 해킹 등), 광우병 정보 공유를 통한 대항지식 전파, 반촛불진영 감시(정보 오류 폭로, 반촛불진영 IP 추적 등)처럼 다양한 방식으로 이루어졌다.[25]

촛불운동을 순전히 시민들의 자발적인 운동으로 묘사하는 것은 절반의 진실이다. 기존의 시민단체나 조직의 활약 역시 촛불운동을 지속시키고 발전시키는 데 큰 영향력을 발휘했다. 우선 촛불집회 이전에 여러 시민단체에서 한미 FTA와 관련하여 미국산 쇠고기 수입 문제를 꾸준히 다루어왔다. 2003년 미국에서 광우병 소가 발견되자 생활협동조합·환경단체·보건의료단체연합·한미FTA저지범국민운동본부 등과 같은 시민단체에서는 꾸준히 미국산 쇠고기의 수입 문제와 미국의 수동적 감시를 비판해왔다. 미국산 쇠고기의 수입 재개는 한미 FTA의 4대 선결요건 중 하나였기 때문에 한미 FTA에서도 주요 쟁점이었다. 이처럼 미국산 쇠고기 수입 문제는 촛불운동 이전에는 그리 큰 주목을 받지는 못했지만 여러 시민단체의 문제의식과 저항을 불러일으켰고 쟁점화되고 있었다. 또한 기존의 반이명박 세력의 적극적인 개입도 중요한 역할을 수행했다. 특히 '이명박 탄핵을 위한 범국민운동본부'(이하 안티MB)는 촛불집회가 있었던 5월 2일 전부터 가장 적극적인 역할을 한 단체이다. 이 단체는 이명박이 대통령에 당선되던 2007년 12월 19일 만들어졌으며, 이명박 정부가 들어서기 전후로 작은 규모의 집회를 계속해서 열었다. 안티MB는 5월 2일 시위

---

25) 조희정·강장묵, 〈네트워크 정치와 온라인 사회운동: 2008년 '미국산 쇠고기 수입 반대 촛불집회' 사례를 중심으로〉, 《한국정치학회보》 42(3), 2009, 311~332쪽.

를 위해 각종 사이트에 선전을 하고 배너를 제작해 홍보전을 펼쳤다. 그뿐만 아니라 초 1만 개를 사서 현장에 있던 사람들에게 나누어주었다. 또한 시위를 위한 차와 앰프까지 준비했다. 하지만 안티MB의 활동이 리더십을 가지고 면밀하게 주도된 것은 아니었다. 시위의 규모가 너무나 크고 다양해서 도무지 지휘가 되지 않았다. 안티MB 대표는 당시의 상황을 이렇게 말한다.

> **안티MB 대표** 우리는 당황했어요. 정신이 없어서. 마이크와 앰프를 놓고 시위를 하는데 감당도 안 되었죠. 나중에는 집회가 아니고 제각각 군데군데 모여서 동아일보사에서 외치고, 이명박 물러가라 외치고…….

안티MB와 같은 반이명박 정치세력에게는 광우병 사태가 이명박 정권에 타격을 주기 위한 좋은 구실로 작용했다.

기존의 시민단체들이 시민들의 자발적인 모임을 보고 자극을 받아 움직이기 시작한 것은 5월 6일부터였다. 1,700개가 넘는 단체들이 5월 8일 '광우병국민대책회의'를 결성하고 조직적으로 촛불운동에 가담하기 시작했다. 이들의 역할은 운동의 리더라기보다는 시위를 돕는 협조자에 더 가까웠다. 촛불운동을 조직적으로 주도하려던 어떠한 시도도 시민들에게 받아들여지지 않았으며, 오히려 거부당했다. 물론 시민단체 조직은 운동의 여러 전략을 가지고 있었기 때문에 시민들을 동원하는 데 도움을 주었다. 그러나 조직적으로 주도하기보다는 기자회견을 통한 정부입장 반박, 집회현장 운영, 운동방향 제시, 다른 시민단체들과의 연계, 경찰과 정부단체 고발, 기소된 시민 무료 변론 등 기존의 운동자원을 동원해 집회를 지속시키고 시민들을 보호하는 데 주력했다.

　기존 시민단체 간의 긴밀한 연대가 촛불운동을 지속시키고 발전시킨 중요한 힘이었지만, 다른 한편 시민들은 운동의 중간에 자발적으로 조직을 만들기 시작했다. '시민들의 자기조직화'는 각 개인들을 묶어주는 동시에 새로운 운동전략을 창출해냈다. 그 결과 언론소비자주권 국민캠페인(이하 언소주)·유모차부대·예비군부대·지역촛불·시민악대 등 여러 자기조직화 단체들이 만들어졌다. 이 가운데 언소주의 활동은 특히 영향력이 컸는데, 이들은 이명박 정부를 두둔하는 《조선일보》·《중앙일보》·《동아일보》뿐 아니라 이 신문들에 광고를 싣는 광고주들에게 압력을 행사하여 상당한 성과를 이루어내었다. 유모차부대는 아이들을 직접 데리고 나와 정부정책의 부당함을 전파하는 데 큰 역할을 했다. 5월 말부터는 거리시위와 도로점거가 계속해서 일어났으며 경찰과 잦은 충돌이 발생했는데, 시민들의 일부가 예비군부대를 조직해 시민과 경찰의 충돌을 최소화하는 완충제 역할을 했다.

　셋째, 촛불운동의 운동방식은 로컬/내셔널/글로벌을 가로지르는 양상을 보였다. 우선 미국 교포들의 개입을 들 수 있다. 촛불운동 초기에 정부가 국민에게 미국산 쇠고기 수입의 안전성을 설득하기 위해 동원한 주장 가운데 하나가 미국 국민뿐만 아니라 한인 교포들까지 미국산 쇠고기를 수십 년 동안 먹고 있다는 사실이었다. 이에 '쇠고기 수입 재협상 실행을 요구하는 미주 한인주부들의 모임'은 미국에서 성명서를 발표하고 미국산 쇠고기의 안전성에 문제가 있다고 주장했다.[26] 이들은 미국산 쇠고기가 대규모 리콜 사태를 일으킨 점, 광우병 검사비율이 전체의 1퍼센트도 되지 않는 점, 안전한 쇠고기를 먹기 위해 미국 내에서 쇠고기 소비행태가 변하고 있는 점을 들어 정부의 주장을 반박했다. 이에 앞서 미국에 거주하는 이선영 주부는 MBC 〈100분토론〉에 전화를 걸어 미국산 쇠고기가 안전하지 않다고 주장하면서 국민의 호응을 얻었다. 이처럼 촛불운동은 한국뿐만 아니라 한인들을 중심으로 해외에서도 일어났다. 6월 1일에는 프랑스 파리에서 유학생과 교포들이 촛불집회를 했고, 6월 초에는 미국 ·영국·독일·캐나다·브라질·호주·타이완 등 9개국 17개 도시에서 유학생과 교포들이 지구촌 촛불 파도타기를 했다.[27] 해외에 거주하는 학자와 연구자 들은 한국 매체와 연결하여 미국산 쇠고기 수입의 부당함을 알렸다. 위험사회론의 주창자인 울리히 벡은 이명박 정부가 "시장우선주의와 조지 부시 미국 대통령에 대한 충성 때문에 가장 절대적 우선순위가 되어야 할 국민의 건강권을 내버렸다"며 한 언론매체에 기고하여 촛불운동에 정당성을 부여해주었다.[28] 벡은 더 나아가 공공부문의 민영화, 한반도 대운하 사업, 신자유주의 정책까지 비판했다. 영국의 연구자와 한인 들은 언론매체를 통해 광우병의 위험성을 알리고, 광우병 발생 이후 쇠고기에 대한 영국인들의 공포와 불안을 전달했다. 다른 한편 국제앰네스티 조사관 노마 강 무이코가 방한하여 경찰의 진압과정에서 나타난 인권문제를 조사하여 보고서를 발

---

26) 석진환, 〈미국 한인주부들도 '광우병 미국소'에 뿔났다〉, 《한겨레》, 2008년 5월 9일.

27) 김정호, 〈미국·유럽 이어 아시아, 9개국 17개 도시 한국 촛불 꺼질 때까지 계속됩니다 쭈욱~〉, 《오마이뉴스》, 2008년 6월 5일.

28) 울리히 벡, 〈이명박 정부, 시장·미국에 충성 … 절대적 국민 건강권 내버렸다〉, 《한겨레》, 2008년 6월 25일.

표했다.[29] 이 보고서에서 국제앰네스티는 경찰의 무력사용이 국제법의 기준에 맞게 집행되어야 한다고 전하면서 한국정부에 인권침해에 대한 안전장치를 마련하고 집회의 권리를 위해 집회 및 시위에 관한 법률을 개정할 것을 요청했다. 국제앰네스티의 활동은 한국의 촛불집회에 대해 국제기구가 감시한 사례로, 한국정부에 대한 압박으로 작용했다.

넷째, 촛불운동에서 투쟁은 축제화되고 축제는 투쟁화되었다. 애초에 경찰의 탄압과 집회허가의 문제 때문에 집회는 '촛불문화제'라는 이름으로 열렸다. 촛불문화제는 딱딱한 정치적 행사를 부드럽고 말랑말랑하게 해주며 유희성을 내세워 참여에 대한 심리적 부담감을 덜어주었다. 축제에서는 위계적 질서·규범·특권·금기가 일시적으로 파기되고 시민들은 유희와 쾌락을 통해 저항을 체험한다.[30] 촛불집회의 축제적 형태는 여러 가지 다성적인 표현과 목소리를 담고 있다. 촛불집회에 참여한 많은 시민은 피켓·퍼포먼스·패션을 통해 권력에 대한 풍자·조롱·야유를 표현했다. 각종 피켓의 구호들은 이명박과 보수진영을 모독하고 희화화하여 권위적 질서를 무너뜨렸다. '뇌송송 구멍탁'(조지 부시와 이명박을 희화화한 사진: 부시는 아빠, 이명박은 아이로 묘사되어 있다), '쥐를 잡자, 쥐를 잡자'(이명박을 쥐에 비유), '경축 08년 서울의 랜드마크 명박산성' 등의 구호와 표현에서 엿볼 수 있듯이 권력은 축제 앞에서 단지 조롱의 대상이 될 뿐이었다. 시민들의 다양

---

29) Amnesty International, *Policing the Candlelight Protests in South Korea*, 2008.

30) 미하일 바흐친, 《프랑수아 라블레의 작품과 중세 및 르네상스의 민중문화》, 이덕형 외 옮김, 아카넷, 2004.

한 패션과 옷차림은 사람들을 편안하게 해주고, 비장감보다는 즐겁고 친숙한 분위기를 연출해내었다. 하이힐을 신고 명품가방을 든 여성, 화장을 진하게 하고 온 여성, 엄마의 손을 잡고 온 아이, 교복을 입고 나온 중고생, 소 복장을 한 아빠와 쥐 복장을 한 아들(아빠 등에는 '너만 보면 미치겠소!', 아들 등에는 '나 때문에 약오르쥐?'라고 적혀 있었다) 등 새로운 '스타일의 정치'는 권위와 제도를 해체하려는 카니발적 욕망을 드러내었다.[31] 촛불문화제는 닭장차 투어, 전경차에 장미꽃이나 종이학 꽂기, 토성 쌓기, 시민악대의 연주, 가면행진 등 애초에 기획되지 않은 집단적 퍼포먼스도 연출했다. 시민악대에 참가했던 한 남성은 "시위와 축제의 경계가 없다고 표현해야 할까요. 저희가 처음에 이거 했을 때 정했던 원칙이 무경계주의입니다"라며 축제로서의 집회가 벽을 허물고 자신들을 하나로 묶어줄 수 있는 공감과 공동체 의식을 느끼게 해준다고 말한다. 이처럼 축제로서의 집회는 위계적 구분을 없애고 정서적 공감을 높여줄 뿐만 아니라 집회 참여자들에게 참여의 가벼움과 즐거움을 준다.[32]

---

31) 이동연, 〈촛불집회와 스타일의 정치〉, 《문화과학》 55, 2008, 150~167쪽.
32) 윤명희, 〈청소년과 디지털 참여: 커뮤니티의 감성적 상호작용 분석을 중심으로〉, 《한국사회학》 43(5), 2009, 237쪽.

운동의제의 혼성화:
일상/과학/정치의 경계를 넘어선 이슈들

촛불운동은 '비정치적인 것의 정치화'를 보여준 사건으로, 일상생활에 기반을 둔 운동의 의제가 큰 정치적 사건으로 진화한 경우였다. 촛불운동의 의제 설정과 확산에 있어서 시민·언론·전문가 간의 연대와 의제의 혼성화를 분석해보고자 한다.

우선 의제 설정과 확산에 대해 살펴보면, 초기 설정단계에서는 비판적 언론의 역할이 컸다. 언론은 정부정책에 반대하는 의견을 가진 집단의 목소리를 동원하여 정부정책에 회의를 품고 권위에 도전하는 역할을 종종 수행한다. 실제로 〈PD수첩〉의 광우병 보도는 광우병 촛불집회를 정치적 주요 의제로 설정한 계기가 되었다. 하지만 〈PD수첩〉은 이 보도가 촛불집회의 도화선이 될 것이라고는 전혀 생각지 못했다.

> 〈PD수첩〉 관계자 사실 저희는 촛불운동이 일어날 거라고 생각도 못했어요. 누가 생각할 수 있었겠습니까? [중략] 그 방송 내용에 극비문서를 빼오거나 아무도 알아내지 못한 것을 알아낸 거 없거든요, 나름대로 우리가 발 빠르게 남들보다 일찍 (방송을) 했구나, 우리가 특종을 하나 했다. 그 정도의 생각이었지…… 그게 전국적인 이슈가 되고, 촛불운동이 되고, 촛불운동의 도화선이 되고 그럴 거라고는 아무도 생각하지 못했습니다.

언론에 의해 의제가 설정된 이후에 그것이 전파되고 확장된 것은 주로 인터넷을 통해서였다. 먹거리에 관해 가장 민감하게 반응한 집단은 아무래도 청소년과 여성 집단이었다. 청소년 집단의 대표적인 사이트인 '쭉빵카페'는 10대들이 주로 연예인에 대한 가십이나 신변잡담을 나누는 곳이었다. 이곳에서는 2005년 4월 말부터 미국산 쇠고기가 학교급식에 들어간다는 소문이 무성했으며 광우병과 관련된 많은 정보가 오고갔는데, 이는 결국 청소년들이 촛불운동에 참여하는 계기로 작동했다. 인터뷰한 사람들 중에 상당수가 〈PD수첩〉의 방송내용을 인터넷에서 보았거나 네티즌들이 편집한 동영상 자료를 보았다고 말한다. 이후에 청소년들은 스스로 '촛불소녀코리아'와 같은 웹사이트를 만들고 촛불운동에 활발하게 참여했다. 청소년들은 광우병 문제를 자신의 몸을 지키고 보호한다는 일상적인 문제로서 받아들였다. 이들은 자신의 일상문제가 정부의 정책과 관련된다는 것을 파악하고, 그 부당함에 맞서 행동으로 나서게 되었다. 이들 중 상당수는 입시 문제나 아침자율학습 부활, 고교 자율화 같은 정부정책에 대해서도 문제의식을 가지고 있었으며, 수입쇠고기 문제는 이 같은 정부의 교육정책 이슈와 결합되면서 의제가 더욱 확장되는 양상을 보였다. 청소년뿐만 아니라 주부들이 식품·육아·미용 등과 관련하여 정보를 나누던 여러 사이트도 순식간에 수입쇠고기의 안전 문제와 이명박 정부의 정책적 문제를 토론하고 성토하는 공간으로 바뀌었다. 우선 쇠고기가 아이들의 식사와 관련되고 건강에 잠재적인 위협이 된다고 판단한 여성들은 적극적으로 정치적 의견을 펼쳤다. 이들은 유모차부대를 만들었을 뿐 아니라 이명박 정부와 《조선일보》·《중앙일보》·《동아일보》에 동조하는 식품회사의 불매운동을 주도하기도

하고, 집회에 참가한 시민들을 위해 여러 후원활동을 했다.

　의제의 확산에서 언론과 시민뿐만 아니라 전문가의 역할도 중요했다. 광우병에 대한 지식이 전문적이기 때문에 언론은 취재 단계에서부터 대항전문가의 협조를 받았다. 광우병에 대한 과학적 지식으로 무장한 전문가들은 정부의 급작스러운 미국산 쇠고기 수입결정을 비판하면서 대항전문가로 위치가 정해지게 된다. 심층 인터뷰한 수의학 전문가와 과학자는 광우병의 위험과 미국산 쇠고기의 위험을 언론에 알려 시민들에게 전달하는 데 큰 역할을 했다. 의제의 확산에 있어서 과학적인 지식뿐만 아니라 법률·경제·사회과학적 지식도 필요하게 되자 점차 이 분야의 전문가들도 관여하게 되었다. 예를 들어 미국산 쇠고기 수입이 통상법과 경제적 이익관계와 연관되자 해당 전문가들은 이에 대한 심도 있는 분석을 통해 촛불진영에 더욱 탄탄한 논리를 제공했다. 정부의 논리를 반박하는 전문가들의 의견은 시민들에 의해 삽시간에 인터넷으로 퍼져나가 촛불진영의 정당성을 제공해주는 역할을 했다. 따라서 의제의 설정과 확산에 있어 탈중심적이고 다층적인 시민·언론·전문가의 연대를 발견할 수 있다.

　미국산 쇠고기 수입 문제는 일상적 의제가 정치적 의제로 전환하는 지점이 된 동시에 과학적 의제와 정책적·정치적 의제가 혼합하는 계기가 되었다. 광우병은 아직 그 원인이 정확하게 밝혀지지 않은 과학·의학적 문제로서 이를 둘러싸고 과학적 논쟁이 계속해서 이루어져왔다.[33] 특히 쇠고기는 시민들의 중요한 먹거리이기 때문에 정책적 의사결정 과정에서 논란이 생길 수밖에 없으며, 항상 불확실성과 개

---

[33] 김기홍, 《광우병 논쟁》, 해나무, 2009.

방성이 존재한다. 이 점은 쇠고기 수입조건에 있어서도 이견이 일어날 수밖에 없는 중요한 지점이다. 전문가와 정책결정자 들은 확률론, 사전예방원칙 등 여러 정책적 원칙에 따라 의사를 결정한다. 촛불운동에서는 여러 대항전문가가 모여 정부의 정책에 대항하고 촛불운동에 정당성을 부여해주는 역할을 했다. 운동의 의제는 과학·통상·법률적 영역을 아우르게 되며, 이때 대항전문가들은 자신의 영역을 넘어 연대했다. 이에 대한 자세한 논의는 4장에서 다룬다.

다차원적이고 지속적인 운동성과: 정치·제도·운동조직·주체형성적 측면들

촛불운동의 성공 여부는 사회과학 진영에서 큰 논란이 되었으며, 촛불운동에 회의적인 사회과학자들은 촛불운동이 별다른 성과 없이 끝났다고 비판했다. 이들의 논의는 별다른 경험적 자료나 증거 없이 이루어졌는데, 촛불운동 전후의 여러 효과를 자세히 살펴보면 이러한 주장들의 빈약함을 알 수 있다. 촛불운동의 성과는 크게 정치·제도·운동조직·주체형성적 측면으로 나누어볼 수 있다.

촛불운동의 정치적 효과는 상당했다고 볼 수 있다. 우선 완벽하게는 아니더라도 추가협상을 통해 30개월령 이상의 미국산 쇠고기 수입을 차단했다. 촛불집회의 격화는 정부 측이 미국산 쇠고기 수입을 위한 장관 고시를 여러 차례 연기하도록 만들었으며, 미국 언론에도 대대적으로 보도되면서 한·미 두 나라가 추가협상을 하도록 압력을 가했다. 출범 초기에 발생한 이 사건으로 인해 이명박 대통령의 지지

율은 50퍼센트대에서 10퍼센트대로 추락했고, 정부가 주도하던 각종 신자유주의 정책에도 제동이 걸렸다. 정부 관료들도 사태의 책임을 지고 물러났다. 정운천 농림수산식품부 장관과 민동석 차관보가 실질적인 협상의 책임을 지고 사퇴했으며, 다수의 청와대 보좌진과 장관이 교체되었다. 이명박 정부는 서민정책의 기치를 내걸고 국정방향을 선회했다. 이후 정부는 식품안전에 대해서 굉장히 민감하게 반응했는데, 일례로 2008년에 멜라민 사태가 발생하자 대통령이 직접 한국식품의약품안전청을 방문하여 멜라민 규제를 지시했다.

식품안전과 관련된 제도·법적 효과도 상당했다. 국회는 촛불사태 이후에 가축전염병예방법과 축산물가공처리법을 개정하여 더욱 안전한 쇠고기 유통을 목표로 관리를 시작했다.[34] 촛불운동 이전에 한국에서는 특정위험물질(이하 SRM)에 관한 규정 자체가 없어 수입위생조건을 통해서 관리했으나, 촛불운동 이후에는 가축전염병예방법을 통해 그 범위가 확정되었다. SRM의 범위는 모든 월령의 소에서 나온 편도와 회장원위부, 30개월령 이상 된 소에서 나온 뇌·눈·척수·머리뼈·척추로 확정되었다. 또한 광우병이 발병한 국가에서 쇠고기를 수입할 때는 행정부가 단독으로 결정할 수 없고 국회의 심의를 거치도록 법률을 변경했다. 그뿐만 아니라 축산물가공처리법의 개정을 통해 광우병이 의심되는 기립불능소의 도축을 금지시켰다. 이와 더불어 2009년 6월 22일부터는 쇠고기이력추적제를 실시하여 쇠고기의 유통을 감시하기 시작했다.

---

34) 김은성, 《사전예방원칙의 정책타당성 분석 및 제도화 방안》, 한국행정연구원, 2010, 150쪽.

또한 촛불운동 이후 식품안전과 관련된 시민 참여와 알 권리도 크게 증진되었다. 정부는 식품안전과 관련 있는 위원회에 시민단체의 참여를 명시했으며, 국민의 의견수렴을 위해 해당 기관 홈페이지에서 시민들의 의견을 수렴하기 시작했다. 일례로 정부는 축산물위생심의위원회·농산물품질관리심의회·가축방역협의회 등에 관련된 시민단체의 민간위원을 참석시키기로 결정했다.[35] 국민의 알권리를 위해서 기관 홈페이지를 통해서 정보를 공개하고 소비자의 안전정보공개 요청제를 실시하여 쇠고기뿐만 아니라 식품 전반의 유통과 안전에 대해 시민들이 접근할 수 있는 제도적 장치를 마련했다.

시민운동단체들도 촛불운동을 통해 조직적인 변화를 겪었다. 우선 대표적인 시민단체들의 회원이 급증하였다. 그중 하나인 참여연대는 회비를 내는 회원이 증가하고 조직이 더욱 활성화되었다. 가장 영향을 많이 받은 단체들은 식품안전과 관련된 소비자단체와 환경단체였다. 생활협동조합의 경우에는 회원 수만 명이 늘었으며, 회원들에게 안전한 식품을 공급하기 위해 한국에서 최초로 한우에 대해 광우병 검사를 실시하는 단체가 생기기도 했다. 촛불운동에서 큰 역할을 한 전문가 운동단체에도 새로운 회원이 급증했다. 예를 들어 '민주사회를 위한 변호사모임'(이하 민변)은 한동안 젊은 변호사들이 가입을 하지 않아 조직상의 문제를 안고 있었는데, 촛불운동 때 활발한 활동을 하고 언론과 시민들로부터 조명을 받으면서 젊은 변호사들이 대거 가입했다. 또한 기존의 시민단체 조직들이 활기를 띠는 동시에 새로운 조직들도 만들어졌다. 몇 가지 예를 들어보면, 민변은 촛불운동 기

---

35) 김은성, 앞의 글, 275쪽.

간 동안 맺은 시민들과의 관계를 통해 시국사건뿐만 아니라 일상적인 문제 해결에 대한 요청을 받고 업무의 일부분을 그에 맞게 조정했다. '언론소비자주권 국민캠페인'(이하 언소주)과 지역촛불들이 촛불집회 기간 동안 만들어지고 조직화되었으며, 그 이후에도 촛불운동에서의 의제를 계속 이어나갔다. 촛불운동 기간 중에 운동진영의 논리를 제공하는 데 큰 역할을 한 보건의료단체연합은 계속해서 의료·식품·환경에 관한 문제들이 대두될 것으로 예상하고 '건강과 대안'이라는 정책연구소를 설립해 운동의 전문화를 위해 노력하고 있다.

촛불운동에 참가한 시민과 단체들은 그 이후의 여러 사회 이슈와 운동에 더욱 적극적으로 개입하고 활동했다. 시위에 참가했던 많은 사람이 촛불운동이 계속 이어져야 한다는 생각에 여러 조직과 모임의 형태로 사회운동을 도왔다. 강남촛불의 경우, 지역 촛불운동의 한 형태로서 퇴근시간대인 저녁에 강남역에 나와 2년 6개월이 넘도록 이명박 정부의 정책에 반대하는 선전전을 펼쳤다. 이들은 4대강 사업 반대를 위해 서명을 받거나 운동기금을 마련하기 위해 바자회를 열고 강남의 낙후된 지역에서 봉사활동을 수행했다. 언소주의 경우《조선일보》반대 마라톤 대회를 열기도 하고, 삼성백혈병 문제를 위해 연대하기도 하는 등 언론과 사회 문제에 대해 계속해서 다양한 방향으로 운동을 펼쳤다. 시민악대는 여러 집회나 진보적인 단체·정당에 자주 초대를 받아 행사를 도와주고 운동의 정신을 높였다. 촛불운동을 전후로 시민저널리즘의 대표적인 주자로 등장한 사자후TV는 용산참사 보도, 쌍용차파업 보도 등 사회의 굵직한 사안들을 현장에서 자세히 보도하면서 주목을 받았다.

마지막으로 촛불운동은 주체형성의 측면에서 아주 중요한 효과를 지닌다. 특히 그동안 정치에 무관심했던 주부·청소년·일반시민의 정치의식이 높아졌다. 이들은 평소 따분하고 재미없는 것으로 여겼던 정치적 이슈들에 관심을 가지며 자신이 관계된 일들에 대해서 적극적으로 관여하고 행동으로 옮기게 되었다. 유모차부대의 일원이었던 한 주부는 정부의 일제고사에 반발하여 자녀의 시험을 거부하기도 하고, 정부정책에 대해 인터넷에서 줄기차게 반대의견을 내기도 했다. 촛불에 참여했던 청소년들도 민주주의에서 자신이 주인이라는 의식을 가지게 되었다고 말한다. 무엇보다 청소년들에게 생의 초기 경험이라 볼 수 있는 촛불운동은 생애사적 효과(biographical effect)를 지닌다.[36] 직접 인터뷰한 10대 남자 청소년은 촛불운동을 통해 정부가 잘못하면 국민이 직접 나서야 한다는 생각을 가지게 되었다고 하며, 이전에는 정치에 무관심했다고 밝힌 한 10대 여자 청소년 역시 촛불운동을 거치며 좀 더 적극적으로 사회 문제에 관심을 가지게 되었다고 말한다. 비정규직 남성은 자신의 주체적 변화에 대해 다음과 같이 설명하기도 한다.

30대 남성 제가 알아버렸어요. 저 같은 경우 매트릭스를 깨버린 거예요. 그 안에 갇혀 있어서 아무것도 볼 수 없는, 그냥 보이는(것만 보는), 이번 달 적금은 얼마 넣어야 하고, 일 년 이자는 얼마이고, 기름 값이 얼마이고, 주가는 얼마인가가 제 세상이었어요. 제가 알고 있던 세상. 근데 제가 그곳(촛불집회)에 참여하면서 그것을 깨버렸어요. 지금은 (그런게) 그렇게 중요하지 않아요. 지금은 기름 값이 얼마면 남들처럼 저도

---

36) 이해진, 앞의 글, 75쪽.

그렇게 내긴 해요. 대신 무엇에 관심이 생겼냐 하면, '왜 기름 값이 이렇게 됐지? 환율이 왜 이렇지? 왜 저긴 저런데 여기는 이렇지?'에 관심이 가는 거죠. [중략] 왜냐하면 그게 얼마나 비민주적으로 행해지고, 더럽게 만들어지는지 알아버렸기 때문에, 깨어나 버렸기 때문이에요. 다시는 '기름 값은 오르는데 월급은 안 오르니 어떻게 하지?' 하는 삶으로 못 돌아가는 거죠. 마치 〈매트릭스〉의 키아누 리브스가 그렇게 된 것처럼, 매트릭스에서 깨어났다고 생각해요 저는.

이 남성은 촛불운동을 경험한 전후를 '매트릭스에 갇혀 있던 나'와 '매트릭스를 깬 나'로 구분하면서 자신이 얼마나 극명하게 변화되었는지를 말한다. 이 남성에게 촛불운동의 참여는 인지적 해방이라는 결과를 낳게 되는데, 이제는 현상 그 자체가 아니라 현상과 관계된 정치적 결정 과정에 관심을 가지고, 그것을 어떻게 변화시킬 것인가를 고민하게 된 것이다. 이는 촛불운동의 참여자가 민주주의의 가치를 내면화하고 그것을 자신의 삶의 영역에서 실천해가는 능동적 주체로 변화됨을 의미한다. 촛불운동을 통해 이루어진 이러한 주체형성의 성과는 다른 어떠한 정치적·제도적·조직적 성과보다도 더 중요할지도 모른다.

지민과 탈경계운동

촛불운동은 지민에 의한 탈경계운농의 전형을 보여준다. 시민지싱으로서의 지민은 정부의 정책에 반기를 들고 온라인과 오프라인에서 다른 지민들과 연대한다. 그들은 서로 지식을 공유하고 정부 주도의 지배지식동맹에 반격을 가한다. 운동주체로서의 지민은 일상/운동/정치를 넘어서 형성되는데, 가령 촛불운동을 주도적으로 이끌었던 10대 소녀들, 주부, 여성들은 일상생활에서의 행위자가 어떻게 적극적인 운동가로 변모될 수 있는지를 보여주었다. 한국에서 다양하게 전개되고 있는 먹거리운동(생활협동조합운동·유기농재배운동 등), 환경운동(소각장감시운동·석면추방운동 등), 노동운동(근골격계질환투쟁·야간근무반대투쟁 등), 의료운동(아토피추방운동·반올림운동·새집증후군추방운동 등)은 생활 속의 불편과 위험을 개선하기 위해 지민들이 직접 지식을 모으고 공유하며 법과 제도의 변화를 추구한다.

탈경계운동은 운동/비운동, 온라인/오프라인, 시민/전문가, 과학/정치/일상, 로컬/내셔널/글로벌, 그리고 자연과학/사회과학의 경계를 뛰어넘는 운동으로 정의내릴 수 있다. 탈경계운동은 일상/운동/정치의 경계를 넘어선 운동으로 일상의 문제와 닿아 있으며, 이는 제도정치에 대한 도전과 변형에 영향을 미친다. 정당정치와 제도정치만으로는 보건의료나 환경, 일상생활에서 일어나는 여러 문제를 해결하는 데 한계가 있으며, 탈경계운동은 이러한 의미에서 제도정치를 변형시키는 가능성을 가진다.[37] 이 과정에서 생활세계(lifeworld)와 체

---

37) 정당정치와 제도정치의 틀 안에서 사회운동의 문제를 풀어야 한다는 생각은 탈근대사회의 구조와 기존의 제도정치 간의 불일치가 사회운동을 촉발한다는 사실을 심각하게 간과한다.(Ulrich Beck, *The Reinvention of Politics*, Cambridge: Polity Press, 2000) 노리스의 연구(Pippa Norris, *Democratic Phoenix: Reinventing Political Activism*, Cambridge: Cambridge University Press, 2002)는 1970년대 중반 이후 정당정치가 비교적 안정된 서구의 8개국에서 시위·소비자 저항·비공식 파업 등의 비제도적 참여가 꾸준히 늘어났다는 사실을 경험적으로 밝힌다. 이처럼 정치적·경제적으로 안정된 국가에서 시위정치와 거리정치가 늘어나는 것을 보

계(system)의 구분은 흐릿해지며, 생활세계의 다양한 이슈는 때로 체제 도전적 성격을 지니게 된다.

공간의 경계를 넘어서는 탈경계운동은 연대할 수 있는 확장성을 가지며, 지민이라는 정치주체가 목소리를 내고 자원을 동원하는 데 더 수월하다는 이점이 있다. 아고라나 SNS를 통한 선거운동과 사회운동, 한미 FTA 반대운동과 같은 광범위한 참여자와 자원동원이 이루어진 촛불운동의 사례부터 각종 소비자운동과 이와 관련된 소송투쟁, 안전한 먹거리운동 등 소규모 운동에 이르기까지 온라인/오프라인 운동공간의 경계는 허물어졌으며 다양한 정체성을 가진 참여자들의 연대를 가능케 해준다. 운동공간의 탈중심·탈경계성은 지민들의 활동영역을 넓혀주며, 온라인과 오프라인을 자유롭게 오가며 이들이 탈중심적인 시민지성이 될 수 있게 해준다. 지민은 여러 이슈에 대한 불만을 끊임없이 제기하며 여론을 형성하고 때로는 직접 거리로 나와 자신들의 의사를 표시한다.

지민에 의한 탈경계운동은 종종 지식의 정치화를 수반하게 되고, 자연과학/인문사회과학의 이분법을 넘어 작동하므로 이들 영역의 변형을 촉발한다. 광우병 촛불운동에서 시민-대항전문가 연대는 광우병에 대한 지식을 폭넓게 습득하여 정부의 미국산 쇠고기 수입의 부당성을 알렸다. 지민에 의한 탈경계운동에서 지배지식동맹은 시민과 언론에 의해 도전받고, 대항전문가들은 기존의 관료지식과 지배적 전문지식에 균열을 일으켰다. 탈경계운동에서는 기존의 사회운동에

앞을 때, 비제도적 운동에 대한 참여는 민주주의 제도의 부작용이나 정당정치의 비활성화와는 별개의 문제임을 알 수 있다.

서 부족한 전문성을 지민들이 보충해주거나 지식인들의 적극적인 개입을 촉구하는 경우가 발생한다. 이 과정에서 각 영역의 전문가들은 개방적이고 탈경계적 태도를 지니게 되며 '탈경계적 지식인'으로 진화하는 경향을 보이게 된다. 사회과학과 자연과학의 전문가들은 탈경계운동의 과정에서 서로의 지식을 습득하고, 알기 쉬운 언어로 전문지식을 대중화시키며 운동의 정당성을 확립해간다. 이 과정에서 지식인들도 지민의 일부가 되며 지민은 지식인화되는데 이 상세한 과정을 다음 장에서 분석한다.

〈표 3-1〉 지민에 의한 탈경계운동으로서의 촛불운동 요약

운동의 구성	특징	내용
운동주체	지민	• 시민들끼리 지식을 생산·교환·유통 • 탈중심적인 시민지성 • 참여하고 협동하는 지성 • 지식인으로서의 시민, 시민으로서의 지식인
운동방식 /운동공간	탈중심/탈경계	• 온라인-오프라인의 연결 • 상향식과 하향식이 동시에 존재: 자발적인 참여와 기존 운동조직의 결합 • 로컬/내셔널/글로벌을 가로지르기 • 투쟁의 축제화, 축제의 투쟁화

운동의제	혼성화/다양화	• 일상/과학/정치의 경계 넘기 또는
		  사회세계/자연세계의 경계 넘기
		• 지민/전문가의 관계 변형, 의제설정과 확산에서
		  지민-전문가-언론의 연대
		• 전문영역들 사이의 상호협력
		• 다른 운동들의 다양한 의제로 확장

운동성과	다차원/지속성	• 정치적 성과 • 제도적 성과 • 운동조직적 성과 • 주체형성적 성과

4장

광우병 촛불운동을 둘러싼
지식정치

대혼돈! 이는 광우병 촛불운동에 대한 정부의 반응일 뿐만 아니라 한국 지식인의 반응이기도 했다. 촛불운동은 정치적 혼돈인 동시에 지적 혼돈이었다. 삼성백혈병과 마찬가지로 지식인들은 광우병에 대한 '최종적인 과학적 사실'이 부재한 상태, 곧 '고도상황'을 맞았다. 과학주의에 물든 지식인들은 촛불운동을 폄하했다. 친촛불운동의 지식인들은 지적 혼란을 극복하기 위해 '위험사회'니 '다중'이니 하는 전문적 개념을 빌려와서 설명했다. 지적 혼란은 한국사회를 연구대상으로 하는 사회과학자들에게 더 크게 다가왔다. 왜냐하면 이들은 이전에 보지 못한 새롭고 거대한 사회현상을 경험한 동시에 자신들이 아니라 자연과학자와 의사 들이 정치의 중심에 선 사실을 발견했기 때문이다.

광우병 촛불운동 이후의 사회과학적 분석은 이 혼란을 이해하기 위한 지적 분투였으나 여러 가지 면에서 실패했다. 첫째, 광우병 촛불운동은 혼성적 이슈(hybrid issue)여서 자연과학적 측면을 이해하지 못하면 전체적인 맥락을 파악하기 힘든데, 사회과학적인 편향성 때문에 이 운동에서 과학적 지식이 어떤 역할을 했는지 심도 있게 분석하지 못했다. 다시 말해 촛불운동을 이해하기 위해서는 사회과학/자연과학 또는 사회/자연을 넘나드는 새로운 접근법이 필요하나 대부분의 사회과학적 연구가 사회운동·민주주의·정치주체·미디어의 역할과 같은 주제들을 다루고 있을 뿐, 광우병에 대한 과학지식이 어떻게 구성적인 힘이 되었는지를 분석하려는 시도는 찾아보기 힘들다. 둘째, 촛불운동을 이해하는 주요개념들이 세밀한 관찰과 자료수집에서 도출되기보다는 정치적 요구와 이념적 편향 때문에 추상적 개념을 끼워 맞추거나 급조된 사회학에서 도출되었다. 광우병 촛불운동과 관련된 대항지식들을 누가·언제·어떻게 만들고 조직했는지에 대한 자세한 내용은 없다. 위로부터의 해석은 촛불운동에 대한 자세한 경험적인 해석도 제공하지 못할뿐더러 분석적인 차별성도 가지지 못한다. 이러한 나의 비판적 사고는 자연과학/사회과학의 경계를 넘어 시민지식동맹에 의한 전문지식의 정치화와 대항논리가 어떻게 구체적으로 이루어지는지에 대한 관심으로 이어졌다.

광우병 촛불운동의 논쟁의 중심에는 지식정치가 자리 잡고 있다. 이 논쟁을 이해하기 위해서는 광우병에 대한 과학지식과 더불어 한미 FTA에 대한 통상지식·국민건강권·야간집회·허위사실 유포와 관련된 법률지식 등이 복합적으로 요구된다. 광우병에 대한 과학적 지식의 불완전성과 불확실성은 미국산 쇠고기의 안전성에 관한 과학적 해석들의 대결로, 국민건강권과 야간집회에 대한 문제는 법률투쟁으로, 한미 쇠고기 재협상 요구는 통상적 절차에 대한 상반된 해석들 간의 충돌로 이어졌다. 즉 촛불운동의 중심에 지식정치가 있으며, 지배지식동맹과의 지식투쟁은 다음과 같은 요소들에 의해 영향을 받았다. 첫째, 정부를 정점으로 하는 지배지식동맹에 저항하는 대항전문가들 간의 연대이다. 과학자·의사·수의사·변호사·통상전문가·사회과학자 등의 연대는 다층적인 지식투쟁에서 강력한 힘으로 작동하게 되었다. 둘째, 시민들이 좀 더 쉽게 전문지식에 접근할 수 있었고, 인터넷을 중심으로 대항논리가 전파되었다. 셋째, 광우병 위험 자체는 구성주의/실재주의, 현재/미래, 사실/가치, 과학적 합리성/사회적 합리성의 이분법을 뛰어넘는 복합적인 영역으로, 절대적·과학적 준거점이 없다. 여기서 다양한 해석·가치·정책이 나올 가능성이 열린다. 이와 같은 맥락에서 지식정치를 이해하는 것이 광우병 촛불운동을 이해하는 중요한 단초가 되며, 이 지식투쟁의 중심에서 시민으로서의 지식인, 곧 대항전문가들의 혼성적 연대가 어떤 역할을 수행했는지를 분석하는 것이 이 장의 핵심이다.

대항전문가들의 혼성적 연대

광우병 촛불운동에서 대항전문가들의 분야별 구성은 다음과 같다. 첫째, 과학자·수의사·의사 그룹으로 우희종·정해관·우석균·박상표 등이 대표적이다. 둘째, 통상전문가와 사회과학자 그룹으로 송기호·이해영·김서중·정태인 등이다.[1] 셋째, 법률전문가들로서 촛불운동

---

1) 주의해야 할 점은 여기서 언급되지 않은 사회과학분야 전문가들 중에서도 촛불에 대한 긍정적 해석과 정부에 대한 비판논리를 제공한 사람들이 많다는 점이다. 김상곤·김호기·주경복·정태석·홍성태 등도 촛불운동에 직접 참가하여 사회과학분야의 전문가로서 대항논리를 만드는 데 기여했다.

에 전적으로 헌신했던 약 70여 명의 민변 소속 변호사들이다.[2] 여기서 중요하게 언급해야 할 것은 이 수가 일반적으로 전문지식과 관련된 사회운동에 참여한 전문가들의 수와 비교해볼 때 결코 적은 수가 아니라는 점이다. 외국 사례들을 보면 특정한 사회운동에서 활동하는 대항전문가들이 대략 3명에서 10여 명 사이이다. 광우병국민대책회의 산하 전문가자문위원회에서 활동했던 사람은 20여 명이며, 민변 소속으로 촛불운동에 참여했던 사람은 70여 명이다.[3] 따라서 다른 사례들과 비교했을 때 촛불운동에 참여한 전문가 수는 상당하다고 볼 수 있다. 촛불운동에서 이들이 연대하는 방식은 통일적이고 체계적이기보다는 여러 방향에서의 영향과 우연한 요소의 결합들이라고 볼 수 있다. 또한 촛불운동이 전개되는 과정에서 여러 상황에 대처하기 위해 구성된 것이지, 미리 짜인 조직에 의한 것이 아니다.

광우병 촛불운동 전문가들의 구성에 영향을 준 몇몇 계기를 언급할 필요가 있다. 첫째, 한미 FTA 반대운동에서 활동했던 전문가들의 역할이 컸다. 한미 FTA 타결을 위해 미국은 이른바 4대 선결요구를 내걸었고, 그중 하나가 2003년 미국에서 광우병이 발견됨으로써 중

---

2) 촛불운동의 거리투쟁과 법률투쟁에 참가한 변호사가 70명, 이보다 소극적으로 참가한 변호사가 30~40여 명 된다. 민변은 6백여 명의 회원을 가지고 있으며, 이런 대규모의 참가는 20년이 넘는 민변 역사에서 전무후무한 일이었다.

3) 한 명의 전문가가 특히 권위가 있다면 특정한 사회 문제에 대한 논쟁에서 큰 영향력을 가질 수 있다는 것은 여러 연구에서도 언급된다. 가령 천안함의 침몰 원인에 대해 정부 측과 반대되는 과학적 입장을 밝힌 버지니아 대학교 물리학과의 이성헌 교수의 역할을 상기해볼 필요가 있다. 단 한 명의 과학자가 내놓은 신빙성 있는 반대가 정부의 논리나 공식적인 입장을 송두리째 흔들 수 있다.

단된 미국산 쇠고기 수입을 재개하라는 요구였다.[4] 한미 FTA 반대운동에서 미국산 쇠고기 수입 문제가 큰 비중을 차지한 것은 아니지만, 이를 심각하게 생각하고 직접 행동으로 옮긴 운동단체들의 역할은 중요하다. 그중에 대표적인 단체가 보건의료단체연합이며, 이들이 관심을 가지게 된 분야는 쇠고기 수입 문제와 의약품 분야였다. 촛불운동에서 핵심적인 역할을 한 보건의료단체연합의 우석균 정책실장과 '국민건강을 위한 수의사연대'의 박상표 편집국장 모두 '한미 FTA 저지 범국민운동본부 정책기획연구단'의 핵심 멤버들이었다. 한미 FTA 반대운동에서 활동했던 전문가 그룹이 촛불운동에서의 전문가 그룹 형성에 아주 중요한 역할을 했다고 볼 수 있다.

둘째, 한미 FTA와 상관없이 광우병 사태가 터지면서 대항전문가 대열에 낀 그룹이다. 대표적으로 우희종 서울대학교 교수와 정해관 성균관대학교 교수를 들 수 있다. 이 두 사람은 광우병과 환경역학 분야에서 국내 최고의 권위자들로서, 정부의 광우병 논리를 정면으로 반박하고 대항지식을 형성하는 데 가장 중요한 역할을 한 사람들이다.[5] 우희종 교수의 경우 노무현 정부 때 미국에서 광우병 발생하면서 미국산 쇠고기 수입 문제가 주요 현안으로 떠오르자 한나라당의 요청으로 국회에 출석하여 증언한 바 있다.[6] 우 교수는 2008년 5

---

4) 이해영, 《낯선 식민지, 한미 FTA》, 메이데이, 2006, 36쪽. 나머지 세 가지는 의약품 재평가 제도 개정안 취소, 자동차 배출가스 기준 강화 방침 취소, 스크린 쿼터의 축소이다.

5) 국내에서는 광우병이나 인간광우병이 발생한 적이 없기 때문에 광우병을 직접 연구하는 시설이 없으며, 넓게 보아도 광우병과 관련된 연구를 진행하는 과학자는 손에 꼽을 정도다. 이 분야를 연구하는 국내 과학자들은 서울대 우희종 교수, 성균관대 정해관 교수, 한림대 김용선 교수, 건국대 이중복 교수, 서울대 김상윤 교수 등 극소수이다.

6) 이날 국정감사에서 한나라당 의원 측은 미국산 쇠고기 수입에 따른 광우병 위험에 대해

월 7일에 있었던 미국산 쇠고기 수입 관련 국회 청문회에 전문가로서 참석하게 되었는데, 이때 정부 측 입장을 대변하는 민동석 농업통상 정책관의 발언이 정부 입장을 반대하게 된 결정적인 계기라고 증언한다.

우희종 교수 청문회에서 국회의원이 "전문가 회의에서, 국내 전문가들이 국민의 식생활이 위험하다고 했는데 왜 수입하느냐?" "왜 전문가 회의 결과와 반대로 하냐?" 했더니,[7] 민동석 씨가 그러더라고요. "국내 과학자들 견해는 국내적인 입장인 거고, 국제적인 입장은 그렇지 않습니다." 그때 제가 "이건 아니다"라고 말하기 시작한 거예요.[8] 우리의 정치적인 논리에 의해서 과학적인 것마저 왜곡된다면 우리나라에서 학문이란 것, 단순히 자연과학뿐만 아니라 학문 전체가 얼마나 정치·경제 논리에 의해 왜곡될 수 있겠는가 하는 생각이 들었기 때문이에요.

심각함을 표시하고, 정부 측(당시 노무현 정부)의 안이한 대응을 질타했다. 한나라당 김재원·이방호 의원 등은 미국산 쇠고기의 수입연령 문제, 소 이력제 문제, SRM 문제, 도축과정의 문제 등에서 한국정부가 더욱 철저하게 수입조건을 갖추어야 한다고 정부 측 관계자들을 질책했다. 국회사무처, 〈국정감사 농림해양수산위원회 회의록〉, 2006년 10월 31일.

7) 노무현 정부 때부터 미국산 쇠고기 수입 문제가 쟁점이 되자 정부 측에서는 광우병과 관련된 과학자들로 이루어진 전문가자문회의를 소집했으며, 그들의 의견을 바탕으로 수입조건과 검역에 대한 정부정책을 결정했다. 전문가자문회의에서는 30개월령 미만의 뼈 없는 살코기라는 수입조건을 한결같이 주장했으며, 노무현 정부 때는 이것이 받아들여졌다. 당시 한미 FTA 체결에 직접 관여했던 정부 측 인사들도 전문가자문회의에 참석을 했으며, 과학자들의 의견을 들은 후 광우병 문제가 심각한 문제임을 그때 깨달았다고 한다. 이 전문가자문회의 때 우희종 교수도 참여했으며, 그는 정부의 쇠고기 수입 정책에 대해서도 자세히 알고 있었다.

8) 국회사무처, 〈제273회 국회 농림해양수산위원회 회의록 제2호〉, 2008년 5월 7일, 89쪽.

우 교수는 광우병 문제에 있어 정부의 정치적 논리가 과학을 폄하하고 입맛에 맞게 멋대로 이용하는 것에 대해 강한 불만을 표시했고, 이후 〈PD수첩〉의 광우병 특집 2편부터 대항논리를 제공하는 과학자로 등장한다. 광우병 전문가 그룹을 상징적으로 대표하는 우희종 교수는 광우병 관련 실험을 해오고 있었고, 이와 관련된 연구의 흐름을 자세히 파악하고 있었으며, 또한 이 분야에서 저명한 해외 과학자들과 네트워크를 가지고 있었다.

정해관 교수는 환경역학 분야의 전문가로, 전공 분야의 속성상 환경 관련 사회운동 단체들과 오랫동안 접촉을 해왔지만 철저한 과학우선주의 입장을 취하고 있었다. 감염병·신경질환·역학 분야의 전문가인 정 교수는 정부 용역을 받아 광우병에 대한 국내 역학조사를 2001년부터 2002년까지 수행한 바 있었다. 정해관 교수의 전문성이 중요한 지점은 광우병 논의의 쟁점이 개인이 아니라 집단이라는 데 있다. 정 교수는 개인이 광우병에 걸릴 확률은 극히 낮지만, 집단으로 봤을 때 사회적 비용이 만만치 않다고 주장했다. 이는 정부 측 논리를 대변하는 광우병 확률론에 대한 강력한 비판으로 자리 잡았다. 즉 개인적으로 광우병에 걸릴 확률은 지극히 낮지만, 광우병이 발생했을 때 치러야 할 국가적인 비용은 천문학적이라는 것이다.

셋째, 촛불운동이 진행되는 상황에서 광우병에 대한 법률투쟁과 촛불집회와 관련된 시민들을 돕기 위해 조직된 전문가 그룹이 있는데, 이들은 주로 민변에서 조직된 법률지원단이다. 촛불운동의 과정에서 헌법(국민건강권 등의 기본권), 집회 및 시위에 관한 법률(이하 집시법), 인권침해, 허위사실 유포, 손해배상 청구 등 다양한 형태의 법률분쟁이 일어났다. 이렇게 되자 민변은 법률지원단의 하부조직으로 다시 헌법소원소송진행팀·고소고발팀·인권침해감시단·형사변론팀·네티즌 과잉수사 공동변호인단·광우병대책회의 공동변호인단을 구성하여 각 팀별로 소송을 전담시켰다. 이러한 세부적인 팀 구성에서 알 수 있듯이 법률전문가팀의 구성은 정부-경찰과의 전면적인 법적 투쟁 과정에서 이루어졌다. 법률투쟁의 일부는 미국산 쇠고기 수입에 대한 법률적 논쟁에 관한 것이고, 많은 부분 촛불운동과 관련된 시민들을 지원하는 것이었다. 전문가 그룹 중 첫 두 그룹이 광우병국민대책회의 산하의 전문가자문위원회 소속으로 활동한 반면, 민변은 이와는 별개의 조직으로 활동했다. 하지만 이 두 조직의 전문가들도 사안에 따라 긴밀히 협력했다. 예를 들어 민변은 미국산 쇠고기 및 쇠고기 제품 수입 위생조건이 헌법에 반한다고 판단하여 위헌소송을 제기했는데, 이 소장을 작성할 때 과학·통상적 부분에 있어 전문가자문위원회의 많은 도움을 받았다.

전문가 그룹의 혼성적 연대는 다양한 통로로 이루어졌다. 첫째, 과학자·의사·수의사·통상학자·언론학자·변호사·변리사 등 다양한 전문가들이 모였고, 각각의 전문성 때문에 상호교육(mutual education)이 필요했다. 즉 과학자들은 광우병에 대한 과학적 지식을, 통상전문가들은 통상적 지식을, 변호사들은 법률지식을 가르쳤다. 상호교육은 공식적인 수업이나 가르침의 공간에서 이루어지기보다는 회의와 모임, 일상적인 대화 속에서 이루어졌다. 각자의 영역에서는 전문가이지만 다른 분야에서는 일반인과 같은 수준이기 때문에 혼성적 전문가 그룹은 좀 더 쉽고 맥락에 맞게 설명을 했다. 이해영 교수(통상전문가)와 김정범 위원(의사)은 전문가 사이에 이루어진 상호교육의 과정을 이렇게 표현한다.

이해영 교수 특히 이 분야(광우병 분야)는 학제간(interdisciplinary)으로 갈 수밖에 없었던 거 같아요. 우리나라에 의외로 전문적 견해를 구할 수 있는 데가 없고, 해설도 없고. 우희종 교수가 자주 주장한 것처럼 관변 쪽 전문가들 봐라, 너희가 논문 하나 쓴 거 있냐…… (웃음) 근데 이분들은 마찬가지로 법이나 통상 프로세스나 전문 과정을 모르시니까…… 일명 정치적 문제라든지 외교협상들은 제가 도와드리고. (여러 전문적인 내용을) 서로가 주고받고(상호교육) 해야죠.

김정범 인의협 대표 제 입에서, 의사 입에서 (통상용어인) 래칫(ratchet) 조항이라는 이야기가 나와요. 그런 걸 누가 얘기해주지 않으면 우리가 어떻게 알겠어요? 다른 분야 전문가를 만남으로써 알게 된 거죠. 도움이 됐다고 봐야죠. 지금은 당연히 우리가 알고 있다고 전제하고 있지만, 가만히 따져보면 그분들의 견해가 많은 도움이 된 거죠.

전문가들끼리의 상호교육은 다른 한편으로는 자기 자신의 광우병 이해와 정치적 의견 표출에 자신감을 가져다준다. 예를 들어 위원 중 한 사람인 김서중 교수는 언론학자로서 나름대로 인터넷·책·논문 등을 통해 광우병에 대해 학습했지만, 내용이 전문적이어서 확신이 없었다고 한다. 그러나 국내 최고 전문가들에게 직접 설명을 들은 후에는 자신의 정치적 의견에 더욱 확신이 들었다고 말한다. 역으로 김 교수는 다른 위원들에게 언론과 관계된 여러 전문적 지식을 가르쳐주었으며, 이는 첨예하게 대립된 언론환경에서 대항전문가들이 어떻게 행동해야 되는지에 대한 중요한 정보로 활용되었다.

둘째, 촛불운동의 진행상황에서 전문가 그룹은 상호지원(mutual

support)을 통해 더욱 공고해졌다. 서로의 글을 읽고 조언해주기도 하고, 법정에서 증인으로 채택되어 고소당한 쪽에 유리한 변론을 해주기도 하고, 힘든 점이 있으면 정서적인 지원도 해주었다. 특정 언론사의 비방과 명예훼손에 대해서 공동으로 대응하거나 기자회견이나 중요한 공식자리에서 대신 역할을 수행하기도 했다. 이들끼리도 정치적 사안이나 과학적 사실에 있어 몇몇 이견과 갈등이 있기는 했지만, 타협과 절충을 통해 이를 극복해나갔다.

셋째, 이들은 많은 경우 뉴미디어를 통해 빠르고 즉각적인 의사소통(instant communication)을 했다. 촛불집회는 2008년 5월부터 8월까지 급박한 상황이 전개되는 경우가 많아 이메일과 휴대전화를 통해 곧바로 의견을 조율했다. 이러한 즉각적인 의사소통은 정치적이고 촌각을 다투는 사안에 발 빠르게 대응할 수 있게 했고, 전문가들의 의사소통을 더욱 수월하게 해주었다.

넷째, 전문가들의 활동과 연대는 시민들과 미디어의 지원으로 더욱더 단단해졌다. 전문가들의 글은 상당수 온라인과 미디어로 전파되었으며, 시민들의 격려와 지원으로 말미암아 보람과 긍지를 느끼게 되었다. 전문가-시민의 이러한 정서적 연대는 전문가들 스스로 자부심을 느끼고 운동에 더욱 몰입하게 되는 계기로 작동하였다.

위험과 관련된 과학기술논쟁은 과학기술의 불확실성과 불완전성에서 나오며, 사실과 가치의 경계를 넘어서기 때문에 과학적 문제는 사회·정책적 문제와 긴밀하게 결합된다. 즉 광우병 논쟁들은 자연과학지식/사회과학지식의 경계를 넘어 혼성적 전문성을 요구한다. 그 형성 과정은 여러 갈래에서 정부의 논리와 공격에 대한 적극적인 반박으로 진행되는데, 이는 다분히 상황적(contingent)이고 그 성공을 장

담할 수 없는 급박한 것이었다. 다시 말해 혼성적 전문성(hybrid expertise) 또는 협동적 전문성이라는 것도 하나의 중심이 있어서 관리되는 것이 아니라 다중심적으로 전문가들이 서로 협동하여 적극적으로 '구성'해나가는 것이었다.

지금까지 광우병 촛불운동에서 전문가들의 혼성적 연대가 어떻게 이루어졌는지를 간략하게 알아보았다. 다음 절부터는 미국산 쇠고기와 관련된 과학적·정책적 영역과 법률적 영역에서 어떤 전문지식이 구체적으로 정치화되었고, 이에 전문가들이 어떻게 구체적으로 대응했는지를 살펴볼 것이다.

—

광우병의 정의와 특정위험물질 논쟁

촛불집회가 한창이던 2008년 5월 8일 한승수 총리는 국회 본회의의 대정부질문에 대한 답변에서 광우병은 인체에 전염되지 않기 때문에 전염병이 아니라고 발언했고, 정운천 장관은 바이러스와 같은 일반적인 전염병이 아니라고 발언했다.[9] 5월 19일 전문가자문위원회는 '광우병의 과학적 진실과 한국사회의 대응방안'에서 한 총리와 정 장관의 발언을 정면으로 비판했다. 이날 우희종 교수와 정해관 교수는 발표자로 나와 광우병과 그에 연관된 사람의 병인 크로이츠펠트-야코프병은 법으로 정한 지정 전염병이라고 반박했다. 전염병은 영어로 'infectious disease(communicable disease 또는 transmissible disease)'로, 전

---

9) 국회사무처, 〈제273회 국회 국회본의회 회의록 제3호〉, 2008년 5월 8일, 12, 39쪽.

염경로는 여러 가지가 있다. 우 교수는 "광우병은 OIE가 인수공통전염병(zoonosis)으로 규정한 전염병이며, 광우병의 원인물질인 변형 프리온은 탄저균·사스 등과 같은 위험도인 생물안전등급3(BSL3)"이라고 지적했다.[10] 연이어 정해관 교수는 "대한민국 전염병예방법에는 광우병은 누가 뭐래도 전염병이다. 국무총리나 여러 부처 장관들은 대한민국 사람들이 아닌 모양이다"라고 비판했다.

총리를 비롯한 관리들의 수사적 전략은 광우병이 공기나 접촉으로 전파되지 않기 때문에 큰 위험이 없다는 것이었다. 하지만 그렇게 전염되는 것만이 전염병으로 분류되는 것은 아니다. 전염병은 여러 경로를 가진다. 국내 전염병예방법에 의하면 전염병은 가장 전파가 빠른 1군부터 외국에서 들어와 심각한 문제를 일으킬 가능성이 있는 4군까지 분류되어 있다. 이에 덧붙여 국가가 감시하거나 관리할 필요가 있는 질환은 지정전염병으로 분류된다. 2001년 2월 한국정부는 전염병예방법을 개정하고 광우병을 지정전염병으로 분류했는데, 이는 외국, 특히 유럽에서 광우병이 심각한 보건의료·사회적 문제를 일으켰기 때문이었다.[11] 정해관 교수의 말대로 정부가 지정해놓은 전염병을 전염병이 아니라고 한 장관의 발언은 정부에 대한 신뢰를 추락시키고 대항전문가들의 정당성을 높여주는 방향으로 작동했다. 두 전

---

10) 우희종, 〈미국 쇠고기 개방에 따른 광우병의 사실과 환상〉, 광우병의 과학적 진실과 한국사회의 대응방안 토론회 자료집, 2008년 5월 19일.

11) 흥미로운 점은 정부 측의 입장을 대표했던 이영순 서울대 교수가 이런 공식적인 전염병의 정의에 도전하고 광우병의 경우 전달병으로 명명해야 한다고 주장한 것이다. 이 주장의 자세한 내용에 대해서는 이영순, 〈광우병의 과학적 진실〉, 《CFE Report》48, 2008, 21~22쪽을 볼 것.

문가의 발표는 삽시간에 언론과 인터넷으로 퍼졌으며, 정부의 주장에 반대하는 논리로 활용되었다.

하지만 광우병의 정의와 관련하여 가장 큰 쟁점이 되었던 사안은 광우병 문제를 다룬 〈PD수첩〉에서 나왔다. 〈PD수첩〉은 미국에서 아레사 빈슨이라는 여성이 광우병 의심증세로 사망했다는 소식을 듣고 그녀의 어머니를 인터뷰했다.[12] 이 내용은 〈PD수첩〉의 광우병 1편에 나왔고, 시청자들의 이목을 집중시켰다. 그런데 빈슨의 사망 원인에 대한 번역이 문제가 되었다. 〈PD수첩〉에서 빈슨의 어머니는 한 번은 vCJD(인간광우병)로, 한 번은 CJD(크로이츠펠트-야코프병)로 표현하면서 딸의 죽음을 설명했다. CJD와 vCJD는 뇌에 구멍이 나서 사망하게 된다는 점에서 그 증상이 유사하나 발병원인은 확연히 다르다. CJD(주로 sCJD)는 1백만 명당 발병수가 0.5~1.5명인 아주 희귀한 병이고 그 원인이 유전에 있는 반면에, vCJD는 광우병에 걸린 쇠고기를 먹고 그것이 종간 장벽을 넘어 인간에게 발병하는 것이다.[13] 그런데 〈PD수첩〉은 자막에서 둘 다 'vCJD(인간광우병)'로 표기했고, 이 부분의 번역을 담당한 정지민 씨는 〈PD수첩〉이 의도적으로 자신에게 오역을 강요했다고 주장하며 〈PD수첩〉을 비롯한 대항그룹을 공격했다.[14] 대항그룹의 거부세력인 《조선일보》·《중앙일보》·《동아일보》는 이 사실을 대대적으로 보도하며 촛불운동의 부당성을 알렸고, 급기야 정부 측은 〈PD수첩〉 관계자를 일시적으로 구속하고 기소했다. 대

---

12) 〈PD수첩〉, "미국산 쇠고기, 과연 광우병에서 안전한가", 2008년 4월 29일.

13) 정해관, 〈보건학적 관점에서 본 프리온병의 현황과 전망〉, 《대한보건연구》 34(1), 2008, 13쪽.

14) 정지민, 《주-나는 사실을 존중한다》, 사담, 2009.

항전문가들은 언론을 통해 아레사 빈슨의 어머니가 말한 CJD는 맥락상 인간광우병을 지칭한다고 주장했고, 법정에서도 〈PD수첩〉을 과학적으로 적극 변호했다. 향후 긴 법정공방 끝에 〈PD수첩〉은 대법원에서 무죄를 최종 확정받았다.[15]

광우병의 정의뿐만 아니라 대항과학자들은 여러 강연회와 기고를 통해 광우병이 상상하지 못하는 경로로 전파될 수 있음을 알렸다. 예를 들어 영국에서는 광우병에 걸린 사람으로부터 수혈을 받은 사람들이 사망하자 영국인들의 헌혈을 금지시켰다. 이에 그치지 않고 편도(프리온이 분포될 가능성이 있는 부위) 수술 도중 광우병을 일으키는 프리온이 묻을 수 있기에 편도 수술과 관련된 수술기기를 새로운 소독장비로 소독하고 1회용 칼을 사용하도록 정책을 바꾸었다.[16] 영국에서는 수술도구를 교체하는 것에만 2억 파운드(당시 환율로 약 3600억 원 내외)의 돈을 투입했다.[17] 프리온은 뇌와 신경조직에 많이 분포되어 있기 때문에 향후 영국에서는 뇌와 신경조직 관련 수술을 할 때에도 1회용 수술도구를 사용할 가능성이 존재한다. 정해관 교수는 인간광우병 발생에 따른 문제점은 이러한 천문학적인 의료비용 추가발생에 그치지 않고, 사람들이 의료행위를 기피하는 현상으로 이어질 수 있다고 말한다.

정해관 교수 편도 수술은 빙산의 일각이고, 맹장 수술이라든지 위장 수

---

15) 정성윤, 〈대법원, PD수첩 '광우병 보도' 무죄 확정〉, 《법률신문》, 2011년 9월 2일.

16) 정해관, 앞의 글, 20쪽.

17) Owen Dyer, "Hospitals to Spend 200m Pounds to Prevent Spread of vCJD", *BMJ* 322, 2001, p. 68.

술, 신경외과 수술, 안과 수술 등을 다 일회용으로 바꾼다고 쳤을 때 그 비용은 천문학적이라는 거죠. 그러니깐 이게 눈에 보이는 경제적인 손실이고, 두 번째는 사람들이 의료행위 자체를 기피하게 되는 거죠. "내 시경하다가 걸리면 어떡하나, 수술하다 걸리면 어떡하나" 하는 두려움 때문이죠. 에이즈와는 비교할 수 없어요. 에이즈에 걸리면 10년 이상 삽니다. 그리고 대개 치료하면, 잘하면 증상이 발생해도 오래 살 수도 있지만, 현재까지 보고된 바로는 vCJD(인간광우병)는 발병하면 1백 퍼센트 사망하는 것으로 되어 있습니다.

이처럼 대항전문가들의 반대논리는 정부의 입장을 반박하는 동시에 더욱 심도 있게 분석되어 풍부해졌다. 광우병 사태를 겪은 영국을 사례로 들며 구체적인 수치까지 들이대는 것은 이들 논리의 타당성을 더욱 높여주었다.

대항전문가들은 광우병이 향후 5년 내에 사라질 것이라는 정부와 친정부 과학자들의 주장에 대해서도 강력하게 비판했다. 2008년 5월 8일 한국과학기술한림원에서 '광우병과 쇠고기의 안전성'이라는 주제로 토론회가 개최되었으며, 이때 친정부적 과학자인 서울대학교 이영순 교수는 "광우병은 전 세계적으로 지금까지 19만 마리 이상 감염됐지만, 1993년 3만 5천 마리 감염 이후 점차 줄어 지난해에는 141마리만 감염됐다. 이 같은 추세라면 앞으로 5년 후에는 광우병이 사라질 것"이라고 주장했다.[18] 이에 대해 우희종 교수는 여러 토론회·

---

18) 민태원, 〈2007년 전 세계 141마리만 발병, 5년 후에는 완전 소멸〉, 《국민일보》, 2008년 5월 8일.

인터뷰·기고문에서 정부와 친정부적 논리를 대변하는 과학자들의 입장을 반박했다.[19] 그 주된 이유는 광우병의 잠복기가 5~30년이며, 세계적으로 확산되어 있고, 무증상 환자도 많기 때문이다. 여기서 우 교수는 좀 더 객관적이고 권위적인 입장을 대변해줄 수 있는 해외과학자 네트워크를 직접 동원함으로써 정부의 논리를 반박했다. 이러한 특권적인 접근(privileged access)은 그 분야에서 오랫동안 활동하고 국내외 학술활동에 참가해야 하며 과학자 네트워크 속에 들어가야만 가능하다. 이것이 우 교수가 지배지식동맹의 과학자와 달리 우월성을 확보할 수 있었던 이유다.[20]

광우병의 정의와 추이보다 더 중요한 문제는 특정위험물질(이하 SRM)을 둘러싼 논쟁이었다. 2008년 6월 19일 밤 10시경 시청 앞에서 촛불집회의 일환으로 제1차 국민대토론회('광우병 쇠고기 촛불운동, 어떻게 승리할 것인가')가 열렸다. 본 토론회 전에 우선 광우병국민대책회의 산하의 전문가자문위원회 위원들의 발표가 끝나고, 뒤이어 촛불

---

19) 우희종, 〈신종인수공통전염병으로서의 프리온 질병〉, 《생화학분자생물학회소식》 3월호, 2010, 1~14쪽.

20) 나는 친정부 측 논리를 대변하는 전문가 3인도 인터뷰했다. 이들은 정부 측에서 주최하는 여러 토론회와 국회 청문회에 참여하여 광우병의 위험이 과장되었다고 주장했다. 이들과 대항전문가 사이의 갈등은 언론을 통한 논쟁으로 이루어졌으며, 그 갈등은 광우병에 대한 해석의 차이에서 발생했다. 정부 측 논리를 대변한 한 전문가는 대항전문가들의 논리가 언론과 인터넷을 통해 친정부 논리를 압도했다고 고백했다. 그는 "진보 쪽에서는 계속 전문가들이 나와서 기고하고, 뭔가 자꾸 생산을 한 거예요. 그게 확산되고. 그런데 이쪽(정부 혹은 보수)에서는 그런 작업이 없었죠. 기자들의 기사는 그냥 기사에 불과한 거예요. 전문적인 견해가 아니거든요. 그러니까 무게 있는 전문가가 계속 자료를 만들어서 쏟아내야 했는데, 그런 게 전혀 없었어요. 방송도 마찬가지고"라고 말한다. 이 전문가도 말하듯이 전문가적 의견의 동원과 확산이 특정 맥락에서는 폭발력을 가지게 된다.

집회에 참가한 시민들의 자유토론이 이어졌다. 이 토론회는 《한겨레》·《프레시안》·아프리카TV 등의 매체를 통해 온라인으로 생중계되었다. 전문가자문위원회의 우석균 실장은 "한국인의 식습관은 뼈·내장 등 광우병 위험물질에 늘 노출돼 있다"고 말하고, "이런 상황에서 광우병 위험물질(SRM) 수입은 언급하지 않고 교묘하게 30개월령 미만 소만 수입한다고 홍보하고 있다"고 비판했다. 한국정부는 2008년 4월 17일 미국산 쇠고기 협상 때 여러 나라에서 광우병 위험물질로 분류한 소의 내장과 뼈를 수입하기로 결정했다. 광우병 위험물질 논쟁은 2008년 4월 29일 〈PD수첩〉의 보도 이후 30개월령 이상 쇠고기 수입과 더불어 가장 뜨거운 쟁점이 되었다.

광우병 SRM이란 광우병을 유발하는 변형 프리온이 많이 포함되어 있는 소의 부위를 말하며, 주로 소의 뇌, 척수와 척추 등의 신경조직·편도·회장원위부(창자의 일부) 등을 포함한다.[21] SRM의 문제와 교차되면서 중요하게 부각된 문제는 30개월령 이상의 쇠고기 수입 문제였다. 이제까지 광우병의 99퍼센트 이상이 30개월령 이상의 소에게 발견되었으며, 1백여 건 정도가 30개월령 미만의 소에서 발견되었다. 따라서 통상 30개월령은 안전한 쇠고기를 먹을 수 있는 기준점이 되어왔다. 한국정부는 미국과의 쇠고기 수입 협상에서 30개월령 이하에서는 SRM 두 개 부위만 제외하고, 30개월령 이상에서는 SRM 일곱 가지를 제거하여 수입을 허용했다.

문제는 각 국가마다 소의 월령과 과학·정책적 판단에 따라 SRM을 다르게 규정하고 있다는 것이다. 어떻게 다른지 자세히 알기 위

---

21) 김기홍, 앞의 책, 222쪽.

해서는 광우병과 그 정책에 대한 장기적인 국가별 분석이 필요하다. 당시 미국 쇠고기의 SRM 범위는 EU와 일본보다 월령·부위별로 더욱 협소했다. 가령 EU에서는 12개월령 이상인 소의 뇌·척수·척추가 SRM이지만, 미국은 30개월령 이상인 소의 뇌·척수·척추를 SRM으로 규정했다.[22] 광우병의 99퍼센트 이상이 30개월령 이상의 소에서 발견되었지만, 그 이하에서도 발견되었기 때문에 광우병 파동을 겪은 유럽은 더욱 까다롭게 규정을 마련했다. 당시 일본의 규정이 가장 까다로웠는데, 월령을 불문하고 뇌·척수·척추 부분 모두를 SRM으로 규정했다.

이런 자세한 내용은 장기간의 공부가 없으면 파악하기 힘든 것으로, SRM과 30개월령 이상 쇠고기 문제에 대해 〈PD수첩〉 등의 미디어는 박상표 실장과 우석균 실장의 자문에 크게 의존했다. 이 과정에서 특히 우석균 실장이 제시한 각국의 SRM 분류표는 학계·미디어·온라인에 광범위하게 유통되고 사용되었다. 박상표 실장과 우석균 실장은 앞서 말했듯이 보건의료분야의 전문가-운동가(expert-activist)로, 한미 FTA 반대운동 때부터 쇠고기 문제에 대해 오랫동안 천착해왔다. 광우병에 대해 각 국가의 정책이 어떻게 다른지 분류할 수 있는 능력(classifying capacity)은 일반시민이 좀처럼 갖추기 힘든 전문지식이다.

촛불운동의 거센 저항으로 한국정부는 미국 측과 추가협상을 통해 민간업자들의 수출자율규제협정을 체결한 후 프로그램을 통하여 30

---

22) 우석균, 〈미국산 쇠고기는 광우병에 안전하지 않다〉, 국회공청회 자료집, 2006년 4월 28일.

개월령 이상 소의 수입을 금지시켰다. 이것은 촛불운동의 가시적 성과라고 할 수 있다. 우희종 교수는 언론을 통해 30개월령 미만의 소가 수입되더라도 12개월령 이상의 소에서 뇌·척수·안구 등도 SRM으로 규정하고 판매를 금지해야 한다고 주장했다.

—

가축감시프로그램과
국제수역사무국의 국제기준 논쟁

미국산 쇠고기 수입을 반대하는 가장 큰 이유 중의 하나가 능동적 감시(active surveillance)를 하는 EU나 일본과 달리, 미국은 수동적 감시(passive surveillance) 프로그램을 실행하고 있기 때문이었다. 1986년 유럽에서 광우병이 발발하고 점차 확산되자 미국은 향후 세 가지 안전장치(triple firewall)로 감시프로그램을 만들게 된다.[23] 그것은 수입금지, 광우병 검사, 그리고 육골분 사료 금지정책이다. 첫째, 1989년 미국은 광우병이 일어난 영국으로부터 소와 쇠고기 제품 수입을 금지하고, 1997년에는 전 유럽의 소와 쇠고기 제품 수입을 금지시켰다. 둘째, 미국은 1990년부터 광우병 검사를 실시했는데, 이때 검사한 수는 단 40마리에 불과했다. 광우병 검사의 수는 점차 늘어나다가 2002년에는 1만 9,900마리의 소를 검사했다.[24] 미국은 그 후 2003년에 첫 번

23] Kate O'Neill, "How Two Cows Make a Crisis: U.S.-Canada Trade Relations and Mad Cow Disease", *The American Review of Canadian Studies* 35(2), 2005, p. 298.

24] Kate O'Neill, "U.S. Beef Industry Faces New Policies and Testing for Mad Cow Disease", *California Agriculture* 59(4), 2005, p. 204.

째 광우병 소, 2005년에 두 번째 소가 발견되자 검사 수를 늘려 2004년 7월부터 2005년 9월 사이에 47만 마리를 검사했다. 셋째, 미국은 1997년 유럽 국가들에 비해 비교적 늦게 반추동물에게 동물성 사료를 금지시켰다.

대항전문가들은 미국의 가축감시프로그램이 지나치게 허술하다고 비판했다. 박상표·우석균 실장은 광우병 촛불운동 이전에 이미 미국의 가축감시프로그램이 문제가 있다며 여러 언론매체를 통하여 비판했다. 비판 이유는 첫째, 당시 일본은 도축되는 모든 소에 대해, EU는 도축되는 30개월령 이상의 모든 소에 대해 전수검사를 했다. 반면에 미국은 1년에 도축되는 4천만 마리의 소 중 1퍼센트도 되지 않는 소에 대해 광우병 검사를 실시했다. 미국은 전수검사를 했을 경우 1백만 마리당 한 마리가 광우병 확증이 나올 것이라고 분석하고 이 정도는 무시할 수 있는 정도이며 전수검사는 너무 많은 비용이 든다고 판단했다. 둘째, 미국은 닭과 돼지에게 여전히 30개월령 이상 소의 눈·척추·편도 등 SRM을 먹이며, 이 닭과 돼지를 다시 소의 사료로 먹을 수 있게 하여 교차감염의 가능성을 가지고 있었다.[25] 셋째, 30개월령 이상의 쇠고기를 금지시키기 위해서는 소의 나이를 알 수 있는 이력제를 실시해야 하나 소의 나이를 알 수 있는 치아감별법은 대단히 부정확하다. 미국 가축감시프로그램의 허술함은 박상표·송기호·우석균과 같은 전문가들에 의해 널리 알려졌다.

한국정부는 대항전문가들의 논리에 대해 반박자료들을 내놓으며 미국산 쇠고기가 안전하다고 계속 주장했다. 예를 들어 사료 문제에

---

25) 송기호, 《곱창을 위한 변론》, 프레시안북, 2008, 55쪽.

대해 한국정부는 미국 연방관보를 인용하면서 미국이 향후 강화된 사료조치를 시행할 것이라고 발표했다. 이에 전문가자문위원회의 한 사람인 송기호 변호사는 2008년 5월 11일에 한국정부가 미 연방관보 번역에서 오류를 범했다고 비판했다. 미국 연방관보에는 광우병으로 의심되는 다우너 소 같은 경우에도 30개월령 미만이라면 사료로 사용한다는 내용을 실었지만, 한국정부 측은 이를 사료로 사용하지 않는다고 번역했다.[26] 송기호 변호사의 반박은 한국 공무원의 무능을 드러내었을 뿐 아니라 정부에 대한 신뢰를 더욱 떨어뜨렸다.

가축감시프로그램과 더불어 주요쟁점이 된 것 중의 하나가 국제수역사무국(이하 OIE)의 기준이 국제적인 과학기준인가라는 점이다. 앞서 설명했듯이 우희종 교수가 정부 비판세력으로 돌아선 가장 중요한 이유도 정부 측 인사가 OIE 측의 기준이 국제적인 기준이고 대항전문가들의 의견은 "국내용 과학"이라고 폄하한 사실 때문이다. 미 무역대표부 수전 슈와브도 OIE의 기준을 언급하며 미국의 광우병 통제국가 지위는 과학적으로 미국산 쇠고기가 안전하다는 증거라고 주장했다. 대항전문가들은 언론과의 인터뷰와 강연을 통해 OIE의 기준은 하나의 권고사안이며 쇠고기 안정성의 절대적 기준이 될 수 없다고 반박했다. 또한 OIE의 기준이 과학적이 아니라 미국의 입김에 의해 바뀐 정치적인 것이라고 주장했다.

OIE의 광우병 위험수준은 2005년 이전 다섯 단계로 좀 더 세부적이었는데, 2003년과 2005년 미국에서 광우병 소가 발견되자 미국의 압력에 의해 세 단계로 조정되었다. 1단계는 무시할 만한 수준의 위

---

26) 송기호, 앞의 책, 166~167쪽.

험(negligible BSE risk), 2단계는 통제가능한 위험(controlled BSE risk), 3단계는 결정되지 않는 위험(undetermined BSE risk)이다. 미국은 2007년 5월 파리에서 있었던 OIE회의에서 광우병 통제국가의 지위를 획득했는데, 이 과정이 다분히 정치적이었다고 대항전문가들은 주장했다. 또한 대항전문가들은 각 나라가 자국의 고유한 기준에 의해 쇠고기를 수입하고 있다고 주장했다.

이 가운데 가장 설득력 있는 주장은 박상표 실장 등이 분석한 한국과 일본의 쇠고기 수입조건 비교였다. 가령 광우병 촛불운동 이전인 2006년 미국산 쇠고기 수입조건에 의하면, 한국이 30개월령 미만의 뼈 없는 살코기를 수입한 반면, 일본은 20개월령 미만의 뼈 없는 살코기를 수입한다는 조건으로 한국보다 엄격한 잣대를 채택했다. 이러한 대항논리는 OIE의 기준이 단순한 권고안이며 과학적이라기보다는 정치적이기에, 쇠고기 수입조건은 OIE 규준대로 일률적으로 따르는 것이 아니라 각 국가의 고유한 사정에 의해 정해져야 한다는 것이다. 이러한 주장은 미디어와 인터넷을 통해 급속하게 퍼졌고, 이로 말미암아 OIE 기준이 미국산 쇠고기 수입을 결정하는 과학적 근거라는 정부 측 입장에 신빙성이 없다는 비판에 힘을 실어주었다.

한국인 유전자와 치사율 논쟁

광우병과 관련된 한국인 유전자와 치사율 논쟁은 대항그룹이 가장 수세적으로 몰렸던 사안이다. 광우병 촛불운동을 촉발시켰던 〈PD수첩〉 1편은 김용선 한림대 교수의 논문을 인용하면서 한국인의 유전자

유형 때문에 다른 외국인보다 광우병에 걸릴 확률이 더 높다고 보도했다. 인간의 프리온 유전자 유형은 MM·MV·VV 세 가지가 있으며, 광우병에 걸려 죽은 거의 모든 사람은 MM형 유전자를 가지고 있었다. 김용선 교수의 논문에 의하면 영국 국민의 38.8퍼센트, 미국 국민의 50.0퍼센트, 한국 국민의 94.3퍼센트가 MM형 유전자를 가졌다.[27] 이는 한국 국민의 유전자가 광우병에 더욱 취약함을 뜻한다. 문제가 되었던 부분은 이 과학적 사실을 〈PD수첩〉에서 "한국 국민이 광우병 쇠고기를 섭취했을 때 발병률이 94퍼센트가 된다"고 해석한 것이다. 이 해석은 반촛불운동 세력의 공격에 주요 빌미가 되었다.

이를 자세하게 반박한 대표적인 사례가 조갑제 씨의 논변이다.[28] 그에 의하면 광우병이 처음 발견된 영국에서 1980년대 중반부터 광우병에 걸린 소 수십만 마리를 영국 국민이 먹었지만 고작 163명이 죽었다. 미국이 2004년과 2005년 사이 47만 마리를 검사했는데, 이 과정에서 1마리의 광우병 소가 발견되었다. 이 수치를 서로 곱하여 한국 사람이 미국산 쇠고기를 수입했을 때 광우병에 걸릴 확률은 100경분의 2라고 조갑제 씨는 주장했다. 즉 광우병에 걸린 쇠고기를 먹는다 해도 그 확률이 낮기 때문에 〈PD수첩〉의 해석은 극히 과장되었다는 것이다. MBC는 사내의 여러 반대에도 불구하고 94퍼센트 치사율 부분과 다우너 소를 광우병 소라고 오역한 점 등을 들어 〈PD수첩〉이 객관성·공정성을 훼손했다고 판단하여 2008년 8월 12일

---

27) 김용선, 〈광우병과 변종 크로이츠펠트 야콥병〉,《가정의학회지》25(7), 2004, 509~518쪽.
28) 조갑제·김성욱,《거짓의 촛불을 끄자》, 조갑제닷컴, 2008, 10~14쪽.

〈MBC 뉴스데스크〉를 통해서 정식으로 사과했다.[29]

　대항전문가들 대부분은 〈PD수첩〉이 치사율을 높게 말한 것은 실수였다고 인정하나, 한국인 프리온 유전자 유형 중 MM형 비율이 월등하게 높다는 것은 한국인이 광우병에 더 취약함을 보여주는 것이라고 주장했다.[30] 다른 한편 대항전문가들은 과학이나 의료와 관련된 미디어의 기사들에 이런 실수들이 비일비재하기 때문에 〈PD수첩〉의 실수가 예외적인 것은 아니라고 말한다. 정해관 교수는 MBC 〈PD수첩〉의 몇 가지 실수를 의료보건과 관련된 다른 언론의 오보들과 비교하면서 이렇게 말한다.

　정해관 교수 현재 〈PD수첩〉 수준의 오보는 뒤져보면 《조선일보》·KBS·MBC 할 것 없이 수도 없이 찾아낼 수 있죠. [중략] 시간적으로 예민한 시기와 겹쳤다 뿐이지, 오보에 초점을 두면 이전의 것들 중 훨씬 더 심각한 것들이 있죠. 고성사건[31]도 마찬가지입니다. 그게 이타이이타

---

29) 이 사과방송은 MBC 구성원들 간의 합의에 의해 이루어진 것이 아니라 〈PD수첩〉 관계자들과 MBC 노조의 반발을 무릅쓰고 경영진이 결정한 사안이었다. 사과방송 후 MBC 노조와 〈PD수첩〉은 강렬하게 반발했다.

30) 논쟁의 중심에 섰던 김용선 교수는 〈PD수첩〉 재판에 직접 증인으로 나와서 MM형 유전자를 더 많이 가진 한국인이 영국인보다 광우병에 대한 위험도가 더 높다고 증언했다. 김용선 교수의 자세한 법적 증언은 박상표, 〈왜 재협상이 필요한가? 국제적 미국산 쇠고기 수입조건 변화와 한국〉,《촛불운동 2주년 토론회 자료집》, 참여연대 느티나무, 2010년 5월 19일, 18~20쪽을 볼 것.

31) 2004년 6월 초 각 언론은 경남 고성군에서 폐광 때문에 이타이이타이병 환자가 발생했다고 보도했다. 예를 들어《중앙일보》는 2004년 6월 4일 〈고성 '이타이이타이' 공포〉,《조선일보》는 6월 3일 〈경남 고성 '이타이이타이' 집단발병 경보〉,《한겨레》는 6월 5일 사설에서 〈이타이이타이, 환경파괴의 비극〉이라고 보도한 바 있다. 추후 민관합동조사단이 조사한 결과, 고성사건은 이타이이타이병이 아니라고 판명이 났고 여러 언론사는 오보를 시인하고 정정

이병이라고 보도한 것 자체가 오보죠. 나중에 우리가 밝혀냈지만 이타이이타이병이란 건 전체 카드뮴으로 인한 질환의 스펙트럼 중에 가장 극단적인 병이에요. 고성사건의 경우는 카드뮴으로 인한 영향이 있지만, 그것이 병으로까지 이어지지는 않은 상태라는 것을 확인한 것이지요. (또 다른 예로 정 교수는 2001년 홍역예방접종에서 몇 명의 여고생이 쓰러진 것이 사실은 백신의 직접적인 이상반응이 아니라고 결론이 났는데도 백신 자체의 전형적인 부작용으로 보도한 것을 예로 들었다.) [중략] 그런데 그런 형태의 오보들은 우리 보건 분야에서 너무나 많아요.

대항전문가들은 부분적인 실수가 있었더라도 광우병 위험성을 알린 〈PD수첩〉의 전체 보도방향은 여전히 옳다고 말했다. 대항전문가들은 〈PD수첩〉이 MM형 유전자로 인한 치사율 산정에 있어 실수가 있었지만, 한국인이 영국인보다 광우병에 대한 감수성이 두 배 정도 높고, 한국인이 소머리곰탕·곱창 등을 먹기 때문에 광우병에 오염될 가능성이 훨씬 높다고 주장했다.

더 나아가 대항전문가들은 반촛불운동 세력이 내세우는 확률론(미국산 쇠고기를 먹어도 광우병에 걸릴 확률이 대단히 낮다는)의 위험성을 여러 가지 논리로 반박했다. 정해관 교수는 2008년 5월 19일 토론에서 "개인 차원에서 보면, 그것은 몇십만 분의 일이나 몇백만 분의 일로 보는 것이 타당하다"고 말하고, 개인적인 차원에서는 확률론이 맞지만, 국가적 차원에서 보면 광우병이 발발했을 때 엄청난 손실을 가져오므로 그 위험이 다른 것에 비해 월등히 높다고 강조했다. 예를 들어

_____

보도를 했다.

캐나다에서는 2003년 5월, 단 한 마리의 광우병 소가 발견되자 해외 수출시장을 곧바로 잃고 전체 축산업의 붕괴위기를 맞기도 했다.[32] 이러한 어마어마한 손실 때문에 대항전문가들은 광우병처럼 매우 높은 위험을 가진 대상은 가장 높은 수준의 사전예방원칙을 적용해야 한다고 주장했다.

여기서 주의해야 할 것은 확률론과 사전예방원칙 모두 과학적 사실에 기반을 두고 이루어지는 것이지, 한쪽은 과학적 사실에 의거하고 다른 한쪽은 정책적 판단에 의한 것이 아니라는 점이다. 위험과 관련된 이 두 가지 접근은 모두 과학-정책적 판단의 혼합이다. 확률론과 사전예방원칙 모두 과학의 불확실성(왜 확률론인가를 따져보면 자명해진다)에 기반을 두고 있으며, 미국산 쇠고기에 까다로운 수입조건을 붙이는 것은 과학적 사실을 '잘 알고 내린 결정(informed decision)'이다. 광우병에 대한 확률론은 자칫 국민의 건강과 국가경제 전체를 위기로 몰아넣을 수 있는 무모하고 무지한 논리라고 대항전문가들은 강조한다.

통상·경제·법률적 논쟁

전문지식 영역에서 또 하나의 주요쟁점은 통상 문제와 미국산 쇠고기 수입으로 인한 경제적 부분의 문제였다. FTA와 WTO처럼 일반

---

32) William Leiss, "Two Stinking Cows: The Mismanagement of BSE Risk in North America", in Leiss and Powell(eds.), *Mad Cows and Mother's Milk*(2nd. ed), Montreal & Kingston: McGill-Queen's University Press, 2004, pp. 229~261.

시민들이 많이 접하는 단어라도 그 상세한 내용을 파악하기 위해서는 상당한 전문적 지식이 필요하다. 일반인들의 전문지식 이해 수준에 대해 이 분야에서 핵심적으로 활약했던 송기호 변호사에게 물었다.

송기호 변호사 가령 (통상과 관련된) 법률이라고 한다면, 일단 이게 영어로 되어 있고요. 그리고 외교통상부 장관이나 통상교섭본부장이 "이건 이렇고 이렇다"라고 말하면 일반시민들이 그에 대해 "그건 아니다"라고 말한다는 게 1백 퍼센트 불가능한 일이죠. [중략] 각자 직업을 가지고 생업에 종사하시는 보통시민들이 그걸(통상에 관련된 문제를) 비판적으로 보는 것은 저는 불가능하다고 생각합니다. 저 역시 제 영역이 아니라면(마찬가지였을 거예요). 예를 들어서 구제역이 돌면 수만 마리의 소를 다 살처분하잖아요. "그걸 꼭 죽여야 되냐?"라고 생각할 수도 있겠지만, 농림부 장관이 "저걸 죽여야 됩니다"라고 얘기하면 그걸 넘어서는 비판을 하기 어려웠을 거예요.

송기호 변호사의 말대로 통상과 관련된 부분은 굉장히 전문적이어서 그 분야의 전문가가 아니고서는 통상전문가를 수백 명씩 가지고 있는 정부의 논리에 대응하는 것이 불가능하다. 송기호 변호사는 광우병 촛불운동 전에 이미 한미 FTA 통상에 대한 책을 저술했는데, 그 책의 3장에서 쇠고기 수입 문제를 자세하게 분석했다.[33]

통상에서 쟁점이 된 것 중의 하나는 정부 측이 "한 번 국제협약을 맺으면 못 고친다"며 국제통상 관례상 쇠고기 재협상은 불가하다는

---

33) 송기호, 《한미 FTA의 마지노선》, 개마고원, 2006.

주장이었다. 이에 대해 송기호 변호사와 이해영 교수는 미디어와 강연을 통해 모든 협약은 재협상이 가능하다고 반박했다. 예를 들어 한미 FTA가 2007년 4월 2일 최종 타결된 이후에도 미국 측은 자동차 분야 등에서 끊임없이 재협상을 요구해왔다. 이들은 한미 FTA와 같이 굉장히 비중 있는 협약도 재협상이 가능한데 공무원들끼리 쇠고기 통상협정을 한 것쯤은 일종의 신사협정이나 양해각서에 불과하다고 말하고, 이것이 한미 FTA보다 더 강한 효력을 갖는다는 것은 말도 안 된다는 주장을 펼쳤다. 또한 국내법이 우선이기 때문에 설사 양국 공무원들끼리 협약을 체결했더라도 승인을 받기 위해서는 국내법 절차를 밟아야 한다. 그 단계가 바로 장관 고시였던 것이며, 한국정부는 시민의 반대로 고시를 여러 번 연기했다.

미국에서도 국제협약보다 국내법이 선행하는데, 캐나다에서 광우병이 발발하자 미국은 캐나다산 쇠고기와 소의 수입을 금지시켰다. 캐나다 정부는 수출을 위해 미국정부를 오랫동안 압박했고, 결국 미국정부는 2005년 3월부터 캐나다산 소를 다시 수입하기로 결정했다. 하지만 시민단체가 국민건강과 미국축산산업을 위해 법원에 수입중지 신청을 했고, 이것이 받아들여져서 캐나다산 소 수입 재개가 가로막혔다. 바로 다음 날 미 상원에서도 정부의 캐나다산 소 수입 결정을 뒤집는 의결이 통과되었다.[34] 이런 사례들을 보아도 "국제협약이라 재협상이 가능하지 않다"는 한국정부의 논리가 얼마나 억측인지 드러난다. 송기호 변호사는 한국의 통상문제에서 이제까지 시민들로부터 도전을 받은 사례는 한미 FTA와 미국산 쇠고기 수입반대 촛불

---

34) Kate O'Neill, 앞의 글, 2005a, 310쪽.

운동이 처음이라고 말하고, 정부 측 통상전문가들의 폐쇄성과 권위
주의를 비판했다.

대항전문가들은 또한 여러 매체와 강연을 통해 미국산 쇠고기 문
제가 미국의 정치·경제적 문제와 얽혀 있다고 설명하고, 광우병 문
제가 비단 과학적 문제만이 아니라고 주장했다. 우석균 실장은 "미국
축산협회의 보고서에는 소장만 수출해도 연간 1천억 원, 가공 쇠고기
로는 250억 원을 버는 등 특정위험물질을 수출하는 것으로 연간 2천
억 원을 더 벌 수 있다고 나와 있다"면서 "정부는 미국 축산업계의 이
익을 위해 국민의 생명을 포기한 것"이라고 비판했다. 이는 미국이
위험한 부위를 한국에 팔아도 돈을 버는 이중의 모순을 지적하는 것
이다. 정태인 교수도 "미국 축산업을 좌지우지하는 일곱 개 대기업이
10년간 로비로 5백억 원을 쏟아부은 이유는 도축된 소에 대한 전수검
사를 하지 못하게 하려는 것"이라며 "결국 한국을 제물로 삼아 축산
업 부활을 꿈꾸는 미국 술책에 정부가 놀아난 것"이라고 주장했다.[35]
전문가들은 무엇보다 광우병이 발발했을 때 유럽·캐나다·일본이 지
불한 엄청난 경제적 손실을 따져보라고 주장했다.

광우병 촛불운동은 정부·시민·전문가·언론인 사이에 다양한 형
태의 소송이 제기되면서 법률투쟁으로 이어졌다. 이 법률투쟁에서
가장 큰 역할을 한 전문가-운동단체는 민변 소속의 변호사들이다.
민변은 한미 쇠고기 수입협상이 타결된 2008년 4월 17일부터 법적
의견서 제출, 국회 청원, 정보공개 청구와 행정소송 등의 다양한 법적

---

35) 허정헌·강지원, 〈인의협 "광우병 발견 때 수입중단 늦어" 과학적 진실 토론회〉, 《한국일
보》, 2008년 5월 20일.

· 행정적 활동을 벌였다.[36] 5월 2일부터 거의 매일 촛불운동이 지속되자 민변은 향후 있을지 모를 인권침해, 기소, 정부의 고시 강행에 대비한 법적 대응 등에 법률지원이 필요하다는 것을 인식하고 5월 22일 '미국산 쇠고기 수입 강행 및 항의운동탄압 대응을 위한 민변 법률지원단'(이하 법률지원단)을 출범시켰다. 20여 일간 평화롭게 진행되던 집회였지만, 정부가 촛불문화제를 불법집회로 규정하고 참여자들을 전원 처벌하겠다고 발표한 5월 24일부터 연행자가 생기기 시작했다. 시위가 물리적 충돌로 이어지자 법률지원단 내에 인권침해감시단을 만들고 변호사들이 직접 노란 조끼를 입고(시위대와 구별하기 위해) 시위현장에서 경찰과 시민 간의 충돌을 방지하고 경찰에 의한 인권침해상황을 감시했다. 물리적 충돌은 그 이후 집회에서 계속되었고 연행자도 속출했다. 연행된 시민들은 민변 측에 전화를 걸어 접견을 먼저 요청하기 시작했다. 민변 소속 변호사는 이 과정을 이렇게 말한다.

민변 소속 변호사 시민들이 연행된 경험이 없으니까 일단 연행이 되고 나면 어떻게 대응해야 할지 막 불안하고 엄청 위축이 된 거죠. [중략] 그렇기 때문에 그분들이 민변에 전화를 하거나 아니면 지인들이 전화해서 "접견을 와 달라, 어떻게 해야 되느냐, 묵비권을 행사해도 되느냐, 연행과정에서 폭행을 당했다"라든가, "나는 집회에 참여한 것도 아니고 구경만 했는데 잡혀갔다"라든가…… 실제로 이런 하소연이 엄청 많이 접수됐죠. 그래서 저희가 초기에는 연락이 되면 주먹구구식으로 변호사들을 보내는 식으로 일했어요.

---

36) 민주사회를 위한 변호사모임,《민변 촛불백서》, 2010, 21쪽.

민변 소속 변호사들은 접견뿐만 아니라 기소된 시민들에 대한 무료변론을 맡았다. 2009년 6월 15일을 기준으로 했을 때, 촛불집회와 관련해 정식재판에 기소된 시민은 627명이었으며, 이들의 무료변론을 맡기 위해 참여하는 변호사 수는 70여 명으로 늘어났다.[37]

시민들이 기소된 사유 중 가장 많은 것은 야간집회로 인한 집시법 위반과 가두시위로 인한 일반교통방해였다. 2008년 10월 9일 집시법 위반으로 기소된 안진걸 씨(참여연대 민생희망본부 팀장)가 집시법 제10조(옥외집회와 시위의 금지 시간)가 헌법이 보장한 집회의 자유에 어긋난다고 위헌법률심판제청을 냈다. 이에 2009년 3월 12일 공개변론을 거쳐 헌법재판소는 2009년 9월 24일 헌법불합치를 선고했다.[38] 이는 민변과 촛불운동의 큰 승리였다. 잇따라 민변은 일반교통방해에 대해서도 2009년 4월 13일에 위헌법률심판제청을 했으나 헌법재판관 전원이 합헌으로 인정했다.[39] 이 외에 촛불운동 과정에서 발생한 다양한 종류의 법정공방(《조선일보》·《중앙일보》·《동아일보》 광고주 불매운동 사건, 촛불집회 참가 등으로 인한 운전면허 취소 사건, 촛불집회 관련단체 정부보조금 중단 사건, 〈PD수첩〉 사건)에서 무료 변론을 맡으며 시민들을 보호하고 이들의 권익을 위해 노력했다.

민변에서 펼친 가장 의미 있는 법률투쟁 중 하나는 미국산 쇠고기 수입고시에 대한 헌법소원일 것이다.[40] 2008년 5월 29일 농림수산식

37) 민주사회를 위한 변호사모임, 앞의 책, 31쪽.
38) 민주사회를 위한 변호사모임, 앞의 책, 157쪽.
39) 민주사회를 위한 변호사모임, 앞의 책, 179쪽.
40) 민주사회를 위한 변호사모임 〈의견서: 2008헌마436 미국산 쇠고기 및 쇠고기 제품 수입 위생조건 위헌확인〉, 헌법재판소 제출, 2008년 6월 5일.

품부 장관이 관보에 고시 게재를 의뢰하자 법률지원단은 헌법소원에 대한 실무준비를 했고, 5월 30일 홈페이지에 일반시민을 상대로 헌법소원 참가인단을 공개모집했다.[41] 참가비가 5천 원이었는데도 6월 3일 12시 참가신청을 마감했을 때 총 10만 3,476명이 신청을 했다. 문제는 이후에 발생했다. 이 10만 명 가운데 부적격자를 골라내고 10만 장 가까이 되는 위임장에 일일이 도장으로 날인을 해야 하는데 누가 할지 막막했다. 민변 측은 다시 날인작업을 도와줄 자원봉사자를 인터넷으로 모집했고, 1백여 명의 일반시민이 이틀 밤을 새면서 작업을 완성했다. 부적격자를 골라낸 후 6월 5일 최종 청구인 9만 6,072명의 이름으로 헌법소원을 접수시켰다. 이 수는 공익소송에서 사상 최대의 수이며, 이는 전문가-시민의 연대에 의한 작업이었다. 쇠고기 수입고시가 국민의 생명권과 신체안전에 위험을 초래한다고 판단하여 기본권 침해 가능성이 있다는 것이 헌법소원의 주요한 주장이었다. 하지만 2008년 12월 26일 헌법재판소는 공개변론 없이 청구인들의 심판청구를 기각했다.[42]

시민지식동맹의 대항논리 강화 과정과
전문가 집단의 시민지향성

앞서 자세히 설명한 대로 광우병 촛불운동의 시민지식동맹은 정부와

---

41) 민주사회를 위한 변호사모임, 앞의 책, 2010, 36쪽.
42) 민주사회를 위한 변호사모임, 앞의 책, 2010, 38쪽.

보수언론의 주요공격에 급박하게 대처하면서 여러 방향에서 혼성적으로 구성되었다. 촛불운동에서 시민지식동맹의 논리는 탄탄한 물적·지적 자원을 갖춘 지배지식동맹을 압도했다고 볼 수 있다. 이명박 정부의 여러 정책적 실책('강부자·고소영' 내각, 교육 자율화 조치, 성급한 미국산 쇠고기 수입 결정 등)이 촛불에 기름을 부은 것은 확실하다. 하지만 촛불운동의 초기부터 광우병과 얽힌 다양한 종류의 전문지식(과학지식, 통상지식, 법률지식 등)이 논쟁의 핵심이었고, 촛불운동에 정당성을 부여해주는 역할을 했다. 그렇다면 시민지식동맹의 대항논리는 어떻게 강화되었는가? 대항논리의 강화과정은 다음의 네 가지로 나눌 수 있다. 첫째, 대항적 전문지식의 대중화, 둘째, 대항논리의 풍부화와 혼성화, 셋째, 대항논리의 정교화, 넷째, 대항논리의 민첩화.

〈표 4-1〉 미국산 쇠고기 수입반대 촛불운동에서 시민지식동맹과 지배지식동맹의 충돌

시민지식동맹	지배지식동맹
▶ 광우병의 정의·번역·추이: 법정 전염병. 아레사 빈슨 사망요인 vCJD 번역 문제 없음. 광우병 계속해서 문제될 것임.	▶ 전달병. 아레사 빈슨 사망 요인이 오역이며 국민들을 공포로 이끌게 한 중요한 원인. 광우병 현격히 줄어들어 미래에 사라질 것임.
▶ SRM·30개월 이상 쇠고기: SRM 금지를 EU나 일본 수준으로 확대 적용해야 함. 30개월 이상 수입 금지 주장.	▶ 확률론에 입각하여 위험이 과장되었다고 비판. 촛불진영에 밀려 결국 30개월 이상 쇠고기 수입 제한.
▶ 가축감시프로그램과 OIE 국제기준: 미국의 수동적 감시 비판. OIE 기준은 하나의 가이드라인에 불과하다고 주장.	▶ 미국 가축감시프로그램은 광우병을 막는데 충분히 안전함. OIE 기준은 국제적이며 과학적임.
▶ 한국인 유전자와 치사율: 한국인 유전자가 광우병에 취약. 〈PD수첩〉 치사율 해석은 부분적 오류.	▶ 한국인 유전자가 광우병에 취약하다는 것은 과장된 것임. 〈PD수첩〉의 치사율 해석은 치명적 오류이자 선동.
▶ 통상협상과 통상법: 국제통상협약은 수정 가능함. 국내법이 통상법보다 중요함.	▶ 국제통상협약은 수정이 불가함.

▶ 경제적 이익관계: 미국 축산업자들과 미국 정부와 의회의 이해관계 연결 강조. 영국 광우병 발발로 엄청난 경제적 손실 야기. 캐나다 광우병 발발 후 축산업 붕괴.	▶ 싼 미국산 쇠고기 수입이 국내 소비자들에게 혜택이라는 점을 강조.
▶ 법률적 논쟁들: 야간집회 집시법 위반에 대한 위헌법률심판제청 후 헌법불합치를 이끌어 냄. 미 쇠고기 수입고시에 대한 헌법소원을 제기하였으나 각하됨. 〈PD수첩〉 법정에서 무죄를 이끌어냄.	▶ 집시법 위반과 일반교통방해를 이유로 집회 참가자들 기소. 〈PD수첩〉 관계자들 기소. 일반교통방해는 합헌으로 결정남.

첫째, 시민지식동맹은 광우병에 관한 어려운 전문지식을 시민들이 쉽게 받아들일 수 있는 언어와 표현으로 전환시켰다. 이 전문지식의 대중화(vernacularization of expert knowledge)가 가장 잘 드러나는 대목이 광우병국민대책회의 산하 전문가자문위원회가 주도적으로 작성한 '광우병 10문 10답', '추가협상 결과 관련 10문 10답'이다(www.antimad-cow.org). 10문 10답은 쟁점사안의 내용을 핵심적이고 간결하게 요약·정리했다. 문장을 자세히 보면 질문과 대답이 단호하고 간단하다. 문장은 '~할 것 같다' 등 모호한 표현이 없으며 명쾌하다. 정도의 차이는 있지만 두 문답 모두 과학·통상·법률적 전문지식이 뒤섞여 있다. 이 요약본은 한편으로는 인터넷으로 퍼졌고, 다른 한편으로 미디어에 제공되어 대항논리를 생산하는 데 사용되었다. 그뿐만 아니라 각종 강연이나 발표에서 대항전문가들은 대중과 미디어에 쉽고 빠르게 전달하려고 노력했다. 그 일환 중 하나가 전문적인 내용을 비유를 통해서 설명하는 방식인데, 이는 굉장한 파괴력을 지녔다. 예를 들어 촛불운동 이후 아무도 광우병으로 죽지 않았다는 《조선일보》의 논리에 우희종 교수는 "그럼 이명박 대통령과 《조선일보》 기자 분들은 예방주사 안 맞습니까?"라는 아주 간단하면서 명쾌한 답을 내놓았다(2010

년 5월 19일. 촛불운동 2주년 토론회에서). 전문가자문위원회의 일원인 이해영 교수는 사회운동에서 대항담론을 만들어 대중의 상식을 선점할 필요가 있으며, 이 과정에서 전문지식을 "대중의 언어로 재번역하고, 그게 또 필요하다면 드라마타이즈(dramatize, 주의를 끌기 위해 극적으로 만드는 것)해서 하나의 운동에너지로 전환시켜야 한다"고 말한다.

둘째, 대항논리는 여러 전문가의 노력에 의해 풍부해지고, 필요에 따라 교차되면서 혼성화된다. 앞서 본 것처럼 광우병에 관련된 전문지식은 과학·통상·법률·경제 등 다양한 방향의 접근이 필요하며, 정부논리에 대처하기 위해 각 분야의 전문가들이 대항논리를 개발했다. 이 과정에서 각 분야의 협력으로 인해 대항논리는 더욱 풍부해지고 서로 교차하여 혼성화가 일어난다. 결과적으로 과학자·의사로 참가한 대항전문가들은 시간이 지남에 따라 경제·정치적 이슈에 대해서도 발언하게 되고, 사회과학 분야의 전문가들은 자연스럽게 자연과학적 내용들에 대한 의견도 피력하게 된다.

셋째, 대항논리는 정교화(elaboration of oppositional knowledge)되는데, 이는 정부와 보수언론의 공격을 봉쇄하고 지적 우월성을 드러내어 대항전문가 그룹의 권위와 신뢰를 강화시켜주는 역할을 했다. 예를 들어 우희종 교수와 정해관 교수는 광우병에 관한 권위자로서 실험 데이터를 보여준다거나, 광우병 추이에 대한 도표를 보여주고 광우병 이후 영국 의료체계의 변화를 자세히 설명하는 등 대항논리를 세밀화해서 정부와 보수언론의 논리가 얼마나 '얕은 과학적 사실들'에 기반을 두는지 보여주었다. 이는 자연과학적 대항지식에서만이 아니라 사회과학적 대항지식에서도 발생했다. 가령 송기호 변호사는 미국산 쇠고기 협상문이나 미국산 쇠고기와 관련된 미국 연방관보를 일일이 찾아내어 그 구절을 하나하나 자세히 분석했다. 이 과정에서 번역 실수를 찾아내어 언론에 공개함으로써 한국 공무원의 전문성과 신뢰에 깊은 상처를 입혔다. 즉 한국 고위 공무원은 영어 번역도 제대로 하지 못하는 사람들로 미디어와 시민들에게 각인되었다.

넷째, 대항전문가들의 대항논리는 정부와 미디어의 반응과 시민들의 요구에 즉각적으로 민첩하게 반응했다. 그뿐만 아니라 상황을 예측하고 미리 준비하는 행동까지 보였다. 촛불집회라는 긴박한 상황이 매일 일어나는 와중에 한국과 미국의 고위 공무원들과 전문가들의 반응에 민첩하게 대응함으로써 이들의 논리를 조기에 차단했다. 예를 들어 "광우병은 전염병이 아니다"라는 한승수 총리의 말은 얼마 지나지 않아 대항전문가 그룹에 의해 바로 반박되었다. 알렉산더 버시바우 미국 대사의 "한국인들이 과학에 대해 더 배워야 된다"는 발언이 있자 우희종 교수는 이를 즉각적으로 반박하고 토론회를 제안하기도 했다. 민변은 시위대와 경찰의 물리적 충돌이 일어날 것을 예상하고 충돌이 본격적으로 일어나기 전에 법률지원단을 조직하고, 이를 막기 위해 촛불집회 현장에 직접 투입되었다. 그들은 시민들이 연행되었을 때 바로 경찰서로 달려가 체포된 시민들을 접견하고 이들을 도왔다.

대항논리의 민첩성은 세 가지에서 온다고 볼 수 있다. 첫째, 전문가들끼리 인터넷과 휴대전화라는 뉴미디어를 통한 빠른 소통이 이루어졌다. 전문가자문위원회의 전문가들이 모두 모여 회의를 하는 경우보다는 이메일과 휴대전화로 서로 의견을 조율하는 경우가 더 많았다. 이런 네트워크 지식의 형성은 기술적 인프라를 잘 활용할 때 가능하다. 둘째, 좀 더 중요한 이유로, 대항전문가들의 민첩성은 해당 분야에 대한 이들의 전문성에서 온다. 전문가는 소위 그 분야에 대해 '판을 꿰고 있는 사람'이며 '무엇이 어떻게 돌아가고 있는지'를 알고 있는 사람들로서, 새로운 질문이나 공격이 들어왔을 때 즉각적으로 대답할 준비가 되어 있는 사람들이다. 예를 들어 우희종 교수와 정해관 교수는 광우병과 환경역학 분야에서 국내 최고의 권위자들이며, 우석균 실장과 박상표 실장은 오랫동안 보건의료 문제에 천착해온 전문가들이다. 셋째, 민첩한 대응을 하기 위해서는 조직력이 필요한데, 전문가자문위원회의 경우 보건의료연합 관계자들의 조율을 중심으로 민첩한 대응을 보였다. 민변의 경우도 법률지원단이라는 별도의 하위조직을 만들어 촛불운동의 지원을 민첩하게 수행했다.

광우병 촛불운동에서 전문가들은 영역 간의 경계를 뛰어넘어 다양한 분야의 전문가 그룹으로 구성되었을 뿐만 아니라, 사회 문제에 개입하면서 필연적으로 시민사회 또는 시민들과 다양한 방식으로 접촉하고 상호작용을 경험하게 되었다. 촛불운동에서 전문가들은 거리·미디어·법정·대중강연·인터넷을 통해 시민들과 접촉하게 되었으며, 시민들에게서 찬사와 격려를 받았다. 이 과정에서 조직·심리적으로 시민-전문가 연대가 만들어지게 되었으며, 이는 촛불운동의 중요한 축이 되었다. 이 과정은 또한 전문가들 스스로가 시민과의 관계에서 전문가와 전문지식의 역할에 대해 새롭게 조명하는 계기가 되었다. 전문가자문위원회 위원인 김정범 인도주의실천의사협의회(이하 인의협) 대표의 말을 길게 인용해보자. 그는 전문가-운동가(expert-activist)로서 인의협에서 오래 활동해왔는데, 촛불운동을 통해 자신이 어떻게 변했는지에 대해 예전에 개입했던 수돗물 불소화 논쟁[43]에 대한 입장과 현재 환자의 진료형태를 예로 들어 설명했다.

김정범 대표(의사) 저는 수돗물 불소화에 대해서 지금도 찬성하는데, 국민이 왜 받지 못할까 반성적으로 생각했죠. (그건) 나름대로 이유가 있고, 상당히 중요한 이유더라고요. 국민 전체에 영향을 끼칠 수밖에 없는 미지의 정책이 도입될 때 한 번 더 검증하고, 어떤 과정에 대해 전문가들이 봐서 문제없다고 내린 결론만으로는 안 되겠다. 국민이 직접 검증하는 과정이 반드시 필요하다 이런 걸 느끼게 됐죠. 그런 걸 개인적으로 촛불사태를 통해서 좀 더 실감하게 된 거죠. 전문가들은 '안전한데 헛소리 마라', '국민이 해봤자 알겠느냐' 이렇게 생각하는 경향이 있는데, 말로는 국민이 무지하지 않다고 하면서도 전문가들의 태도에는 그렇게 무시하는 측면이 있는 거죠. 그래서 저도 진료할 때 말로는 환자를 존중한다고 하면서 본의 아니게 여러 가지 모습이 환자들에게 권위적으로 보이게 되고, 부담을 느끼게 만들고…… 왜 환자들이 나한테 와서 이런 얘기를 하면 될 텐데, 굳이 안 하고 저런 반응을 보일까 하는 점이 있었는데, (이제는) 제가 진료하는 형태에 대해 반성적으로 노력하고 있죠.

이 전문가-운동가는 첫째, 자신이 전문가로서 운동에 참여하는 상황에서는 시민들이 전문가들의 지식 결정 과정에 좀 더 개입해야 된다는 것을 깨달았고, 둘째, 자신의 진료형태에서는 환자와의 의사소통이 환자를 효과적으로 치료하는 데 중요하다는 것을 알게 되었다. 이런 점에서 그는 한편으로는 자신의 운동방식을 시민들과의 적극적

---

43) 수돗물 불소화 논쟁에 대한 과학기술사회학적 분석으로 서이종,《과학사회논쟁과 한국사회》(집문당, 2005)를 볼 것.

인 연대를 통해 재구성하고, 다른 한편으로는 자신의 의료행위를 재구성했다. 민변의 법률자문단 소속으로 촛불운동에 깊이 관여한 한 변호사는 촛불집회에서 시민들과 접촉함으로써 변호사들이 법을 바라보는 시각이 변했다고 말한다.

> **민변 소속 변호사** 저희가 주로 인권을 다루는 변호사라고는 하지만, 실제 활동은 법정이나 수사기관 안에서 이루어질 뿐이지 현장에서 직접 이런 식으로 활동해본 적은 없었어요. [중략] 촛불사태를 겪으면서 현장 상황에 대해 좀 더 구체적으로 실상을 알게 되는 거죠. [중략] 저희는 시국사건을 중심으로 변호했기 때문에 국가보안법이 어떠니 하는 이론적인 연구와 논의 같은 것들이 중심이었고, 집회현장에서 계속 별것도 아닌데 잡혔다가 무죄판결을 받는 분들이 많이 있었는데도 거기에 대해서 구체적으로 깊은 문제의식을 가지고 있지 못했던 것 같아요.

민변 소속 변호사들은 촛불집회 현장에 직접 참가하여 물리적 폭력이 어떻게 이루어지는지 관찰하면서 현장의 상황을 더욱 잘 이해하게 되었다. 또한 자신의 전문가적 지식이 시민들에게 도움이 되었음을 뿌듯하게 느끼고, 자신의 전문가적 정체성이 시민과 어떻게 결부되었는지 성찰적으로 바라보는 계기가 되었다.

> **민변 소속 변호사** 시민들이 앞으로도 우리(민변 소속 변호사들)처럼 시민을 위해 일하는 사람이 많아지면 좋겠다고 말하는 걸 많이 듣게 되었어요. 변호사들이 자기가 알고 있는 법적 지식을 좀 더 많은 사람을 위해서 사용할 수 있는 방식이 여러 가지가 있구나 하고 자각한다든가……

뿌듯함을 통해서 사명감이 재생산되는 그런 느낌을 받는 거죠.

민변 소속 변호사들은 이런 사명감의 재생산을 넘어 촛불운동을 통해 시민들과 접촉한 경험이 자신들의 운동방향에 많은 영향을 미쳤다고 말한다. 민변 측은 이전에는 주로 시국사건과 관련된 사람이나 단체만 연락을 해왔고 일반시민들로부터 직접 전화가 오는 경우가 거의 없었던 것에 반해, 촛불운동을 통해 시민들이 일상생활의 소소한 법률에 대해서까지 물어서 앞으로는 이와 관련된 법률상담을 좀 더 확장할 계획이라고 말했다.

또한 대항전문가들은 자신의 전문지식 영역에서 시민지향성을 갖추는 것을 넘어 사회운동과 한국사회 전체에 대한 전문가들의 역할이 더욱 시민중심으로 바뀌어야 한다고 주장한다. 전문가자문위원회를 전체적으로 조율했던 관계자는 현재 사회운동 영역에서 보건의료·과학기술·환경 같은 부분들이 중요해지면서 사회운동이 빈번하게 일어나고 있고, 여기서 과학기술자를 비롯한 전문가의 현실적 개입이 더 필요하다고 말한다. 또한 전문가들이 위로 올라갈수록 더 폐쇄적이고 사회적으로 유리되었다면서, 이러한 전문가 문화를 벗어나좀 더 시민사회와 소통할 수 있는 새로운 전문가체계가 필요하다고 주장한다. 송기호 변호사는 한국의 전문가 집단이 권력이나 시장과 결탁할 가능성이 높으며, 민주적 통제를 벗어날 위험이 있음을 경고했다. 그는 촛불운동을 겪으면서 한국 전문가 집단이 사회 문제와 관련하여 시민들과 어떤 방식으로 관계를 맺어야 하는지, 또 전문가 독재가 얼마나 심각한 문제인지에 대해 이렇게 말한다.

송기호 변호사 전문가가 시민을 압도하는 게 아니라 시민이 결정하고 선택하되 시민이 정말 필요해서 물어보는, 조언이나 자문 정도를 해주는, 그런 전문가들이 있는 시스템이 더 나은 거라고 생각해요. [중략] 촛불 사태는 그 엄청나게 많은 사람이 무엇을 먹느냐 하는 지극히 일상적이고 평범한 문제인데, 이건 전문가들이 그냥 자기 책상, 자기 실험실에서 판단할 수 있는 영역이 아니에요. 많은 사람의 기본적인 삶조차, 제 표현이 맞을지 모르겠습니다만, 전문가 독재에 의해서 좌우될 수 있다는 걸 보여주는 사건이겠지요.

3부

황우석 사태와 과학정치

5장

지식동맹의 격돌과 시민지성의 대반격

난생처음 법원이라는 곳에 갔다. 서초동 법원청사 바깥에는 현장연구를 통해 알게 된 황우석 지지자(이하 '황빠'로 칭함) 수십 명이 모여 있었다. 나는 가볍게 인사를 하고 법정에서의 주요쟁점이 무엇인지 그들로부터 귀동냥을 했다. 재판 시작 10분 전 '황빠'들은 우르르 건물 안으로 들어갔다. 나도 서둘러 뒤를 따라 들어가서 검색대를 통과하고 계단으로 올라갔다. 그런데 바로 내 뒤를 쫓아 올라오는 사람이 있었다. 우리 시대의 파우스트, 황우석. 모든 것을 다 가진 듯이 보였지만 모든 것을 잃은 남자. 민족의 영웅에서 이제는 피의자로 법정으로 향하는 그의 모습이 꿈인지 생시인지 분간이 되지 않았다. 불과 몇 달 전까지만 해도 대한민국의 영웅이었던 그가 '단군 이래 최대의 사기꾼'이라는 혐의를 쓰고 있다. 서울중앙지법 417호의 피의자석에 앉아 있는 그를 바라보면서 도대체 무슨 일이 일어났는지 여전히 실감이 나지 않았다.

한국에서 과학사회학을 공부하는 사람들에게 황우석 사태는 매우 특별하다. 운동지향의 과학사회학 전공자들이 직접 반황우석 시민지식동맹을 형성하고 황우석 지배지식동맹과 싸웠기 때문이다.[1] 황우석 사태가 몇 달 동안 지속되면서 과학사회학 전공자들은 열띤 토론과 논쟁을 벌였고, 10여 년이 지난 지금도 그 당시의 열기를 기억한다. 모든 사람이 황우석을 지지할 때 과학사회학 전공자들은 그를 비판적으로 보았다. 사회학자라는 사람들은 비판적인 시각을 체화한 사람들이지만, 2005년 당시 황우석에 대한 집단적인 열광이 압도적일 때 황우석을 비판적으로 보기는 쉽지 않았다. 곧 그들도 사회학자인 동시에 한국인이었다. 하지만 과학사회학 전공자들은 용감했고, 시민지식동맹의 일부로서 결국 황우석 지배지식동맹을 무너뜨렸다. 삼성백혈병 사태에서 반올림이 다윗이고 삼성이 골리앗이듯, 황우석 사태에서 과학사회학 전공자들이 전자였고 황우석 동맹이 후자였다. 삼성백혈병 사태를 이해하는 것도 상당히 힘들었지만, 황우석 사태를 이해하는 것도 상당히 버거웠다.

2005년 논문에는 NT-2에 대한 핑거프린팅 다 한 거 아니야?

과학사회학자 A 그거는 체세포로 한 거라니까.

체세포로 했으니까 그건 다 나와 있는 거네.

과학사회학자 A 그렇죠. 이건 별개, 논문하고 별개라니까.

그러니까⋯⋯.

과학사회학자 A 논문하고 별개로, 실제 황우석 실험실에서 NT-2라고 갖고 있는 게 까보니까 미즈메디-4였다는 거잖아.

---

1) 반황우석 '시민'지식동맹은 '시민사회'가 주축이 되었다는 의미이다. 대부분의 국민이 황우석을 지지했다는 점에서 그들은 지배지식동맹의 일부였다. 황우석 사태가 이 책에서 다룬 나머지 세 가지 사례와 다른 점은 반황우석 시민지식동맹의 절대적 미약함이었고, 그렇기 때문에 브릭 등을 통한 네트워크 지성의 대반격은 더욱 극적이었다.

이 발췌문은 황우석 사태에서 시민지식동맹의 구심점 역할을 했던 과학사회학자인 A씨와의 인터뷰 일부분이다. A씨는 자연과학과 사회과학을 공부한 탈경계적 지식인이다. 오랫동안 시민과학센터에서 중요한 역할을 맡아오다 황우석 사태에서 과학사회학자로서 시민지식동맹의 중심에 서게 된다. 자연과학에 대한 지식이 나보다 풍부한 그는 상대적으로 문외한인 나에게 어떻게 줄기세포가 조작되었는지를 설명해주고 있다. 그는 황우석 팀이 2005년 《사이언스(Science)》에 발표한 두 번째 체세포 복제 줄기세포(NT-2라고 명명되었음. NT-1은 2004년 《사이언스》에 발표된 최초의 체세포복제 줄기세포임)가 사실 미즈메디병원에서 만든 수정란 줄기세포(난자와 정자가 만나서 만들어진 줄기세포)임을 밝히고 있다.[2] 이런 내용은 상당히 전문적이어서 일반인이 알기에는 쉽지 않다. 나는 A씨를 비롯해 생명공학과 사회학을 동시에 공부한 과학사회학 전공자들을 통해서 황우석 교수팀이 수행한 연구를 더욱 자세히 알 수 있었다. 그들은 곧 혼성적 전문가 또는 탈경계적 지식인이다.

황우석 사태는 한국사회에 대단히 큰 파장을 일으킨 사건으로, 이 사건에 관해 이미 상당수의 책이나 논문이 발간되었다. 강양구·김병수·한재각의 공저 《침묵과 열광: 황우석 사태 7년의 기록》은 황우석이 1999년 체세포복제소 '영롱이'와 한우복제소인 '진이'(당시 김대중 대통령이 작명)로 스타 과학자가 된 이후부터 2006년 초 논문 조작으

---

2) 황우석 팀은 2005년 《사이언스》에 NT-2부터 NT-12까지 총 11개의 줄기세포가 확립되었다고 보고했다. Woo Suk Hwang et al., "Patient-specific Embryonic Stem Cells Derived from Human SCNT Blastocysts", *Science* 308(5729), 2005, pp. 1777~1783.

로 몰락하는 과정을 그렸다.[3] 이들은 과학사회학 전공자(정확하게 말하면 과학기술학 전공자)들로서 〈PD수첩〉의 보도 이전부터 황우석의 연구를 비판적으로 바라보았던 대표적인 시민지식동맹의 일원이었다. '민주화를 위한 전국교수협의회'(이하 민교협)는 황우석 사태 직후인 2006년 '황우석 사태와 한국사회'라는 정책토론회를 개최하여 이를 바탕으로 책을 출간했다.[4] 이 책은 황우석 사태의 전개 과정, 황우석 사태를 둘러싼 생명윤리·과학기술정책·여성 문제 등을 폭넓게 다루었다. 시민지식동맹의 또 다른 중요한 축인 〈PD수첩〉의 한학수 PD 는《진실, 그것을 믿었다: 황우석 사태 취재 파일》을 발간하여 자신이 직접 경험한 황우석 사태를 자세하게 진술했다.[5] 과학사학자 김근배의《황우석 신화와 대한민국 과학》은 황우석 사태의 과학 외적인 측면과 과학 내적인 측면을 가장 광범위하면서도 면밀하게 추적한 책이다.[6] 이처럼 황우석 사태 자체에 대한 분석은 다른 저작들이 자세히 다루고 있기 때문에 이 장에서는 황우석 사태를 둘러싼 지배지식동맹과 시민지식동맹 간의 대결을 주로 분석한다. 황우석 사태는 과학엘리트·정치엘리트·언론엘리트 들의 폐쇄적 지배지식동맹의 위험성을 보여주는 사건으로, 이 책의 주제인 지식정치를 이해하는 데 중요한 사례가 된다.

---

3) 강양구·김병수·한재각,《침묵과 열광: 황우석 사태 7년의 기록》, 후마니타스, 2006.

4) 김세균·최갑수·홍성태 엮음,《황우석 사태와 한국사회》, 나남출판, 2006.

5) 한학수,《진실, 그것을 믿었다: 황우석 사태 취재 파일》, 사회평론, 2014.

6) 김근배,《황우석 신화와 대한민국 과학》, 역사비평사, 2007.

황우석 지배지식동맹

과학은 실험실의 하부구조, 연구비의 조달, 연구의 분업, 연구원의 실험능력, 실험실 내의 인간관계와 권력관계, 책임연구자의 리더십, 실험실과 연구자의 명성, 과학자 네트워크, 자본·정부·언론·시민과의 관계 등 많은 요소가 서로 연관을 맺으며 수행된다. 이처럼 과학과 사회는 분리될 수 없으며, 과학연구는 기술·물질적 요소뿐만 아니라 정치·경제·윤리·법률적 요소 들과 얽혀 있으며, 이것들의 조화로운 조율이 실험성공의 열쇠이다. 이러한 연유 때문에 과학은 동맹을 필요로 한다. 대규모의 과학연구일수록 정치·자본·언론과 동맹을 맺는 경향이 더 강하다. 따라서 실험실을 이끄는 거의 모든 과학기술자는 이와 같은 동맹맺기에 열중한다. 황우석이 정치·자본·언론과 맺은 동맹 그 자체를 비난할 근거는 없지만, 과학자의 탐욕이 자본이나 국가와 부당한 동맹을 맺고 사회적 공공성과 책임성을 외면할 때 문제는 심각해진다.[7]

황우석 지배지식동맹을 이해하기 전에 황우석이란 인물에 대한 이해가 필요하다. 그는 1953년 충남 부여군에서 가난한 농부의 아들로 태어나 다섯 살에 아버지를 여의었다. 친척들의 도움으로 여섯 형제들 중 유일하게 대학을 졸업했다. 그는 대전고등학교를 졸업하고 서울대학교 수의대에 진학했고, 오수각 교수 밑에서 수의산과학 분야

---

7) 이 문단은 김종영, 〈복합사회현상으로서의 과학과 과학기술복합동맹으로서의 황우석〉, 《역사비평》74, 2006, 83~84쪽의 문장들을 재구성했다.

로 1982년 박사학위를 받았다. 황우석의 가장 큰 꿈 가운데 하나는 서울대학교 교수가 되는 것이었는데, 1984년 교수임용에서 탈락하자 일본 홋카이도대학교로 연수를 갔다. 그는 이곳에서 가나가와 히로시 연구실에서 동물 수정란에 필요한 미세조작기술을 습득한다.[8] 황우석은 1986년 서울대학교 수의대 교수가 되었지만 1990년대 중반까지 주목을 받을 만한 과학논문을 발표한 적은 없었다.

황우석은 1990년대 초부터 본격적으로 동물을 이용한 수정란 복제 연구에 뛰어들었지만 한국의 다른 연구팀들보다 기술력이 뒤떨어졌다. 하지만 특유의 부지런함과 집중력으로 1995년 국내에서는 처음으로 소 수정란 핵이식 복제에 성공했다. 그는 일본 연수를 통해 동물복제 연구의 국제적 흐름에 대한 감각을 가지게 되었으며, 또한 이를 산업적으로 연결시키는 사업가적 역량을 갖추고 있었다. 이런 연유로 그는 1990년대 중반 이후 동물복제 연구에서 선두자리에 올라설 수 있었다.

과학자는 논문이라는 상징자본을 밑천으로 과학계로부터 인정을 받는다. 황우석이 세계적인 스타가 되고 과학계로부터 인정을 받기 시작한 건 2004년 세계적인 과학학술지 《사이언스》에 논문을 발표하고 나서부터였다.[9] 본격적으로 과학계에서 부상하기 전에 그는 상당한 피해의식을 가졌다. 수의학이라는 과학의 변방을 전공한 점, 국내 박사라는 점, 영어 논문이 없었다는 점은 황우석을 과학자본이 미천

---

8) 김근배, 앞의 책, 45~51쪽.

9) Woo Suk Hwang et al., "Evidence of a Pluripotent Human Embryonic Stem Cell Line Derived from a Cloned Blastocyst", *Science* 303(5664), 2004, pp. 1669~1674.

한 연구자라는 위치에 놓이게 했다. 이런 약점을 극복하기 위해 그는 적극적으로 언론과 정치권에 자신의 연구를 드러냈다. 그는 한국 최초의 복제소로 알려진 영롱이를 탄생시킨 뒤 한 강연에서 다음과 같이 말했다.

> **황우석** 교수로 부임한 1986년 이후 한 해도 거르지 않고 나는 정부 부처에 연구비 지원 신청서를 냈다. 모두 거절됐다. 자연과학·의학·약학·공학 등 귀족 학문이 아닌 수의학 교수였기 때문이다. 영롱이가 임신된 지 4개월이 됐을 때 두꺼운 연구비 신청서를 갖고 과학기술부에 찾아갔다. '이런 분야에 연구비를 지원할 수 없다'는 책임자의 말에 '준비한 계획서를 한 번이라도 들춰 봐야 하는 것 아니냐'고 따져 물었다. 내가 하도 큰소리를 치니 '도대체 뭔데 그러냐'고 물었고, 나는 '이게 복제라는 거다. 당신이 지원한다면 큰 보람을 느낄 수 있을 것이다'라고 대답했다. 한 달 뒤 과학기술부에서 연구비를 타 가라고 전화가 왔다. 그리고 영롱이 분만 한 달 전 당시 강창희 과학기술부 장관은 나를 불러 지대한 관심을 표명했다. 지금은 든든한 후원자가 된 강 장관은 '연구비 받고 싶으면 내일까지 이름을 지어 오라'고 농담을 했다.[10]

황우석은 1986년 이후 정부로부터 연구지원을 받았기 때문에 위의 진술은 엄밀하게 말하면 사실이 아니다. 그는 영롱이 탄생 이전에 조그마한 연구비들을 정부로부터 지원받았으나 대규모 연구 프로젝트를 위한 연구비 수주를 하지는 못했다. 위의 인용문은 여러 가지 의

---

10) 강양구·김병수·한재각, 앞의 책, 26~27쪽.

미에서 중요하다. 한국 최초의 복제소로 알려진 영롱이의 탄생은, 특별한 검증 절차나 논문이 없었는데도, 정치계와 언론계를 이용해 그가 스타 과학자로 부상하는 결정적인 계기가 된다.

1997년 2월 《네이처(Nature)》를 통해 복제양 돌리의 탄생이 알려지자 복제연구를 둘러싼 과학·사회적 논쟁은 가열된다.[11] 영국의 과학자 이언 윌머트 팀에 의해 수행된 이 연구는 무명의 윌머트를 세계적인 과학자로 만들었다. 복제연구가 가져다줄 다양한 종류의 과학적·의학적 기대에 언론과 정치권은 비상한 기대와 관심을 보이게 되었지만, 다른 한편 이것이 가져올 윤리·사회적 문제에 대한 염려가 종교계와 시민사회에서 일어났다. 과학기술에 대한 전반적인 인식이 경제개발과 성장주의라는 이데올로기의 지배를 받던 한국사회에서 언론과 정치권의 목소리가 종교계와 시민사회의 목소리를 압도하는 상황이었다. 복제양 돌리의 탄생은 동물복제 연구를 해왔던 황우석뿐만 아니라 국내에서의 경쟁을 크게 자극했다. 황우석은 기회의 문이 열렸다는 것을 자각하게 되고, 이를 선취하기 위해 과감한 전략을 펴나간다.

1998년 8월 《한겨레》는 황우석이 세계에서 다섯 번째로 동물 체세포 복제에 성공했다는 특종을 싣는다.[12] 복제양 돌리처럼 복제소를 만들고 있으며 1999년에 출산할 계획이라는 보도였다. 당시 복제양 돌리의 논란이 전 세계를 강타하고 있던 터라 이 소식은 국내에서 비

---

11) Ian Wilmut et al., "Viable Offspring Derived from Fetal and Adult Mammalian Cells", *Nature* 385(6619), 1997, pp. 810~813.

12) 신동호, 〈'복제 소' 내년 1월 탄생한다〉, 《한겨레》, 1998년 8월 29일.

상한 관심을 받았고, 황우석은 과학논문도 없이 영롱이가 임신한 지 4개월이 되었을 때 연구비를 타기 위해 과학기술부 장관을 만났다. 그의 부상이 과학자 공동체의 검증과 합의 없이 언론과 정치에 의해 만들어지는 순간이었다.

이후의 황우석 사태에서 밝혀졌듯이 영롱이가 복제소라는 과학적 증거는 없다. 〈PD수첩〉의 취재 결과 실험실 내부자들은 영롱이가 복제소가 아니라고 증언했고, 황우석 또한 과학적 가치가 상당했음에도 이를 논문으로 발표하지 않았다. 영롱이 탄생에 대해 면밀히 분석한 과학사학자 김근배조차 다음과 같이 말한다.[13]

황우석의 주장과 달리 영롱이는 성체세포 복제도, 태아세포 복제도 아닌 수정란 이식기술로 만들어진 '평범한 우량젖소'일 가능성이 크다. 당시는 언론을 포함한 대부분의 사람들이 그것이 어떤 방식으로 만들어지고 서로 간에 무슨 차이가 있는지 자세히 몰랐다.

황우석은 영롱이 복제를 통해 올해의 과학기술자상·국회과학기술상·수의학술대상 등을 수상하며 명성을 얻었다. 황우석이 언론을 통해 과학적 성과를 부풀렸던 이유는 대규모 연구비를 수주하기 위한 전략이었다.[14] 과학은 촌각을 다투는 경쟁적인 작업이며, 첨단연구일수록 막대한 연구비·연구인력·연구시설을 필요로 한다.[15] 영롱이 복

---

13) 김근배, 앞의 책, 110쪽.
14) 김근배, 앞의 책, 113쪽.
15) 김종영, 《지배받는 지배자: 미국 유학과 한국 엘리트의 탄생》, 돌베개, 2015, 176쪽.

제를 통해 한편으로 황우석은 국내의 경쟁자들을 물리치고 다른 한편으로 언론과 정치권과의 동맹을 통해 대규모 실험시설을 갖출 수 있는 기반을 마련했다.

황우석 실험실의 규모는 영롱이 탄생 이후 급격하게 커진다. 1995년 10명의 연구원이 있었으나 1999년에는 23명, 2003년 45명, 2005년 60여 명으로 늘어난다.[16] 돌리를 복제한 윌머트 연구팀이 13명의 연구진인 데 비해 황우석 연구팀은 이보다 4~5배 정도 큰 규모였다. 1990년대 중반까지 그의 연구는 수정란 이식과 복제에 집중되었으며 1999년 이후로는 동물 체세포 복제, 이종장기, 줄기세포, 바이오장기, 특수동물 복제 등 문어발식으로 확장되었다. 막강한 연구비를 바탕으로 황우석은 한편으로는 전문성을 가진 새로운 연구진을 모집하고 다른 한편으로는 외부 연구진들과의 네트워크를 확장시켜나갔다.

황우석 지배지식동맹은 분석적으로 과학 내부와 과학 외부로 나뉠 수 있지만, 이는 긴밀하게 연결된 네트워크였다. 라투르의 행위자-연결망 이론이 강조하듯 성공적인 과학은 실험실 내부와 외부를 성공적으로 연결시키는 작업이다. 하지만 과학적 성공 없이 이 동맹은 유지될 수 없고, 정치적 동맹은 오히려 부차적인 것이다. 우선 과학 내부의 동맹을 살펴본 다음, 과학 외부의 동맹을 분석해보자.

황우석 과학 내부 동맹도 대단히 복잡한데, 이는 2005년 당시 황우석 자신이 직접 지휘·관리하는 서울대학교 연구팀과 협력을 통한 국내외 연구팀으로 나뉠 수 있다.[17] 우선 황우석 연구팀은 크게 줄기

---

16) 김근배, 앞의 책, 129쪽.
17) 김근배, 앞의 책, 138쪽.

세포팀·바이오장기팀·질환내성동물팀·특수동물복제팀으로 구성되어 있었다. 여기에 경기도와 충청도의 동물농장, 서울과 경기도의 도축장, 서울대병원과 특수생명자원연구동에 있었던 특수사육실 등은 동물복제와 연결된 부속시설이었다. 황우석 사태를 촉발했던 연구조작은 줄기세포팀으로부터 기인한다. 이후에 신원을 밝힌 제보자 류영준은 당시 황우석 아래에서 줄기세포팀장을 맡았으며, 2004년 《사이언스》 논문의 연구를 주도했다. 줄기세포팀과 바이오장기팀은 황우석이 스스로 주도할 수 없을 정도로 외부의 연구인력에 크게 의존했다. 줄기세포 연구에서 황우석은 미즈메디병원과 서울대학교 의대 문신용 교수 팀과 협력했다. 미즈메디병원은 체세포 복제를 위해 여성들의 난자를 제공했을 뿐만 아니라 줄기세포 연구를 위해 김선종·박종혁이라는 핵심 연구인력을 제공했다. 미즈메디병원의 김선종은 황우석 사태 발발의 주요원인을 제공한 연구원으로, 연구성과를 내라는 황우석의 압박을 견디다 못해 줄기세포 섞어심기를 주도하게 된다. 서울대학교 의대의 문신용은 세포응용연구사업단의 단장을 맡아 2002년부터 매년 1백억 원이 넘는 연구비를 지원받은 거물급 과학자였다. 그는 수의학을 전공한 황우석보다 과학적 적자였기 때문에 황우석과 대등한 관계였다. 문제는 황우석 연구팀이 연구를 주도할 역량이 부족했고, 연구 네트워크를 이루는 연구자들끼리 소통과 신뢰가 결여되었다는 점이다.[18]

---

18) 황우석 팀의 연구 부정행위는 연구자 개인의 윤리적 문제뿐만 아니라 한국 과학자 사회 내부의 전반적인 불신이 영향을 미쳤다. 이에 대해서는 Leo Kim and Han Woo Park, "Diagnosing Collaborative Culture of Biomedical Science in South Korea: Misoriented Knowledge, Competition, and Failing Collaboration", *East Asian Science, Technology and Society* 9, 2015, pp.

황우석은 해외 네트워크를 구축하는 데 상당한 정성을 쏟았다. 황우석은 한국의 무명과학자로서 세계 과학계에 데뷔하기 위해 피츠버그 의과대학의 제럴드 섀튼, 영국 에든버러 대학교의 이언 윌머트, 스웨덴 카롤린스카연구소의 요나스 프리센 등의 연구팀과 협력을 맺었다. 이 가운데 섀튼은 체세포를 이용한 원숭이 복제를 2000년《사이언스》에 발표하면서 복제연구의 세계적인 권위자로 등장한다. 영장류 복제는 돌리 이후에 세계적인 관심을 받게 되었는데, 왜냐하면 인간의 복제도 기술적으로 가능하다는 것을 의미하기 때문이다. 섀튼은 2001년에도 원숭이 복제와 관련된 논문을《사이언스》에 다시 발표하고 같은 해 피츠버그대학교 발생연구센터의 초대 소장으로 부임한다. 그는 2003년《사이언스》에 방추체의 단백질 결합 등에 의해 인간의 체세포는 복제가 불가능하다는 논문을 싣는다.[19]

233~252를 볼 것.

19) Calvin Simerly et al., "Molecular Correlates of Primate Nuclear Transfer Failures", *Science* 300(5617), 2003, pp. 297.

〈그림 5-1〉황우석 연구팀20

황우석 복제공장 구성도 (2005)

국내

제자그룹

강원대 수의학부 이은송
서울대 치대 노상호
한양대 의대 김계성
건국대 수의대 박종임
충남대 수의대 조종기
가천의대 생명과학부 김대영
충북대 수의대 현상환

서울대그룹

서울대 의대 문신용
(세포응용연구사업단)
서울대 의대 안규리
(바이오이종장기개발사업단)

다른 그룹

미즈메디병원 노성일
한양대 의대 윤현수
한나산부인과 장상식

황우석 연구팀

줄기세포팀
바이오장기팀
질환내성동물팀
특수동물복제팀

동물농장

경기 광주 소농장
충남 홍성 돼지농장
충북 음성 대상농장

도축장

서울 가락동
경기도 안성
경기도 이천

특수사육실

서울대병원
특수생명자원연구동

기숙시설

낙성대 아파트

해외

미국

• 피츠버그대학
  섀튼연구팀

일본

• 쓰쿠바
  동물위생고도연구시설

스웨덴

• 카롤린스카연구소
  프리센 연구팀

영국

• 에딘버러대학
  윌머트 연구팀

제자 그룹

• 제네틱세이빙스
  앤클론사 신태영
• 미국립보건원 신수정
• 피츠버그대 박을순
• 미주리대 용환률
• 뉴욕실로암캐터링
  암연구센터 이갑상
• 마운트사이나이
  연구소 김혜수
• 아이오와주립대
  이소현

---

20) 김근배, 앞의 책, 138쪽.

2003년경 황우석은 체세포를 이용한 첫 번째 줄기세포(NT-1)를 《네이처》에 투고하지만, 논문 게재 불가 판정을 받게 된다. 과학논문의 심사는 동료 과학자가 맡게 되며, 세계적인 저널일수록 세계적으로 권위 있는 과학자가 심사하는 경향이 있다. 황우석은 당시 영장류 복제의 권위자인 새튼에게 자신의 연구결과를 알리고 새튼과의 협력을 시작한다. 새튼은 황우석의 연구결과가 세계적인 주목을 받을 것을 직감했고, 《사이언스》의 편집진을 설득해 2004년 저널에 논문을 싣는 데 영향력을 발휘한다. 당시 미국 과학계는 미국 연방정부가 인간 배아복제에 대해 연구비를 지원하지 않는 정책을 비판해왔다. 미국과학진흥협회가 발간하는 《사이언스》는 황우석 팀의 연구결과물이 미국정부의 정책을 바꾸는 데 큰 영향을 미칠 것이라는 점을 파악하고 그의 논문을 대대적으로 알렸다. 하지만 황우석의 해외공동연구는 "논문 게재 주선, 노벨상 후보 추천, 상호 이름 홍보" 등의 효과만 있었지, 실재적인 협력이 이루어지지 않은 "속빈 강정"이었다.[21]

황우석의 과학 외부 동맹은 크게 정부와 정치권, 언론, 그리고 기업으로 나눌 수 있다. 황우석 동맹의 부상은 비교적 진보정권으로 평가되는 김대중·노무현 정부 때 이루어졌다. 이처럼 지식엘리트와 정치엘리트가 진보와 보수를 넘어서 결합한 지배지식동맹은 현대사회의 특징으로 이해될 수 있다. 앞서 설명했듯이 황우석의 급부상은 복제소 영롱이를 통해서이며, 황우석의 정치동맹을 형성하는 데 기여한 인물은 강창희·이해찬·김대중이다. 강창희는 황우석의 대전고 선배이며 김대중 정부 당시 과학기술부 장관이었고, 이해찬은 같은 충

---

21) 김근배, 앞의 책, 143~144쪽.

청도 출신이며 김대중 정부 당시 교육부 장관으로, 정부의 정책과 연구비를 동원해 황우석을 지원했다. 황우석이 1999년 2월 영롱이의 탄생에 이어 복제한우의 탄생을 대통령이 주재하는 국가과학기술위원회에서 보고했고, 김대중은 그 이름을 '진이'로 지어주었다. 마침내 황우석은 1999년 7월부터 과학기술 분야의 국가최고결정기구인 국가과학기술위원회 정책전문위원으로 선정되어 2003년까지 활동하게 된다.[22] 그는 정치적 과학자로서 권력의 심장부에 접근하는 데 성공했다.

황우석을 스타로 키운 건 과학기술 중심사회의 구축을 슬로건으로 내건 노무현 정부였다. 생물학자 출신인 박기영 청와대 정보과학기술보좌관은 황우석과 공동연구를 하기도 하였고, 2004년《사이언스》에 게재된 논문의 공저자로 이름을 올리기도 했다. 정치권으로 본격적으로 들어오기 전 경제정의실천시민연합의 과학기술위원장으로서 그녀는 보기 드물게 황우석의 인간배아 복제연구를 옹호하는 발언을 했다. 이 같은 청와대와의 밀월관계로 황우석은, 2004년에 이전에는 결코 받아본 적이 없는 액수인 약 1백억 원을, 2005년에는 약 3백억 원을 연구비로 지원받았다. 김근배는 노무현 정부에서 박기영이 황우석을 어떻게 지원했는지 다음과 같이 말한다.[23]

연구비의 엄청난 증액, '황금박쥐' 모임의 결성, 생명윤리법 개정 시행, 연구지원 모니터링팀 운영, 지적재산권 관리팀 구성, 국제공동연구협

---

22) 김근배, 앞의 책, 154쪽.
23) 김근배, 앞의 책, 168쪽.

약 지원팀 결성, 과학기술 최고훈장 수여, 최고 과학자 선정 지원, 첨단 의료산업 클러스터 조성 추진, 국가정보원의 보안 관리, 경찰의 신변보호 등은 박기영의 직간접적인 관여로 이루어진 일들이었다.

노무현 대통령은 황우석과 긴밀한 관계를 가졌다. 노무현은 2003년 12월 10일 황우석의 실험실을 방문하여 직접 실험과정을 본 후 "이건 기술이 아니라 마술이라 느꼈다"며 "감동에 몸이 떨릴 만큼 감전됐다"고 극찬했다.[24] 노무현의 황우석에 대한 지원은 최고과학자 지원사업에서 절정에 달했는데, 박기영은 이 사업을 "노 대통령이 처음 제안했고, 구체적인 실천방안을 위해 아이디어도 직접 말해줬다"며 "황 교수의 연구성과에 대해서 마음속으로 가장 기뻐하는 사람은 바로 노 대통령"이라고까지 말했다.[25]

황우석 지배지식동맹의 가장 중요한 세력 중 하나는 언론이었다. 보수와 진보를 가리지 않고 언론은 '황우석 영웅화'에 몰두했다. 언론의 프레임은 "선택·배제·강조 등의 과정을 거치며, 이에 대한 결과물을 접하는 일반 개인들은 사건에 대한 이해와 해석의 틀을 세우는데 영향을 받게 되"는데, 황우석 영웅화 프레임이 황우석 사태 전에는 압도적이었다.[26] 《조선일보》는 2005년 1월 1일 〈바이오산업에 한국의 미래가 달렸다〉는 황우석의 기고를 실었을 뿐만 아니라 같은 해 8월 과학기술부가 2백억 원을 들여 서울대학교 황우석 연구동을 지

---

24) 강양구·김병수·한재각, 앞의 책, 41쪽.

25) 강양구·김병수·한재각, 앞의 책, 42쪽.

26) 반현, 〈황우석 사건과 텔레비전 뉴스〉, 원용진·전규찬 엮음, 《신화의 추락, 국익의 유령: 황우석, 〈PD수첩〉 그리고 한국의 저널리즘》, 한나래, 2006, 161쪽.

을 때 황우석의 〈감사와 다짐의 길목에서〉라는 기고도 실었다.[27] 《동아일보》는 〈황우석 "미 생명공학기술 고지에 태극기 꽂고 왔다"〉는 기사를 통해 인간배아 복제의 성공을 애국주의와 극적으로 연결시켰다. 《한겨레》조차 2005년 '제2창간운동본부'의 공동본부장으로 황우석을 영입하고 같은 해 6월 7일 "황우석 교수님과 한겨레, 닮았습니까?"라고 광고문을 싣기도 했다. KBS·MBC·SBS를 포함하는 주류 방송은 황우석 신화를 만드는 선봉에 섰다. 〈황우석 교수, "과학자에겐 조국이 있다"〉(KBS, 2005. 6. 7.), 〈'또 하나의 산업 혁명' 세계 찬사 쏟아져〉(SBS, 2005. 5. 20.), 〈황우석 교수, "난치병 치료 대한민국 이름으로"〉(YTN, 2005. 6. 25.) 등의 머리기사들은 언론이 차분한 이성과 토론으로 대응하기보다 애국주의적 감정에 휩싸였음을 보여준다.[28]

기업은 황우석 동맹의 든든한 후원자를 자처했다. 황우석은 영롱이 탄생을 계기로 기업의 후원을 이끌어내기 위해 백방으로 노력했다. 삼성그룹은 신산업전략연구원을 통해서 30억 원을 지원했고, 당시 윤종용 부회장의 지시로 황우석 연구팀을 위해 개코원숭이를 찾아 제공해주기도 했다. SK는 공동연구협약의 명목으로 2000년에 황우석에게 또 다른 30억 원을 제공했다. 2005년 9월에는 후원회를 통해 황우석에게 10억 원을 전달했다. 포스코는 황우석을 서울대학교 석좌교수로 임용하는 조건으로 5년간 매년 3억 원씩 지원하기로 했다. 황우석이 해외출장 때 이코노미 좌석을 타고 다닌다는 보도에 대한항공은 10년 동안 국내외 전 노선 1등석을 무료로 제공했다. 농협

---

27) 강양구·김병수·한재각, 앞의 책, 68쪽.

28) 반현, 앞의 글, 191쪽.

중앙회는 2005년 황우석에게 10억 원의 후원금을 전달했다. 재계에서 황우석을 지지한 대표적인 인물로 7년간 한국무역협회장을 지낸 김재철 회장을 꼽을 수 있다. 동원그룹의 회장이기도 한 그는 개인적으로 수억 원의 돈을 황우석에게 후원했는가 하면, 황우석 사태가 낱낱이 밝혀진 상황에서도 그가 절대 거짓말을 할 사람이 아니고 다만 성격이 급해서 일어난 일이라는 독특한 견해를 밝혔다.[29]

이렇게 강력한 황우석 지배지식동맹은 어떻게 무너지게 되었는가? 과학 내부와 외부를 철저하게 지배한 철옹성이 미약한 시민지식동맹에 의해 어떻게 붕괴되었는지는 역사적 아이러니인 동시에 의문이다. 한국 최고의 과학자에서 단군 이래 최고의 사기꾼으로 전락하게 되는 과정, 곧 황우석 신화의 추락을 가져온 시민지식동맹의 형성을 살펴보자.

반황우석 시민지식동맹

이 책을 쓰기 위해 제보자 K와 제보자 B의 인터뷰 녹취록(이전에 두 사람을 동시에 인터뷰했던 내용)을 집에서 읽다가 너무 웃겨 배꼽을 잡다 소파에서 떨어졌다. 두 사람은 부부로서 황우석 실험실에서 같이 일했다. 특히 K는 인간배아 줄기세포팀의 팀장을 맡았기 때문에 실험실의 상황을 아주 잘 알고 있었다. 이들의 생생한 설명은 언론에 비친 황우석 연구팀과 너무나 달라 충격적이었다. 물론 고발을 하는 제

---

29) 강양구·김병수·한재각, 앞의 책, 53쪽.

보자의 입장에는 해석적 편견이 있을 수 있지만, 실험실에서 벌어진 일들에 대한 그의 설명은 연구와 대학을 잘 아는, 과학기술사회학과 지식사회학을 전공한 나에게는 상상을 초월하는 일이었다.

의대 출신인 K는 줄기세포와 복제에 관심이 많아 수의대의 황우석 교수팀 실험실에 갔다. 정통학문인 의대 출신이 주변학문인 수의대 연구원으로 간다고 하니 가까운 사람들이 만류했지만, 황우석의 명성과 자신이 하고 싶은 연구 분야에 끌려서 큰 기대를 안고 그의 실험실에 들어갔다. 그곳에서 복제연구를 수행하기 위해 영롱이와 진이에 대해 출판된 논문을 찾아보았으나 기록이 전혀 없었다. 논문을 "찾다 찾다 안 돼서 내가 선배들한테 보고를 했어요. 근데 선배들이 '없다' 그러는 거예요"라고 당시 상황을 말하며 "해머로 뒤통수를 맞은" 느낌이라고 전했다. 황우석은 언론플레이를 통해서 영롱이와 진이의 복제를 알렸고, 대한민국 권력의 심장부로 접근했다.

호랑이를 복제하려 했으나 돈이 없어 연구원들이 산에 고양이를 잡으러 간 녹취록 부분을 읽었을 때 나는 포복절도했다. 호랑이 복제는 인간 줄기세포 연구, 이종장기 돼지 복제와 더불어 황우석 팀의 야심찬 3대 프로젝트 중 하나였다.[30] 호랑이는 값이 비싸고 교미를 통해 난자를 구하기도 힘든 데다(암컷 호랑이가 다리를 벌리고 있고 난자를 채취하기 위해 연구원이 호랑이 질에 기구와 손을 넣는다고 상상해보라) 대리모도 이용하기 어렵기 때문에 복제가 대단히 어렵다. 따라서 같은 과인 고양이로부터 대리 난자를 얻고 대리모로 사용할 계획을 세웠다. 그래서 주인 없는 고양이를 백방으로 찾아다니기도 했다. 하지만 고

---

30) 김근배, 앞의 책, 174쪽.

양이는 다른 동물보다 훨씬 예민해 실험 중 할퀴고 무는 경우가 다반사여서 실험의 진행이 녹록지 않았다. 고양이 대리모도 힘들어지자 황우석은 연구원들에게 돼지 난자에 호랑이 체세포를 넣어 복제하라는 지시를 내렸다. "샘은(선생님이 생각하시기에) 호랑이가 돼지 배에서 나올 거 같아요? 돼지 난자에 넣어서, 돼지에 이식해서 호랑이가 나올 거 같아요?" K는 이렇게 반문하면서, 과학을 전공하지 않은 나 같은 일반인에게도 난센스로 보이는 일들이 황우석 실험실에서 수행되었다고 고백했다.

포복절도를 하다가 나는 이내 그가 제보를 하게 된 이유를 읽게 되면서 긴장과 격앙 속으로 휩쓸려 들어갔다. 2003년 초 줄기세포팀의 한 여성 연구원이 난자 접시를 떨어뜨려 난자가 파괴되었다. 황우석은 이 사실을 나중에 알게 되었다. 연구에 쓸 난자를 구하는 것은 매우 어려웠기 때문에 이 여성 연구원은 자신에게 닥칠 불이익을 걱정했다. 당시 줄기세포팀은 최초의 인간배아 줄기세포로 알려진 NT-1에 대한 논문을 작성하는 중이었고, 이것을 《네이처》 또는 《사이언스》와 같은 세계적인 과학전문 학술지에 투고할 예정이었다. 과학자로서 이와 같은 저널에 논문을 내는 것은 대단히 중요한 업적이며, 자신의 인생을 바꿀 수도 있는 절호의 기회다. 실험을 주도해온 그녀는 논문의 저자에서 배제될지도 모른다는 두려움에 난자를 기증하려 했다. 같은 팀에서 일하던 제보자 K와 그의 아내인 제보자 B는 이 여성 연구원의 난자 기증을 말렸다.

2003년 3월 10일. 이날은 아마도 황우석 사태를 잉태한 가장 중요한 날일지 모른다. 그날의 상황을 제보자 B는 다음과 같이 설명한다.

제보자 B 그날 아침에 실험실에 갔는데 P 연구원이 안 오는 거예요. 그래서 '왜 안 오지? 오늘따라 되게 늦게 나오네?' 이렇게 생각하고 있었는데, 저한테 휴대전화로 전화가 온 거예요. "언니, 지금 병원이에요" 이러는 거예요. "병원에 왜 갔느냐", "내가 가지 말라고 하지 않았느냐" 그러니까 막 울면서 말하더라고요. "언니, 저도 안 하고 싶었는데, 하기 싫었는데, 안 한다고 얘기했다가 혼났다"고, 그런 얘기를 하더라고요. "지금 황 교수님이 옆에 계시다"고. 그런 얘기를 하면서 "언니, 나중에 나 수술 끝나고 다시 실험실에 갈 테니까 그때 봐요." 이러는 거예요.

제보자 K와 제보자 B는 이 통화 후 침묵에 빠졌고, 멍하니 실험실에 앉아 있었다. 얼마 후 황우석이 직접 난자를 들고 와서 이 둘에게 건넸는데, 환자의 인적사항이 그대로 적혀 있었다. 이름·나이·성별, 좋은 난자 몇 개, 안 좋은 난자 몇 개라고 적힌 쪽지를 발견했는데, 그 여성 연구원의 이름이 적혀 있었던 것이다. 그 후 그 여성 연구원이 실험실로 왔고, 자신의 난자로 핵이식 실험에 들어갔다. 제보자 K는 그날을 '격동의 날'이라며 그가 2004년 논문이 실린 《사이언스》가 출판된 후 황우석 실험실을 나오게 된 이유이자 제보를 하게 된 결정적인 계기라고 말했다.

반황우석 시민지식동맹은 제보자, 시민과학센터, 〈PD수첩〉 그리고 인터넷 공간에서 활동한 익명의 과학자들로 구성된다. 제보자는 황우석 실험실의 상황을 가장 잘 알뿐더러 인간배아 복제 줄기세포에 대한 전문지식을 누구보다도 깊이 알고 있었기 때문에 시민지식동맹에서 가장 중요한 사람이다. 그는 2004년 출판된 《사이언스》 논문의 공동저자이기도 했다. 그는 황우석 사태가 본격적으로 터지기

전인 2004년에 이미 시민과학센터에 황우석의 연구 부정행위를 제보했다.

시민과학센터는 대항전문가와 활동가 들로 이루어진 전문가 중심의 시민운동단체이다. 이 단체는 1997년 12월 '참여연대 과학기술 민주화를 위한 모임'(이하 과민모)으로 출발했다. 이 단체는 한편으로 정부의 성장주의적 과학기술 패러다임을 비판하고, 다른 한편으로 과학기술 영역에서의 전문가주의와 엘리트주의를 비판하며 시민 참여의 기치를 내걸었다. 이 모임은 2년 정도 지나 참여연대 내부에서 시민과학센터로 성장하게 되고, 다시 2005년 4월에 참여연대로부터 독립한다. 이 단체의 중심적인 인물은 사회학자이자 활동가인 국민대학교 김환석 교수로, 과학기술을 사회과학적으로 연구하는 과학기술학 영역을 개척한 연구자이기도 하다. 2007년 11월 시민과학센터 10주년 기념 심포지엄에서 그는 〈과학기술 민주화를 다시 생각한다〉라는 발표에서 황우석 사태를 중심으로 이 단체의 활동을 평가하고 성찰했다.[31] 시민과학센터는 전력정책, 유전자 DB를 비롯한 생명공학 감시, 국가 연구개발정책, 에너지정책 등 과학기술 분야와 관련된 다양한 정책에 비판적으로 관여해왔지만, 황우석 사태에 대한 직접적인 개입은 이 단체의 역사 중 가장 빛나는 순간이었다.

제보자는 2004년 10월 참여연대에 제보했고, 그를 만난 사람은 그 산하에 있는 시민과학센터 관계자였다. 제보는 논문 조작보다는 난자 수집 과정의 불법성과 실험결과의 과장이 주를 이루었다. 당시 제

---

31) 김환석, 〈과학기술 민주화를 다시 생각한다: 황우석 사태에 대한 성찰을 중심으로〉, 《한국의 과학기술 민주화: 회고와 전망》, 시민과학센터 10주년 기념 심포지엄, 2007, 1~14쪽.

보를 받은 시민과학센터 관계자는 이미 국민적 영웅으로 떠오른 황우석을 난자 수집과 관련된 윤리문제로 공격하는 데 한계가 있음을 직시하고 나중을 기약하자며 그를 돌려보냈다. 2005년 황우석 팀의 두 번째 《사이언스》 논문이 발표되자 제보자 K는 6월에 다시 시민과학센터로 연락을 했다. 그는 이미 〈PD수첩〉에 제보했다고 밝히며 자신의 행동에 대해 의견을 듣고 싶다고 말했다. 이 관계자는 사안이 중요하고 제보자를 보호하기 위해 참여연대에 이 사실을 알렸지만, 참여연대는 당시 논문의 진위를 판단할 수 없기 때문에 전면에 나서는 것은 어렵다는 결론을 내렸다.

황우석 사태가 〈PD수첩〉과 황우석의 대결로 전면적으로 펼쳐지자 시민과학센터는 제보자, 〈PD수첩〉과 더불어 반황우석 시민지식동맹을 형성한다. 시민과학센터가 한 일은 첫째, 제보자 보호, 둘째, 〈PD수첩〉의 기술적 자문, 셋째, 반황우석 진영의 시민단체 활동이다. 우리의 논의에서 중요한 것은 황우석 사태 당시 줄기세포 진위논쟁이 벌어졌을 때 시민과학센터가 추구한 과학지식의 공공성이다. 제보자는 2004년 《사이언스》 논문에는 참여했지만 2005년 《사이언스》 논문에는 참여하지 않았다. 그는 2004년 줄기세포를 완성한 다음 실험실을 나왔다. 그는 두 가지 이유에서 2005년 11개의 줄기세포가 확립된 것이 거짓이라고 생각했다. 첫째, 자신이 수개월 동안 일한 결과 겨우 하나의 줄기세포를 확립했는데, 1년여 만에 11개를 확립했다는 것은 직접 실험을 한 전문가의 입장에선 불가능한 일처럼 보였다. 둘째, 2004년 첫 번째 줄기세포를 확립한 팀의 주요구성원인 제보자 K, 제보자 B 등이 황우석 실험실을 떠나 있었기 때문에 이들보다 기술수준이 떨어지는 연구원들이 11개를 만들었다는 것은 믿기 힘든 일이었다. 하지만 당시 제보자는 줄기세포와 실험의 조작이 어디서부터 어떻게 진행되었는지 몰랐고 과학자들이 밝혀주기를 원했다. 하지만 국민적 영웅을 상대로, 또한 언론·정부·기업·과학으로 이루어진 막강한 황우석 동맹을 상대로 맞서고 있는 〈PD수첩〉을 도와주려는 과학자는 아무도 없었다.

제보자 K 우리가 믿고 같이할 수 있는 과학자는 없었죠. 조금씩 말이 새니까. 실제로 도와줄 만한 과학자를 만나려 해도 다 도망가죠. [중략] (줄기세포 진위 여부를) 학회에서 검증하고 그게 아니면 아니라고 말해야 하는 과학자 집단이 그걸 안 했다(는 거죠).

과학자 사회의 책임 방기는 제보자와 〈PD수첩〉을 고립무원으로 만들었다. 〈PD수첩〉 관계자들 모두가 인문계 출신이라 자연과학에 대해 자신감이 없었다. 시민과학센터 관계자는 석사까지 분자생물학을 전공했기 때문에 생물학에 대한 전문적인 지식이 있었고, 〈PD수첩〉 관계자들에게 줄기세포 실험과정을 설명하는 등 과학교육을 도맡았다.

시민과학센터 관계자 당시 취재진에게 과학적 자문을 해줄 사람은 제보자와 저 말고는 없었습니다. 제보자는 주로 논문 자체에 대해서, 저는 주로 전반적인 생명공학 내용에 대해서 자문을 해주었습니다. 예를 들면 논문에 나온 분자생물학 내용이나 테크닉, 2번 체세포 제공자의 DNA를 어떻게 채취해야 하고 어디에 맡겨야 하는지, 줄기세포는 어떤 조건으로 인수해야 하는지, 줄기세포 검증기관 섭외 등입니다. 거의 모든 취재 단계마다 한학수 PD와 상의했습니다. MBC에도 자주 갔었으며, 일부 취재에는 동행했습니다.

이 관계자가 말하듯 줄기세포 진위를 따지는 진실의 작두 위에 오를 용감한 과학자는 아무도 없었다. 시민과학센터의 전문가들은 자연과학지식과 사회과학지식의 경계를 뛰어넘는 탈경계적 지식인의 전형이었다. 이 전문가들은 시민사회, 언론, 과학자 사회, 정부 그리고 실험실의 영역을 가로지르며 〈PD수첩〉과 함께 줄기세포 조작 여부를 가리기 위해 시민지식동맹을 구축했다.

하지만 반황우석 시민지식동맹의 플랫폼은 〈PD수첩〉이었다. 2005년 당시 프로그램 15주년을 맞아 〈PD수첩〉은 "시청자만을 두려워하는 방송"을 다짐하며 어떤 외압에도 맞서 싸우며 한국사회의 부조리에 대항하겠다고 선언했다.[32] 이 프로그램을 본 제보자는 〈PD수첩〉이 가장 신뢰할 수 있는 언론이라고 생각하고 제보자 게시판을 통해서 최초로 제보하게 된다. 문제는 담당 PD들인 한학수·최승호가 과학지식이 전무한 사람들이라는 데 있었다. 한학수 PD는 "블라스토시스트(배반포), 파세노제네시스(처녀생식), 테라토마 포메이션(줄기세포의 생체실험) 등 난생처음 들어보는 말들"을 배우면서 "과학의 벽 앞에서 절망"했다고 소회한다.[33]

2005년 6월 이후 제보자와 시민과학센터의 전문가로부터 학습을 받으며 PD들의 줄기세포에 대한 과학적 이해력은 급격하게 상승했

---

32) 한학수, 앞의 책, 36~37쪽.

33) 한학수, 앞의 책, 64쪽.

다. 이들은 실험을 직접 할 수 있을 정도의 전문성은 아니지만 과학자들과 이야기를 나눌 수 있는 '상호작용적 전문성(interactional expertise)'은 성취한 것으로 볼 수 있다. 취재 초반 과학용어 때문에 "머리에서 쥐가 난다"를 말을 실감했던 한학수 PD는 2005년 8월 25일 연세대학교에서 열린 '줄기세포 서울 국제 심포지엄'에 참석했다. 그는 과학자들의 "발표를 듣고 있자니 별로 막히지 않고 대략 이해가 된다. 나도 이젠 줄기세포 연구원 못지않은 내공을 갖췄나보다!"라고 말하며 자신의 변화를 놀라워했다.[34] 한학수 PD는 취재하면서 "2005년 《사이언스》 논문을 백 번 정도는 읽었"는데 이는 일반인들이라고 할지라도 특정 관심 주제를 열심히 학습하면 충분히 과학적인 이해에 도달할 수 있다는 것을 의미한다.[35] 흔히 과학대중화 담론은 일반대중을 과학적으로 몽매한 사람들로 취급하는데, 이는 시민지성을 무시하는 엘리트적 관점이다. 황우석 연구팀의 핵심 실험인력이었던 윤현수 교수는 줄기세포 실험에 대해 꼬치꼬치 캐묻는 한학수 PD의 과학지식에 감복하며 다음과 같이 말하기도 했다.

윤현수 교수 한 PD, 이러다가 그냥 PD 그만 하시고 대학원이나 갈 생각 없으신가요? 너무 열심히 하셔 가지고…… 너무 연구를 잘하실 것 같아…… 우리 《사이언스》 페이퍼(논문) 하나 더 써 보자고…… 허허.[36]

---

34) 한학수, 앞의 책, 114쪽.
35) 한학수, 앞의 책, 194쪽.
36) 한학수, 앞의 책, 226쪽.

반황우석 시민지식동맹의 마지막은 황우석 사태 당시 대반전을 이끌었던 무명의 네트워크화된 과학자들이었다. 황우석 사태가 본격적으로 대중의 눈앞에 펼쳐진 것은 〈PD수첩〉이 '황우석 신화의 난자 의혹'을 보도한 2005년 11월 22일이었다. 황우석 팀은 불법으로 난자를 거래했고, 난자를 취득하는 과정에서 사전 동의(informed consent)를 거치지 않는 심각한 윤리문제를 안고 있었다. 논문 조작을 오랫동안 조사하고 있었지만 명확한 증거가 없어 이 사실은 이날 방영을 하면서도 철저히 비밀에 부쳐졌다. 이 방송은 전 국민적 저항에 부딪쳐 11월 26일에 〈PD수첩〉의 광고가 모두 끊어졌다. 수세에 몰린 〈PD수첩〉은 줄기세포 조작 여부를 12월 1일 공포했으나, 12월 4일 YTN이 〈PD수첩〉이 미국에서 김선종·박종혁으로부터 정보를 입수할 때 협박을 했다는 사실을 보도하게 된다. 각계의 오피니언 리더들이 〈PD수첩〉은 과학적 전문성이 없다고 맹비난하면서 〈PD수첩〉에 대한 전 국민적 공분은 극에 달하고 12월 7일 〈PD수첩〉은 폐지된다.

시민지식동맹이 완전한 붕괴에 직면했을 때 이를 구한 이들은 '브릭'에서 활동하고 있던 젊은 과학자들이었다. 이들은 2005년《사이언스》논문의 조작을 인터넷에 여러 차례 올려 여론의 대반전을 이끌어 냈다. 황우석 지배지식동맹이 승리를 눈앞에 두었을 때 조작의 증거를 만천하에 공개함으로써 황우석 동맹 내부의 붕괴를 재촉했다. 결국 황우석 동맹의 주요 축이었던 미즈메디의 노성일 이사장이 12월 15일 황우석과의 만남 직후 "줄기세포는 없다"라고 공표함으로써 전세는 역전이 되고 〈PD수첩〉은 부활한다.

승부를 예측할 수 없는 지식동맹들의 격돌

황우석 사태의 핵심은 황우석 지배지식동맹과 반황우석 시민지식동맹의 지식투쟁이다. 그중에서도 가장 중요한 부분은 황우석 연구팀이 발표한 2005년 《사이언스》 논문의 조작을 가려내는 일이었다. 과학논문은 자세한 과정은 드러나 있지 않고 투입과 결과만을 알 수 있는 일종의 블랙박스(black box)다. 과학 저널의 심사자들은 실험과정의 세세한 부분을 요구하지 않고 연구자들이 투고한 논문을 '신뢰'한다. 2005년 10월 21일 한학수 PD는 논문의 진위를 가리기 위해 《사이언스》 편집장인 도널드 케네디를 워싱턴에서 만났다. 이 자리에서 그는 황우석으로부터 데이터를 받아서 논문 심사를 했는지, 또 줄기세포 샘플을 직접 받았는지를 물었지만 아니라는 대답을 들었다. 《사이언스》 편집진은 "수많은 과학논문을 심사하기 때문에 오로지 과학자가 보내준 데이터만을 보고 평가하는 것"이다.[37] 즉 자세한 실험과정은 연구자 본인들 이외에는 누구도 자세히 모른다. 하지만 같은 분야의 전문가들은 누구보다도 그 과정을 잘 알기 때문에 이들을 속인다는 것은 굉장히 어려운 일이다. 여기서 왜 황우석이 미국의 과학자 섀튼을 자신의 동맹으로 끌어들였는지를 알 수 있다. 황우석의 2004년 《사이언스》 논문은 애초에 영국의 세계적인 과학 저널인 《네이처》에 투고된 다음 게재 거부 판정을 받았으나 섀튼을 끌어들인 후 황우석의 논문은 《사이언스》에 실릴 수 있었다.

---

37) 한학수, 앞의 책, 333쪽.

《사이언스》의 과학적 권위는 실로 막강하다. 과학자들에게 자신의 논문이 《사이언스》에 실리는 것은 큰 영광이자 자신의 경력에서 가장 빛나는 훈장 중 하나이다. 이를 통해 대학이나 연구소에 자리를 잡고 승진을 하고 과학자 사회로부터 인정받는다. 일반인의 눈에도 〈PD수첩〉이 세계에서 가장 권위 있는 과학 저널의 논문을 검증한다는 것은 믿기 힘든 일이었다. 그만큼 전문적인 과학 분야는 일반인이 접근할 수 없는 배타성을 지닌다. 황우석 사태 당시 이러한 인식은 유명한 지식인들과 주요 언론에서도 뚜렷이 나타났다. 예를 들어 유시민은 "〈PD수첩〉이 검증할 바에는 차라리 제가 검증하는 게 낫겠다"라는 발언을 했고, 성역에 도전해온 진보적인 언론들에서조차도 일개 PD가 《사이언스》 논문을 검증한다는 사실에 분개했다.[38] 지식정치는 많은 경우 전문적인 과학기술 내용에 대해 시민사회 또는 대항전문가들이 개입하거나 도전하는 것을 의미한다. 따라서 절대적인 《사이언스》의 과학적 권위에 도전한 시민지식동맹의 월경은 지식정치라는 관점에서는 대단히 시사적인 사례이다.

양자 간의 지식투쟁은 과학 내부와 외부를 넘나드는 다양한 종류의 전투를 수반했다. 아이러니하게도 황우석 사태에서 반황우석 시민지식동맹은 '과학적 공격'을 했고, 황우석 지배지식동맹은 '정치적 수비'를 했다. 〈PD수첩〉을 중심으로 한 시민지식동맹은 테라토마 실험, 면역적합성(HLA) 검사, DNA 유전자 지문 등을 중심으로 실험과정 자체가 어떻게 행해졌는지 밝히는 데 많은 시간을 보냈다. 반면 황우석 지배지식동맹은 정치적으로 청와대·정치권·언론·국민 등을

---

38) 한학수, 앞의 책, 513~515쪽.

동원해 시민지식동맹을 맹공격하여 거의 무너뜨리기 일보 직전에 있었다.

둘 사이의 지식투쟁을 이해하기 위해서는 실시간 분석(real-time analysis)이 필요하다. 황우석 사태 당시 두 진영 중에서 누가 승자가 될지는 정해져 있었던 것이 아니라 당시 여러 상황에 좌우될 수 있었다(at stake). 이들의 지식투쟁은 두 진영 모두 실험의 전체 과정을 모르는 상태에서, 그리고 여러 사회기술적 관계와 얽혀서 혼돈 속에서 일어났다.

황우석은 2005년 논문에 적어도 두 개의 '진짜' 줄기세포(2번과 3번)가 있었다고 믿었다. 미즈메디의 김선종은 황우석에게 배아줄기세포 두 개를 확립했다고 보고했고, 황우석은 이를 11개로 부풀렸다. 따라서 황우석은 비록 부풀리기라는 조작을 지시하기는 했지만, 줄기세포가 있다는 것을 확신하고 시민지식동맹의 주장을 일축했다.

시민지식동맹 역시 여러 결점을 안고 있었다. 우선 제보자 K는 2004년 《사이언스》 논문만 관여했고 2005년 《사이언스》 논문에는 전혀 관여하지 않았다. 이들 또한 김선종의 섞어심기를 몰랐으며, 상당 기간 적어도 줄기세포 두 개(2번과 3번)는 진짜 존재한다고 생각했다. 이들의 지식투쟁을 실시간 분석한다는 것은 지금의 시점이 아니라 당시의 시점에서 이 사태를 바라본다는 의미이며, 그 승패는 여러 상황에 의해 다른 식으로 결론이 날 수도 있었음을 의미한다.

황우석 사태의 지식투쟁

황우석 사태의 지식투쟁은 크게 네 가지로 나눌 수 있다. 첫째, 2005년《사이언스》논문을 둘러싼 싸움으로, 이는 굉장히 복잡하며 방대한 방식으로 일어난다. 이 논문의 공저자는 무려 25명인데, 황우석의 과학 내부동맹이 총동원되어 연구가 수행되었다. 환자의 세포에서 유래한 총 11개의 줄기세포가 확립되었다고 보고했는데, 실험과 논문 집필의 과정에서 분업이 이루어졌기 때문에 전체적으로 실험이 어떻게 이루어졌는지는 황우석 실험실의 연구원이라도 이해하기 힘들었다. 둘째, 부당한 압력에 의한 연구원의 난자 채취나 사전 동의 없는 난자 채취는 상당한 윤리적 문제점을 안고 있었다. 셋째, 2004년《사이언스》논문에서 테라토마 사진 등 일부 조작이 있었음을 제보자를 통해 알고 있었기 때문에 이 또한 문제가 되었다. 넷째, 영롱이와 진이 복제와 기타 연구(백두산 호랑이, 무균돼지, 이종장기사업 등)의 진위 문제를 둘러싼 투쟁으로, 영롱이와 진이에 대한 과학논문이 없는 상태에서 복제소가 아니라는 증언들을 바탕으로 시민지식동맹의 조사가 이루어졌다.

이 네 가지 지식투쟁에서 가장 중요한 것은 2005년《사이언스》논문을 둘러싼 지식투쟁이었다. 난자 문제는 윤리적인 문제를 안고 있었지만 2005년 이전에는 관련 법률이 존재하지 않았고, 황우석의 입장에서는 충분히 넘어갈 수 있는 사안이었다. 그러나 황우석 사태가 본격적으로 일어난 11월 말 이전에 황우석 팀의 표면적인 문제는 난자 문제였다. 2004년《사이언스》논문은 제보자가 깊이 관여한 논문으로, 줄기세포 자체에 대한 조작 의심은 없었다. 이 줄기세포가 단성생식일 가능성이 있었으나, 이 또한 논문에 표기함으로써 줄기세포 자체 조작은 아닌 것으로 여겨졌다. 영롱이의 경우 여러 증언을 바탕으로 상당한 심증이 있으나 영롱이 대리모가 죽었다는 점, 영롱이 복제에 대한 자세한 기록이 없는 점 등은 영롱이의 진위 여부 파악을 불가능하게 만들었다.

황우석 사태는 제보자 K가 〈PD수첩〉에 2005년 6월 1일 제보를 하고 6월 3일 담당 PD와 제보자가 서로 만나면서 잉태되기 시작한다. 〈PD수첩〉은 제보자를 신뢰했으며, 이들은 처음부터 논문 조작을 의심하고 앞의 네 가지 사안에 대해서 동시다발적으로 조사를 시작했다. 한학수 PD는 과학 문외한이었기 때문에 제보자에게 수많은 이메일을 보내고 집중적으로 학습을 받는다. 한 PD는 〈PD수첩〉 구성원들에게 이메일을 보내어 자신이 "죽거나 〈PD수첩〉이 막을 내릴 수도 있는 사안"이라고 보고하며 상당한 긴장감과 스트레스를 실토했다.[39]

당시 사안이 너무나 중대했고, 또한 조작에 대해 조사하고 있음을 숨기기 위해 〈PD수첩〉은 자신들의 취재를 '한국의 생명공학' 다큐멘터리로 위장했다. 이는 주요 정보원에게 접근하기 위한 전략이었다. 제보자 K로부터 상당한 종류의 정보를 받아서 그 내용을 익히 알고 있었지만, 〈PD수첩〉은 직접 사안의 검증에 돌입했다.

시민지식동맹은 2005년 《사이언스》 논문의 진위를 DNA 지문분석을 통해 파악할 수 있다고 생각했다. 사람은 누구나 자신만의 DNA 정보를 가지고 있고, 이는 DNA 지문 검사라는 파형을 통해 드러난

---

39) 한학수, 앞의 책, 79쪽.

다. 환자의 DNA 지문과 여기에서 복제된 줄기세포 DNA 지문이 일치하지 않는다면 조작인 것이다. 2005년 《사이언스》에 보고된 11개의 배아복제 줄기세포는 김선종이 소속된 미즈메디의 수정란 줄기세포일 가능성이 있다는 가설을 세웠다. 따라서 이들은 DNA 지문 정보를 구하기 위해 미즈메디 노성일 이사장과 연구원에게 접근한다. 이들과의 상당한 신경전 끝에 2005년 9월 6일 〈PD수첩〉은 미즈메디로부터 DNA 유전정보를 이메일로 받게 된다. 하지만 이 유전자 지문은 2005년 《사이언스》의 논문과 일치하지 않았다. 즉 황우석 팀이 미즈메디의 수정란 줄기세포로 속이지 않았다는 증거였다.

하지만 미즈메디가 전혀 상관없는 DNA 유전정보를 보냈을 개연성이 있었다. 따라서 〈PD수첩〉은 2번 줄기세포의 주인공을 직접 찾아 나선다. 체세포 제공 환자의 신원은 비밀이었기 때문에 〈PD수첩〉은 섀튼 교수의 홍보 사이트에 있는 사진을 통해 2번 환자를 추론했다. 그는 교통사고로 장애인이 된 8세의 소년이었고, 그의 아버지는 목사로 황우석과 친분이 있었다. 2005년 9월 8일 시민지식동맹은 천신만고 끝에 아이의 머리카락 세 가닥을 얻어 DNA 유전자 지문분석을 의뢰했다. 9월 12일 결과를 받아 대조해본 결과 환자의 체세포는 2005년 《사이언스》 논문의 DNA 유전정보와 일치했다. 즉 조작이 아니라는 증거였다. 이 결과를 받고 한학수 PD는 "우리가 뭔가를 잘못 생각하고 있는 것 아닌가? 제보자가 오판하고 있는 것 아닌가? 설마 황 교수가 사기를 쳤겠어?"라고 생각하며 제보자에 대한 의심과 자신의 취재에 회의를 느낀다.[40] 즉 시민지식동맹은 언제든 붕괴될 수

---

40) 한학수, 앞의 책, 182쪽.

있었고, 그 중심축이었던 〈PD수첩〉은 취재를 그만둘 수 있었다는 뜻이다. 모든 것이 상황 의존적이었으며 어떤 방향으로 갈지 예측할 수 없었다.

그러나 이러한 〈PD수첩〉의 혼란은 곧바로 제보자 K에 의해 정리되었다. 줄기세포 전문가인 그는 DNA 유전정보에서 단서를 찾아낼 수 없다면 HLA 검사 또는 테라토마 실험에서 조작의 단서를 찾아낼 수 있을 것이라고 추정했다. 2005년 《사이언스》 논문은 환자의 체세포와 복제 줄기세포가 같다는 것을 DNA 지문 검사와 HLA 검사, 두 가지를 통해 보여주었다. 시민지식동맹은 황우석 연구팀이 체세포와 줄기세포에서 유전자를 각각 빼내지 않고 체세포에서만 유전자를 빼낸 뒤 똑같은 HLA 검사를 함으로써 실험을 조작했을 것이라고 가정했다. 시민지식동맹은 공저자 25명과 감사의 말에 나온 인물들을 살펴본 후 안규리 교수팀의 두 박사가 HLA 검사를 했음을 알아냈다.[41] 〈PD수첩〉은 이들의 실험노트를 촬영하고 의심이 가는 정황을 포착했지만 안규리 교수의 완강한 거부로 그 이상의 단서를 찾아내지 못했다. 2005년 10월 12일 인터뷰 당시 실험사실 여부를 꼬치꼬치 묻는 〈PD수첩〉을 향해 안 교수는 "조직의 비밀을 알려고 하지 마세요. [중략] 이런 팩트(fact)는 캐지 마세요"라는 말을 했다.[42] 비록 결정적인 단서를 잡지는 못했지만 사실을 캐지 말라는 안 교수의 말에 시민지식동맹의 의심은 더해져만 갔다. 이 말은 또한 황우석 지배지식동맹이 〈PD수첩〉의 위장취재를 간파하고 있었음을 의미한다.

---

41) 한학수, 앞의 책, 195쪽.
42) 한학수, 앞의 책, 206쪽.

HLA 검사와 동시에 시민지식동맹은 테라토마 실험의 조작 여부를 조사한다. 줄기세포는 무한증식과 전분화 능력 때문에 이식되는 순간 일종의 암 덩어리로 발전한다. 이런 위험성 때문에 주로 스키드 마우스(유전자 조작으로 면역능력을 결핍시킨 쥐)의 고환에 주입하여 그 상태를 확인한다. 곧 테라토마 실험은 그것이 진짜 줄기세포인지를 확인하는 방법이다. 시민지식동맹은 테라토마 슬라이드를 구해 거기서 나온 세포에 대한 유전자 지문 검사를 하면 모든 것이 밝혀지리라는 가정을 했다. 이는 2004년《사이언스》논문을 작성할 때 황우석이 이미 테라토마 사진을 조작했다는 사실을 알고 있는 제보자 K의 경험에서 나온 증언이었다.[43] 따라서 시민지식동맹은 2005년《사이언스》논문을 뒤져 테라토마 실험을 한 사람들을 찾아 인터뷰를 시작한다.

우선 〈PD수첩〉은 2005년 9월 21일, 2004년《사이언스》논문에서 테라토마 실험을 한 한양대 윤현수 교수를 만난다. 이 자리에서 윤 교수는 애초에 알려진 것과 달리 2005년《사이언스》논문에서 테라토마 실험을 한 사람은 서울대학교 의대의 정 모 교수가 아니라 자기라고 밝힌다. 정 모 교수가 공저자로 올라가게 된 사연은 2004년 논문에 기여했지만 공저자로 이름이 올라가지 않아 답례 차원에서 아무 기여도 없는 2005년 논문의 공저자가 되었다는 것이다. 이는 심각한 연구윤리의 문제이기도 하지만, 황우석 지배지식동맹의 허술함, 특히 과학 내부동맹이 관리소홀·소통부재·신뢰부족 등 심각한 문제점들을 안고 있음을 드러낸다. 〈PD수첩〉은 정 모 교수를 인터뷰하고

---

43) 한학수, 앞의 책, 212~213쪽.

여기서 정 모 교수는 자신이 테라토마 실험을 하지 않았음을 실토한다.[44]

시민지식동맹은 테라토마 실험에서 이상한 점들을 발견하게 된다. 윤현수 교수는 11개 줄기세포 모두 자신이 테라토마 실험을 했다고 했지만, 미즈메디의 김 모 연구원은 자신이 두 개 줄기세포(2번과 3번)의 테라토마 실험을 했다고 증언했다. 미즈메디 연구원은 실험일지를 〈PD수첩〉에 보여주었는데, 이것은 2번과 3번 줄기세포가 진짜임을 보여주는 단서이기도 하다. 이 만남에서 〈PD수첩〉은 적어도 줄기세포가 두 개는 존재한다고 믿었다. 여기서 다시 한 번 밝히지만, 황우석을 포함한 거의 모든 사람이 2번과 3번은 진짜 줄기세포라고 믿고 있었는데, 이것은 김선종의 바꿔치기와 거짓말에 모두가 속았기 때문이다. 황우석 지배지식동맹과 반황우석 시민지식동맹 모두 혼란 속에서 싸우고 있었던 것이다.

〈PD수첩〉은 2005년 10월 1일 '한국줄기세포학회 창립총회'에 참석한 강성근 교수를 만나 테라토마 실험을 누가 어디서 했는지를 묻는다. 그는 줄기세포 11개에 대한 테라토마 실험을 윤현수·미즈메디 등의 연구팀이 수행했고, 주로 서울대학교 수의대에 있는 스키드마우스를 가지고 했다고 답했다. 시민지식동맹은 다시 논문을 보게 되었는데, 사실은 7개의 줄기세포에 대해서만 테라토마 실험이 이루어진 사실을 발견하고 강성근 교수의 말을 의심한다. 또한 서울대학교 수의대 동물실의 관리 교수를 찾아가 스키드마우스 실험을 그곳에서 한 적이 없다는 증언도 얻게 된다.

---

44) 한학수, 앞의 책, 228쪽.

이런 상황에서 2005년 10월 초 우연히 제보자 B가 일하는 M 연구실에 줄기세포 2번이 왔다. B는 간호사 출신으로 남편인 제보자 K와 같이 2004년 《사이언스》 논문에 필요한 연구들을 수행한 경험이 있었다. 그녀는 2004년 K와 함께 황우석 실험실을 나왔고, 그 이후 M 실험실에 연구원으로 취직했다. M 연구실은 황우석 지배지식동맹의 공동 연구실이다. 서울대학교 수의대 측에서는 M 연구실에 이 줄기세포를 보내면서 세포가 아주 소량이니 계대배양을 통해 세포의 양을 늘리라고 주문했다. 제보자 B는 'NT-hESc 2'라는 표식을 발견하고 이것이 줄기세포 2번이라고 확신했다. 그녀는 이 세포를 기르고 남은 부분을 〈PD수첩〉에 보내고, 〈PD수첩〉은 유전자 지문 검사를 '아이디진'이라는 유전자감식회사에 맡겼다.

한학수 PD는 10월 19일, 2005년 《사이언스》 논문에서 가장 핵심적인 역할을 하게 된 김선종 연구원을 인터뷰하기 위해 미국 피츠버그에 도착했다. 그를 만나기 전날 밤 서울에서 배아복제 줄기세포 2번에 대한 유전자 검사 결과가 왔는데, 배아복제 줄기세포 2번이 미즈메디병원의 수정란 줄기세포 4번과 일치한다는 "운명의 편지"를 받게 된다.[45] 하지만 황우석 측에서 그 세포가 2번 줄기세포가 아니라고 잡아떼면 그만이기 때문에 이 증거가 여전히 결정적인 것은 아니었다. 여러 증거와 더불어 조작에 대한 김선종의 자백이 필요했다. 10월 20일 한 PD는 김선종에게 논문이 조작된 것을 알고 있으며 제보자가 여러 명 있다고 압박하고 황우석이 검찰조사를 받게 될 것이라고 말했다. 김선종은 평상심을 잃고 논문 조작을 고백한다. 여기서 김선종

---

45) 한학수, 앞의 책, 309쪽.

은 자신이 여전히 줄기세포 2번과 3번은 제대로 만들어졌다고 말하며 황우석이 이를 11개로 부풀리라고 지시했다고 증언한다. 따라서 김선종은 줄기세포 2번과 3번을 미즈메디 수정란 줄기세포로 바꿔치기했다는 사실은 밝히지 않았다. 조작에 대한 직접적인 증언을 확보했지만, 한학수 PD조차 지난밤에 받은 편지의 내용대로 배아복제 줄기세포 2번이 미즈메디 수정란 줄기세포 4번이라는 사실을 확신할 수 없는 상황이었다. 즉 부풀리기 조작은 직접 증언을 통해 밝혔지만, 황우석 연구팀에 여전히 줄기세포가 있고, 그것을 확립할 기술력이 있다는 사실을 완전히 부인할 수는 없었던 것이다.

반황우석 시민지식동맹과 황우석 지배지식동맹 모두 담판으로 문제를 해결할 수밖에 없는 상황에 이른다. 2005년 10월 31일, 〈PD수첩〉과 황우석 팀은 서울대학교에서 만나 양측은 팽팽하게 맞선다. 황우석은 〈PD수첩〉의 활동을 자세히 알고 있었으며 〈PD수첩〉의 주요 공격을 막아내려 했다. 가령 난자수급은 미즈메디병원에 책임을 떠넘겼고 제보자 B가 얻어온 줄기세포는 2005년《사이언스》논문의 줄기세포 2번이 아니라고 말했다.[46] 〈PD수첩〉은 줄기세포 검증을 요구했고, 황우석은 흔쾌히 이를 수락해 시민지식동맹을 혼란에 빠뜨렸다. 11월 6일 검증에 필요한 줄기세포를 받았으나 속임수일 가능성이 있었다. 하지만 시민지식동맹은 여전히 미약했고 그들을 도와주겠다는 과학자는 아무도 없었다.

한학수PD 약속된 날을 하루 앞둔 11월 5일 토요일까지 우리는 단 한 명

---

46) 한학수, 앞의 책, 371, 379쪽.

의 과학자 교수도 섭외할 수가 없었다. 누구를 섭외하려고 해도 고개를 설레설레 흔들었다. 줄기세포 전문가 중에 감히 황 교수의 줄기세포 검증 과정에 참여할 사람은 아무도 없었다. [중략] 그 자리에 참여하려면 '자신의 목을 걸고' 가야 했다.[47]

검증위원으로 나선 사람은 시민지식동맹의 중요한 한 축인 시민과학센터에 소속된 김병수 위원이었다. 〈PD수첩〉은 김병수 위원에게는 수면 아래에서의 지원을 부탁하고, 익명의 과학자 한 명을 섭외해 그를 검증위원으로 내세웠다. 11월 6일 서울대학교에서 네 개의 줄기세포를 받았으나 어떤 줄기세포인지 표기해주지 않아 시민지식동맹은 줄기세포를 받는 것을 거절했다. 양측의 수 싸움 끝에 11월 15일 〈PD수첩〉은 마침내 줄기세포를 인수하게 되고 유전자 지문 검사를 실시한다. 이 와중에 〈PD수첩〉이 줄기세포를 검증하려고 한다는 사실이 언론에 알려진다. 11월 16일 검사를 의뢰한 한 곳에서 DNA 유전자가 검출되지 않았다는 비보가 들어오고 시민지식동맹은 패닉과 절망에 빠지게 된다. 하지만 11월 17일 2번 줄기세포 유전자 검사를 맡은 다른 곳에서 검사결과를 받게 되는데, 여기서 2005년 《사이언스》 논문의 줄기세포와 다르다는 사실이 드러난다. 이 결과를 같은 날 〈PD수첩〉은 황우석에게 들이밀며 항복을 받아내려 했지만, 황우석은 유전자 지문 분석이 잘못 될 수 있다며 이를 인정하려 들지 않았다.[48]

---

47) 한학수, 앞의 책, 407쪽.

48) 한학수, 앞의 책, 452~463쪽.

여기까지가 2005년 11월 22일 황우석 관련 〈PD수첩〉 1탄 '황우석 신화의 난자 의혹'이 방영되기 전까지의 주요한 지식투쟁 양상이다. 시민지식동맹은 많은 의문점과 조작의 증거를 밝혀냈지만 여전히 결정적인 증거를 제시하지 못했다. 〈PD수첩〉 1탄이 방영되면서 이들의 대결은 누구도 통제할 수 없는 방향으로 진행되었다. 다시 말하면 아직도 누가 승리할지 몰랐고, 논문 조작 문제는 수면 위로 급작스럽게 등장했다.

황우석 동맹의 공격과
네트워크 시민지성의 대반격

황우석 동맹은 시민지식동맹의 '블랙박스 열기'를 방관하다가 수세에 몰리기 시작하자 다양한 방법으로 이를 방해했다. '한국의 생명공학'이라는 위장 다큐멘터리는 시민지식동맹이 정보에 접근하는 데 큰 도움을 주었다. 그러나 황우석 동맹은 차츰 그 실체가 드러나자 실험과정에 대한 세세한 정보를 얻지 못하도록 하기 위해 접근을 차단하려 했지만 시민지식동맹은 이미 상당한 정보를 확보하게 되었다. 문제는 황우석 지배지식동맹이 김선종의 줄기세포 바꿔치기와 황우석 자신의 주먹구구식의 조작 때문에 실험과정과 결과에 대한 명확하고 자세한 지식이 없었다는 데 있다. 분명 황우석은 줄기세포가 적어도 두 개는 있다고 확신했으며 시민지식동맹조차도 상당 기간 이 사실을 믿었다. 이처럼 줄기세포 확립과 원천기술에 대해 의심하는 사람은 없었기 때문에 황우석 동맹 내에서는 잘못이 있더라도 덮고 넘어가자는 태도가 대세를 이루었다.

황우석 동맹은 시민지식동맹이 블랙박스를 여는 것을 막기 위해 다양한 방식으로 정보를 차단하려 했다. 예를 들어 영롱이 복제의 진위를 알아보기 위해 〈PD수첩〉이 직접 경기도 화성의 대은행목장에 방문했을 때 관리인은 황우석 동맹으로부터 "MBC에 절대 협조하지 말라"는 지시를 받았다고 고백했다.[49] 2번 줄기세포의 주인공인 소년의 머리카락을 얻으려 했을 때 그 아버지는 황우석의 허락을 받아내야 된다고 말했다.[50] 하지만 황우석이 전화를 받지 않자 다큐멘터리 제작을 돕기 위해 기꺼이 아들의 머리카락을 내어주었다. 미즈메디병원으로부터 테라토마를 얻고자 했을 때는 황우석이 이를 회수해가기도 했다.[51] 안규리는 HLA 실험의 과정을 공개하지 않았고, 황우석 동맹은 양측이 합의한 줄기세포 검증을 다양한 방식으로 방해했다.

시민지식동맹이 끈질긴 기세로 블랙박스를 열려고 하자 황우석 동맹은 청와대와 국가정보원(이하 국정원)을 동원하여 이를 막고자 했다. 〈PD수첩〉의 방송이 임박해진 시점에 청와대 관계자는 최진용 당시 MBC 시사교양국장을 통해 방송이 나가면 황우석이 노벨상을 받는 데 차질이 있다는 점을 말하며 숙고해달라는 의견을 전했다.[52] 〈PD수첩〉 1탄이 방영되자마자 〈PD수첩〉을 비난하는 여론이 높아지고, 이에 노무현 대통령은 직접 기고문을 청와대 홈페이지에 올리며 MBC를 압박했다. 국정원은 황우석 사태가 발발하기 오래전부터 황

---

49) 한학수, 앞의 책, 273쪽.
50) 한학수, 앞의 책, 174쪽.
51) 한학수, 앞의 책, 350쪽.
52) 한학수, 앞의 책, 472쪽.

우석 비판세력을 견제해왔다. 울산대학교 의대 구영모 교수는 황우석 팀의 연구과정에 대해 생명윤리 문제를 제기했다. 국정원은 2004년 6월 말 구영모 교수의 상관에게 전화를 해 구 교수를 자제시키라고 했다. 2005년 9월경에 국정원 관계자는 문신용 교수를 만나 "지금은 황 교수를 누구도 건드릴 수 없다"는 말을 남겼고, 같은 달 제보자 K에게도 접근했다.[53]

황우석 지배지식동맹의 가장 큰 세력은 언론과 한국 국민이었다. 난자윤리 문제를 다룬 〈PD수첩〉 1탄이 방영된 후 시청자들의 항의로 〈PD수첩〉의 모든 광고가 끊어졌고, 시민들은 MBC 앞에서 촛불집회를 주도했다. 언론과 오피니언 리더들은 일개 PD가 《사이언스》의 논문을 검증하려 한다며 과학 저널의 권위를 이용해 의심을 누르려 했다. 〈PD수첩〉이 논문 조작을 캐고 있다는 보도가 나가고 이를 방영하려 하자 YTN은 12월 4일 한학수 PD가 취재과정에서 김선종을 협박한 사실을 보도했다. 〈PD수첩〉은 폐지되었고 시민지식동맹은 거의 와해되었다.

하지만 사태의 대반전은 인터넷에서 일어났다. 시민지식동맹이 궁지에 몰린 가운데 12월 5일 새벽 'anonymous(무명씨)'는 젊은 과학자들의 사이트인 브릭에 황 교수팀의 2005년 줄기세포 스테이닝 사진들이 조작되었다는 글을 올린다. 이 글이 올라오자 젊은 과학자들은 추가로 조작된 사진들을 찾기 시작했으며, 결국 추후에 9쌍의 사진들이 조작되었다는 사실이 밝혀졌다. 'anonymous'는 줄기세포의 진위여부가 가려진 2006년 초에서야 〈PD수첩〉 관계자들을 만났는데,

---

53) 한학수, 앞의 책, 289~291쪽.

그는 "시골에서 감자농사를 지으며 밤마다 과학논문 두어 편을 읽어야 잠이 오는 사람" 또는 "강호를 떠나 야인으로 사는 당대의 고수"였다.[54]

또 다른 조작의혹이 연달아 브릭을 통해 제기되었다. 12월 6일 밤에는 '아릉'이란 아이디를 가진 젊은 과학도가 브릭을 통해 황우석의 2005년《사이언스》논문 부록에 있는 DNA 유전자 지문 데이터가 조작되었다는 글을 올린다. 체세포 공여자와 배아줄기세포의 DNA 모양은 추출 과정을 거치면서 비슷하지만 약간은 다른데, 이 두 사진은 완벽하게 일치한다는 것이었다. 그는 "지방 국립대에서 유전공학을 전공하는 박사과정" 학생이며 유전자 지문 분석을 꽤 오랫동안 해온 경험이 있는 사람이었다.[55] 연이어 12월 8일에는 서울대학교 소장 과학자들이 정운찬 총장에게 줄기세포를 검증하게 되고 12월 15일 노성일 이사장은 황우석의 말을 빌려 "줄기세포는 없다"라는 기자회견을 열게 된다. 같은 날 〈PD수첩〉은 '특집 PD수첩은 왜 재검증을 요구했는가'를 방영하며 줄기세포 지식투쟁에서 확실한 승기를 잡게 된다. 반황우석 시민지식동맹은 네트워크 지성의 개방성과 연결성으로 황우석 지배지식동맹을 무너뜨렸다.

---

54) 한학수, 앞의 책, 552~553쪽.
55) 한학수, 앞의 책, 572쪽.

6장

지배지식동맹의 붕괴와 '황빠'운동

남자의 체구는 작고 깡말랐지만 다부졌고, 약간의 살기가 느껴지는 눈빛을 가지고 있었다. 쌀쌀한 가을의 늦은 오후, 나는 광교산의 호수를 바라보며 황우석의 열렬한 지지자였던 A 씨와 인터뷰를 시작했다. 인기척이 전혀 없는 야산의 호수 위로 가을의 태양이 떨어졌다. 여러 연구를 수행하는 과정에서 지금까지 총 3백여 명의 인터뷰를 수행했지만, 산에서 인터뷰를 한 것은 이것이 처음이자 마지막이었다. 그는 황우석 지지자 중에서 가장 유명한 사람 중 한 명이었다. 황우석에게 사설 경호원을 보내고 상당한 액수의 자기 돈을 써가며 '황빠'운동에 뛰어들었다. 황우석 사태 전후에 황우석 지지자들의 격렬한 시위가 있었을 때 그는 검은색의 HID 요원(육군 첩보부대 요원, 일명 북파공작원) 복장을 하고 시위에 나타나 경찰을 긴장시켰다. 그는 황우석 사태가 터져 한국사회 전체가 우왕좌왕할 때 항의의 표시로 북파공작원들 손가락 30개를 절단하여 대통령에게 보내려는 기획을 해 청와대를 긴장시켰다. 하지만 이 계획은 또 다른 황우석 열성 지지자인 정해준 씨가 분신자살을 하는 바람에 무산되었다.

군인 출신인 그는 공수부대 출신 후배들을 데리고 심부름센터를 운영하고 있었다. '용역회사'나 '흥신소'라는 명칭보다 '심부름센터'라는 말을 선호한다는 그는 한국의 동종업계에서 가장 큰 회사 중 하나를 운영하며 소득이 꽤나 높은 사장님이었다. 건설회사의 철거나 집단 간의 갈등을 해결하기 위해 그를 찾는 사람들이 적지 않았다. 그는 '폭력의 외주화'를 통해 매출을 올리는 회사의 사장으로, 고객은 주로 회사·정부·큰 단체들이었다. 하지만 그는 정부의 편도 아니고 회사의 편도 아니고 시민의 편도 아니었다. 오직 돈을 주는 쪽을 따를 뿐이었다. 따라서 이권이 걸린 격렬한 시위에서 주로 공수부대 출신인 그의 회사 직원들은 때로는 철거민들과 싸우고 때로는 경찰들과도 싸웠다. 잘 싸운다는 명성 덕분에 그의 회사는 승승장구했고 그는 상당한 돈을 벌었다. 그런데 이렇게 성공한 사람이 왜 '황빠' 중의 '황빠'가 되었는가?

그는 1980년대 초반 열여덟 살 때부터 7년 동안 공수부대에서 하사관으로 일했다. 제대 후 회사에 다녔지만 성격 탓에 적응하지 못하고 나왔다. 미국에 친척이 있어 그곳에서 몇 달 머무르다가 우연히 기회가 닿아 미국의 용병회사에 취직하여 세계의 분쟁지역에서 싸웠다. 미국의 용병 월급은 한국 공수부대 대원보다 몇 배가 많았고 그는 상당한 돈을 벌었다. 미국에서 아내를 만나 아들 하나를 낳았다. 하지만 아내와 이내 이혼하고 아들과 함께 한국으로 돌아왔다. 생존을 지상 최고의 명령으로 알았던 공수부대 출신이라 아들을 어릴 때부터 강하게 키워야겠다는 신념으로 아이가 네 살 되던 해에 같이 산에서 얼음찜질을 했다. 여기서부터 그의 세상은 무너져 내렸다.

황우석 지지자 A 혼자서 애를 키우다 보니까, 홀아비들이 그렇지 않습니까? 열이 나면 얼만큼이나 오르는지 엄마들처럼 알지는 못하지 않습니까? 몰랐기 때문에…… 병이라는 것은 자동적으로 나을 줄 알았지…… 그렇게 남자가 여자들만큼 신경을 쓰지는 못한다는 거…… 그래서 아기가 열병에 걸려서 고막이 나갔고, 뇌척수에 장애가 생겨서 장애자가 되었죠. [중략] 이제 아기는 여덟 살밖에 안 됐습니다. [중략] 제가 아기를 척수장애 환자로 만들어놨기 때문에…… 돈이 몇백억이 들어가든 몇천억이 들어가든…… 저의 전 재산이 들어가는 한이 있더라도…… 저는 어차피 이 세상에서 아기와 단둘이 지낼 사람인데, 저는 가는 세대지만 아기는 앞으로 커가니까요. 우리 아기가 결혼을 하면 후세가 나올 거고…… 아기만이라도 건강해야 할 거 아닙니까! 그래서 저는 여기('황빠'운동)에 올인을 하게 된 거죠.

이 장은 지배지식동맹(정부·언론·과학자 집단)의 한 축이었던 황우석을 지지하는 사람들, 곧 '황빠'현상을 다룬다. 이들 중에는 여러 해 동안 1백여 차례의 집회와 시위에 참가한 이들도 있었고, 위의 심부름센터 사장처럼 수천만 원에서 수억 원 이상을 써가며 황우석 지지 활동을 하는 사람도 있었다. 기업체를 운영하는 어느 사장은 황우석 지지 활동으로 인해 매출이 반으로 줄었다. 어떤 40대 주부는 가족 간의 불화를 겪어야 했다. 어떤 회사원은 퇴근 이후 여의도 MBC 방송국 정문에서 릴레이 촛불집회를 벌였고, 어떤 여성들은 KBS 앞에서 여러 달 동안 상주하면서 시위를 했다. 전 세계를 상대로 논문 조작 파문을 일으킨 한 과학자를 열렬히 지지하는 이들을 어떻게 이해해야 하는가? 개인적으로 얻는 실제 이익이 아무것도 없는데도 이들이 지난 몇 해 동안 자신의 모든 것을 황우석 지지운동에 바친 이유는 무엇인가? 사기꾼으로 몰리고 있는 과학자를 구명하기 위한 이 사회운동의 특징은 무엇인가? '황빠'들의 조직은 어떠하며, 어떤 문화를 가지는가? 이들이 주장하는 음모론은 어떤 사회적 함의를 지니는가?

이 장은 우선 기존의 '황빠' 이론에 대한 한계를 지적한다. 기존의 이론은 '황빠'를 심리주의적으로 분석하는 것이 주류인데, 이런 설명은 황우석 사태를 단순화하고 황우석 지지자들을 비정상적인 사람으로 분류한다. '스톡홀름증후군'·'인지부조화론'·'믿고 싶은 정보 이론' 등이 여기에 속한다. 이들의 주요 문제점은 황우석 사태와 '황빠' 현상을 구체적인 사회·문화적 맥락 속에서 이해하지 않고 옳고/그름의 이분법적 잣대로 미리 재단하는 것에 있다. 과학기술사회학은 과학지식사회학에서부터 행위자-연결망 이론에 이르기까지 대립되는 두 과학지식 또는 두 세력 간의 대칭성을 강조한다. 이것은 참/거짓의 이분법을 폐기하고 문제가 되는 행위자 또는 대상을 같은 지위에 올려놓는 것을 의미한다.[1]

오랜 기간 동안 참여관찰과 심층면접을 통해 얻은 나의 결론은, '황빠'들의 주장에 논리적인 허점이 있기는 하지만 그들이 적어도 심각한 정신적 이상이 있는 사람들은 아니라는 점이다. 급조된 심리학(instant psychology)이나 급조된 사회학(instant sociology)은 깊이 있는 경험적 연구 없이 언론에 의해서 재생산되어 분석대상을 왜곡하는 경향이 있다. 기존 해석들에 대한 대안으로 나는 '황빠' 현상을 한국사회의 복잡한 사회기술적 관계 속에서 파악하며, 부당한 지배지식동맹의 형성과 이해할 수 없는 붕괴로 인한 신뢰의 위기로 해석한다. 즉

1] David Bloor, *Knowledge and Social Imagery*, Chicago: University of Chicago Press, 1991.

'황빠'현상은 지배지식동맹이 형성한 민족주의적 열망과 미래주의적 비전, 한국의 사회체제, 특히 엘리트체제에 대한 불신, 황우석 사태의 복잡함과 이해하기 어려움, '황빠'들의 통찰 없는 박식함과 사회과학적 환원주의, 지배지식동맹의 주요 축인 언론의 애국주의·경제주의·미래주의 담론의 유포, 그리고 지배지식동맹의 다른 축인 정부의 줄기세포 연구 거버넌스의 실패 등이 복합적으로 상호작용을 일으켜 발생했다.

이 장은 또한 황우석 사태를 통해 한국의 과학기술사회학자들이 겪은 딜레마, 즉 '황빠'들의 참여를 어떻게 볼 것인가에 대한 답이기도 하다. 한국에서 드물었던 '과학기술의 시민 참여'를 독려해온 운동 지향적 연구자들에게 '황빠'는 당혹 그 자체였다. '황빠'현상은 시민 참여의 한 유형이기는 하나, 숙의와 토론을 통한 성찰적인 민주적 주체라기보다 민족주의의 열정에 휩싸인 비이성적인 주체로 보였기 때문이다. '황빠'현상은 시민 참여 그 자체에 선을 부여할 수 없음을 일깨운다. '누가' 참여하느냐도 중요하지만, '어떻게' 참여하느냐도 중요하다. 하지만 과학기술사회학의 전통에서(대칭성의 원리) 이들의 활동이 전적으로 틀렸다고 말할 수 없으며, 지배지식동맹의 붕괴의 결과로서, 좀 더 전체적인 맥락에서 이해되어야 한다는 것이 나의 입장이다.

시민의 과학 이해(Public Understanding of Science, 이하 PUS) 분야의 연구들은 '황빠'현상을 이해하는 데 도움을 준다. 기존의 PUS는 크게 계량적 PUS와 구성주의 PUS로 나뉜다.[2] 인식론적으로 계량적 PUS

---

2) 김동광, 〈대중의 과학이해: 일반인이 읽는 과학기술〉, 한국과학기술학회 지음,《과학기술

는 과학지식과 일반시민 사이의 간극을 전제하고 일반시민의 과학지식 결핍을 국가나 언론이 치유해야 한다는 논리를 가지고 있다. 따라서 구성주의 PUS는 이런 입장을 '결핍 모델(deficit model)'이라고 비판한다.[3] 계량적 PUS는 우선 일반시민의 과학적 소양(scientific literacy)을 정량적으로 측정하여 이것이 많을수록 과학에 대해 긍정적인 태도를 지닌다고 가정한다. 반면 구성주의 PUS는 사례 분석을 통해 구체적인 상황 속에서 일반시민을 과학기술자와 대등한 위치에 놓고 그들이 과학지식을 어떻게 적극적으로 구성해나가는지에 초점을 맞춘다.[4] 구성주의 PUS는 일반시민을 능동적 참여자로 해석하고, 또한 그들이 그렇게 되어야 한다는 과학민주화의 논리를 암묵적으로 지지한다. 계량적 PUS가 과학과 일반시민의 위계를 정함으로써 일반시민을 수동적 수용자로 취급하는 반면, 구성주의 PUS는 일반시민을 낭만화하는 경향이 있다.

그렇다면 '황빠'현상은 시민의 과학 이해와 참여의 관점에서 어떻게 이해할 수 있는가? 나는 구성주의 PUS의 장점을 취하는 동시에 계량적 PUS와 구성주의 PUS 둘 다 '황빠'현상을 이해하는 데 한계가

학의 세계》, 휴먼사이언스, 2014, 177~210쪽; 박희제, 〈공중의 과학이해 연구의 두 흐름: 조사연구와 구성주의 PUS의 상보적 발전을 향하여〉, 《과학기술학연구》 2(2), 2002, 25~54쪽.

3) Jane Gregory and Steve Miller, *Science in Public: Communication, Culture, and Credibility*, Cambridge, MA: Basic Books, 1998; Brian Wynne, "Public Understanding of Science", in Shelia Jasanoff et al.(eds.), *Handbook of Science and Technology Studies*. London: Sage Publications, 1995, pp. 366~388.

4) Alan Irwin, *Citizen Science: A Study of People, Expertise and Sustainable Development*, New York: Routledge, 1995; Mike Michael, "Comprehension, Apprehension, Prehension: Heterogeneity and the Public Understanding of Science", *Science, Technology, & Human Values* 27(3), 2002, pp. 357~378.

있음을 지적하고 싶다. 계량적 PUS의 한계부터 지적해보자. 첫째, 계량적 PUS는 과학적 소양의 전달체로서 국가와 언론을 상정한다. 하지만 황우석 사태에서 보여주었던 정부의 홍보와 언론의 보도는 지식의 전달자인 동시에 줄기세포 연구에 대한 이미지·욕망·감성의 생산자였다. '황빠'현상의 발생 원인은 무비판적인 지배지식동맹의 지식과 감정의 결합이었다. 둘째, 계량적 PUS가 일반시민에 대해 '수동적으로 지식을 전달받는 사람'이라고 정의하는 것과 달리 '황빠'현상에서의 일반시민은 과학 현상과 문제에 적극적으로 참여한다. 셋째, 과학자 공동체와 일반시민들이 가지는 규범·가치가 서로 다름을 계량주의 PUS는 간과한다. 예를 들어 과학자 사회가 논문 조작을 황우석 사태의 핵심으로 보는 반면, '황빠'는 줄기세포 연구의 경제적 가치, 황우석 처벌의 부당함, 책임져야 할 당사자들의 책임 회피 등에 중점을 두고 있다. 이러한 이유들 때문에 계량적 PUS는 '황빠'현상을 이해하는 데 한계를 가진다.

구성주의 PUS는 일반시민의 과학 이해에 담겨 있는 다차원적이고 세밀한 부분들을 이해하는 데 도움을 준다. 구성주의 PUS에 의하면, '황빠'현상은 인지적인 측면뿐만 아니라 도덕·정치적 맥락을 염두에 두고 다차원성과 상호연관성 속에서 이해되어야 한다.[5] 여기서 일반시민과 과학을 연계해주는 언론과 정부의 역할이 중요한데, 구성주의 PUS가 지적하듯이 이들은 신뢰의 관계에 기초를 두고 있다.[6] 그런

---

[5] 특히 줄기세포 연구의 정치·도덕·경제적 측면에 대한 논란은 세계 각국에서 다양하게 나타나고 있다.

[6] Meinolf Dierkes and Claudia von Grote, *Between Understanding and Trust: The Public, Science and Technology*, Amsterdam, Netherlands: Harwood Academic Publishers, 2001; Fried-

데 '황빠'들은 붕괴된 지배지식동맹이 내놓은 황우석 사태에 대한 설명을 신뢰하지 않기 때문에 한편으로는 도덕·정치적 투쟁을 전개하고, 다른 한편으로는 스스로 황우석 사태의 원인을 찾아내려고 노력한다. '황빠'들은 도덕·정치적 투쟁 과정에서는 '책임전가의 정치'를, 황우석 사태의 원인을 찾아내는 과정에서는 '음모론'을 고안한다. 따라서 구성주의 PUS는 '황빠'현상을 이해하는 데 일면 도움을 준다.

하지만 구성주의 PUS는 지역적 지식을 가진 일반인(laymen)과 보편적 지식을 가진 과학자 사이의 충돌을 주요 사례로 다루며 전자의 타당성과 합리성을 부각시킴으로써 일반시민을 낭만화하는 경향이 있다. '황빠'현상을 구성주의 PUS로 이해할 수 없는 한계가 여기에 있는데, 따라서 나는 '황빠'의 모순, 곧 음모론과 사회과학적 환원론이라는 논리적 모순과 책임전가의 정치라는 윤리적 모순을 구성주의 PUS라는 입장으로 두둔할 수 없다.

구성주의 PUS의 두 번째 한계는, 일반시민의 정체성이 역동적이며 이질적임을 잘 보여주기는 하지만 일반시민의 집단적 감성과 욕망이 생명공학과 같은 특정 기술체제가 만들어내는 미래주의적 담론 속에서 어떻게 생산되고 변화하는지는 보지 못했다. 많은 연구가 서구 사례를 중심으로 두고 있는 구성주의 PUS는 위험·환경·식품안전과 같은 영역에서 시민들의 일상생활과 밀접한 과학기술에 대한 이해와 참여를 다루었다. 반면 '황빠'현상의 중심에는 줄기세포 연구

helm Neidhardt, "The Public as a Communication System", *Public Understanding of Science* 2, 1993, pp. 339~350.

에 대한 민족주의적 열망과 미래주의적 비전[7]이 있으며, 이것은 시민들의 구체적인 일상보다 집단적인 비전·욕망의 형성과 연관이 있다. '황빠'들의 민족주의는 정형화되고 형식적인 '위로부터의 이데올로기'가 아니다. 그들의 민족주의는 미래주의와 결합하여 '현재'의 실재를 속이는 기능보다는 '미래'에 실현될 국가적 번영과 경제적 이익을 '기대'하고 '희망'하는 새로운 감성을 형성한다. 과학기술, 특히 생명공학과 연관된 집단적 감성은 언론·정부·과학자 집단·일반시민·생명공학 관련 기업들이 만들어내는 담론과 상(imaginary)의 영향 아래형성된다.[8] 즉 '황빠'들의 감성은 황우석 지배지식동맹(언론·정부·과학자들·바이오 기업들)이 만들어내는 비전과 희망, 하이프(hype)의 합작품이다. 미래에 대한 기대와 희망은 '현실을 구성하는 힘'으로 작동하지만, 이것은 반발을 수반한다.[9] '황빠'의 민족주의적 욕망과 미래주의

---

7) 여기서 미래주의적 비전은 줄기세포 연구에 의해 실현될 미래에 대한 기대·희망과 강하게 연결된다. '황빠'들은 크게 세 가지(미래에 실현될 경제적 이익에 대한 기대, 난치병 치료에 대한 희망, 한국이 줄기세포 연구의 세계적 중심이 될 것이라는 기대)의 희망과 기대를 가지고 있다. 거의 모든 중요한 과학기술은 미래주의적 비전을 가지고 있으나 줄기세포 연구를 둘러싼 미래주의적 비전은 특별한 의미를 지닌다. 줄기세포는 '세포 중의 세포'이며, 줄기세포 연구는 생명의 근원에 대한 탐구이다. 만능분화능력을 가진 줄기세포에 대한 연구는 미래에 인간이 자신의 생명 과정 자체를 조절하고 관리할 수 있다는 거대한 기대와 희망을 불러일으킨다. 따라서 많은 사람에게 줄기세포 연구는 곧 미래생명공학, 더 나아가 과학의 중심임을 의미한다. '황빠'들의 이러한 미래주의적 비전은 민족주의적 열망과 함께 그들이 황우석 사태와 한국 줄기세포 연구를 어떻게 해석하는지 이해하는 중요한 단초가 된다.

8) Kaushik Rajan, *Biocapital: The Constitution of Postgenomic Life*, Durham, NC: Duke University Press, 2006.; Nikolas Rose, *The Politics of Life Itself: Biomedicine, Power, and Subjectivity in the Twenty-First Century*, Princeton: Princeton University Press, 2007; Sarah Franklin, *Embodied Progress: A Cultural Account of Assisted Conception*, London: Routledge, 1997.

9) Nik Brown, Brian Rappert, and Andrew Webster(eds.), *Contested Futures: A Sociology of Perspective Techno-Science*, Aldershot, UK: Ashgate, 2000.

적 비전에 기반을 둔 집단적 행동은 반황우석 담론과 반줄기세포 담론에 의해 도전을 받는데, 이에 대해 '황빠'들은 한편으로는 황우석의 잘못을 인정하는 동시에 다른 한편으로는 그들의 집단적 행동을 민주적인 방식과 절차에 맞추려고 한다. 동시에 그들은 황우석이 잘못에 비해 너무 가혹한 처벌을 받고 있으며, 그에게 다시 기회를 주어야 한다고 주장한다. 따라서 '황빠'들은 민주적 가치를 부분적으로 인정하여 황우석의 잘못을 인정하는 동시에 민족주의적 열망과 미래주의적 비전에서 황우석을 지지하는 모순된 상황을 연출한다. 이처럼 이 장은 지배지식동맹의 붕괴와 신뢰의 위기로 '황빠'들이 겪는 민족주의적 열망, 미래주의적 비전, 민주주의적 가치 사이의 모순과 충돌을 보여준다.

—

스톡홀름증후군·인지부조화론·유사파시즘

'황빠'에 대한 나의 견해를 밝히기 전에 그들이 우리 사회에서 어떻게 이해되어왔는지를 먼저 알아볼 필요가 있다. 기존 '황빠' 해석의 공통적인 한계는 다음과 같다. 첫째, '황빠'에 대한 자세한 관찰과 경험적인 조사가 없는 인상주의·심리주의적 해석이 주류를 이룬다. 둘째, 황우석 사태가 발생한 문화·사회적 맥락을 무시하며 '황빠' 현상을 단순화시킨다. 따라서 '황빠' 현상이 지니는 다차원적인 사회적 배경들과 의미들을 보여주지 못한다. 셋째, '황빠' 운동은 장기간에 걸쳐서 이루어지는데, 기존 연구는 이들 문화와 운동의 역동성, 그리고 역사성을 이해하지 못한다. 즉 '황빠' 역시 문화·역사적 존재로서 민주적 공간에서 자신들의 활동을 변화시키고 구성해나가는데 이러한 점들을 기존 연구는 보여주지 못한다. 즉 기존의 견해들은 '황빠'현상을 특정한 사회기술적 관계에서 파악하지 않고 단순한 집단적 심리현상으로 해석함으로써 '황빠'현상이 발생하는 독특한 사회·기술·정치적 요소들의 상관관계를 보지 못한다. 여기서는 기존의 여러 이론 중 대표적인 세 가지 이론에 대해서 살펴보겠다.

우선 '황빠'를 스톡홀름증후군으로 보는 견해가 있다. 2006년 1월 3일 황우석 교수와 공동연구를 진행해온 문신용 교수는 논문 조작이 밝혀진 이후에도 황우석을 지지하는 것은 '인질효과'라고 말했다. 그의 발언은 언론에 크게 보도되었으며 황우석 비판자들에게 강력한 해석으로 자리 잡았다. 1973년 스톡홀름에서 있었던 은행 강도 사건에서 인질들은 강도들을 비난하기보다 오히려 두둔했는데, 이런 심리적 병리현상을 '스톡홀름증후군'이라고 한다. 문신용은 황우석을 강도나 범죄자로 보고 있으며, 그를 지지하는 국민이나 '황빠'를 인질로 비유한 것이다. 이 해석의 단점은 자명하다. '범죄자'와 '인질범'이라는 명확한 이분법을 제시함으로써 지배지식동맹 전체의 책임을 황우석의 책임으로 단일화한 것이다. 물론 황우석의 책임이 크지만, 황우석 사태는 지배지식동맹 전체의 실패 때문에 발생했다. 황우석은 2005년《사이언스》논문에서 환자 맞춤형 줄기세포의 존재를 확신했다. 검찰 수사 보고서는 황우석이 NT-2를 제보자 B가 있는 연구실로, NT-2, NT-3, NT-4를 미국의 슬론케터링암센터에 보냈던 것으로 보아 이것이 조작된 사실을 몰랐을 가능성이 크다고 발표했다.[10]

---

10) 서울중앙지방검찰청,〈줄기세포 논문조작 사건 수사결과〉, 2006년 5월 12일 발표.

즉 김선종의 조작을 황우석도 몰랐으며, 이를 바탕으로 줄기세포 부풀리기를 시도한 것이라고 검찰은 판단했다. 이렇듯 논문 조작은 복잡하고 우연한 과정에서 이루어졌는데, 문신용 교수의 인질효과 비유는 황우석 사태를 단순화하여 도덕적 이분법을 만들어내었다.

더욱이 이런 견해는 황우석 사태에 대한 공동책임을 단일책임으로 몰아붙이는 효과를 갖는다. 황우석 사태에서 황우석은 분명 가장 큰 책임을 져야 할 장본인이지만, 문신용·섀튼·김선종·윤현수·정부·언론 등 지배지식동맹 전체가 책임을 면할 수 없다. '황빠'현상을 스톡홀름증후군으로 규정하는 것은 사회·실험적 관계망에서 발생한 황우석 사태를 단순히 개인의 비도덕적 사건으로 만들어버림으로써 그 사태의 구조·사회·문화적 모순과 문제점을 덮어버리는 결과를 낳는다. 또한 스톡홀름증후군 해석은 일반시민이 과학자 사회와는 다른 규범과 가치를 갖는다는 사실을 간과한다. '황빠'들 역시 황우석이 논문 조작에 대해 책임을 져야 한다는 입장이지만, 그 동기가 순수하면 용서될 수 있다고 믿는다. 논문 조작에 대한 '황빠'들의 다양한 해석을 스톡홀름증후군으로 매도하는 것은 일반시민이 드러내는 다양한 가치와 의미를 이해하지 못하는 것이다.

'황빠'현상을 해석하는 데 있어 가장 폭넓게 사용된 개념 중 하나가 인지부조화론이다. 최종덕은 인지 보수성과 이익 편향성이란 개념으로 '황빠'들의 인지부조화를 설명했다.[11] 여기서 '황빠'들의 인지부조화란 바뀐 실재를 거부하고 민족주의 이데올로기에 의해 자기

---

11) 최종덕 교수의 글은 시론적 형태로 쓰였으나 언론들이 '황빠'현상을 해석하는 데 이론적 근거로 활용했다. 최종덕, 〈기획적 속임과 자발적 속임의 진화발생학적 해부〉, 황우석 사태로 보는 한국의 과학과 민주주의, 민주사회정책 연구원 주최 토론회, 2006년 2월 2일.

가 보고 싶은 것만 보는 것을 의미한다. 이전의 실재와 이후의 실재 사이의 인지부조화는 인지 보수성에 의해 해결된다. 리언 페스팅거와 그의 동료들이 1956년에 출판한 《예언이 실패할 때(When Prophecy Fails)》라는 책에서 인지부조화론을 잘 설명하고 있다.[12] 페스팅거는 인지부조화론의 창시자로, 이 책의 내용은 다음과 같다. 미국의 한 여자 예지자가 대홍수가 지구를 뒤덮을 것이라는 내용을 외계에서 받았다. 그녀의 추종자들은 외계의 비행체에 의해 구원받을 것이라고 믿었다. 예정된 날짜에 홍수는 일어나지 않았지만 추종자들은 자신들의 믿음을 바꾸지 않았다. 왜냐하면 추종자들의 믿음 덕분에 대홍수가 일어나지 않았고 결국 지구를 구했다는 메시지를 그 예지자가 받았다고 발표했기 때문이다. 페스팅거와 그 동료들은 이들이 믿음을 바꾸지 않은 이유를 '인지부조화 상태를 줄이기 위한 하나의 방법'이라고 설명했다. 이 이론에 따르면 황우석 사태에서 황우석은 사이비 교주로, 그리고 황우석 지지자들을 광신도로 이해한다.

'황빠=인지부조화 상태'를 비판하기 위해서는 이 이론에 대한 좀 더 심층적인 이해가 필요하다. 인지부조화론은 인간의 심리상태를 설명하기 위한 하나의 메타이론이다.[13] 페스팅거는 1957년 자신의 이론에서, 두 개의 인지(cognition)가 연관이 있다면 서로 조화(consonant)를 이루든지 부조화(dissonant)를 이루는데, 사람들은 부조화의 상태를 줄이려는 경향이 있다고 주장했다. 예를 들어보자. (1) 나는 사회학을

---

12) Leon Festinger, Henry Riecken and Stanley Schachter, *When Prophecy Fails*, Minneapolis, MN: University of Minnesota Press, 1956.

13) Eddie Harmon-Jones and Judson Mills, *Cognitive Dissonance: Progress on a Pivotal Theory in Social Psychology*, Washington DC: American Psychological Association, 1999.

공부하고 싶다(조화로운 인지, consonant cognition: CC). (2) 사회학을 전공했을 때 직업을 구하기 힘들 뿐만 아니라 돈이 되지 않는다(부조화로운 인지, dissonant cognition: DC). 이 인지부조화를 줄이는 방법은 통상다섯 가지가 있다. (a) 행위를 변화시킨다. → 사회학 공부를 포기한다. (b) 부조화로운 인지를 제거한다. → 사회학 공부는 직업이나 돈과 관계가 없다. (c) 조화로운 인지를 강화한다. → 사회학 공부는 나에게 성취감과 행복감을 준다. (d) 부조화로운 인지의 중요성을 감소시킨다. → 돈과 직업은 사회학자들에게 중요하지 않다. (e) 조화로운인지의 중요성을 증가시킨다. → 나는 사회학 없이는 못 산다.

여기서 문제는, 인지부조화론은 인간의 심리를 설명하는 일반이론이어서 '황빠' 현상에 대한 '분석적 차별성'을 가지지 못한다는 점이다. 즉 우리는 '황빠'와 '사회학을 공부하고 싶은 사회학도' 모두인지부조화 상태에 있다고 논리적으로 말할 수 있다. 하지만 인지부조화론은 첫째, 이들의 차이가 무엇인지를 답하지 못하며, 둘째, 왜특정한 상황에서 '황빠'라는 특이한 주체가 형성되는지를 설명하지못한다.

최장집은 2006년 1월 12일 성공회대학교 민주주의와 사회운동연구소가 주최한 '한국사회 위기 진단과 희망 찾기' 포럼에서 "노무현정권이 생명공학 업적을 매개로 민족주의와 애국주의를 동원했으며,여기에 운동세력의 열정이 결합되면서 비판이 금기시되는 유사파시즘 분위기가 연출됐다"고 주장했다. 최 교수는 "한국을 생명공학 중심으로 내세운다는 정부의 업적 강박이 빚어낸 극우세력과 민주화세력의 연합"이라고 분석했다.[14] 이 발언은 '황빠'를 유사파시즘의 유형으로 규정하려는 시도에 영향을 미쳤다.

'황빠'는 1930~1940년대의 독일과 이탈리아의 정치·제도적 파시 즘이 아니다. 파시즘 연구의 전문가인 로버트 팩스턴은 파시즘을 과 정으로 보며, 그 다섯 단계를 사회운동·정치결사체·권력 획득·권 력 행사·지속적 지배라고 주장했다.[15] 이 기준에서 보면 '황빠'는 두 번째 단계도 성공하지 못하고 있다. 따라서 유사파시즘으로서의 '황 빠'는 정치·제도적인 것과는 거리가 있는 심성·문화적인 것이다. 집 회현장을 도배하다시피 하는 태극기, MBC를 매국세력으로 보는 시 각, 향후 줄기세포가 상용화되었을 때 예측할 수 있는 3백조 원이 넘 는 시장이 국가경제를 도약시킬 수 있다는 믿음, 황우석을 'Pride of Korea'로 표현하는 점 등 '황빠'들이 보여주는 상징들은 분명 민족주 의적인 것이며 애국주의적인 것이다. 하지만 나치 독일이 가진 우생 학적 인종우월주의와 '황빠'들이 가진 민족주의는 그 내용과 정치성 에 있어 차이가 난다. 나치의 파시즘은 인종주의적이면서 광범위한 폭력을 동원하여 내부 정화와 외부 확장을 시도했다. 하지만 '황빠'의 민족주의는 인종주의적이지 않으며 광범위한 폭력의 동원과는 거리 가 멀다.[16] 여기서 이들은 맹목적으로 황우석을 우상화하거나 신격화

---

14) 유성규, 〈최장집 교수 "생명공학 매개 애국주의 동원 … 비판 입막는 유사파시즘 연출〉, 《국민일보》, 2006년 1월 12일.

15) Robert Paxton, *The Anatomy of Fascism*, New York: Vintage Books, 2004.

16) 현장조사를 마무리한 후 황우석 지지자 중 가장 과격하고 폭력적이라고 평가받는 A로 부터 전화를 받았다. A는 '황까' 진영에서 보면 그야말로 파시스트에 가까운 사람이다. 그는 자기가 여러 경로를 통해 분석하고 알아본 결과, 황우석이 자신을 속이고 있다는 회의적인 생각이 있음을 고백했다. 이러한 갈등과 회의는 비단 A에게서만 목격되는 것이 아니라 상당 수의 '황빠'에게서도 마찬가지다. 오랜 기간에 걸친 참여관찰과 심층면접의 장점은 유사파시 즘과 같은 인상주의적 비평과 다르게 주체의 갈등과 고민, 변화를 보여줄 수 있다는 점이다.

하기보다는 황우석에 대한 비판을 어느 정도 수용하고 자신들의 견해와 이론을 정교하게 정립하려고 노력한다.

인지부조화론이 보여주는 맹점과 비슷하게 유사파시즘 이론도 '황빠'현상에 대한 '분석적 차별성'을 갖지 못한다. 유사파시즘 이론 또는 파시즘적 심성론은 월드컵의 '붉은악마'현상, '황빠'현상, 영화 〈디워〉를 둘러싼 논쟁 등의 사회적 현상뿐만 아니라 한국인의 일상적인 권위주의와 차별을 이해하는 데 폭넓게 동원되었다. '황빠'현상에 대한 이러한 무차별적 적용은 줄기세포 연구가 가지는 미래주의적 아우라가 정부·언론·과학자집단·기업이 만들어내는 애국주의담론과 생명공학자본주의(biocapitalism) 담론과 결합하여 일반시민의 새로운 집단적 감성을 생산한다는 점을 보지 못하는 것이다.

'황빠'를 유사파시즘으로 해석하는 학자들과 내 관점의 차이는 방법론에서 비롯된다. 비교적 오랫동안 참여관찰을 하며 경험한 '황빠'들은 민족주의적 열망과 민주주의적 이념 사이에서 갈등하는 존재다. 첫째, 이들의 활동은 여러 언론과 지식인에게 비판을 받는데, 이러한 영향 때문에 불법적인 시위나 집회를 자제하고 자신들의 행동을 민주주의적 원칙과 틀 속에서 관철시키려고 노력한다. 생명윤리법 개정을 위한 노력, 국회 세미나를 통한 여론 조성, 연구 재개를 위한 100만인 서명 운동, 〈추적60분〉 방영을 위한 법적 투쟁 등은 파시즘과 거리가 있는 민주적이고 합법적인 운동이다. 둘째, '황빠'들은 여러 경로를 통해 황우석 사태에 대한 논리적 이해를 구축해나가는데, 그들 중 일부는 황우석 비판자로 돌아섰으며 상당수는 황우석 지지의 논리를 변형시켰다. 이들은 인터넷 언론사를 만들어 여론투쟁을 전개하는 등 비판과 토론의 장에 적극 참여했다. 사태의 초기에는 확연히 유사파시즘의 징후가 보였다 할지라도 이들이 이후에 보인 행동과 논리는 유사파시즘과는 멀어 보인다는 게 나의 견해다. 따라서 파시즘을 과정으로 보아야 한다는 로버트 팩스턴의 지적을 받아들인다면 '황빠' 현상도 '과정'으로 이해돼야 할 것이다. 그럴 때 '유사파시즘으로서의 '황빠'' 해석은 논리적 설득력을 잃는다.

황우석 지지의 이유

인터뷰를 기반으로 '황빠'들이 황우석을 지지하는 이유를 분석하면 크게 네 가지로 나뉜다. 첫째, 그가 가난한 농촌 집안의 출신이면서도 과학 분야에서 뛰어난 업적을 이루었다는 점이다. 언론과 각종 위인전은 그를 '꿈을 이루기 위해 열정을 다 바친 의지의 한국인'으로 묘사했다. 둘째, 줄기세포 연구가 가져다줄 이익과 한국과학의 위상강화를 들 수 있다. 미래 줄기세포 시장이 3백조 원이라든지 한국의 과학발전에 기여한다든지 하는 강한 민족주의적인 이유다. 셋째, 난치병 환자나 가족 들은 줄기세포 연구가 가져다줄 미래에 대한 희망으로 황우석을 지지한다. 아직도 많은 환자가 황우석을 지지하고 있으며 그에게 속았다고 생각하지 않는다. 마지막으로, 황우석 사태 발발 후 황우석의 갑작스러운 추락이 부당하다고 생각하며 '황우석은 희생양이기 때문에 그를 구해야 한다'는 지지자들이 있다. 이 네 가지 지지 이유는 서로 복합적으로 결합되어 있으며, 지지자의 성향과 지식에 따라 비중이 달라진다. 여기서 주목할 부분은, 두 번째와 세 번째 이유에서 드러나듯이 황우석의 지지 이유가 현재의 논문 조작보다는 '줄기세포가 가져다줄 미래의 가치'와 연관되어 있다는 점이다.

첫째, 가난한 농촌 출신에서 세계 최고의 과학자로 부상한 황우석의 인생 역정에 대한 이미지, 그의 연구가 한국에 가져다줄 이익과 자부심에 대한 기대는 황우석을 스타 과학자로 만들었다. 어느 30대 주부는 황우석을 자신이 팬으로서 좋아한 첫 번째 인물이라고 말한다. '박사님'은 어려운 환경에서도 굴하지 않고 역경을 이기며 자수성가한 사람이라고 그녀는 평가한다. 그뿐만 아니라 얼굴도 잘생기고, 목소리도 좋고, 애국심까지 남다르니 그야말로 완벽한 인물이다.

황우석 지지자 B 제가 진짜 30년 동안 배용준이니, 장동건이니, 조용필이니 한 번도 빠져본 적이 없어요. 스타에 대해서 무심했거든요. 그런 쪽으로 비유한다면 황우석 박사님은 저에게 그런 스타였어요. [중략] 그런 뉴스를 보면서 세계가 인정하고 우리나라에서 인정하는 국보급 과학자라고 인식이 됐어요. 환자 맞춤형 줄기세포가 난치병 환우들한테 희망이 되고 나라에 엄청난 국부를 창출할 수도 있다는 글도 봤고요. 그러면서 진짜 이건 하늘이 우리한테 준 하나의 기회가 아닌가…… 우리나라에는 자원도 없잖아요. 석유가 나는 것도 아니고, 땅이 큰 것도 아니고, 인력이 아주 풍부하지도 않고요. 일본 같지도 않고, 미국 같지도 않고, 중국 같지도 않고, 하다못해 북한보다도 부족한 게 있어요. 그런데 그런 것을 다 커버할 수 있을 만한 기술이 오직 박사님의 당시 유명했던 '젓가락 기술'이었어요. 민족적인 자부심도 높여주는 거였죠.

황우석에 대한 팬덤 현상이 분명히 존재하지만, 그렇다고 '황빠'들이 황우석을 신격화하거나 완벽한 인물로 받아들이는 것은 아니다.

대부분의 '황빠'는 논문 조작과 연구비 문제, 연구관리 문제에 대해서는 황우석의 잘못이 크다고 말했다. 하지만 어려운 역경을 뚫고 성공한 사람이 한순간에 나락으로 떨어지는 것에 대한 강한 연민이 '황빠'들의 마음에 자리 잡고 있다.

둘째, '황빠'들은 줄기세포가 가져다줄 경제적 이익과 한국의 위상 강화를 믿기 때문에 여전히 황우석을 지지한다. 한 30대 황우석 지지자는 줄기세포 상용화로 3백조 원의 이익이 실현될 거라고 믿고 있으며, 그렇게만 된다면 우리나라가 선진국으로 도약할 수 있다고 주장한다. 이런 큰 목적을 위해서 조그마한 실수는 용서할 수 있는 것이 아니냐고 그는 항변한다. 이러한 미래주의적 비전은 국가발전의 담론과 결합하여 강한 민족주의적 열망을 만들어낸다. '황빠'들의 민족주의적 열망이 얼마나 강한 것인지 어느 30대 남성은 다음과 같이 말한다.

황우석 지지자 C 지금 상황에서는 만약에 미국 사람이 그랬다면 저는 지지하지 않았을 거예요. 우리나라 사람이었기 때문에 지지를 하는 것이죠. 황우석 박사가 아니라 노성일 원장이었더라도 그를 지지했을 겁니다. [중략] (우리나라가) 미국이라는 거대 나라의 지배하에 있다는 사실을 아실 거예요. 김 박사님(필자)도 코쟁이들(미국인들)한테 쌓인 게 있잖아요. 사실 민족주의를 완전히 버릴 수 없는 상황이라고요. 우리 세대까지만 하더라도, 지금 영어를 자연스럽게 일상에서 쓰고 있긴 하지만 혈연이라는 것은 어쩔 수 없지요. 가족애라는 게 밉다가도 한번 웃고 모여서 어써고써쩌고하면 화해가 되고 하듯이 민족이라는 것 또한 잠재의식 속에 살아 있는 것 같아요.

'황빠'들의 민족주의는 황우석 지배지식동맹이 만들어낸 비전과 희망의 담론에 영향을 받았다. 황우석은 줄기세포 연구가 한국경제를 견인할 것이라는 발언을 여러 차례 했다. 언론은 줄기세포에 대한 경제주의 담론과 애국주의 담론을 결합시키고 확산시켰다. 정부 또한 황우석을 국가 최고 과학자로 선정했으며 노무현 대통령은 황우석의 실험실을 직접 방문했다. 더불어 정부출연 연구소들은 줄기세포 상용화로 수조 원의 경제적 이익을 낼 수 있다는 정책 담론을 생산해냈다. 이처럼 '황빠'들의 경제적 비전과 희망에 대한 감성은 지배지식동맹의 '약속의 담론'과 맞물려서 형성되었다.

셋째, '황빠'들은 줄기세포를 이용한 난치병 치료에 강한 믿음을 드러낸다. 척수장애인 아들을 둔, 이 장의 서두에 소개된 40대 중반의 남자는 아들의 병을 고치려고 줄기세포 연구에 관심을 가지게 되었다. 그는 성체줄기세포에 의한 치료에 한계가 있다고 판단했고, 배아줄기세포의 가능성 때문에 황우석을 알게 되었다. 나는 황우석이 어느 TV 프로그램에 나와서 장애인인 강원래 씨를 일으켜 세우고 싶다고 말한 것은 하나의 기만 또는 과대포장이 아니냐고 질문했다. 그러자 그는 "장애아를 둔 부모로서 그걸 기만이라든지 과대포장이라고 생각지 않는다"고 말했다.

황우석을 비판하는 사람들은 (황우석이) 장애인이나 그들의 부모를 심하게 이용했다는 말을 하는데요?

황우석 지지자 A 절대 아닙니다. [중략] 줄기세포 연구가 상용화되기까지 20년 내지 30년이 걸린다고 했는데, 저의 아이도 장애인이고, 제가 장애인협회 회장님부터 시작해서 장애인 부모님들을 많이 만나봤는데,

절대로 이용당했다고 얘기 안 합니다.

위의 인용에서 주목할 점은 '황빠'들이 황우석의 난치병 치료에 대한 비전을 진실/거짓의 이분법으로 보지 않는다는 점이다. 황우석은 환자들을 속인 것이 아니며, 그의 약속은 아직 실현되지 않았을 뿐이다. '황빠'들의 마음은 현재에 있는 것이 아니라 증명될 수 없는 미래에 있다. 따라서 '현재의 진실'을 가리는 일종의 이데올로기가 '황빠'를 조정하는 것이라기보다는 줄기세포 연구의 '미래의 가능성'이 '황빠'를 움직이게 한다. 즉 '황빠'들은 '현재' 황우석의 논문 조작에도 '불구하고' 황우석의 기술이 가져올 '미래'의 가치를 중시하는 것이다. 미래는 현재를 구성하는 힘이며, 특히 줄기세포에 대한 희망과 기대를 포기할 수 없기 때문에 현재의 연구는 계속되어야 한다고 '황빠'들은 주장한다. 이것이 한국 국민 4분의 3이 황우석 사태 이후에도 황우석에게 연구기회를 줘야 한다고 생각하는 중요한 이유였다.[17] 하지만 황우석의 희망과 비전의 정치는 한국만의 특성이 아니라 현대 생명공학이 지니는 일반적인 특성이기도 하다. 사라 프랭클린과 니콜라스 로즈가 말하는 것처럼 희망(난치병을 고칠 수 있다는 희망)과 두려움(과학의 발전과 개입이 없이 가만히 있으면 난치병을 고칠 수 없다는 두려움)의 감성적 생산은 현대의 바이오정치(biopolitics)와 바이오경제(bioeconomics)의 작동을 가능하게 하는 주요 담론적 기제다.[18]

---

17) 《중앙일보》와 미디어다음이 수행한 2007년 1월 여론조사에 의하면 황우석에게 줄기세포 연구기회를 한 번 더 줘야 한다는 응답이 전체의 76.8퍼센트를 차지했다. 이여영, 〈"황우석에 다시 연구 기회를" 76.8%〉, 《중앙일보》 2007년 1월 28일.

18) 세계 각국의 정부와 기업은 천문학적 규모의 돈을 생명공학 연구에 투자하고 있다. 정부

넷째, '황빠'들은 반황우석 세력이 황우석을 무너뜨리는 과정에서 절차적 정당성을 상실했다고 생각하며, 황우석은 부당한 과정의 희생양이라고 주장한다. 40대 초반의 한 남성은 우리 사회가 부당하게 한 개인을 매장시키려는 것에 대한 분노로 황우석을 지지한다고 말한다. 그는 MBC와 언론의 '황우석 죽이기'가 철저한 진상규명이 선행되기 전에 일어났으며 절차적으로 잘못되었다고 주장한다. 그는 〈PD수첩〉의 보도윤리 문제에 대해 비판했고, 자신의 이익을 위해서라면 누구라도 죽일 수 있는 언론에 대해 개탄했다.

> **황우석 지지자 C** MBC가 (황우석 박사의) 논문 조작의 진실성, 연구자의 진실성을 따지자면 (시작부터) 밝혔어야지. 원래 1, 2탄 있다는 얘기는 없었습니다. 분명히 1탄으로 죽일 생각이었습니다. 근데 국민적 반발이 엄청나고, 그걸로 죽이지 못하고, YTN이 반대 취재를 하니까…… 제 상식으로는 그 자체도 이해를 못해요. 무슨 언론이라는 게 '저 새끼 죽이려고 대비해놔', '1탄 만들어놨다가 안 되면 2탄' 이런 건 아니죠. 진실을 밝히기 위한 목적이었다면 저 같으면 (처음부터) 다 (공개)해라 아니면 아예 공개를 안 했을 것 같아요. 1탄, 2탄, 3탄 준비돼 있다, (다 공개)할 거다…… 이런 것도 아니고 말이야. 딱 터뜨리고 이 사람이 안 죽으니까 2탄을…… 그 자체도 잘못된 것 아닙니까?

이 40대 남성처럼 황우석 사태 이후 황우석의 갑작스러운 몰락이

정책은 공공연구비 지출의 정당성을 획득하기 위해 끊임없이 생명공학에 대한 비전과 희망의 담론을 만들어내고, 생명공학 기업들은 투자자를 끌어들이고 주주들의 지지를 받기 위해 생명공학이 가져다줄 거대한 미래의 가치를 설파한다.

부당하게 느껴져서 황우석 지지운동에 뛰어든 사람이 상당수 존재한다. 그의 몰락은 너무나 갑작스러운 것이었으며, 절차적으로 정당하지 못했다고 '황빠'들은 주장한다. 많은 논문 조작 사건이 상당한 기간의 조사를 거치거나 재연 기회가 주어졌지만, 그에게는 그런 기회가 없었다고 개탄한다. 공동의 책임을 져야 하는 지배지식동맹, 특히 노성일·문신용·섀튼은 황우석에게 등을 돌리고 자신들의 살길을 찾기에 정신이 없었다고 비판한다. 마치 멜로드라마처럼 벌어진 이 사건에서 이들은 배신자이며 황우석은 희생자로 여겨졌다. 너무나 극적으로 나락으로 떨어진 과학자에 대한 연민은 '황빠'의 마음을 움직이는 중요한 요소다.

—

황우석 지지자들의 형성과 활동

황우석 지지자들의 활동은 활동공간의 측면에서 크게 온라인과 오프라인으로 나눌 수 있는데, 이 두 활동은 서로 긴밀하게 연결되어 있다. 지지활동은 온라인에서 시작되어 각종 집회, 시위, 지지자 모임, 황우석 공판 참가, 운동회 등의 오프라인으로 확대되었다. 우선 이들의 온라인 활동을 살펴본 다음 오프라인 활동에 대해 알아보자.

황우석 지지자들은 2005년 11월과 12월 사이 인터넷 사이트인 '아이러브황우석(cafe.daum.net/ilovehws, 이하 알럽황)'을 중심으로 모여들었다. 이 사이트는 향후 황우석 지지 카페의 분화와 진화에 커다란 영향을 미친 가장 중요한 인터넷 커뮤니티 중의 하나다. '알럽황'은 황우석의 측근으로 알려진 윤태일 씨가 카페지기를 맡아서 2004년 6월

8일 공식적으로 개설되었다. 황우석 사태가 본격적으로 시작된 2005년 11월 이전까지는 회원 수도 적었고 올라온 글의 총 개수가 1,500개(자유게시판)를 넘지 않았다. 2005년 11월 1일부터 2005년 11월 21일까지는 약 180여 개의 글이 올라왔다. 그러나 황우석과 관련된 〈PD수첩〉의 제1탄 '황우석 신화의 난자 의혹'이 방영된 2005년 11월 22일부터 이 사이트의 회원 수와 활동이 폭발적으로 증가했다. 12월 19일에는 회원수가 8만 명을 넘어섰다. '알럽황'은 2005년 12월까지만 해도 온라인 활동이 주를 이루었으며 인터넷을 통해 〈PD수첩〉 광고 중단 압력, 1천 명 난자 기증의사 전달식과 진달래 꽃길 행사, 여론전 등을 주도했다.

이 과정에서 커뮤니티의 많은 회원이 집단 집회를 요구했으나 운영진은 이를 받아들이지 않고 집회를 요구하는 글을 삭제하거나 그런 주장을 하는 회원을 강제 퇴출(강퇴)했다. 오프라인에서의 활동과 집회의 요구가 받아들여지지 않자 '알럽황'의 회원들은 '황우석을 지지하는 네티즌 연대(cafe.daum.net/damnmbc, 이하 황지연. 2005년 12월 4일 개설)'를 만들고 2005년 12월부터 2006년 3월 1일까지의 집회를 주도했다. 이와 동시에 '알럽황'에 동의하지 않거나 그들이 포괄하지 못하는 이슈들을 중심으로 다른 인터넷 커뮤니티가 만들어지고 지역별 지지자 모임도 생겨났다. 이처럼 '알럽황' 중심의 인터넷 지지운동은 2005년 12월과 2006년 1월을 기점으로 붕괴되고 황우석 사태와 관련된 여러 조직이 백가쟁명식{황우석을 지지하는 네티즌 연대, 황우석 지지 국민연대(약칭 황지국, 후에 황우석 지탄 국민연대로 변경), 황우석 지지 경기남부연합(약칭 남부군), 어게인황우석, 황우석 지킴이 불자모임(약칭 황지불), 황우석지지 광주모임(약칭 황지광), 민초리(시민의 눈초리+

회초리)〉으로 나타났다. 이와 같은 단체들 외에 '황우석과 함께하는 부산시민연대', '황우석 지지 전주전북모임', '황우석을 지지하는 기독교인 모임(약칭 황기모)', '황우석을 지지하는 문학인 연대', '황우석 팀 연구 재개 촉구 교수 모임', '황우석 산악봉사단', '황우석 교수 살리기 국민운동본부(약칭 황국본)', '점프리' 등 수십 개의 인터넷 커뮤니티가 2006년에 생겼다.

인터넷에서의 활동은 다양했다. 초기에는 '알럽황'을 중심으로 MBC 〈PD수첩〉과 MBC 〈뉴스데스크〉 광고 중단 압력이 이루어졌고, 2005년 12월부터 2006년 3월 1일까지 '황지연'을 중심으로 집회에 대한 논의가 이루어졌다. 또한 인터넷을 통해 황우석 사태와 관련된 수많은 정보의 교류, 반황우석 세력에 대한 성토, 황우석 사태와 관련된 각종 음모론, 애국주의에의 호소, 회원들끼리의 싸움과 갈등, 앞으로의 전략, 친황우석 관련 홍보물 제작·집회·시위·학술 세미나, 각종 행사에 대한 선전과 공지 등이 이루어졌다. 이들 인터넷 커뮤니티의 특징 중 하나는 황우석을 비판하는 의견이 묵살된다는 점이다. 그런 글들은 삭제되고 글을 쓴 회원은 강퇴를 당했다. 또한 확인되지 않은 사실과 추측 들이 난무하여 정보의 정확성을 담보하지 못하는 경향이 있다. 줄기세포 연구와 관련된 내용을 이해하기 위해서는 전문적인 과학지식이 필요하다는 점과 황우석 팀 연구와 관련된 사람들이 수십 명에 달해 전체를 파악하기가 대단히 어렵다는 점도 이런 경향에 영향을 미쳤다.

집회는 주로 광화문 근처와 청계천 일대에서 이루어졌는데, 2006년 3월 1일 이전에는 수천 명이 보이다가 3월 1일 세종문화회관 앞 시위에서는 최대 규모의 집회가 이루어졌다(황우석 지지자 측 주장 2~

3만 명, 경찰 추정 4천 명). 황우석이 검찰의 조사를 받기 시작한 3월 2일 부터 조사결과 발표가 있던 5월 12일까지는 서울 서초구에 위치한 검찰청 앞에서 수십 명에서 수백 명에 이르는 황우석 지지자들이 시위를 했다. 그 이후에도 2006년 8월 15일 '과학기술 독립 선포의 날'이라는 주제로 광화문 세종문화회관 앞에서 집회를 가지는 등 각종 집회가 황우석 지지자 중심으로 지속적으로 이루어졌다. 또한 여의도 MBC·KBS 앞과 청와대 앞에서 1인 시위가 계속되었다.

이들은 집회에서 피켓과 만장기로 의사를 표현했다. 이들의 구호 내용은 민족주의에의 호소, 음모에 빠진 황우석, 줄기세포 원천기술 확보, 한학수·정명희·정연주·정운찬 등의 매국노 척결, MBC의 폐쇄, 한학수 PD와 문형열 PD 간의 토론회 요구, 황우석 사태의 진실 규명 등을 요구했다. 다음은 피켓이나 스티커, 만장기 등에 사용된 문구들의 일부분이다.

- 황우석 박사님, 당신이 대한민국의 진정한 과학자이십니다
- 황 박사님은 음모에 빠진 것입니다
- 줄기세포 국부 유출, 정부는 책임져라
- 줄기세포 있다는 '문형열(KBS팀)' 없다는 '한학수(MBC팀)' 공개토론 촉구한다
- 매국 언론, 조폭 언론 MBC를 폐쇄하라
- Pride of Korea!(황우석 박사 사진과 함께)
- 원천기술 재연하여 줄기세포 검증하자
- 국민 여러분, 환자 맞춤형 줄기세포는 우리 대한민국의 기술입니다
- 우리 특허 못 지키면 검찰도 매국노다

다른 집회와 달리 특이한 시위방법은 일명 '카퍼레이드' 시위다. 황우석 지지자들은 차량행진대라는 팀을 구성하여 통상 토요일 낮에 위의 문구들로 이루어진 스티커와 깃발, 태극기 등을 차에 매달고 서울 또는 지방의 도심에서 선전전을 펼쳤다. 나도 직접 차량행진대에 끼어 이들의 활동을 참여 관찰했다. 차량행진대는 큰 확성기가 있는 차량을 중심에 두고 황우석의 연구에 대한 지지를 시민들에게 호소했다. 큰 집회 때 50~100대까지 동원되어 사람들의 이목을 집중시켰다. 지지자들은 집회와 시위뿐만 아니라 생명윤리, 줄기세포 연구와 관련된 학술대회나 심포지엄에 참가하여 자신들의 의견을 피력했다. 내가 현장조사를 통해 경험한 바로는 전문가들을 제외하면 이러한 학회에 참여한 일반시민의 대부분이 '황빠'들이었다. 이들은 또한 생명윤리법 개정 과정에서 황우석 연구팀에 유리하도록 로비 활동이나 시위를 벌였다.

황우석 지지활동을 이해하기 위해서는 황우석 지지세력의 집단역학을 이해할 필요가 있다. 황우석 지지자들의 모임이 온라인에서 본격적으로 형성되었을 때는 '알럽황'이 구심점이었다. 앞에서도 설명했듯이, 이 인터넷 커뮤니티의 운영진은 회원들의 집회와 시위 요구를 삭제하거나 그런 회원을 강제 퇴출함으로써 반발을 불러일으켰다. 이에 격분한 일부 회원은 커뮤니티의 카페지기(최고운영자)인 윤태일 씨(닉네임 '빈주')를 황우석 지지세력과 황우석을 분열시키려는 '프락치'로 공격했고 여러 방법을 통해 위협을 가했다. 이런 과정에서 여러 개의 친황우석 인터넷 커뮤니티가 생겨났다.

여러 단체 중에서 2005년 12월부터 2006년 3월 1일까지의 오프라인 활동을 주도한 것은 '황지연'이었다. 하지만 '황지연' 중심의 결집은 2006년 3월 1일 광화문 집회를 계기로 붕괴되었다. '황지연' 측은 황우석 지지를 표명하되 평화로운 축제 분위기에서 집회가 이루어지기를 원했다. 연단이 만들어지고 연사들이 나와서 황우석 지지를 호소하는 동시에 노래를 부르고 불꽃을 터뜨리는 등 애초의 기획대로 되는 듯했다. 그러나 좀 더 전투적인 집회를 원했던 일부 회원은 지금 한가로이 노래를 부르며 불꽃이나 터뜨릴 때냐고 강력하게 항의했다. 다음 날(2006년 3월 2일) 황우석은 조사를 받기 위해서 검찰로 출두할 예정이었다. 일부 강경 지지자들은 연단을 장악하려 격렬한 몸싸움을 하기도 했으며, 마이크를 빼앗고 도로의 일부를 점거했다. 이들은 MBC로 쳐들어가자는 강경한 제안까지 했다. 집회가 끝나고 난 뒤 강경파들은 이 집회를 후원한 Q씨를 다시 프락치로 지목했다. Q씨의 사주에 의해 3·1절 집회가 김빠진 사이다 꼴이 되었으며 적을 눈앞에 두고도 돌아서야 했다고 비판했다. Q씨를 두둔하는 황우석 지지세력도 프락치나 프리메이슨 등으로 몰려 황우석 지지세력은 내부음모론에 휩싸인다. 이와 더불어 방향성과 방법론이 맞지 않는다든가 개인적인 문제로 갈등관계에 있는 회원들을 프락치·알바·프리메이슨 등으로 몰아 회원 간의 불신이 팽배했다. 회원들끼리 서로를 협박하는 과정에서 고소와 고발이 여러 차례 있었고, 개인적으로 벌인 물리적인 싸움도 몇 건 있었다. 이런 과정에서 '황빠'들은 급격하게 흔들렸으며 황우석 지지세력은 구심점을 잃었다.

2006년 3월 1일 이후에 세 가지 문제가 황우석 지지운동의 흐름에 중요한 영향을 미쳤다. 그중 하나는 2006년 3월 2일부터 검찰조사를 받기 시작한 황우석의 변호사 선임에 관한 것이었다. 일부 핵심 지지자들은 황우석이 지명한 변호사 대신 이름이 잘 알려진 Z 변호사로의 교체를 요구했다. Z 변호사는 끝내 황우석 측 변호사로 선임되지 않았지만, KBS 측을 상대로 문형열 PD가 제작한 '섀튼은 특허를 노렸나(가제)'에 대한 정보공개 청구소송을 주도했다. Z 변호사는 불교방송에 나와 황우석 사태에 음모가 있다고 주장했다. Z 변호사가 기존 변호사를 교체해야 한다고 줄기차게 주장했지만 황우석이 이를 받아들이지 않자 Z 변호사 측을 옹호하는 황우석 지지자들과 그렇지 않은 지지자들 사이에 분열과 갈등이 생겨났다.

또 다른 중요한 사건은 '황우석 지지 국민연대'가 2006년 4월에 '황우석 지탄 국민연대'로 명칭을 바꾸어 황우석 지지를 철회한 것이다. 더 나아가 이 단체는 황우석을 과학 사기꾼으로 규정하고 강력한 법적 처벌을 요구했다. '황지국'의 입장 변화는 언론에 의해 대대적으로 보도되었고, 황우석의 정당성에 의문을 가지는 사람들의 수를 늘리는 데 한몫했다. 이와 같이 내부 프락치론과 음모론, 변호사 선임 문제, 지지자들의 지지 철회 등의 문제로 황우석 지지운동은 분열과 갈등을 거듭하며 통일된 조직을 꾸리지 못한 채 수십 개의 단체로 나뉘었다.

이런 과정을 거치면서 하나의 지지단체가 주도권을 장악하는 상황은 사라졌다. 합동집회나 시위, 황우석의 연구 재연기회 보장을 위한 1백만 명 서명운동, 정해준 씨 추모제 등은 한 단체가 주도하지 않고 협의를 거쳐 민주적으로 이루어졌다. 이런 공동협의체 방식은 단체들의 합의를 이끌어내는 데 상당한 노력과 시간을 필요로 한다. 단체끼리의 갈등 때문에 이런 공동협의에 참여하지 않는 단체들도 있었다. 황우석 지지운동의 구심점이 없고 서로가 주도권을 쥐려고 하기 때문에 운동의 효율이 떨어진다는 지적이 많았다. 이러한 상태에서 황우석 지지단체들은 사안별로 협력하거나 아니면 독자적으로 온라인과 오프라인에서 지지활동을 진행했다.[19]

음모의 문화

황우석 사태는 왜, 어떻게 발생했을까? 김선종은 왜 무모하게 줄기세포 섞어심기를 했을까? 자신이 직접 참가한 2004년《사이언스》논문도 조작임을 제보자는 몰랐을까? 황우석은 왜 그렇게 서둘렀으며, 줄기세포 부풀리기를 지시했을까? 무명의 박사과정 학생과 농사짓는 과학도가 발견할 정도의 오류를《사이언스》는 왜 발견하지 못했을까? 검찰 수사결과와 서울대학교 조사결과가 발표되었지만 이런 의문들은 여전히 풀리지 않는다. 황우석 사태는 한국사회의 위기를 초래했으며, 이러한 위기는 설명을 요구한다. 황우석 사태와 같은 큰 사회적 사건에 대한 원인규명과 설명은 우리의 가치, 그리고 정체성과 연관된다. 하지만 이런 중대한 사건은 단일한 의미보다는 경쟁적인 의미들을 만들어낸다. 황우석 사태를 바라보는 대립되는 의견과 해석 들 속에서 '황빠'의 '음모론'은 황우석 사태를 설명하는 하나의 방식이다.

여기서 중요한 점은 음모론의 배경에 뿌리 깊은 불신의 문화가 존

---

19) '황빠'들을 묶어주는 공통의 요소는 당연히 '황우석 지지'다. '황빠'들의 분열은 운동의 방식과 전략의 차이, 음모론에 대한 이해의 차이, 리더십과 인간관계의 차이에서 비롯된다. 이후에 설명하는 음모의 문화와 책임전가의 정치는 거의 모든 '황빠' 진영에 공통적으로 적용되는 현상이다.

재한다는 것이다.[20] 이것은 황우석 사태의 발생 과정에서 보여준 사회체제의 질과 관계가 있다. 정부·언론·과학계 등으로 이루어진 지배지식동맹의 미숙과 착오가 황우석 사태를 혼란으로 빠뜨렸으며, 불신·모호함·불확실성이 증가하고 개방성·공정성·연대성은 깨져버렸다. 신뢰의 상실은 곧 정치·사회 체제가 그만큼 건실하지 못하다는 증거다.[21] 결과적으로 논리에 기반을 둔 정치적 담론의 정당성이 결여되고 스캔들·소문·음모 등으로 대체되는 '무드정치(mood politics)'가 지배적으로 작용한다.[22]

'황빠'의 음모론은 다양하다. 스케일을 기준으로 삼았을 때 두 가지로 분류할 수 있는데, 지역적이고 작은 규모의 음모론(petty conspiracy, 국내 음모론)과 글로벌 음모론(global conspiracy, 국제 음모론)이 있다. 전자는 서울대학교 의대 카르텔 음모론, 삼성 음모론 등과 같이 한국의 엘리트 세력들이 자신들의 이익을 위해서 황우석을 축출하려 했다는 논리다. 후자는 프리메이슨·미국·유대인·국제금융자본들이 개입하여 한국의 줄기세포를 훔치려 했다는 분석이다. 하지만 고준환 교수처럼 국제 음모론과 국내 음모론을 연결시키는 사람도 있다.[23] 황우석 사태는 프리메이슨의 보이지 않는 계획에 의해 이루어졌으며 국내 세포응용연구사업단과 서울대학교 의대 카르텔이 연계한

20) Mark Fenster, *Conspiracy Theories: Secrecy and Power in American Culture*, Minneapolis. MN: University of Minnesota Press, 1999.

21) Claus Offe, "How can We Trust our Fellow Citizens?" in Mark Warren(ed.), *Democracy and Trust*, Cambridge: Cambridge University Press, 1999, p. 70.

22) Lawrence Grossberg. *We Gotta Get Out of This Place: Popular Conservatism and Postmodern Culture*, London: Routledge, 1992, p. 277.

23) 고준환, 《덫에 걸린 황우석》, 답게, 2006.

음모라는 주장이다. 황우석 지지자 중에는 이 전체를 믿는 사람들이 있고, 프리메이슨을 빼고 국내 부분만 믿는 사람들이 있다. 하지만 시간이 지나면서 국제 음모론보다는 국내 음모론을 믿는 '황빠'들이 많아졌다.

'황빠'들에게는 거의 모든 사람이나 세력이 신뢰할 수 없는 존재다. 왜냐하면 황우석은 가장 가까운 김선종과 제보자 K에게 배신을 당했고, 섀튼 또한 다른 목적으로 그에게 접근한 것이라고 믿기 때문이다. 정부와 언론도 한순간에 등을 돌렸으니, 세상에 정말 '믿을 놈하나 없다'는 것이 이러한 음모론의 전파와 관계가 있다. 심지어 '황빠'들 내부에 알바, 프락치, '국물'(자신의 이익을 위해 황우석 지지운동에 뛰어든 사람)이 있다는 소문이 허다하다. 정황이나 사건이 불확실하고 혼란스러울 때 이런 소문은 더욱 전파되기 쉽다.[24] 음모론이 일어나는 또 다른 이유는 황우석 사태가 너무 복잡하고 이해하기 어려운 사건이기 때문이다. 30대 여성 지지자는 음모론이 생기는 이유를 이렇게 설명한다.

황우석 지지자 D 저는요, 당시는 프리메이슨 얘기도 나왔고…… 여러 가지 (음모론이) 한 번씩 나왔을 때 슬쩍슬쩍 현혹은 됐어요. 하지만 지금까지 쭉 지내오면서 음모론은 없다고 봐요. [중략]

그러면 왜 이렇게 음모론이 황우석 지지자들 사이에서 여러 가지 버전으로 퍼진다고 생각하세요?

---

24) Arnold Goldstein, *The Psychology of Group Aggression*, West Sussex, England: John Wiley & Sons Ltd, 2002, p. 47.

황우석 지지자 D 그건 간단해요. 진실 하나가 있기 때문이죠. 줄기세포 기술이 있는데도 나라에서 못 하게 하고, 다 말살시키고, 사람 다 죽여놓고…… 있는데 못 하게 하니까 '이건 뭔가 있다'라는 음모론이 생겨난 거죠. 소설들이 쓰인 거죠. 너무 이상하니까. [중략]

(다시) 음모론으로 돌아가서, 음모론이 없다고 하셨잖아요?

황우석 지지자 D 조금 있죠. (웃음) 없다고 보는데, 그래도 조금 있다고 보는 건 뭐냐 하면 서울대학교 의대와 수의대, 수의사와 의사의 자존심(싸움)…… 박사님 연구는 분명히 병원이 망할 만한 연구가 많이 진행되고 있어요.

나는 이 지지자에게 국내 음모론의 증거가 있느냐고 물어보았다. 물론 심증은 있으나 물증이 없다는 대답이 돌아왔다. 많은 지지자가 서울대학교 의대와 세포응용연구사업단 음모론과 MBC와 연계된 삼성 음모론을 말할 때마다, 증거가 있느냐고 물으면 대부분은 없다고 답했다. "증거가 있으면 지금 이러고 있겠어요? [중략] 제가 그걸 밝힐 정도의 위치에 있는 사람이면 지금 이러고 있겠느냐고요. 어디 가서 한자리 하고 있겠지". 음모론의 형성에 대해 위에서 인용된 "너무 이상하니까"라는 말은 의미심장하다. 황우석 지지자를 포함한 많은 사람에게 있어 황우석 사태는 어떻게 일어났는지 도저히 '이해할 수 없는 그 무엇'이다. 한국과학계, 언론, 권력기관(청와대와 국정원), 그리고 세계과학계가 어떻게 조작을 모를 수가 있었을까? 영웅으로 추앙받던 한 과학자가 어떻게 갑자기 국가적 망신의 대상으로 전락해버렸을까? 과연 황우석 연구팀의 술기세포 연구기술력이 세계적 수준인가? 섀튼은 왜 먼저 특허를 신청한 것일까? 의문이 꼬리에 꼬리를 문다. 바로 여기에 음모론의 핵심이 있다.

　음모론은 해답 대신 끊임없는 질문을 양산한다. '황빠'들은 음모론을 설명하기 위해 다양한 종류의 정보를 모은다. 섀튼·노성일·문신용·정운찬·김선종, 프락치로 의심되는 위장 '황빠'들, 삼성과 이건희, 프리메이슨 등 이들의 배후를 열심히 알아본다. 그들은 세계 금융시장의 동향을 파악하고 줄기세포에 대해서도 박식한 듯 보인다. 하지만 아도르노가 지적했듯이, 이들은 '통찰 없는 박식함(semi-erudition)'의 상태일지도 모른다.[25] 통찰 없는 박식함이란 많은 사실을 알고 있긴 하지만 종합적인 판단력과 이해력, 그리고 현상에 대한 지적 통찰이 부족한 상태를 말한다. 인터넷과 미디어가 쏟아내는 황우석 사태에 대한 수많은 사실을 황우석 지지자들은 알고 있다. 사실 나는 그들로부터 많은 자료를 얻었다. 예를 들어 줄기세포 연구의 해외 동향, 국가생명윤리심의위원회의 위원 명단과 분야별 전문위원회 위원 명단, 황우석 신뢰에 대한 여론조사 결과, 줄기세포 연구와 관련된 각종 학회에 대한 정보 등이다. 하지만 심층 인터뷰한 황우석 지지자들 중 황우석 사태 이해의 핵심자료로서 《사이언스》에 발표된 2004년과 2005년 논문, 서울대학교 조사위 보고서, 검찰 수사결과를 자세히 읽어본 사람은 거의 없었다.[26] 줄기세포 연구에 대해 많은 것을 알고 있으면서도 이것을 종합적으로 연결하지 못하고 음모론에 빠지는 것을 통찰 없는 박식함의 상태라고 하겠다. 이것은 곧 황우석 사태의 원인

---

25) Theodor Adorno, *The Stars Down to Earth*, London: Routledge, 1994, p. 161.

26) 황우석 지지자 중 최고의 이론가로 꼽히는 W씨는 예외라고 할 수 있다. 나는 그의 의견과 해석을 존중하나 여러 부분에서 동의하지 않는다.

을 다른 곳에서 찾으려는 시도로 이어진다.

따라서 음모론은 곧 '연결에의 의지(will to connect)'다.[27] 이것은 다양한 사건이 일련의 패턴을 가지고 있다고 가정하고 그것을 관통하는 질서나 논리를 찾으려는 욕망이다. 모든 음모론의 특징은 분절된 현상을 일으키는 원인이 존재한다는 가정에서 출발한다. 9·11 사태를 음모론으로 해석한 다큐멘터리 영화 〈루스 체인지(Loose Change)〉는 누군가의 치밀한 계획에 의해서 사건이 일어났으며 모든 현상은 우연이 아니라 그 계획의 필연 안에서 일어난다고 주장한다. 모든 사건은 이제 질서정연한 논리체계를 이룬다. 고준환 교수는 황우석 사태를 프리메이슨과 미국정부, 새튼과 연결한다. 국내 음모론을 주장하는 사람들은 문신용·노성일·정운찬·서정선 등 경기고-서울대학교 라인과 세포응용연구사업단을 연결시킨다. 어떤 지지자는 이들의 배우자들이 졸업한 모 여자대학교를 지목하여 연결고리를 만든다. 이렇게 해서 모든 것은 연결되고 음모론은 확실한 근거를 갖게 된다. 여기서 모든 우연적인 요소는 필연이 되는 것이다. 이해되지 않는 것은 보이지 않는 무엇에 의한 것임에 틀림이 없다. 그런데 위에서 보았듯이 음모론은 음모를 계획하는 세력의 이익이나 권력에 도움이 된다는 논리를 가지고 있다. 즉 황우석 죽이기는 프리메이슨이나 미국, 서울대학교 의대나 삼성의 이익과 권력에 부합하는 것이라고 황우석 지지자들은 믿는다. 이것이 바로 내가 주장하는 사회과학주의(social scientism)의 전형이다.

---

27) Martin Parker, "Human Science as Conspiracy Theory", in Jane Parish and Martin Parker(eds.), *The Age of Anxiety: Conspiracy Theory and the Human Sciences,* Oxford: Blackwell Publishers, 2001, p. 204.

과학주의(scientism)가 과학적 논리나 방법론이 통하지 않는 곳에 무리하게 그것을 적용하는 것이라면, 사회과학주의는 사회과학적 개념이 적용되지 않는 곳에 그 개념을 무리하게 적용하는 방식을 말한다. 사회과학적 설명방식 중 가장 자주 등장하는 것이 이해관계와 권력관계다. 즉 황우석 지지자들은 황우석 사태를 이해하기 위해 과학적 사실관계에 초점을 맞추기보다는 권력관계와 이해관계에 초점을 맞춘다. 따라서 그들은 황우석 사태가 일어난 구체적인 과학기술적 관계들을 보지 않는다. 그 모든 물질적 현상도 사회적 관계로 설명될 수 있는 것이다. 이와 함께 사건의 우연성 또는 비결정성에 대해 등을 돌리고, 사건의 이면에 숨어 있는 무언가를 더 중요하게 부각시킨다. 이것은 피터 나이트가 말하는 '뒤를 캐는 논리(behindology)'의 일종이다.[28] 나이트는 음모론과 사회과학의 유사성에 주목한다. 카를 마르크스는 역사발전의 동력으로 계급투쟁을 들고 나왔다. 그것은 당시 표면화되지 않은 문제였다. 애덤 스미스는 시장을 '보이지 않는 손'이라는 개념으로 설명한다. 에밀 뒤르켐은 사회현상을 '보이지 않는 집단적 규범과 힘'에서 찾는다. 이처럼 사회과학의 특징 중 하나는 현상과 원인이 연결되어 있으며, 원인은 우리의 등 뒤에서 작동한다는 설명방식을 취한다. 이것이 음모론과 사회과학적 설명방식이 유사한 이유다.

여기서 짚고 넘어가야 할 점은 음모론을 믿는 것이 곧 스톡홀름증후군, 인지부조화, 광신도를 의미하는 것은 아니라는 사실이다. 9·11 사태를 음모론으로 보거나 존 F. 케네디 암살의 배후에 음모가 있다

---

28) Peter Knight, *Conspiracy Culture*, London: Routledge, 2000, p. 230.

고 믿는 사람을 정신이상이나 심리이상이라고 말하지 않는다. 한국 국민 가운데 상당수는 왜, 어떻게 황우석 사태가 일어났는지 자세히 알지 못한다. 음모론은 신뢰할 수 없는 사회체제에서 '너무나 이상한' 사건이 왜 일어나는지에 대한 답이다. 따라서 음모론은 황우석 사태라는 이해하기 힘든 사건을 사회과학주의에 의해 푸는 지름길이다.

책임 전가의 정치

시민의 과학 이해는 인지적인 공간일 뿐만 아니라 정치·도덕적 투쟁의 공간임을 명심해야 한다. 여기서 과학자 사회가 가지는 규범과 일반인이 가지는 규범 사이에 괴리가 존재한다는 사실이 중요하다. 정확하게 말하면 '황빠'들은 황우석 사태라는 스캔들 속에서 논문 조작보다는 책임을 회피하는 세력에 대한 도덕·정치적 공격에 초점을 맞추고 있다. 이들 눈에는 섀튼·노성일·문신용은 배반자이며, MBC 〈PD수첩〉·제보자·강양구 기자는 매국노다. 다른 한편 무수히 많은 비리와 부정으로 얼룩진 한국사회에서 황우석이 논문 조작으로 인해 받은 처벌은 너무나 가혹한 것이라고 '황빠'들은 주장한다. 첫 번째가 줄기세포 연구에 대한 책임의 배분 문제라면, 두 번째는 논문 조작에 대한 책임의 경중 문제다.

우선 지지자들은 줄기세포 논문 조작으로 인해 황우석이 그렇게까지 처벌을 받아야 하는지에 대해 의문을 제기한다. 아울러 황우석이 입은 피해에 비해서 음모를 꾸민 쪽은 그 피해가 미미하거나 없다고 주장한다. 황우석은 서울대학교 교수직에서 해임되었고, 정부의 연구비 지원이 중단되었으며, 무엇보다도 과학자로서의 명성에 치유할 수 없는 상처를 입었다. 30대 초반의 어느 여성 지지자는 황우석의 처벌을 '장 발장이 빵을 훔친 죄로 19년의 옥살이를 한 것'에 비유한다. 지은 죄에 비해 처벌이 너무 가혹하고 부당하다는 것이다. 열성 지지자들은 무엇보다 처벌의 형평성에 대해 분개한다. 황우석과 달리 섀튼은 피츠버그대학교로부터 논문 조작에 가담한 혐의가 없다는 판결을 받았기 때문이다. '황빠'들은 이것이 부당하며, 섀튼이 한국에 와서 조사를 받아야만 전체적인 진실을 밝힐 수 있다고 주장한다. 논문의 주요 부분을 작성하고 황우석에게 연구의 압력을 가한 이도 바로 섀튼이라는 것이다. 황우석 팀의 실험역량이 커지자 섀튼은 자진해서 한국에 와 실험실을 구경했으며, 이를 계기로 가까워졌다고 황우석은 말한다. 이런 발언은 황우석 팀의 줄기세포 연구에 있어 섀튼의 지위와 역할이 막중하다는 것을 의미한다. 섀튼은 황우석 팀의 논문이 《사이언스》에 실리도록 영향력을 행사했는데, '황빠'들은 연구를 진행한 동료로서 섀튼에게도 큰 책임이 있다고 주장한다.

황우석 팀의 줄기세포 연구는 공동연구였다. '황빠'들은 체세포 핵이식에서부터 배반포를 만드는 단계는 서울대학교 수의대 팀이 담당했고, 줄기세포를 추출하는 것은 미즈메디병원이 담당했다고 주장한다. 그러므로 줄기세포가 존재하지 않는다면 미즈메디 측의 잘못이라는 것이다. 김선종은 미즈메디 소속으로, 섞어심기를 통해 황우석 팀을 속였으며, 결국 그의 잘못으로 이 사태가 일어났다고 주장한다. 더 나아가 '일개 연구원이 어떻게 해서 그렇게 과감하고 무모한 짓을 저지를 수 있는가'라는 의문을 제기한다. 분명 김선종의 배후에 누군가가 있다는 게 '황빠'들의 주장이다.

'황빠'들은 서울대학교에 대해서도 비판적이다. 피츠버그대학교는 새튼을 보호했는데 서울대학교는 황우석을 보호하지 않았다. 오히려 정명희 조사위원장은 황우석 팀의 기술수준을 평가절하해서 의도적으로 황우석을 죽이려고 했다고 주장한다. 그들은 서울대학교 정운찬 총장도 황우석을 보호하지 않고 시기와 질투에 의해 황우석을 내쳤다고 주장한다. '황빠'들은 서울대학교 의대 출신들, 특히 문신용 교수는 황우석 사태에 큰 책임이 있지만 그에 상응하는 처벌을 받지 않았다고 주장한다.

황우석 사태는 상당 부분 언론에 책임이 있다고 '황빠'들은 대답한다. 그들은 한학수 PD가 김선종을 미국에서 취재할 때 보도윤리를 위반한 것에 대해 비판적이다. 그뿐만 아니라 '황빠'들은 KBS의 문형열 PD가 새튼의 특허 도용을 방영하려다 KBS의 승인을 받지 못했다는 점에 분개한다(그 프로그램의 가제는 '새튼은 특허를 노렸나'이다). 더 나아가 '황빠'들은 자신들이 황우석을 지지하고 줄기세포 연구에 희망과 기대를 가지는 것은 언론과 정부의 영향 때문이라고 말한다. 약간의 차이가 있긴 하지만 정부와 언론에 대한 비판은 '황빠' 진영과 '황까' 진영 모두에게 공통된 점이다. 황우석과 황우석 사태에 대한 '황빠'들의 견해는 거의 모두 언론과 인터넷에서 얻은 정보였다. 황우석 사태 이후 언론학자들은 질적 방법론에 의한 접근뿐 아니라 양적 방법론을 통해서 황우석 관련 보도를 연구했다. 반현과 최영재는 정량적 방법을 통해 각각 방송과 신문의 황우석 뉴스 프레임을 연구했는데, 황우석 사태 발생 이전의 중심 내용은 '황우석 영웅화'와 '애국주의'였음을 보여준다. 일부 방송과 신문의 머리기사를 인용해보면 다음과 같다.[29]

- '신의 손' 황우석, 질병의 고통에서 인간을 해방시킬 것인가? 병든 세포를 새 세포로 바꾸는 길 열다
- 수백조 원 경제적 가치
- 황우석 교수, "과학자에겐 조국이 있다"
- '또 하나의 산업혁명' 세계 찬사 쏟아져
- 황우석 교수, "난치병 치료 대한민국 이름으로"
- 황우석 교수, 그가 세상을 또 놀라게 했다

황우석 지지 이유를 다룬 부분에서 밝혔듯이, 줄기세포 연구에 대한 '황빠'의 민족주의적 열망과 미래주의적 비전은 언론의 애국주의·경제주의·미래주의 담론의 확산과 연결되어 있다. 흥미롭게도 황우석 사태 이후에 대부분의 주요 언론이 황우석에 대해 비판적이지만 줄기세포 연구는 계속되어야 한다고 주장하고 있다. 영국·미국 등의 줄기세포 연구 진전을 보도하면서 줄기세포 연구는 계속되어야 하며, 여러 가지 형태의 지원이 필요하다고 주장한다. 기회를 놓쳐서는 안 된다는 다급함과 다른 나라에 기회를 빼앗길지도 모른다는 두려움이 주요 담론으로 자리 잡고 있으며, 이러한 감성의 형성은 황우석 사태 이후 생명윤리법 개정운동과 같은 '황빠'들의 집단행동에 그대로 나타났다.

황우석 지배지식동맹의 중요한 축인 정부는 사태를 더욱 증폭시켰으며 '황빠'를 포함한 국민을 혼란스럽게 만들었다. 앞서 설명했듯이

---

29) 반현, 앞의 글, p.191; 최영재, 〈사건 뉴스 프레임의 덫에 걸린 황우석 보도〉, 원용진·전규찬 엮음, 《신화의 추락, 국익의 유령: 황우석, 〈PD수첩〉 그리고 한국의 저널리즘》, 한나래, 2006, pp.235.

황우석 사태 이전에 노무현 대통령은 황우석을 전폭적으로 지원했다. '황빠' 중 한 명은 "국정최고책임자가 황 박사 연구실까지 찾아가서 격려해주고 텔레비전 뉴스에도 크게 나오고, 마치 곧 노벨 의학상을 받을 것처럼 이렇게 했는데"라고 말하며 노무현 대통령의 행보가 황우석 지지에 크게 영향을 미쳤다고 증언했다. 40대 초반의 황우석 지지자는 이렇게 말한다.

40대 황우석 지지자 가장 큰 책임은 정부에 있다고 보고요. 이런 시스템의 오류도 정부가 제대로 했으면 이러지 않았겠죠. [중략] 박기영 보좌관이라든지 이런 사람들이 업무 과다로 인해서 자기가 직접 하지 못했을 수도 있겠지만, 얼마든지 시스템으로 검증할 수 있는 부분이 많이 있었으리라고 생각하거든요. 근데 그러지 못했다는 것이 아쉬워요.

즉 '황빠'들은 정부가 민주적 통제 속에서 제대로 검증할 수 없었던 것이 황우석 사태를 불러온 요인이라고 주장했다. 정부의 줄기세포 연구 거버넌스 실패는 황우석의 줄기세포 연구를 지원하는 과정뿐만 아니라 황우석 사태 이후 책임을 회피하는 과정에서도 계속해서 나타났다.

열렬한 '황빠'에서 이후에 황우석에 대한 강력한 처벌을 요구하는 입장으로 돌아선 '황지국'의 대표 M씨의 설명은 시사하는 바가 크다. 그는 '황까'로 돌아서기 전 황우석을 위해서 "죽는 것도 영광"이라고 생각했고, "황 박사님과 같이 착하고 순수한 사람이 세상에 있나, 신비롭게 느껴지기도 했어요. 예수보다 더 순수한 분이라고 생각했죠"라고 말했던 인물이다. 그는 언론과 정부가 황우석을 국민의 영웅으로 마음에 각인시켰기 때문에 '황빠' 현상이 일어났다고 설명한다.

황우석지탄국민연대 대표 황우석을 지지하는 사람들 중에 비정상적인 사람은 없어요. 모두 정상적인 사람이에요. (하지만) 황우석 이데올로기에 속고 있지요. 언론에 의해 각인이 되어서 안 지워지는 거예요. 현 정권이 각인을 시켰으면 그것을 풀어줘야 하는데 그런 노력도 안 하잖아요. 그것을 풀려면 두 배, 세 배 노력을 해야 하는데 그렇게 하지 않잖아요. [중략] 일반 국민의 능력으로 황우석 사태를 세세히 이해하기는 힘들어요. 언론을 통해서 접근하기 때문이죠. 그전에 언론들이 황우석을 띄우다가 갑자기 아니라고 하니 믿기가 힘들죠. 언론의 잘못이 아주 큽니다. 정부에서 강력하게 나서야 했는데 그렇지도 않았죠.

'황빠'든 '황까'든 언론과 정부의 무책임한 태도는 이해할 수 없는 것이었으며, 이들의 공식적인 사과와 사태 수습이 없었기에 한국사회에 대한 불신이 더욱 증폭되었다.

이 장에서 '황빠'들 자신이 언론과 정부에 큰 영향을 받았다고 고백하는 점을 주목해야 한다. '황빠' 현상은 지배지식동맹(황우석 팀, 언론, 정부와 정치세력, 경제계와 의료계, 황우석 지지자로 이루어진 세력)의 급작스러운 붕괴와 신뢰의 위기로 발생한 사회기술적 현상이지, 단순한 심리적 현상이 아니다. 사회적으로 책임을 져야 할 정부와 언론, 과학공동체의 동맹이 모두 무너진 가운데 '황빠'가 나타났다. 따라서 '황빠'들로부터 "민족의 반역자"라는 비판을 받았고 "밤길 조심해라", "제명대로 못 살 것이다", "언젠가는 내가 너를 손보리라"라는 위협을 받았던 〈PD수첩〉의 한학수 PD조차 인터뷰에서 다음과 같이 말한다.

한학수 PD 저는 개인적으로 황우석 지지자들을 욕할 수가 없어요. 왜냐하면 그분들은 큰 상처를 받으신 분들이기 때문이에요. 가지고 있던 큰 희망이 꺼지면서, 그것이 설령 사실이라 하더라도 믿고 싶지 않은 사실이기 때문에 그만큼 상처가 컸다고 생각되고…… 그래서 생업을 포기하고, 생업을 유지하더라도 그 절반을 여기에 던진 사람(들이잖아요)…… 그래서 이런 분들에게 제가 개인적으로 욕을 할 수는 없고 안타까운 부분이 커요.

4부

4대강 사업과 지식 전사들

7장

4대강 사업의 시민지식동맹

하늘에는 탐스럽게 뭉게구름이 피어올랐고 정면에는 남산타워가 높게 솟아 있으며 오른쪽으로는 넓은 한강이 유유히 흘렀다. 오세훈 전 서울시장이 야심차게 추진했던 '한강 르네상스' 프로젝트의 핵심시설 중 하나인 세빛섬, 그 유리건물이 저 멀리 반포대교 밑에서 햇볕에 반짝였다. 머리 위로는 에어컨 바람이 짱짱하게 나오고 이윽고 주문한 아이스라떼가 나왔다. 섭씨 30도가 넘는 무더운 2016년 7월 말의 한나절을 보내기에 환상적인 장소다. 나는 동작대교 위에 설치된, 언론에서도 한강 최고의 전망을 가진 곳이라고 격찬한 '구름카페'에서 4대강 사업 반대운동의 대표적인 지식인 박창근 교수와 앉아 있다. 가톨릭관동대학교의 토목공학과 교수로 이제는 50대 중반인 그는 지난 10여 년의 4대강 사업 반대운동에도 지친 기색이라곤 찾아볼 수 없는 에너지와 장난기 어린 눈빛을 가지고 있었다. 4대강 사업은 이미 몇 해 전에 끝났지만 그의 임무는 아직 끝나지 않은 듯했다.

동작대교 구름카페로 오기 전 그는 국회에서 발표 및 기자회견을 했고, 나도 그 자리에 참석했다. 정의당의 심상정 대표와 이정미 부대표의 주관으로 열린 이날의 발표에서 그는 지난달에 실시한 4대강 사업 실태 조사결과를 설명했다. 이명박 정부의 4대강 사업 이후 낙동강 수질이 더 나빠졌다며 그는 자세한 과학적 데이터를 제시했다. 11개의 환경단체가 참여한 4대강조사위원회 단장인 그는 수질을 측정하는 대표적인 지표인 BOD·COD·총인 등의 전문용어를 사용해가며 낙동강의 수질을 설명했다.

국회 발표가 끝난 뒤 구름카페로 이동하여 4대강 사업에 대한 전문지식의 역할에 대해서 그와 인터뷰를 진행했다. "토목공학이라는 학문 자체가 정부와 관련이 없으면 성립이 안 되는 학문이거든요. 그러니까 학부 때부터 토목공학을 공부하면서 자연스럽게 친정부적인 의식을 가질 수밖에 없어요"라며 한국 토목공학계의 정부에 대한 맹목적 추종을 강도 높게 비판했다. 4대강 사업 당시 국토해양부 차관으로부터 고위직 제안을 받기도 하고 학회에서 원로 교수들에게 "이 버르장머리 없는 놈!"이라는 욕설도 들었지만 그는 흔들리지 않았다. 4대강 찬성 지식인들처럼 그도 '한자리'를 받았다면 그의 인생은 끝났을 것이라고 말했다. 권력이 주는 달콤한 유혹을 그는 "칼끝 위의 꿀"이라는 은유적인 말로 표현했다. 지식인이 권력과 이익을 좇는 순간 정당성과 권위가 사라진다며 경험에서 우러나온 지혜를 말해주었다.

다음 날 나는 새벽같이 일어나 용산역으로 향했는데, 이른 아침부터 검은 구름들이 서울 하늘을 뒤덮고 장대비를 쏟아부었다. 이날 박창근 교수가 이끄는 4대강조사위원회는 여러 명의 환경단체 활동가와 함께 광주와 전남지역에서 영산강의 수질 오염을 조사할 계획이었다. 광주송정역으로 향하는 KTX 열차 안에서 나는 박 교수의 옆자리에 앉았다. 그는 어제 인터뷰 이후에 서울시청에서 열린 회의에 참석하고 지인들과 밤늦게까지 잔을 기울였다. 기차 안에서 숙면을 취하고 싶었던 그에게 4대강 사업과 관련된 여러 과학적 질문을 던졌다. 그에게는 약간 미안했지만 그가 발표한 자료들을 펼쳐놓고 4대강 논쟁에 대한 과학적 지식을 내가 정확하게 이해하고 있는지 확인하고 싶었다. 그는 친절하게 설명을 해준 이후에 나를 보며 "남의 학문을 공부한다고 고생이 많습니다"라고 말했고, 나는 "사회학은 오지랖이 넓은 학문입니다"라고 응답했다.

두 시간 후에 광주송정역에서 광주·전남 지역의 환경단체 회원들이 우리를 기쁘게 맞았다. 서울과 달리 광주의 하늘은 맑았다. 우리는 이들이 마련한 차를 타고 영산강의 상류지역인 담양댐으로 향했다. 영산강은 담양에서 시작해 목포 아래의 영산강 하굿둑으로 이어지는 137킬로미터의 강으로, 4대강 중 가장 짧은 강이자 식수로 사용될 수 없는 가장 오염된 강이기도 하다. 하루 일정은 담양댐에서 시작해서 승촌보와 죽산보를 거쳐 영산강 하굿둑을 둘러보는 코스로, 모두 4대강 사업의 주요 시설물이었다. 담양댐은 4대강 사업에서 높이를 증축했는데, 발원지에서 나오는 물의 양이 적어 저수량 또한 적었다. 지난 몇 해 동안 물을 방류한 적이 거의 없어 영산강 수질이 계속해서 나빠졌기 때문에 이제는 수문을 열어야 한다고 환경단체 활동가들은 입을 모았다.

담양댐 답사를 마친 다음 광주에서 점심을 먹고 그날 일정의 하이라이트인 승촌보의 수질검사를 시작했다. 광주에서 차로 1시간 정도 가니 영산강을 가로지르는 다리 위로 쌀의 형상을 한 다섯 개의 문이 있고, 그 사이로 차들이 오가는 모습이 들어왔다. 밋진 설계와 웅장한 다리의 정체는 다름 아닌 '보'였다. 4대강 사업 반대 전문가들이 한결

같이 '보'가 아니라 '댐'이라고 주장하는 이유를 '시각적으로' 깨달았다. 나도 일반인들과 같이 '보'를 낮은 높이의 콘크리트 구조물이라고 생각했다.

승촌보 위의 나루터에 도착하니 기자들과 한국수자원공사 관계자들이 진을 치고 있었다. 박창근 교수, 한국수자원공사 관계자, 기자, 환경단체 회원은 보트에 올라탄 다음 물과 개흙을 채취해 각각 채수통과 지퍼백에 넣었다. 그것들은 오염도를 측정하기 위해 서울대학교 실험실로 보내진다. 물을 채취할 때 나루터의 환경단체 활동가들은 "교수님, 좀 더 밑에서 물을 푸세요!"라고 소리치지만 거리가 너무 멀어 박 교수에게는 잘 들리지 않는 모양이었다. 수심이 깊은 물이 오염이 더 심해서이다. 여러 번 이 말을 크게 외치다 소용이 없자 옆에 있던 다른 활동가가 "(박 교수님은) 전문가시잖아. 한두 번 해보셨겠어?"라며 그를 믿고 내버려두자고 했다.

이 조사에서 유일하게 바로 알 수 있는 지표는 용존산소량이다. 물속에 산소가 많아야 물고기들이 살 수 있는데, 이는 강의 오염 정도를 알 수 있게 해주는 중요한 지표다. 한국수자원공사에서 준비한 4천만 원짜리 바이오미터기를 통해서 그 자리에서 바로 용존산소량을 측정할 수 있다. 수십 분간 보트 위에서 바이오미터기를 물에 넣었다 빼는 장면이 목격되었다. 용존산소를 측정한 후에 배가 나루터에 도착하자 기자들이 박창근 교수 쪽으로 몰려들었다. "물고기들이 살 수 있으려면 통상 4피피엠은 되어야 합니다. 그런데 수심 3미터에서 용존산소량이 3피피엠입니다. 수심 4미터에서는 0.7피피엠입니다. 영산강의 수질이 낙동강보다 나쁩니다. 영산강은 죽어가고 있습니다"라고 박창근 교수는 기자들에게 설명한다. 기자들은 그의 말 하나하나에 신경을 곤두세워 받아 적고, 과학적 내용이 잘 이해되지 않는 부분에 대해서 질문을 했다. 박 교수는 수년간 발생한 녹조현상에서 나타난 독성물질인 '마이크로시스틴'을 언급하며 광주·전남 주민들뿐만 아니라 한국 국민 전체가 4대강 사업으로 인한 수질오염으로 위험에 처해 있다고 말했다. 마이크로시스틴! 그 자리에서 이 전문용어를 자신 있게 구사할 수 있는 사람은 박 교수 혼자였다. 그의 과학적 권위와 지식에 누구 하나 토를 달지 않았다. 나는 옆에 있는 한국수자원공사 관계자들(정부 관계자들로서 박 교수와 환경단체의 반대 측에 있는 사람들)에게 다가가서 어떻게 생각하느냐고 몰래 물어보았다. 그들은 "저희는 잘 몰라요. 비전문가라서요……"라며 자신 없이 응답했다.

환경논쟁에서 과학은 대단히 중요하다. 환경문제를 풀기 위해 과학이 종종 동원되기도 하며, 환경에 대한 과학적 사실의 발견은 환경문제를 만들어내기도 한다. 환경논쟁에서 지식정치는 중요성을 가지며, 과학적 논리와 정치적 논리는 뒤얽힌다. 4대강 사업 논쟁은 전문지식을 둘러싼 거대한 투쟁이었다. 4대강 사업 찬성 측과 반대 측 전문가들은 진영을 나누어 다양한 분야에 걸쳐 논쟁을 벌여왔는데 이는 기술·생태·법·경제·문화·행정적 측면들을 포함한다. 4대강 사업과 같은 거대한 국가 프로젝트는 '사회-자연(socio-nature)'의 재구성으로서, 기술적인 논쟁뿐만 아니라 사회적 논쟁과 생태적 논쟁을 수반한다.[1]

4대강 사업을 둘러싼 지식정치는 물의 근대화 및 과학화와 연관

---

1) Karen Bakker, "Water: Political, Biopolitical, Material", *Social Studies of Science* 42(4), 2012, pp. 616~623.; Patrick Carroll, "Water and Technoscientific State Formation in California", *Social Studies of Science* 42(4), 2012, pp. 489~516.

된다. 홍성태는 물의 근대화 과정에서 중요한 사회적 변화 세 가지를 지적한다. 첫째, 상수도의 등장으로 일반인은 물에 직접 접근할 기회가 제한되며 물에 대해 잘 모르게 된다.[2] 이 과정에서 물에 대한 '물리적 거리화와 함께 지식의 거리화'가 이루어진다. 둘째, 물의 전문화 과정이 발생하는데 이것은 물의 생산과 보급이 복잡해지고 관료·전문가·기술적 체계에 의존하게 됨을 의미한다. 일반인들은 이 복잡한 과정을 전문가에게 '위임'하며 이들을 신뢰한다. 셋째, 물에 대한 거리화와 전문화의 결과로써 물의 독점화가 일어난다. 홍성태는 "전문가는 물을 단지 전문적으로 다룰 뿐만 아니라 사실상 물의 생산과 보급을 모두 독점"한다고 말한다.[3] 국가의 물체계는 전문가의 지식·판단·경험에 의존하고 있으며, 관료체계는 전문가체계와 파트너를 이루어 물의 생산과 보급을 독점한다. 홍성태의 지적은 4대강 사업 논쟁이 왜 전문가들 사이의 투쟁으로 이어질 수밖에 없는가라는 구조적인 맥락에 대한 이해를 제시한다. 따라서 이 장에서는 4대강 사업을 둘러싸고 지배지식동맹과 시민지식동맹이 어떻게 형성되는지를 다루고, 다음 장에서는 구체적인 지식논쟁을 살펴본다.[4]

이 장은 다음과 같이 구성된다. 첫째, 4대강 사업이 어떻게 기획되고 진행되었는지에 대해 설명한다. 4대강 사업은 이명박 대통령 개인의 의지로 관철된 프로젝트이다. 행정부 수장의 굳건한 개발의지로 밀어붙인 4대강 사업은 국토를 바꾸는 거대한 규모의 프로젝트였다.

---

2) 홍성태, 《생명의 강을 위하여》, 현실문화, 2012, 36쪽.

3) 홍성태, 앞의 책, 36쪽.

4) 위의 두 문단은 김지원·김종영, 〈4대강 개발과 전문성의 정치〉, 163~164쪽에서 가져왔다.

둘째, 정부가 동원한 지배지식동맹의 형성과 역할을 분석한다. 정부의 거대한 사업비 조달을 통해 1천 명이 넘는 전문가들이 4대강 사업에 동원되었고, 정부의 주요 직책을 맡았다. 이들은 정부와의 이해관계가 맞아떨어졌다. 4대강 찬성 전문가들은 지식엘리트가 정치엘리트에게 복속한 중요한 예이다. 셋째, 대항전문가가 중심이 된 시민지식동맹의 형성과 역할을 알아본다. 이명박 정부의 4대강 사업을 논리적으로 반박하기 위해 어떻게 대항전문가들이 모였고, 어떤 지식을 어떻게 구성했는지 분석한다. 넷째, 기존 학회들의 친정부적인 성향에 반발하여 형성된 대한하천학회의 활동을 살펴본다. 다섯째, 시민지식동맹의 주요 연구단체인 생명의 강 연구단과 4대강조사위원회의 활동을 통해 대항지식 형성의 조직적 조건을 살펴본다.

—

대통령의 프로젝트

영산강을 방문한 날, 승촌보의 수질조사를 마친 다음 박창근 교수가 이끄는 4대강조사위원회는 하류에 위치한 죽산보에서 다시 수질조사를 수행했다. 이번에 나는 직접 보트에 올라 물과 개흙을 채취하는 데 동참했다. 강물에 채수병을 담가 물을 푸는 것은 아주 쉬웠다. 문제는 강바닥의 개흙을 채취하는 것이었다. 박창근 교수와 환경운동연합 활동가가 여러 번 시도했지만 실패했다. 집게 모양의 '채니기'라는 철로 만든 무거운 장비를 줄에 매달아 물에 넣고 천천히 내린 다음, 강바닥의 1~2미터 위에서 갑자기 떨어뜨려 개흙을 찍어서 올리는 과정이었다. 섭씨 35도가 넘는 찜통더위에 박 교수가 땀을 뻘뻘

흘리자 옆에서 지켜보고 있던 내가 거들었다. 10여 차례의 실패 끝에 겨우 개흙을 채취했는데 그 기쁨은 악취로 인해 반감되었다. 다시 차를 한 시간 정도 타고 영산강 하구지역의 갈대숲을 관찰하고 그날의 마지막 행선지인 영산강 하굿둑에 도착했는데, 이 시설을 관리하고 있는 소장이 나와서 우리를 맞이했다.

2014년 완료된 영산강 하굿둑 구조개선사업도 4대강 사업의 일부였다. 수문과 수로가 확장되고 배가 다닐 수 있는 섹터게이트가 만들어졌으며, 거꾸로 된 U 자 형태의 랜드마크 전망대가 만들어졌다. 농어촌공사 관계자는 우리를 58미터 높이의 파노라마 전망대로 안내했다. 전망대 위에 오르자 횡으로 끝없이 펼쳐진 하굿둑이 보이고 오른쪽으로는 영산강과 간척된 땅 위에 세워진 신도시와 공장들, 그리고 농지들이 장대하게 펼쳐졌다. 농어촌공사 관계자가 전체 시설물 구조 개선에 총 6,350억 원이 투자되었다고 말하는 순간 나는 그 돈의 액수에 압도되었다. 전망대 오른쪽에 위치한 목포시를 보고 나서 눈을 서해 쪽으로 향했다. 저녁 6시경이라 태양이 광활하게 펼쳐진 서해로 서서히 지고 있었고, 그 풍경은 장관이었다. 순간 태양의 광채와 토목의 광채가 결합되어 눈이 먼 듯했다. 국가나 왕조의 지도자들이 왜 대규모 토목을 통해 정치적 권력을 드러내려 하는지 전망대 위에서 찬란하게 지는 서해의 태양을 보면서 깨달았다. 마음만 먹으면 국토까지도 바꿀 수 있는 힘, 영산강 하굿둑은 정치적 권력의 물질적 현시였다.

이명박의 성장기는 어쩌면 링컨보다 감동적이다. 한국전쟁 당시 두 형제가 미군의 폭격에 의해 죽고, 집안이 가난하여 어린 시절 술지게미로 끼니를 때우고, 장학금을 받아 야간고등학교에 다녔다. 시장 상인들의 도움으로 대학등록금을 마련하고, 박정희 집권 시절이던 대학생 때는 시위를 하다가 투옥되었다. 천신만고 끝에 현대건설에 취직하여 경부고속도로 건설에 참여하고, 그 회사의 최연소 사장과 회장이 되었다.[5]

경부고속도로가 박정희의 프로젝트였다면 4대강 사업은 이명박의 프로젝트였다. 이명박은 퇴임 후의 회고록에서 1960년대 말 야당과 언론에서 경부고속도로 건설을 맹비난했지만 지금은 누구도 비판하지 않는다고 말하고 4대강 사업도 "올바른 평가를 받기 위해 시간이 필요하다"고 주장했다.[6] 그가 환경에 눈을 뜬 시기는 국회위원직을 사퇴하고 미국으로 쫓겨난 1998년 말경이었다. 그는 샌프란시스코 부근의 타호 호수를 방문했을 때 호수가 무척 깨끗한 것을 보고 놀랐다. 호수 주변에 상가가 있었지만 이들이 사용한 물은 별도의 하수관을 통해 다른 곳에서 정화되었는데, 당시 한국 사정은 그렇지 않았다. 그는 미국인들의 환경에 대한 인식과 정책에 큰 감흥을 받았다고 고백한다.[7] 이명박은 서울시장이 된 후 청계천 복원을 마쳤는데, 그는 이를 "대한민국 수도 서울이 개발주의시대를 마감하고 생명 중심의 가치를 좇아 친환경적 도시로 다시 태어나는 과정"이라고 직접 평가했다.[8] 박정희는 독일의 아우토반을 보고 경부고속도로에 대한 영감을 얻었고, 이명박은 독일의 운하로부터 영감을 얻었다.[9] 2006년 10

---

5) 이명박, 《대통령의 시간 2008~2013》, 알에이치코리아, 2015, 1장.

6) 이명박, 앞의 책, 54쪽.

7) 이명박, 앞의 책, 82쪽.

8) 이명박, 앞의 책, 82쪽.

9) 이명박, 앞의 책, 82쪽.

월 말 이명박은 독일의 뉘른베르크에 위치한 RMD 운하(라인·마인·도나우 운하)를 방문한 자리에서 '물길의 경부고속도로'인 한반도 대운하 구상을 발표한다.[10] 2007년 대통령 선거를 준비하며 그는 공약으로 한반도 대운하를 들고 나왔지만 당시 노무현 정부와 한나라당 경선의 경쟁자였던 박근혜 후보의 공격을 받았다.

이명박이 2007년 말 대통령에 당선되자 인수위원회 내에 '한반도 대운하 태스크포스팀'이 꾸려졌다. 이 팀의 총괄은 청계천 사업을 총괄했던 장석효 부시장이었고 상임고문은 당시 권력 2인자로 일컬어졌던 이재오 전 의원이었던 점으로 보아 대운하에 대한 대통령의 의지가 얼마나 강했는지를 알 수 있다.[11] 같은 해 12월 28일에 태스크포스 팀장은 건설업계 '빅 5'에 대운하 프로젝트의 사업성과 참여 여부의 검토를 요청했다.[12] 2008년 2월 22일에 대통령 인수위원회는 한반도 대운하 사업을 이명박 정부의 핵심과제로 선정했고, 같은 해 4월 국토해양부는 한반도 대운하 계획을 수립하기 위해 국토연구원 등의 국책연구기관에 연구비를 하달했다.[13] 정권 초기에 대통령은 자신이 꿈꾸던 주요 사업을 강력하게 밀어붙이는 경향이 있다. 언론과의 밀월 시기라 반대여론에도 불구하고 이명박 정권은 이 사업을 밀어붙이는 듯 보였다.

---

10) 황준범, 〈독일운하 방문 이명박 "내년엔 대동강 답사 간다"〉, 《한겨레》, 2006년 10월 25일.

11) 신우석, 〈한반도 대운하, 어떻게 '4대강 사업'으로 둔갑했나〉, 《프레시안》, 2013년 8월 25일.

12) 윤순진·이동하, 〈4대강 사업에 대한 TV 뉴스의 의제 설정과 프레임〉, 《ECO》 14(1), 2010, 19쪽.

13) 윤순진·이동하, 앞의 글, 20쪽.

이명박 정부의 대운하 사업이 가시적으로 드러나자 반대여론이 형성되기 시작했다. 진보언론과 보수언론 관계없이 거의 모든 언론에서 대운하 사업은 융단폭격을 받았다. 전문가들의 중요한 움직임 가운데 하나는 2008년 1월 31일에 대운하 반대 서울대교수모임이 형성된 일이었다. 이후 3월에는 서울대학교 교수 381명이 서명하여 대운하가 경제성도 없고 환경도 파괴하는 '반실용적'이며 '반시대적' 사업이라고 비판했다.[14] 이들의 움직임은 전국적으로 번져 2008년 3월 25일에는 전국적으로 2,544명의 교수가 '운하반대전국교수모임'을 발족했다. 여론이 악화되고 야권이 강하게 반대하자 이명박 정부는 4월에 대운하라는 말보다는 4대강 정비사업이라는 말을 사용하기 시작했다.

이명박 정부의 대운하 사업의 추동력은 뜻밖에 2008년 미국산 쇠고기 수입 반대운동 때문에 상당히 위축되었다. 그해 5월부터 8월까지 시민들이 서울시청과 광화문 일대를 점거하다시피하고 이명박 정부의 정책에 대한 국민적인 저항이 일어나자 국정이 거의 마비된다. 촛불집회가 정점에 이른 후인 2008년 6월 19일, 이명박은 대국민 담화에서 "국민이 반대하면 한반도 대운하 사업을 추진하지 않겠다"고 발표했다.[15] 대운하 사업이든 4대강 정비사업이든 반대여론이 강력해서 이명박 정부에서 이 사업을 추진하기가 쉽지 않은 것으로 보였다.

하지만 대부분의 자수성가한 사람들과 마찬가지로 이명박은 끈질

---

14) 강양구, 〈서울대 교수 381명 "한반도 대운하는 대재앙 부른다"〉, 《프레시안》, 2008년 3월 10일.

15) 신우석, 앞의 글, 2013.

기고 강한 추진력을 보였다. 2008년 12월 15일 정부는 4대강 하천 정비사업이라는 이름으로 14조 원을 조성할 계획을 발표한다. 이 계획은 2009년 4월 27일 '4대강 살리기 사업'으로 이름이 수정되고 일부 사업을 변경하여 16.9조 원의 예산이 드는 사업으로 탈바꿈한다. 그리고 마침내 국토해양부는 2009년 6월 8일 '4대강 살리기 마스터플랜'이라는 이름으로 22.2조 원의 재정을 투입하는 거대한 사업계획을 발표한다. 국토해양부 산하 '4대강 살리기 추진본부'가 총괄한 이 마스터플랜은 물 부족을 대비해 풍부한 수자원 확보, 수해 예방을 위한 유기적 홍수방어 대책, 수질 개선 및 생태복원, 지역주민과 함께하는 복합공간 창조, 강 중심의 지역발전을 목적으로 하고 국토해양부·농림수산식품부·문화체육관광부·행정안전부 등이 참여하는 이명박 정부 최대의 사업이었다.[16]

이명박 정부는 2009년 11월 6일, 4대강 사업의 마지막 절차인 환경영향평가협의를 마치고, 같은 해 11월 10일에 4개 보, 11월 12일에 11개 보를 착공했다. 같은 해 12월 31일 이명박 정부는 4대강 사업의 예산을 강행처리했다. 이로써 4대강 사업은 돌이킬 수 없는 추진력을 확보하게 된다. 초기의 4대강 사업 문제에 대해선 2010년 8월 24일 방영된 MBC 〈PD수첩〉의 '4대강 수심 6m의 비밀'을 눈여겨볼 만하다. 이 프로그램은 4대강 사업이 운하의 전단계라는 의혹을 보도했지만, 그와 더불어 홍수조절·물 부족 개선 등의 타당성과 부합되지 않는다는 내용도 보도했다. 이 프로그램에서 반대 측 전문가와 찬성 측 전문가가 나와서 서로의 입장을 옹호했는데, 〈PD수첩〉은 주로 찬성

---

16) 4대강 살리기 추진본부, 《4대강 살리기 마스터플랜》, 국토해양부, 2009, 6~7쪽.

측 전문가들의 논리적 허점들을 공격했다.

4대강 사업에 대한 반대운동은 환경단체와 종교단체를 중심으로 지속되었다. 2008년 6월 18일에는 여러 시민단체가 모여 '4대강 죽이기 사업 저지 및 생명의 강 보전 범국민대책위원회'를 결성했다. 2009년 9월에는 4대강 사업의 법률적 문제점을 파헤치기 위해서 '4대강 사업 행정소송 및 위헌소송'을 위한 국민소송단이 발족되었고, 11월에는 첫 행정소송이 접수되었다. 2010년 3월 이후에는 종교계의 4대강 사업 반대운동이 본격적으로 일어났다. 그 이후 언론과 시민들의 끈질긴 반대와 소송에도 4대강 사업은 지속되어 2012년 12월 22일 완료되었다. 국민소송단이 제기한 4대강 사업 소송에 대해 대법원은 2015년 12월 4대강 사업이 적법하다는 판결을 내렸다.

—

4대강 사업 지배지식동맹

환경운동가 A 행정부가 전문가들을 약간 용역업체처럼 보는 느낌이 들어요. 돈을 주면 돈에 맞춰서 연구를 해주는 사람들로 보는 경우가 많고…… (이명박 정부가 들어서고 4대강 사업이 본격적으로 시작될 때) 교수들 같은 경우 "정말 미안하다. 내가 너희 생각에 동의하지만 여기에 조금만 더 발 담그고 있으면 모든 연구용역을 끊겠다는 전화가 사무실로 온다"는 거예요. 대학교 교수들 말고도, 어디어디 연구소, 민간 연구소 하시는 분들도 "전부 용역이 끊어지게 생겼다"고 얘기를 하시고…… 환경운동연합에 이름 걸고 있는 게 부담스러워진 상황이 된 거죠. (그분들이) "미안하다, 잘 살아남아서 만나자." 이런 얘기를 하시고…… 결국은 아직도 못 만났지만…… (웃음) 22조짜리 사업이 진행되면서 얼마나 많은 연구용역이 생겼겠어요.

이 환경운동가는 4대강 사업이 시작되었을 때 자신이 속한 환경단체의 전문가들이 보인 행태를 위와 같이 적나라하게 말해주었다. 그녀는 2008년 20여 명의 하천 전문가들과 환경운동사업을 벌이고 있었는데, 이들 대부분이 갑자기 환경운동연합과 인연을 끊었다. "전문가들은 믿을 놈들이 아니죠"라며 오랫동안 환경운동연합에서 하천 분야를 담당한 이 활동가는 거친 표현을 자제하지 않았다. 전문가들은 연구용역을 끊겠다는 정부의 직간접적인 압력에 굴복했다. 당시 대운하 사업을 의욕적으로 추진하려던 이명박 정권의 최대 적 가운데 하나인 환경운동연합과 같이 일하는 것이 전문가들에게는 앞길과 생존을 막는 일이었다. 그때의 아픈 기억을 떠올리며 인터뷰 내내 그녀는 전문가들에 대한 불편한 감정을 감추지 못했다. 그녀에게 교수는 곧 프로젝서(projectsor, 'project'와 'professor'의 합성어로, 정식 영어가 아니라 한국적 맥락에서 프로젝트로 연명하는 교수 또는 프로젝트만 좇는 교수를 일컫는다)였다.

4대강 사업은 정치엘리트·지식엘리트·국가지식기구·보수언론 그리고 건설사를 비롯한 토목세력의 동맹으로 추진되었다. 정치엘리트의 정점에 대통령이 있고 그 아래로 국무총리·국회의원·도지사·국토해양부 장관·환경부 장관 등 최고의 권력자들에 의해 뒷받침되었다. 김황식 전 총리는 "4대강은 축복"이라 추켜세웠고 정종환 전 장관은 "수량 부족, 수질 악화, 생태계 훼손 등 강의 본래 기능을 상실한 4대강부터 그 건강성을 회복"해야 한다고 주장하는 등 4대강 사업에 정치적 정당성을 부여했다.[17] 지방자치단체장들은 4대강 사업에 따라올 개발이익에 대한 기대로 이 사업을 적극 지지했다. 가령 김관용 경북도지사는 "낙동강 살리기 사업은 생명을 잃어가던 강을 '영남의 젖줄'로, '문명의 물길'로 살리는 사업"이라고 극찬하며 4대강 사업의 예산을 과감하게 집행해줄 것을 정부에 호소했다.[18] 여당 정치인들과 엘리트 관료들의 광범위하고 집요한 4대강 사업 지지와 추진은 이것이 대통령의 프로젝트이기 때문이며, 각자의 정치·관료적 이해관계와 맞아떨어지는 측면이 있어서였다.

　정치엘리트와 관료 들은 온갖 방법을 동원하여 한편으로 전문가들을 자신의 편에 서게 하고, 다른 한편으로 반대하는 전문가들에 대한 직간접적인 압박을 시도했다. 가령 당시 국토해양부 차관이었고 향후 국토해양부 장관으로 승진하여 4대강 사업의 핵심역할을 한 관료에게 박창근 교수는 4대강 사업 핵심 요직을 제안받았다. 대학교 선배였던 이 관료는 박 교수에게 같이 일하기를 제안했고, 박 교수는 거절했다. 박 교수는 추후에 국토해양부와 한국수자원공사로부터 4대강 사업에 대한 허위사실 유포로 고소를 당하게 되고 경찰조사까지 받게 된다. 정부가 전문가들을 괴롭힐 수 있는 방법은 상당히 많으며 권력과 자원을 가진 정부와 대적한다는 것은 꽤 힘든 일이다.

　4대강 사업에서 전문가들의 참여와 영향력은 절대적이었다. 22.2조 원의 예산이 투입되는 대형 프로젝트로서 연관된 분야의 전문지

---

17) 환경운동연합·대한하천학회,《녹조라떼 드실래요: 4대강에 찬동한 언론과 者들에 대하여》, 주목, 2016, 111, 123쪽.

18) 환경운동연합·대한하천학회, 앞의 책, 126~127쪽.

식이 반드시 필요했다. 환경단체들과 반대 측 전문가들은 4대강 사업이 환경을 파괴한 역사적 죄인이라고 규정하고 《친일인명사전》처럼 4대강 찬동인사 282명을 선정했다. 이들을 찬성의 강도에 따라 A와 B급으로 나누고, A급 중 가장 책임 있는 10명을 다시 S급으로 분류했다. 282명의 찬동인사 중 전문가는 67명이었고, S급 10명 중 6명은 정치인과 장관(이명박 대통령, 정종환 국토해양부 장관, 권도엽 국토해양부 장관, 김건호 한국수자원공사 사장, 이만의 환경부 장관, 이재오 의원)이었고 4명은 전문가들(심명필 인하대 교수, 박석순 이화여대 교수, 박재광 위스콘신대 교수, 차윤정 산림생태학자)이었다.[19] 이들은 4대강 사업의 핵심 요직을 차지하며 4대강 사업을 직접 이끌었을 뿐만 아니라 반대 측 전문가들의 비판에 일관되게 응수했다.

심명필 인하대 교수는 수자원공학을 전공한 한국 토목공학계의 영향력 있는 인물이다. 환경운동에도 관심이 있어 2000년대 초반 '환경정의'라는 꽤나 영향력 있는 환경단체에서 '생명의 물 살리기 운동본부장'을 맡기도 했다. 그는 2000년대 중반 한국수자원학회 회장까지 지낸 인물인데, 이 학회는 한국에서 물 분야와 관련하여 가장 영향력 있는 학회이다.[20] 그는 2009년 4대강 살리기 추진본부 본부장을 맡으면서 4대강 사업의 가장 핵심적인 인물 중 한 명이 되었고, 이 사업의 논리적 정당성을 일관되게 주장했다. 그는 4대강 사업을 "우리나라의 미래를 위한 녹색뉴딜사업"이라고 말하고, "단순한 하천정비를 넘어 생명·경제·환경이 흐르는 강을 만들어 선진한국으로 가기 위한 것"

19) 환경운동연합·대한하천학회, 앞의 책, 139쪽.
20) 환경운동연합·대한하천학회, 앞의 책, 117쪽.

이라고 적극적으로 옹호했다.[21] 4대강 사업이 끝난 후에는 감사원의 '총체적 부실'이라는 감사결과에 반박했고, 반대여론의 십자포화를 맞으면서도 끝까지 4대강 사업을 변호했다. 4대강 사업 이후 그는 인하대학교로 복귀해 2014년 대한토목학회 회장에 선출되었고, 인하대학교 총장 후보에까지 올랐으나 반대여론과 인하대학교의 결정에 의해 총장이 되지는 못했다.

박석순 이화여대 교수는 이명박 정권이 들어서기 전부터 한반도 대운하에 적극적으로 찬성하는 입장을 취했다. 그는 2007년 11월 국회 환경노동위원회 공청회에서 "하천에 물이 없어서 수질이 나쁘기 때문에, 물을 채움으로써 하천 생태계도 살리고 수질 개선 효과가 있다"고 주장했다.[22] 이후 다양한 보수언론 진영에 대운하와 4대강 사업의 정당성을 일관되게 주장했고, 환경단체와 반대 측 전문가들에게 비판을 받았다. 그는 이명박 정권하에서 대통령 과학기술자문회의 위원·녹색성장위원회 위원 등을 지냈으며, 2011년부터 2013년까지 국립환경과학원장을 지냈다. 그는 환경단체들을 "친북좌경" 세력으로 규정했고 "잘못된 환경이념에 사로잡힌 자들을 무인도에 보내 토목건설의 소중함을 체험하게 해야 한다"고까지 주장했다.[23] 환경운동단체들은 그를 "4대강 막말 종결자"로 칭하고 명예훼손으로 고소하기까지 했다.[24]

지배지식동맹에서 박재광 위스콘신대 교수는 중요한 자산이었다.

21) 환경운동연합·대한하천학회, 앞의 책, 303쪽.
22) 환경운동연합·대한하천학회, 앞의 책, 299쪽.
23) 박석순, 앞의 책, 2012, 94, 194쪽.
24) 환경운동연합·대한하천학회, 앞의 책, 134쪽.

환경공학을 전공했고, 세계적인 명성을 지닌 대학의 종신교수로 재직 중이며, 해외 사례를 언급하며 대운하와 4대강 사업을 찬성했기 때문이다. 그는 "대운하가 만들어지면 1인당 국민소득을 3~4만 달러까지 끌어올릴 수 있고, 장기적으로 한국이 세계 5대 경제 강국에 진입하는 데 필요한 요소"라고 말하는가 하면, "4대강 살리기는 이 시대를 살고 있는 국민 모두의 과업이자 치적"이라고 치켜세웠다.[25] 그는 《나의 조국이여, 대운하를 왜 버리려 합니까?》라는 책을 펴내어 해외 사례를 자세히 언급하면서 대운하 찬성론을 확산시키려 노력했다.[26] 그는 자신의 학문적 권위를 내세워 반대 측 전문가들을 "학자 자격을 갖추지 못했다", "전문가로 포장됐을 뿐"이라며 인신공격성 발언을 서슴지 않아 고소를 당하고 벌금형 판결을 받기도 했다.[27]

어느 틈엔가 노란 매미꽃이 낙엽을 뚫고 피어오른다. 암울한 갈색의 낙엽 위로 바야흐로 생명의 계절이 피어난 것이다. 뒤를 이어 제비꽃도 피어나고 얼레지도 피어난다. 은방울꽃의 새잎들이 꽃잔치를 위한 무대를 마련하고 보라색의 현호색은 이름만큼 현란한 모습으로 피어난다. 흰색의 노루귀 무리가 피어오르고 노랑제비꽃, 피나물, 자주괴불주머니, 구슬붕이가 하나둘 피어오른다. 이미 신갈나무의 억센 잎이 곧 하늘을 차지할 것임을 알고 있는 들꽃들의 지혜이다.[28]

25) 환경운동연합·대한하천학회, 앞의 책, 301쪽.

26) 박재광, 《나의 조국이여, 대운하를 왜 버리려 합니까?》, 해치, 2009.

27) 환경운동연합·대한하천학회, 앞의 책, 131쪽.

28) 차윤정·전승훈, 《신갈나무 투쟁기》, 지성사, 2009, 276쪽.

한국의 대표적인 활엽수 신갈나무 밑에서 피어나는 봄의 들꽃들을 어쩌면 이렇게 감성적으로 표현할 수 있을까.《신갈나무 투쟁기》에 나오는 한 구절이다. 들어본 적 없는 들꽃의 이름들이 앙증맞고 호기심을 자극한다. 매미꽃·노루귀·노랑제비꽃·자주괴불주머니·구슬붕이는 마치 동화 속에 나올 법한 몽환적인 이름들이다. 위 문장들은 숲의 생동감과 다양함을 보여주기도 하지만, 나무 밑의 하찮은 들꽃에도 미학이 존재함을 보여준다. 베스트셀러가 된 이 책의 저자 차윤정은 한때 '한국의 레이첼 카슨'으로 불렸다. 미국의 생태학자인 레이첼 카슨은 환경파괴를 고발한《침묵의 봄》의 저자다. 이 책 때문에 카슨은 미국의 기업·정부·전문가들로부터 무수한 공격을 받았지만, 20세기 후반 환경운동의 거대한 물결을 일으킨 환경운동의 수호여신이다.

차윤정은 농학박사학위를 받은 생태학자이다. 1999년에《신갈나무 투쟁기》를 펴낸 이후《숲 생태학 강의》,《열려라! 꽃나라》,《식물은 왜 바흐를 좋아할까?》등의 책을 펴내며 한국 독자들에게 생태의 중요함을 대중적으로 확산시키는 데 크게 기여했다. 그러던 그녀가 이명박 정권하에 '4대강 살리기 추진본부 환경부 본부장'이라는 고위직을 맡으며 4대강 사업 홍보의 최전선에 나서면서 환경운동 측과 반대 전문가들에게 큰 충격을 안겨주었다. 그녀는 반대 측 전문가들과도 치열한 논쟁을 벌이며 4대강 사업의 정당성을 적극적으로 변호했다. 차윤정의 아래 글은 지배지식동맹에 편입된 그녀의 변신을 보여준다.

썩은 물에서 숨을 헐떡이는 물고기 대신 강 속을 유영하는 물고기를 상상하라. 가을이면 강바람에 울어대는 갈대 소리를 상상하라. 낙동강

에서, 영산강에서, 금강에서 강과 더불어 행복할 사람을 상상하라. 그
상상을 실현하는 일이 바로 지금의 강 살리기 사업이다(2010년 10월 4일.
4대강 홈페이지 www.4rivers.go.kr 차윤정의 기고문).[29]

이 네 명은 지배지식동맹의 대표적인 얼굴에 불과하다. 22.2조 원
의 프로젝트는 엄청난 수의 전문가들을 필요로 한다. 국토해양부 자
료에 의하면 4대강 사업의 자문위원의 수만 총 1,255명이었다. 이들
은 수자원·수질·기반 시스템·생태·환경·경관조경·문화예술·체육
보건·관광레저·지역발전의 총 10개 분과로 나누어 활동했다.[30] 이들
위원은 단지 자문만 하는 것이 아니라 상당수는 직접 4대강 사업에
참여하여 연구를 수행했다. 4대강 지배지식동맹은 대한토목학회·한
국수자원학회·한국물환경학회·한국농공학회 등 한국 학계에서 주
류적인 위치를 차지하고 있는 학술단체와 전문가 들을 포괄했다. 따
라서 물적·인적 자원으로 볼 때 4대강 지배지식동맹은 4대강 반대
시민지식동맹을 압도했다. 박창근 교수가 들려준 다음 에피소드는
이 상황을 잘 설명해줄 것 같다. 그는 4대강 지배지식동맹에 속하여
2백억여 원의 연구비를 지원받는 모 교수와 정부로부터 허위사실 유
포로 고소되어 경찰서에서 조사를 받는 자신의 처지를 비교한다.

박창근 지금 (B) 교수는 (M) 대학에서도 제일 잘나가는 교수죠. 5년 동안
약 200억 원의 연구비를 얻었으니까 이게 얼맙니까. (1년에) 40억씩이

---

29) 환경운동연합·대한하천학회, 앞의 책, 309쪽.
30) 국토해양부, 《4대강 살리기 사업: 총론편》, 2012, 86~87쪽.

죠. 그러면 박사급을 열 명 이상 부리는 거죠. 그래서 5년 동안 연구를 진행하면 연구논문을 얼마나 많이 내겠어요. 이 양반은 연구책임자니까 (그 논문에) 자기 이름이 다 들어가요. 최소한 교신저자 정도는 되겠죠. (그의 밑에) 박사가 열 명 있다 그러면 이 양반은 (이름을 넣을 논문이) 몇 건이에요? 엄청난 양이죠. 이런 것들이 자기 실적으로 쌓인다는 거죠. 제가 국토부하고 한국수자원공사에서 고소를 당했어요. 허위사실 유포에 의한 명예훼손으로. 그래서 수서경찰서에서 조사를 받고 나오는데, 누가 교대 부근에서 저녁을 산다고 해서 전철 타고 오면서 페이스북을 보니까, 아 이 양반(B 교수)이 큰 훈장을 받았어요. 그걸 페이스북에 올려놓은 거예요. 훈장하고 훈장증하고. 딱 그걸 보는 순간, 이게 우리 사회의 모습인가…… 누구는 경찰서 조사나 받으러 다니고, 누구는 국민훈장 받고 연구비 200억 가까이 받고…….

4대강 사업 반대 시민지식동맹

2007년 말 17대 대통령 선거가 끝나고 이명박 후보가 대통령 당선인이 되자 운하건설 반대에 깊은 열정을 가진 소수의 교수가 모였다. 변창흠·박창근·홍종호·조중래 교수 등은 이전부터 하천개발에 관련된 연구를 진행해온 학자들로서, 이명박 정부가 대운하 사업을 밀어붙일 것을 걱정했다. 변창흠 교수는 지역개발과 부동산 분야, 박창근 교수는 토목공학, 홍종호 교수는 환경정책과 경제학, 조중래 교수는 교통 분야의 연구자로서 이전부터 환경관련 연구뿐만 아니라 환경운동단체와도 인연이 있는 인물들이었다. 이들은 대운하를 반드시 막아야 된다는 대의에 의견일치를 보았고, 이를 위해 교수들을 모아 전문가들의 조직적인 반대를 기획하기 시작했다.

이들의 노력으로 우선 2008년 1월 31일 '한반도 대운하 건설을 반대하는 서울대 교수모임'이 서울대학교에서 발족한다. 서울대학교가 한국사회에서 가지는 과학·학문적 권위는 상당하며, 이 모임의 결성은 운하를 반대하는 시민과 지식인들에게 선도적 역할을 했다. 원로이면서 4대강 반대운동의 대표적인 지식인이 된 김정욱 서울대학교 환경대학원 교수와 이준구 경제학부 교수는 공동대표 5인에 포함되었다. 이날 이들은 '한반도 대운하, 무엇이 문제인가?'라는 대토론회를 가졌는데, 발표자는 홍종호·김정욱·박창근 교수 등이었다. 홍종호 교수는 대운하 사업의 경제적 타당성을 비판했고, 김정욱 교수는 대운하 사업이 환경재앙이 될 것임을 주장했고, 박창근 교수는 대운하 사업이 홍수 피해를 막지 못한다고 진단했다. 이날 80여 명의 서울대 교수가 모임에 참가하기로 선언했고, 향후 그 수를 더 확대하기로 결론을 내렸다.[31] 이날의 발표는 곧바로 이명박 당선인 측의 비판으로 이어진다. 당시 대통령 당선인 비서실의 추부길 정책기획팀장은 대운하를 반대하는 서울대 교수들을 정치적 교수들이며 대운하에 대한 정확한 지식 없이 감정적으로 비판한다며 날을 세웠다. 이에 이 모임 교수들은 추부길 씨의 정치이력을 들먹이며 자신들은 운하와 하천 관련 분야에서 누구보다도 전문가이고 학문적 입장에서 진실을 추구한다는 입장을 발표했다.[32] 이명박 정부가 출범도 하기 전에 이

---

31) 최원형, 〈"운하 건설 땐 홍수 피해 막지 못해"〉, 《한겨레》, 2008년 1월 31일.

32) 김병기, 〈서울대 교수들 "대체 누가 정치인인가"〉, 《오마이뉴스》, 2008년 2월 5일.

미 시민지식동맹과 지배세력 간의 불꽃 튀는 설전이 시작된 것이다.

언론의 큰 관심을 받은 이 모임은 외연 확장을 위해 노력한다. 서울대학교라는 상징성이 있기는 하지만, 이를 넘어 한국의 교수사회 전체를 아우르는 것이 더 파급력이 크기 때문이다. 서울대 교수 모임을 주도한 교수들은 자신의 전공 분야와 네트워크의 한계 때문에 오랜 전통을 가진 '민주화를 위한 전국 교수 협의회'(이하 민교협)와 학술단체협의회를 통해 모임을 확대하려고 시도했다. 마침내 2008년 3월 25일 전국 115개 대학의 2,466명의 교수가 참여하는 '한반도 대운하를 반대하는 전국 교수 모임'이 한국프레스센터에서 발족한다.[33] 지식인들의 이 집단행동의 규모는 1987년 민주화운동 이후 최대였다. 진보와 보수를 아우르는 모임으로서 전문가로서의 중립성을 좀 더 표방하려는 입장을 취했다. 다음은 변창흠 교수의 설명이다.

> **변창흠 교수** 운하반대 교수모임은 이념적인 문제를 갖고 있는 시민단체와는 다르게, 상식을 벗어난 공약에 대해서 비분강개했던 거고, (그래서 교수들이) 기꺼이 동참했던 거예요. 일단 서명한 교수의 수가 너무 많았고요. 그다음이 스펙트럼이 워낙 다르다 보니…… 전공도 다르고, 지역도 다르고, 이념도, 지지정당도 다 다른 거예요.

이 모임을 조직했던 주동자들조차 이 정도의 교수들이 모였다는 것에 놀라워했다. 운하반대 교수모임은 초기에 어떤 정당이나 시민

---

33) 최명애·유희진, 〈"대운하 반대" 교수 2466명, 최대 규모 지식인 집단행동〉, 《경향신문》, 2008년 3월 25일.

단체와도 거리를 두려고 했고, 전문가적이고 중립적인 입장을 견지
하려고 노력했다.

2008년 6월 촛불집회의 영향으로 국정이 거의 마비되다시피 했을
때 이명박은 대운하 공약을 철회한다고 발표한다. 그러나 이는 2008
년 말과 2009년 초에 '하천정비사업'과 '4대강 살리기 사업'으로 이
름이 변경되어 반대세력에 혼란을 일으켰다. 또한 2,466명의 참여 교
수는 상징적으로 의미 있는 수이지, 실제적으로 4대강 사업과 관련된
연구를 하는 데 동원된 수가 아니다. 곧 이후의 4대강 사업의 시민지
식동맹은 20~30명의 핵심 전문가들로 이루어져 운영되었다고 볼 수
있다.

변창흠 교수 (교수들의) 자발성이 조금 떨어지니까 이름 올리고 기자회견
까지는 할 수 있지만, 막상 현장을 답사한다든지, 일을 나눠서 하는 것
은 동원력이 아무래도 좀 약하죠. 다들 본업이 있잖아요. 연구라든지,
강의라든지 이런 게 다 있는데 별도로 시간을 내서 만나는 게 어렵죠.
인터넷이나 이런 데서 활발하게 할 수는 있어도, 같이 모인다든지, 같
이 연구를 하기는 힘들죠. 사실 (운하반대) 교수모임이 교수모임 이름으
로는 활동하고 있지 않다고 보는 게 맞아요.

변 교수의 말은 4대강 지배지식동맹과 비교하여 시민지식동맹이
얼마나 미약한 존재인지를 잘 드러낸다. 22.2조 원 가운데 상당한 액
수가 연구용역으로 쓰이고 지배지식동맹에 참여한 전문가들에게 배
분되었기 때문에 이들에겐 4대강 사업이 '본업'이었던 반면, 대부분
의 시민지식동맹의 전문가들에게는 시간이 남으면 하는 '부업'이었

다. 금전적 자원과 조직적 자원이 절대적으로 미약한 4대강 시민지식동맹은 여론이 폭넓게 지지하고 있어도 활동이 미약할 수밖에 없었다. 따라서 4대강 사업 반대의 핵심적인 전문가들은 "김정욱(생태)·김종욱(지형)·김좌관(수질)·변창흠(지역)·이준구(경제)·임석민(경제)·조명래(행정)·홍성태(사회)·홍종호(경제)·홍헌호(재정)·황평우(문화)", 그리고 박창근(토목)·박재현(토목)·허재영(토목)·이원영(도시개발)·이상돈(법률)·정민걸(환경)·최영찬(농경제) 등의 20~30명으로 구성되었다.[34]

4대강 반대 시민지식동맹이 열세를 극복하기 위한 중대한 전략 중의 하나가 4대강 반대세력과 연대하는 일이다. 4대강 시민지식동맹의 중요한 다른 축은 환경운동단체들이다. 환경운동연합·녹색연합·환경정의 등과 같은 단체들은 환경문제에 대해 오랫동안 전문적 지식을 자체적으로 쌓아온 단체로, 투쟁성의 면에서 교수모임보다 월등할 뿐만 아니라 상당수의 전문가를 보유하고 있어 전문성도 만만치 않다. 4대강 반대 전문가와 교수 들은 겉으로 중립성을 표방한다고 할지라도 실질적으로 시민운동단체와 결합된 시민지식동맹이었다. 곧 대부분의 전문가가 이들 환경운동단체에 소속되거나 연대한 지식인 겸 시민, 곧 지민이었다. 가령 박창근 교수는 대한하천학회의 임원이기도 한 동시에 환경운동연합 산하의 시민환경연구소 소장이기도 했다.

전문시민단체의 장점은 정치적 대처 능력, 동원력과 네트워크 장악 능력, 그리고 현장에서 우러나오는 전문성을 꼽을 수 있다. 전문가

---

34) 박창근, 〈녹색성장 정책과 4대강 살리기 사업의 문제〉, 《경제와사회》 83, 2009, 125쪽.

집단은 정치적 대립의 장에서 경험이 적기 때문에 지배동맹의 공격이 들어왔을 때 어떻게 대처해야 될지 노하우가 부족하다. 4대강 반대운동에서 핵심적인 역할을 했던 환경운동연합 활동가는 다음과 같이 말한다.

환경운동가 B 기자회견 한번 하는 것도 전문시민단체들은 일상이잖아요. 운하반대 교수모임에 대한 경찰과 국정원의 사찰 논란이 있었을 때, 환경단체·시민단체 들은 저쪽이 그렇게 대응했을 때 우리는 어떻게 대응한다는(노하우가 있죠). 단체 DNA에 포함되어 있는 겁니다. 국정원이 연락도 없이 (운하반대 교수들에게) "국정원이 안부 인사드립니다"라고 했을 때 상당히 당황할 수밖에 없었습니다. 그런 부분에서는 단체의 경험들, 노하우들이 영향을 줬을 수도 있다고 판단이 됩니다.

전문시민단체는 시민지식동맹의 중요한 축인 전문가들을 보호하기 위해서 사찰기관에 대한 비판여론을 형성했다. 전문시민단체의 정치력은 4대강 사업 반대의 주요 추동력이었다. 예를 들어 4대강 사업 문제를 부각시키기 위해 한강의 이포보와 낙동강의 함안보를 점거해 고공농성을 벌였던 사건은 시민과 언론에게 4대강 사업에 대한 관심을 계속해서 끌도록 한 사건이었다. 수많은 집회·기자회견·현장조사는 이명박 정권 내내 전문시민단체들에 의해 주도되었다. 이러한 다양한 정치적 능력 이외에도 전문시민단체들은 회원들을 동원하여 현장 중심의 정보를 수집하는 데 커다란 역할을 했다.

4대강 반대 시민지식동맹의 또 다른 중요한 파트너는 해외 전문가들이었다. 한국의 주요 정부정책은 거의 대부분 해외사례를 연구하며, 국책사업의 선례로서 아이디어·전문지식·정당성·권위를 해외사례로부터 얻으려고 한다. 정부의 4대강 살리기 마스터플랜에서도 네덜란드·일본·미국·오스트리아 등의 치수사업에 대한 조사가 수행되었다.[35] 국내 전문가가 해외사례를 연구하여 발표하는 것보다 치수사업이 행해진 그 나라 전문가가 직접 한국에 와서 발표를 한다면 더욱 설득력이 있다.

시민지식동맹은 여러 경로를 통해 해외의 저명한 전문가를 초대해 국제학술세미나·강연·토론회 등을 개최했다. 그중 가장 영향력 있는 해외 전문가들은 독일의 카를스루에 공대 교수인 한스 베른하르트, 독일연방 자연보호청에 재직 중인 알폰스 헨리히프라이제 박사, 독일 환경기술국 수자원관리과 베레나 프리스케 고문, 미국 버클리대학교의 랜돌프 헤스터 교수와 매티아스 곤놀프 교수, 영국 맥걸리연구소의 사이먼 랭건 연구위원, 일본 도쿄대학교의 이시카와 미키코 교수 등이었다.

이명박이 독일 운하에 영감을 받아 4대강 사업이 추진되었기 때문에 독일 전문가들의 4대강 사업 반대는 큰 호소력을 지녔다. 한스 베른하르트 교수는 댐과 하천복원의 세계적인 석학으로 라인 강의 '이페츠하임' 보가 홍수를 유발한다는 사실을 1970년대 과학적으로 입증했다.[36] 베른하르트 교수는 전문가 사회에서 존경을 받고 있는 인물로, 4대강 사업에 찬성한 전문가들의 권위와 정당성에 상당한 타격을 주었고, 정부와 국토해양부에서도 베른하르트 교수의 주장에 신

35) 4대강 살리기 추진본부, 앞의 글, 58~60쪽.
36) 최인진, 〈獨 하천전문가, 4대강 사업 중단 촉구〉, 《경향신문》, 2011년 8월 12일.

경을 곤두세워 반박자료를 내기도 했다. 다른 독일의 전문가인 헨리 히프라이제 박사는 2010년 9월 4대강을 직접 방문해 10여 일 동안 현장조사를 벌인 후 4대강 사업 반대논리를 제공했다. 그는 기자간담회에서 직접 다음과 같은 내용을 발표해 독일의 경우도 댐이나 보를 건설하지 않고 복원을 시도하고 있다고 설명했다.

헨리히프라이제 홍수 피해를 막기 위해 라인 강에 댐을 쌓고 준설을 했다가 더 큰 홍수를 낳은 것처럼, 4대강 사업을 이대로 강행한다면 한국엔 더 큰 홍수 피해가 발생할 것이다. 강바닥을 깊게 파면 유속이 빨라질 수밖에 없고, 이것이 댐 건설, 기후변화와 맞물리면서 강 하류에 더 큰 피해가 발생한다. 비가 많이 오면 강물이 홍수터로 범람할 수 있게 해 줘야 하는데, 강 주변을 제방으로 막는 등 물이 옆으로 빠져나갈 공간을 주지 않는 바람에 가뜩이나 유속이 빨라진 물이 지류와 만나게 되면 하류에서 수해가 발생할 위험이 커진다. 독일 라인 강에 무차별적으로 댐을 건설한 1950년대 이후, 100년에 한 번 일어나던 대홍수가 이제 거의 매년 발생하고 있다. 댐 건설로 인한 홍수 피해가 급증하자 라인 강, 엘베 강, 도나우 강 등지에서 댐 건설 계획이 전면 중단되기도 했다.[37]

독일 전문가들의 4대강 사업에 대한 강한 부정은 이 사업 추진에 대한 정당성을 크게 훼손했다. 미국 전문가들도 댐 건설보다 하천복

---

37) 선명수, 〈독일 역사의 경고 "4대강 사업, 더 큰 홍수·식수원 오염"〉, 《프레시안》, 2010년 9월 16일.

원이 선진국에서는 붐이라고 설명하며, 미국에서는 1990년부터 2005년까지 총 17조 원(17billions, 1달러=1,000원으로 계산)의 예산을 투입했다고 밝혔다.[38] 이로써 4대강 사업은 시대에 뒤떨어진 낡은 방식의 개발이라는 점이 더욱 설득력을 얻었다. 시민지식동맹은 국제적 네트워킹에만 의존하지 않고 대한하천학회라는 학술단체를 직접 만들어 연구를 수행하고 환경운동단체와 연대하여 생명의 강 연구단과 4대강조사위원회를 설립해서 현장조사를 실시하게 된다.

———

대한하천학회

부산행 KTX 열차가 밀양을 지나서 부산 구포 쪽으로 향하자 눈앞에 넓디넓은 낙동강이 펼쳐졌다. 부산의 식수원이 있는 물금을 지나 구포 쪽으로 가까워지자 강물이 녹색으로 물들었다. 구포역에 내려 택시를 타고 낙동강 건너편에 있는 인제대학교로 향했다. 낙동강 물이 원래 이렇게 녹색이었냐고 택시기사에게 물어보니 낙동강 하굿둑을 막은 게 원인이고, 최근에는 더 심해지고 있다고 말했다. 하굿둑을 막기 전에는 어릴 적에 재첩을 잡아서 팔았다는 그는 "생태계가 완전히 망가졌다 아잉교"라며 환경의식을 외지인에게 한껏 드러내었다. 구포에서 낙동강을 건너면 바로 김해다. 화제는 다시 최근 논란이 되었던 김해신공항으로 옮겨졌고 소음 피해와 공항 주변의 고도제한으로

---

38) 매티아스 콘돌프, 〈세계적 관점에서 본 진정한 하천복원의 특징〉,《댐, 준설, 수로정비가 진정한 강 살리기 사업인가?》4대강 사업 국제 심포지엄, 2010년 9월 29일, 29쪽.

김해 시민들이 많은 피해를 보고 있다고 불평을 털어놓았다. 이윽고 인제대학교에 도착해서 장영실관에 위치한 박재현 교수 사무실 겸 대한하천학회로 향했다.

박재현 교수와 인사를 나누고 유수의 학회들이 서울에 위치해 있지만 대한하천학회가 경남에 위치해 있는 것이 의아해서 물었다. 사연인즉 새 학회를 만들기 위해서는 정부의 허가를 받아야 하는데 운하반대 교수모임이 만든 학회를 이명박 정부는 인정하지 않았다. 당시 김두관 씨가 경상남도 도지사를 맡고 있을 때 그의 정치적 영향력에 힘입어 경상남도에서 허가를 해주었다. 4대강 사업 당시 낙동강은 16개의 보 중 8개의 보가 건설되었고, 경북과 경남의 주요 식수원으로서 이명박 정부는 물 확보를 이유로 가장 많은 사업비를 투자했다.

박 교수에게 굳이 대한하천학회라는 새로운 학회를 만들 필요가 있었냐고 물었다. 기존의 학회도 많을 터인데 그 학회들을 활용할 수 있지 않느냐는 질문을 덧붙였다. 토목공학 박사인 그는 4대강 사업을 반대한다는 이유로 대한토목학회에서 박창근·허재영 교수와 더불어 왕따였다. 65년 전통의 대한토목학회는 2만 4,000명의 회원을 거느린 국내 최대 학회이다. 2만 4,000명 중 단 3명만이 반대한 것이다. 2만 4,000대 3! 권위주의적 문화가 팽배한 한국 학회에서, 그것도 남성중심적인 토목학회에서, 원로와 대선배 들의 말을 듣지 않는 소장학자들은 왕따일 수밖에 없었다. 정부의 용역 프로젝트가 끊어지기도 하고, 다른 사람에게 피해를 주지 말아야겠다는 생각에 스스로 참가하고 있던 프로젝트에서도 나왔다. 그는 "학문의 자유가 없습니다"라고 말하며 자신이 계산한 그대로만 발표할 수 있는 학계·사회 풍토가 되면 좋겠다고 하소연을 늘어놓았다. 박 교수는 그 학문의 자유를 찾고자 4대강 사업 반대 전문가들과 합심하여 대한하천학회를 2012년 새로 설립했다.

대한하천학회는 토목공학뿐만 아니라 환경공학·생태학·법학·사회학·고고학 등을 아우르는 다학제 학회이다. '강'이라는 공간이 단순히 홍수를 예방하고 가뭄을 해결하는 공학적인 대상이 아니라 인간의 삶과 자연이 어우러진 종합적이고 탈경계적인 장소이기 때문이다. 또한 애초에 4대강 반대라는 정치적 지향을 가지고 있었기 때문에 전문가들뿐만 아니라 활동가들도 회원으로 가입이 가능하며 학회지에 투고도 가능하다. 이 학회는 2012년 12월 《생명의 강》이란 학술지를 발간하기 시작해 지금까지 이어져오고 있다.

대한하천학회는 70여 명 내외의 회원을 가진 작은 학술단체이다. 박재현 교수는 "정부와 학계에서 찍힌 단체"이기 때문에 회원을 확보하기가 어렵다고 실토한다. 회원이 되는 순간 정부와 학계에서 요주의 인물이 되기 때문에 프로젝트 참여와 수주에 불이익을 당할까 봐 회원 가입을 꺼린다는 것이다. 나는 학회 운영비를 어떻게 마련하느냐고 물으니 회원들이 특별회비를 내기도 하고 자체적으로 프로젝트 수주를 한다고 답했다. 정부 프로젝트를 수주하기 힘드니 민간 기업이나 하천과 관련하여 정부와 분쟁을 겪고 있는 주민들이 주요 수주 대상이다.

하천학회가 맡았던 프로젝트 중 논란이 된 것은 롯데 측으로부터 수주한 연구였다. 123층으로 국내 최대 높이를 자랑하는 롯데월드타워가 세워지는 과정에서 주변지역인 석촌호수의 물이 빠지고 송파구 전역에 싱크홀 문제가 제기되었다. 비판여론이 들끓자 롯데는 두 곳에 이 문제에 대한 과학적 원인을 밝혀달라고 의뢰했다. 상대적으

로 진보적인 대한하천학회에도 의뢰한 것은 일종의 '입막음용'이었
다. 대한하천학회 내부에서도 재벌의 돈을 받는 연구를 수주하는 것
에 대한 비판여론이 일었지만, 롯데 측에 사실을 있는 그대로 보고할
것이라는 단서를 단단히 붙여두었다. 롯데월드타워가 수많은 논란을
일으키며 이명박 정권하에서 허가가 났기 때문에 석촌호수와 싱크홀
문제는 진보진영의 입장에서 보수진영과 재벌진영을 공격할 수 있는
호재였다. 대한하천학회의 연구결과 발표가 나자 롯데가 아니라 서
울시가 뒤집어졌다. 석촌호수와 싱크홀 문제는 롯데월드타워뿐만 아
니라 지하철 9호선의 영향이 컸다는 연구결과가 나왔기 때문이다. 진
보진영의 박원순 씨가 시장으로 재직하고 있었기 때문에 싱크홀 문
제에서는 롯데에 대한 진보진영의 일방적인 공격이 사그라졌다. 서
울시는 처음에는 부인했지만, 추후 추가조사를 통해서 지하철 9호선
건설로 의한 지하수 고갈이 싱크홀의 주요원인임을 인정했다. 당초
'입막음용'으로 프로젝트를 의뢰했던 롯데는 과학적인 연구결과가
나오자 오히려 대한하천학회에 고마워했다.

　이런 예들을 들면서 박재현 교수는 자신들은 결코 진보진영의 이
데올로그들이 아니라 과학자라는 점을 강조했다. 물론 4대강 사업에
서 정치적 지형 때문에 진보진영과 동맹을 맺었지만, 이데올로기적
해석 이전에 데이터가 먼저라는 것이다. 4대강 사업에 대한 찬성과
반대는 이데올로기적 해석의 차이 이전에 데이터 자체를 두고 찬성
과 반대가 이루어졌어야 한다고 그는 탄식한다. 이 데이터 싸움에서
정부의 논리는 빈약하며 반대진영의 데이터가 더 합리적이라고 그는
주장했다. 정치의 논리가 지식의 논리를 압도했고, 지배지식동맹에서
지식엘리트들은 정치엘리트들에 완전히 종속되었다. 박재현 교수는

한국사회에서, 특히 토목공학계에서 정부의 논리를 반대하는 과학기술자들이 겪어야 하는 고초가 더는 없으면 좋겠다고 토로했다.

———

생명의 강 연구단과 4대강조사위원회

2012년 3월 초 활동가·전문가·기자 들로 구성된 '생명의 강 연구단'은 달성보의 세굴현상을 측정하기 위해서 보트를 타고 달성보 아래로 접근했다. 세굴현상이란 보 아래로 물이 세차게 흘러 강바닥이 파이는 현상을 말한다. 강 밑바닥이 깊이 파일수록 보 쪽으로 세굴현상이 진행되며, 이것은 자칫 보의 구조를 위협할 수 있다. '생명의 강 연구단'은 세굴현상이 의심되는 달성보 아래를 '소나측정봉'이라는 기구를 이용하여 얼마나 진행되는지를 파악하려고 나섰다. 그런데 이들이 보 쪽으로 접근하자 한국수자원공사 측의 보트가 갑자기 나타나 이들이 탄 보트와 충돌하며 접근을 막았다. 국토해양부에 통지를 하고 야당 국회위원이 협조공문을 보냈는데도 한국수자원공사는 조사를 허락하지 않았다. 따라서 연구단은 물리적인 충돌을 무릅쓰고 조사를 진행하기로 했다. 한국수자원공사 측 보트와의 충돌이 위험천만했지만 연구단은 결국 세굴현상을 측정하는 데 성공했다.

'생명의 강 연구단'은 시민단체와 전문가 들이 현장조사 위주로 활동하는 시민지식동맹이다. 2009년 발족한 이 연구단은 애초에 운하반대전국교수모임·민변 환경위원회·참여연대 행정감시센터·한국문화유산정책연구소·시민경제사회연구소 그리고 환경운동연합 시민환경연구소가 협력해서 만든 단체이다. 전국의 시민단체들은 4대강 사업이 진행되는 현장을 직접 방문하여 보에 누수가 발생하는지, 균열은 있는지, 수질은 어떤지를 주로 육안으로 감시하는 활동을 펴왔다. 이런 활동에 좀 더 과학적인 데이터를 제공해준 것이 '생명의 강 연구단'이었는데, 이 연구단은 각종 첨단장비를 이용하여 수질오염·토양오염·세굴현상·용존산소량 등을 측정하여 시민과 언론에 공개했다.

앞의 에피소드가 말해주듯 '생명의 강 연구단'의 4대강 현장조사는 정부와의 마찰을 동반했다. 대항전문가들은 시민단체와 연대함으로써 정치적 자원을 확보하며 연구활동의 파급력을 높일 수 있었다. 조사현장에서 건설회사와 정부 관계자와의 물리적 충돌이 발생했을 뿐만 아니라 정부는 까다로운 규제조건들을 붙여서 이들의 조사를 방해했다. 박창근 교수는 인터뷰에서 당시 조사의 어려움을 설명하는 에피소드를 들려준다. 20대 용역업체 직원이나 건설회사 관계자들로부터 쌍욕을 듣거나 몸싸움을 하는 것은 다반사였다.

박창근 (4대강 공사 당시) 새벽 6시에 (강으로) 들어갔습니다.

몰래?

박창근 예. 함안보 밑에 23미터 세굴이 있었어요. 23미터 땅이 파였던 거예요. 아파트 8층 높이였어요. 보 바로 밑에서는 안 되니깐 한참 아래쪽에서 (상류를 거슬러) 치고 올라온 거죠. (보 근처의 강 위로) 펜스를 쳐놓았는데 펜스를 뚫고 들어가서 측량을 하는 거죠. 그래서 (보를 건설하는) 사람들이 오고 야단났죠. [중략] 심지어 우리가 보트를 타고 조사를 하니까 119에 신고를 해서 '쟤들 면허증 없다'고 해서 우리가 또 엄청 곤욕을 치렀어요. 그래서 열 받아서 (우리 쪽) 세 명에게 보트 면허를

따게 했어요. (웃음)

강단에서 점잖게 학문적 권위를 지키면서 강의를 해야 할 교수들이 마치 007작전을 방불케 하는 현장조사를 수행했다는 게 당사자들에게는 고역이었지만, 지나고 보니 한편으론 웃음을 자아내는 에피소드이다.

'생명의 강 연구단'은 2009년에서 2013년 초까지 현장조사를 수행했고, 이 연구조직은 추후에 4대강조사위원회로 통합되었다. 이 위원회는 2012년 2월 4대강 사업이 마무리될 무렵 4대강 사업 과정상의 문제와 사업 이후의 문제 들을 조사하기 위한 것으로, 단지 보의 안전성과 수질에 대한 문제뿐만 아니라 4대강 사업 과정에 나타난 문제를 역사적으로 고발하고 4대강 복원의 과정까지 포함하는 포괄적인 문제를 다루기 위해 발족되었다. 따라서 이 조사위원회는 다음과 같은 총 아홉 가지의 광범위한 조사팀(또는 분과)을 구성하고 4대강 사업에 대응하기로 결정했다. 4대강 자료정리팀(백서 발간), 4대강 찬동인사 조사팀, 4대강 청문회 대응팀, 부실공사·피해사례·비리사례 접수처, 총선 후보자에 대한 설문조사팀, 4대강 복원팀, 법률대응팀, 해외지원팀. 각 분과의 분과위원장도 전문가·종교·시민사회계를 망라하는 인력들로 구성되었다.

4대강조사위원회의 성격은 우선 친일청산과 같은 사례를 모델로 하여 4대강 사업을 역사적 죄로 단정하고, 4대강 사업 청산이라는 역사적 목적을 가지고 있었다. 이것의 구체적인 성과는 총 5차에 걸친 '4대강 찬동 인사' 282인을 선정한 것이었다.[39] 또한 2012년 당시 국회위원 선거를 앞두고 4대강 찬성 인사들에게 다양한 정치적 압박을 가해 낙선시킨다는 정치적 목표를 가졌다. 이 위원회가 발족하던 날 이들은 '4대강 청문회를 준비한다'는 국회 세미나를 열고 '4대강 사업 과정에서 나타난 문제점', '4대강 사업의 경제성과 국가재정에 미치는 영향 평가', '4대강 사업 법적 타당성과 하천법 개선안' 등의 주제를 논의했다. 하지만 이명박 정권이 끝나고 박근혜 정부가 들어선 이후에도 가장 지속적으로 활발한 활동을 펼치고 있는 분과는 4대강 현장 조사팀이다. 이들은 이명박 정부 당시 이미 조류가 대규모로 발생해 수질에 대한 걱정이 전국적으로 확산될 때 수질을 계산·모니터링하고 재퇴적의 문제와 보의 안전성 문제를 현장조사를 통해 밝혔다.

영산강 조사를 다녀오고 1주일 후 현장조사팀을 이끌던 박창근 교수는 한 언론에 출연해 "썩고 있는 낙동강, 보를 부숴라!"라는 인터뷰를 통해 영남지역 사람들과 정부 당국을 긴장시켰다. 이 인터뷰는 다음(daum) 포털 뉴스 화면의 메인에 등장하여 시선을 사로잡았다.

박창근 교수 낙동강은 호수 형태이지 않습니까? 보와 보 사이에 거대한 호수가 형성되어 있기에 어느 지점이 더 나쁘다고 할 것 없이 전체적으로 악화되고 있는 겁니다. 그래서 어떤 지점을 보면 BOD와 COD 같은 경우 물 표면에서는 2급수를 유지하고 있지만 수심이 깊어지면 5급수 이하로 떨어지고 있습니다. 용존산소의 경우에 물 표면은 매우 좋은 상태를 유지하지만, 수심이 깊어지면 6급수인 매우 나쁜 상태로 악화되고 있고, 강바닥에는 산소가 없는 무산소층이 됩니다. 무산소층이 된다는 것은 어떤 생명체도 살 수가 없다는 것이고, 그래서 저희는

---

39) 환경운동연합·대한하천학회, 앞의 책, 102쪽.

낙동강이 점점 죽어가는 공간이라고 판단하는 겁니다.[40]

이 인터뷰가 영남 일대를 강타하고 있을 때 나와 만나고 있던 인제대학교 박재현 교수의 휴대전화가 울리기 시작한다. 대구 KBS의 기자였다. 낙동강 물의 상태를 물었고, 박 교수는 수질이 악화되고 있다고 설명했다. 물을 정수해서 먹으면 되지 않느냐는 전화 너머의 질문에 박 교수는 "똥물도 정화하면 먹을 수 있습니다. 그런데 원수의 질이 대단히 중요합니다"라며 기자의 질문에 응답했다. 통화가 끝나자 박창근 교수의 주장에 나도 확신이 가지 않아 박재현 교수에게 다시 물어보았다. "몇 조나 투자한 보를 정말 부숴야 합니까? 아깝잖아요…… 그냥 그대로 쓰면 안 됩니까?" 그는 서울대 경제학과 이준구 교수의 말을 인용하면서 그대로 두면 더 손해이기 때문에 매몰비용으로 처리하고 보를 부숴야 한다고 주장했다. "몇 개만 없애면 안 됩니까? 22조를 쏟아부었는데…… 아까워 죽겠는데……" 하는 나의 애원 섞인 질문에 여러 해 동안 '생명의 강 연구단'과 4대강조사위원회에서 현장조사를 가장 많이 수행한 연구자로서 그의 대답은 단호했다. "다 없애야 합니다".

---

40) 최영일, 〈썩고 있는 낙동강, 보를 부숴라!〉, 《YTN 라디오 최영일의 뉴스 정면승부》, 2016년 8월 8일.

8장

4대강 사업의 지식투쟁

토목공학 분야의 전문가 두 사람이 국회 의원회관 회의실에서 4대강 사업을 두고 날선 공방을 펼쳤다. 같은 대학, 같은 지도교수 밑에서 공동연구까지 한 두 사람은 4대강 사업의 대표적인 찬성 지식인과 반대 지식인이다. 전자는 장관급인 4대강 살리기 본부장을 지낸 인하대 토목공학과의 심명필 교수이고, 후자는 반대 진영의 대표적 지식인 가톨릭관동대 토목공학과의 박창근 교수다.[1] 한겨레신문사가 마련한 자리로 감사원이 4대강 사업에 대한 감사결과를 발표한 직후에 이루어졌다.

박근혜 정부가 출범하기 바로 직전 발표된 감사원 보고서는 "설계 부실로 총 16개 보 중 11개 보의 내구성이 부족하고, 불합리한 수질관리로 수질악화가 우려되는 한편, 비효율적인 준설계획으로 향후 과다한 유지관리비용 소요가 예상"된다며 4대강 사업에 직격탄을 날렸다.[2] 내용의 상당 부분은 4대강 사업을 비판한 진영의 논리를 따랐다.

1) 조소영, 〈4대강의 뒤늦은 진실: 심명필 vs 박창근 끝장토론〉, 《한겨레TV》, 2013년 1월 24일.
2) 구본권, 〈감사원 "4대강 설계부실로 16개 보 중 15개 문제, 수질 왜곡"〉, 《한겨레》, 2013년 1

정권이 달라지면 대규모 토목공사의 정당성과 논리도 바뀌는가? 정치인은 책임을 지지 않지만 지식인은 명예와 인정을 위해 싸워야 하기 때문에 심명필 교수는 4대강 사업 찬성에 대한 자신의 소신을 굽히지 않았다.

심명필 교수와 박창근 교수는 여러 차례 반복된 4대강 사업의 찬반논리를 과학적으로 펼치려고 노력했다. 이 사업에 깊이 개입한 사람들에게는 익숙한 주제이지만 이들이 사용하는 전문용어를 일반인이 이해하기는 쉽지 않았다. 이들은 보의 설계, 홍수 예방효과, 수질개선, 준설 등 4대강 사업 찬반논리를 되풀이했다. 박 교수가 창이라면 심 교수는 방패였다. 한겨레신문사의 진행자는 중립을 지켰고 박교수의 창은 날카로웠지만 심 교수의 방패도 쉽사리 뚫리지 않았다. 4대강 사업은 과학과 정치가 뒤섞여서 다양한 해석이 가능하며 찬반논리의 경합도 치열했다. 두 사람이 펼친 이날의 논쟁은 4대강 사업 내내 문제가 되었던 지식정치의 축소판이었다.

4대강 사업의 지식정치는 사업을 시작하기 전부터 불붙었고, 사업이 끝난 2012년 이후에도 계속되었다. 어쩌면 전문가들에 의해 처음부터 끝까지 가장 많은 비판과 견제를 받은 대규모 국책 사업 중 하나일 것이다. 이 장에서는 4대강 사업의 지식정치를 '물 부족 국가' 프레임 논쟁, 홍수 예방 실효성 논쟁, 보를 둘러싼 논쟁, 수질을 둘러싼 논쟁, 경제·법적 논쟁, 그리고 생태계 논쟁으로 나누어서 분석한다.

월 17일.

'물 부족 국가' 프레임 논쟁

이명박 대통령은 2010년 4월 '환경을 위한 글로벌 기업정상회의'의 기조연설에서 물 부족은 국가안보에 관한 문제이며 4대강 사업을 통해 물 부족을 해결할 것이라고 발표했다. 2012년 4대강 사업이 완성되면 13억 톤의 물을 새로 확보하여 물 문제 해결을 직접 눈으로 확인할 수 있을 것임을 역설했다.[3] 4대강 사업의 5대 목표는 물 부족 해소, 홍수 예방, 수질 개선, 주민과 함께하는 복합공간 창조, 강 중심의 지역발전이었다. 물 부족이란 말 자체가 일반시민에게 가장 직접적이며 강력한 4대강 사업의 정당성이기 때문에 '물 부족 국가'라는 프레임 설정은 대단히 중요하다.

사회학자 어빙 고프먼에 의해 제시된 개념인 '프레임(frame, 틀)'은 "개인들로 하여금 사건들 혹은 생활 경험들을 지각하고, 파악하고, 또한 명명할 수 있도록 해주는 해석 기제"이다.[4] 이 개념은 다시 여러 사회과학자, 특히 미디어학자에 의해 변형되고 확장되었는데, 가령 토드 기틀린은 뉴스 프레임을 "선택·강조·배제의 지속적인 패턴"으로 파악하는가 하면, 로버트 엔트먼은 "현실의 한 측면을 보다 현저한 것으로 부각시켜 특정한 방향으로 이해하도록 유도하는 의미 실

---

3) 이해림, 〈이 대통령 "물 부족 문제, 4대강 사업으로 해결"〉, 《한국정책방송》, 2010년 4월 22일.

4) Erving Goffman, *Frame Analysis: An Essay in the Organization of Experience*, Cambridge, MA: Harvard University Press, 1974, p. 21.

천 행위"라고 정의했다.[5] 곧 4대강 사업 논쟁에 있어 '물 부족 국가' 프레임은 시민들을 설득하기 위해 유도되는 지속적인 의미 실천 행위로서 이 사업의 정당성을 획득하기 위한 주요 전략이었다.

4대강 사업 찬성 측과 반대 측은 수치와 자료를 동원하여 '물 부족 국가'라는 프레임을 뒷받침하거나 부수려고 경합했다. 양측의 지식 전사들은 이 수치들을 '구성'하는데, 일반인이 보기에는 양쪽 다 일리가 있어 보인다. 찬성 측의 '물 부족' 논리는 4대강 살리기 마스트플랜에 잘 나와 있다. 물 부족의 주요 이유로는 수자원 이용량의 급증, 수자원 확보량의 절대 부족, 주기적인 가뭄 등이다.

인구 증가와 경제발전 등의 이유로 수자원 이용량이 1965년 51.2억 세제곱미터에서 2003년 337억 세제곱미터로 6.6배 증가했다. 2006년 정부의 '수자원장기종합계획'에서는 2011년에는 8억 세제곱미터, 2016년에는 10억 세제곱미터가 부족한 걸로 예측했다.[6] 일면 그럴 듯한 수치이지만 이를 엄밀히 들여다보면 문제점이 드러난다. 이 종합계획에는 2011년 30년 빈도 가뭄이 들었다고 가정할 때 필요한 수자원보다 총 8억 세제곱미터의 물, 곧 전체 물의 2.2퍼센트가 부족하다고 설명하고 있다. 이 말은 곧 매년 물이 2.2퍼센트 부족하다는 말이 아니라 30년 빈도 가뭄이 들었을 때는 그렇다는 말이다. 다시 이를 지역별로 보면 한강권이 0.5퍼센트, 낙동강권이 1.3퍼센트, 금강권이 1.1퍼센트, 그리고 호남권이 9.2퍼센트 부족하다.[7] 4대강 사업에서 보

5) 반현, 앞의 글, 2006, 160쪽.

6) 4대강 살리기 추진본부, 앞의 글, 19~20쪽.

7) 최석범, 《4대강 X파일: 물 부족 국가에 대한 감춰진 진실》, 호미, 2011, 61쪽.

는 낙동강 여덟 개, 한강 세 개, 금강 세 개, 그리고 영산강 두 개가 세워졌는데, 적어도 낙동강·한강·금강에 세워진 보는 물 부족을 해결할 필요도 없는데 세워졌다고 대항전문가들은 주장한다. 4대강 사업 찬성 지식은 왜 이런 수치가 나왔는지 자세히 설명하지 않는다. 삼성 백혈병 논쟁에서 시민지식동맹의 요구를 상기해보자. 시민지식동맹은 현장을 더욱 엄밀하게 조사하라고 정부와 삼성 측에 요구하는데 지배지식동맹은 그러지 않았다. 왜냐하면 그것이 자신들에게 불리하기 때문이다.

이런 엄밀성의 부족은 4대강 사업에서도 여실히 발견된다. 4대강 마스터플랜은 "1인당 가용 수자원량이 1,700 세제곱미터 이하인 1,512 세제곱미터"로 한국을 물 스트레스 국가로 분류하고 있다.[8] 하지만 4대강 마스터플랜은 왜 한국이 '물 스트레스 국가'인지 설명하지 않는다. 지식정치는 또한 분류정치를 동반하는데, 한국을 물 스트레스 국가로 분류하는 것 자체가 4대강 사업에서는 중요한 정치적 문제가 된다. '물 스트레스 국가'라는 분류는 도대체 어디서 왔을까? 대항전문가들은 이 분류에 대한 기원을 추적하여 그 허구성을 드러낸다. 스웨덴 수문학자 폴켄마르크는 하천 유출량을 총인구로 나누어 한 사람이 사용할 수 있는 물의 양을 기준으로 물 기근 국가, 물 스트레스 국가, 물 풍부 국가의 세 단계로 분류했다.[9] 1,000세제곱미터 이하이면 물 기근 국가, 1,000~1,700세제곱미터 사이이면 물 스트레스 국가, 1,700세제곱미터 이상이면 물 풍부 국가인데, 한국은 마스터플랜이

---

8) 4대강 살리기 추진본부, 앞의 글, 21쪽.

9) 최석범, 앞의 책, 62쪽.

밝혔듯이 1,512세제곱미터이기 때문에 물 스트레스 국가가 된다. 폴켄마르크의 이 단순한 분류는 단지 인구 하나의 변수만 사용했고 전문가 개인의 식견일 뿐이었다.

UN은 폴켄마르크의 분류를 인용한 미국의 민간단체 국제인구행동연구소(PAI)의 내용을 인용했고, 다시 이명박 정부는 이를 인용해 마치 UN에서 한국을 물 부족 국가라고 분류했기 때문에 4대강 사업이 필요하다는 것처럼 주장했다.[10] 폴켄마르크→PAI→UN→이명박 정부로 이어지는 분류의 정치적 전환과 이용을 깨기 위해서 반대 측 전문가들은 폴켄마르크의 오리지널 분류를 공격했고, 이를 단순하게 적용한 4대강 사업 찬성 전문가들을 함께 공격했다. '물 부족 국가' 프레임을 가장 세밀하고 설득력 있게 비판한 반대 측 전문가는 전국의 하천과 댐을 20여 년간 기획한 최석범 씨였는데, 그의 설명은 인용할 가치가 있다.

최석범 폴켄마르크가 내세운 수치는 인구 증감 정책을 판단하는 자료로는 쓸 수 있지만, 물 부족 여부를 판단하는 근거 자료로는 쓸 수 없다. 국가의 경제 수준, 산업업종 구성비, 보유한 댐 수 및 저류용량, 해수 담수화 공장 보유 능력, 지하수 부존량, 물 공급 시설, 물 관리 능력, 물 쓰는 습관에 의해 나라마다 물 사용량이 다르기 때문이다.[11]

찬성 측 전문가들이 자주 사용하는 논리 중 하나는 한국에 가뭄이

---

10) 김정욱, 앞의 책, 51쪽.

11) 최석범, 앞의 책, 63쪽.

자주 발생한다는 점이다. 4대강 살리기 추진본부는 "지난 100년간 가뭄 16회, 2년 연속 대가뭄은 7회"가 발생했다고 주장하고, 2001년과 2008년에 제한급수와 운반급수를 수행했다고 밝혔다.[12] 반대 측 전문가들은 가뭄의 형태를 더욱 세세하게 분류하여 찬성 측 전문가들의 논리를 반박한다. 가뭄은 기상학적 가뭄·농업적 가뭄·수문학적 가뭄 그리고 사회경제적 가뭄으로 나뉘는데, 통상 우리가 부르는 가뭄은 수문학적 가뭄으로 "강수량이 적어서 하천·저수지·지하수 등이 고갈되어 생활용수나 공업용수가 부족해지는 가뭄"을 말한다.[13] 2001년에 100년 빈도의 기상학적 가뭄이 발생했지만 이것이 수문학적 가뭄이나 이에 따른 사회경제적 가뭄으로 전환되지는 않았다. 또한 가뭄 지역 또는 물 부족 지역은 내륙 산간이나 도서 지역이지 4대강 유역이 아니다. 이런 세밀한 구분과 연구 없이 가뭄 때문에 16개의 보를 만들어야 한다는 주장은 터무니없다고 대항전문가들은 주장했다.

찬성 측 데이터의 또 다른 문제는 데이터의 맥락화가 없다는 점이다. 가령 4대강 살리기 추진본부는 OECD 국가의 1인당 물 이용량을 비교하여 "우리나라의 연간 1인당 수자원 이용량은 약 $610\,m^3$로, OECD 국가의 평균 이용량 $870\,m^3$의 75% 수준을 이용"한다고 주장하여 마치 물이 부족해서 적게 쓴다는 인상을 주었다.[14] 대항전문가들은 한국인 중 물이 부족해서 생활에 불편을 느끼는 사람이 거의 없음

---

12) 4대강 살리기 추진본부, 앞의 글, 22쪽.

13) 최석범, 앞의 책, 65쪽.

14) 4대강 살리기 추진본부, 앞의 글, 26쪽.

을 강조한다. 싱가포르·요르단·이스라엘과 같은 나라에서는 물을 재사용하는 반면, 한국은 "먹는 물로 세차하고, 변기 물 내리고, 정원에 물을 주고, 하루에 한두 번 목욕하고는 한다."[15] 대항전문가들은 골프장 하나당 하루 1천 톤의 물을 사용하는 나라가 어떻게 물 부족 국가냐고 반박하고, 한국은 물 부족 국가가 아니라 물 풍족 국가라고 주장했다.[16]

홍수 예방 실효성 논쟁

4대강 사업의 두 번째 목적은 보 건설과 준설(강의 바닥을 파내는 것)로 홍수를 예방하는 것이다. 4대강 살리기 추진본부는 한국에서 홍수는 기후변화 등의 영향으로 1999년부터 2008년 사이 "1일 100㎜ 이상 집중호우 발생빈도가 385회로, 1970~80년대 222회에 비해 1.7배 증가"했고 피해액은 2002년부터 2006년까지 2.7조 원이라는 데이터를 제시했다.[17] 아울러 홍수의 주요원인으로는 제방 중심의 치수대책으로 인한 홍수조절용량의 부족, 토사의 퇴적으로 인한 모래 사주의 육지화, 둔치의 과도한 경작이라고 지적했다.[18] 과도한 퇴적과 모래사주를 파내어 수심과 물길을 넓혀서 물을 담는 용량 자체를 크게 만드는 것이 홍수를 예방하는 것이라 진단했다.

---

15) 최석범, 앞의 책, 7쪽.
16) 김정욱, 앞의 책, 52쪽.
17) 4대강 살리기 추진본부, 앞의 글, 27쪽.
18) 4대강 살리기 추진본부, 앞의 글, 28쪽.

4대강 사업이 끝난 후 감사원은 보와 준설로 인한 효과가 미미하다고 발표했다. 강을 준설하면 모래를 파낸 만큼 수위가 낮아서 물을 담는 공간이 늘어나는데, 2015년 "낙동강 상류 내성천에서 홍수 때 수위가 낮아진 구간은 전체의 6.5%인 1.75 km에 불과했고, 영강은 5.5%인 4.27 km, 감천은 10.3%인 3.3 km로 나타났다."[19] 강은 끊임없이 다시 퇴적이 되기 때문에 계속해서 준설을 해야 한다.

더 큰 문제는 4대강에서 홍수가 별로 일어나지 않는다는 점이다. 대항전문가들은 홍수가 자주 일어나는 지역은 4대강 본류가 아니라 내륙 산간 지역이라는 점을 강조한다. 김정욱 교수는 한국방재협회의 발표를 인용하며 한국의 "홍수 피해의 3.6%만 국가하천, 즉 4대강에서 발생했고, 나머지는 지방하천과 소하천에서 발생했다"고 말하며 홍수피해를 막기 위해 "4대강 하천정비가 2006년 97% 완성되었다"는 데이터를 제시했다.[20] 따라서 홍수를 막기 위해서는 산간 지방에 사방공사를 하여 산사태가 일어나지 않도록 하고, 상류에 조그만 댐과 저수지 같은 빗물저장시설을 만들어야 한다고 주장했다.

반대 측 전문가들은 정부가 홍수량을 산정할 때 엄밀하지 않았다고 주장한다. 홍수량 산정에는 "유역 면적, 유로 연장, 유출 계수, 유속, 도달 시간, 강우 강도" 등 다양한 변수가 작용하고, 이들은 또한 각각의 확률로 계산되는데, 그 편차가 작게는 수십 퍼센트에서 많게는 수백 퍼센트까지 이른다.[21] 따라서 엄밀하게 계산해서 사업을 추

---

19) 김기범, 〈22조 쏟은 4대강 치수 효과도 '미미'〉, 《경향신문》, 2015년 9월 17일.

20) 김정욱, 앞의 책, 54쪽.

21) 최석범, 앞의 책, 38~39쪽.

진해야 하는데 실제로는 전혀 그러지 못했다는 것이다.

반대 측 전문가들은 강에 보를 세우면 오히려 홍수 피해를 높인다고 주장했다. 일반 교량을 설치해도 그 기둥이 물의 흐름을 방해해서 수해를 가중시키는데, 보는 강바닥 전체를 가로지르는 고정물이기 때문에 훨씬 더 영향을 미친다. 따라서 준설을 통해서 수위를 낮출 수는 있으나, 보 자체는 '재해 유발 시설'이라고 보는 것이다.[22]

4대강 사업을 벌인 후 홍수 피해액이 급증한 자료들이 제시되었다. 2013년 10월 국토교통위원회 소속 임내현 의원은 '4대강 지역 홍수 피해 현황'이라는 자료에서 "4대강 사업 이전인 2008년 523억 원에 불과했던 홍수 피해 금액은 2009년에는 1,404억 원, 2010년 1,436억 원, 2011년 5,024억 원 등으로 급증"한 사실을 밝혔다. 사업이 끝난 2012년에는 "큰 태풍이 없었음에도 4,167억 원을 사용했는데, 이는 2008년과 비교하면 연간 기준으로 최대 10배가량 많은 재정을 투입한" 것이다. 아이러니하게 4대강 사업 그 자체 때문에 피해액이 증가했는데, "생태공원·자전거도로·운동시설·제방시설 등이 강 범람이나 집중호우 때 쉽게 훼손되기 때문"이다.[23]

반대 측 전문가들이 우려하는 현실은 2014년 12월에 발표된 '국무조정실 산하 4대강사업조사평가위원회'에서 여실히 밝혀졌다. 이 보고서는 4대강 사업 마스터플랜과 4대강 사업 이후의 치수 능력을 비교하면서 대규모 준설에 따른 홍수 조절 효과는 어느 정도 있다고 결론을 내렸다. 하지만 4.45억 세제곱미터의 준설을 계획했던 낙동강은

---

22) 최석범, 앞의 책, 25쪽.

23) 박병률, 〈홍수피해, 4대강 사업 후 더 늘었다〉, 《경향신문》, 2013년 10월 14일.

실제로는 여러 이유로 2.97억 세제곱미터를 준설하는 데 그쳤다. 또한 보의 건설이 홍수조절과 무관하다고 결론내림으로써 4대강 사업의 정당성에 큰 상처를 입혔다.

> 4대강 사업으로 인한 보 설치 여부에 따른 홍수위 변화를 살펴본 결과, 모든 구간에서 보 설치에 따른 홍수위는 보가 없을 경우에 비해 더 높게 산정됨을 알 수 있음. 따라서 확보된 치수능력은 마스터플랜에서 제시한 것처럼 최적토 준설 등의 효과이지, 건설된 보와는 무관함을 확인하였음.[24]

16개의 보가 홍수 예방에는 무용지물임을 확인시켜주는 순간이었다. 홍수조절 능력 부재와 더불어 역행침식·누수·세굴현상 등 4대강 사업 기간 내내 가장 시끄러웠던 보에 대한 문제는 4대강 사업 논쟁 중 가장 광범하고 치열한 것이었는데, 다음 절에서 자세히 알아보자.

보를 둘러싼 논쟁

4대강 사업 논쟁에서 가장 치열하게 쟁점이 된 것은 보를 둘러싼 논쟁이었다. 4대강 사업은 총 16개의 보를 세웠는데, 보의 수는 낙동강 8개, 한강 3개, 금강 3개, 영산강 2개다. 통상 일반인들이 경험하는 보는 높이가 수 미터 내외의 낮은 구조물이다. 하지만 4대강 사업의 보

---

24) 4대강사업조사평가위원회, 《4대강사업 조사평가 보고서》, 2014, 481쪽.

는 가장 낮은 것이 3.5미터이고 가장 높은 것은 11.8미터나 된다. 한 강에 설치된 보가 3.5미터로 낮게 설계되었고, 가장 많은 물을 확보하기로 한 낙동강의 보 중 10미터가 넘는 보는 다섯 군데나 된다.[25]

왜 댐을 설치하지 않고 보를 설치하는가? 정부는 댐이 "용수, 전기, 홍수 조절, 하천 유지 용량 확보 등 총량적인 이수·치수 측면에서 큰 역할"을 하고 있지만 국지성 호우나 가뭄이 발생했을 때 유량의 확보가 힘들고 수몰지역이 광범하여 보상 규모가 커지며 댐 주변 지역에 복합 문화활동을 할 수 없는 단점이 있다고 분석했다.[26] 이에 반해 보의 설치는 "신규 댐 건설보다 용수 개발 단가가 저렴하면서도 홍수 때 수위 하강과 평시의 저류 용량 증대 효과가 상대적으로 큰 것으로 나타났으며, 또한 인허가와 주변 지역 보상 문제 등에서도 신규 댐을 건설하는 방안보다 경제적"이라고 판단했다.[27]

우선 '물 부족 국가' 프레임 논쟁에서처럼 이 거대한 건축물을 '보'로 보아야 것인지에 대한 문제가 제기되었다. 대항전문가들은 국제대댐위원회(ICOLD)의 분류 기준을 제시하면서 "댐 길이 50미터 이상, 저수용량 100만 톤 이상, 설계홍수량 초당 2,000톤 이상, 특이한 기초처리공법, 특이한 설계 중 한 개 이상의 특징을 포함하는 것도 대댐"으로 규정하고 있다고 주장한다.[28] 이런 기준이면 낙동강의 보 대부분이 대댐(large dam)으로 분류될 수 있다. 그런데도 정부가 군이 이를 보라고 분류한 것은 댐 건설에 대한 시민과 환경단체의 거부감을

---

25) 국토해양부, 앞의 책, 2012, 182쪽.

26) 국토해양부, 앞의 책, 2012, 97쪽.

27) 국토해양부, 앞의 책, 2012, 98쪽.

28) 박창근, 〈낙동강에 설치한 보의 안전성 분석과 향후 대책〉,《생명의 강》1(1), 2012, 13쪽.

줄이고, 4대강 사업을 둘러싼 논쟁의 폭을 줄여서 사업 진행을 좀 더 신속하게 하려는 의도였다.

시민지식동맹이 밝힌 보의 문제점은 균열과 누수, 고정보가 밀려 나는 현상, 파이핑 현상, 물받이공과 바닥보호공의 유실, 부등침하 등 실로 광범위한 것이었다. 〈그림 8-1〉은 보의 구조를 나타낸 것이다. 보에 균열이나 누수가 생기면 보 자체가 무너질 수 있으며, 떨어지는 물의 무게를 견디게 하기 위해 설치된 물받이공이나 바닥보호공이 유실되면 보 자체도 위험해진다. 4대강조사단이 보 자체의 위험성을 제기하자 정부는 2012년 2월부터 3월까지 96명의 현장점검단을 구성 하여 보의 안전을 진단했다. 점검단은 부등침하와 파이핑 현상을 분석하지는 않았지만 낙동강 여덟 개의 보 가운데 일곱 개 보의 바닥 보호공이 유실되었고 네 개의 물받이공의 처짐이 발생했다고 보고 했다.[29] 시민지식동맹은 정부의 점검단보다 더 나아가 부등침하가 낙동강 여섯 개의 보에서, 파이핑 현상은 일곱 개의 보에서 발생했다며 보의 총체적인 부실을 주장했다.

'생명의 강 연구단'과 4대강조사위원회는 현장의 보를 일일이 찾아 가 누수와 균열이 나타난 부분의 사진을 찍고 시민과 언론에 알렸다. 이들이 찍은 수천 장의 사진은 보의 부실에 대해 일반시민들도 식별 할 수 있는 증거들이었다. 또한 내부 제보자가 특정 보의 누수 현상 을 고발하여 시민지식동맹에 알렸고, 이것이 문제가 되자 정부는 물 비침 현상이라고 대응했다. 또한 대항전문가들은 4대강 사업 중 수시 로 현장을 찾아가 측정기구를 동원하여 세굴현상, 역행침식, 파이핑

---

29) 박창근, 앞의 글, 15쪽.

현상 등을 조사했다.

〈그림 8-1〉 보의 구성요소30

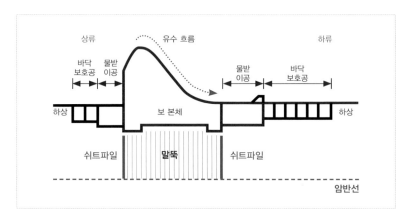

보에서 떨어지는 물의 무게는 아주 거대하여 보 아래의 강을 깊게 파이게 하는데 이를 세굴현상이라고 한다. 이를 막기 위해 보 아래쪽에 물받이공과 바닥보호공을 설치하는데, '생명의 강 연구단'은 2011년 11월에 낙동강의 창녕함안보에서 세굴현상이 일어난다는 것을 발견하게 되었다. 이 문제는 언론에 알려지게 되었고, 시민지식동맹은 각종 첨단장비를 동원해 그 규모와 실체를 세밀하게 조사했다. 세굴현상으로 인해 보 주변의 수압과 토압은 보 자체를 무너뜨릴 수 있는 위협이 되는데, 시민지식동맹은 조사를 바탕으로 아래와 같이 창녕함안보가 상당히 위험한 상태임을 밝혔다. 이들의 조사는 정부로 하여금 재공사를 하게 만드는 중요한 계기가 되었다.

---

30) 박창근, 앞의 글, 12쪽.

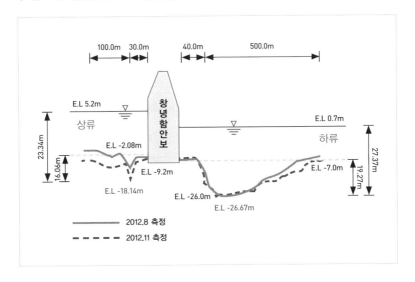

〈그림 8-2〉 창녕함안보의 세굴현상31

보의 건설로 인한 농경지 침수와 제방 붕괴 등도 쟁점으로 떠올랐다. 보의 높이가 높다 보니 강의 수위와 지하수의 수위가 올라가고, 이에 따라 주변의 농경지들이 침수되었다. 2009년 박재현 교수는 대한하천학회 세미나에서 보 건설로 인해 함안보와 합천보 주변의 농경지 42제곱킬로미터가 침수될 수 있다는 연구를 발표했고, 한국수자원공사는 이를 받아들여 함안보의 높이를 2.5미터 낮추었다. 하지만 보를 낮게 건설했는데도 실제로 농경지 침수가 발생했고, 피해를 호소한 지역은 창녕함안보 인근의 함안군과 창녕군, 칠곡보 주변의 무림리·덕산리 그리고 합천보 주변의 고령군 등이었다. 농경지 피해에 대해서 정부를 상대로 환경운동연합의 환경법률센터가 주민들을

31) 경상남도 낙동강사업 특별위원회, 《낙동강사업 특별위원회 활동백서》, 2012, 175쪽.

도와 2016년 6월 승소를 이끌어내기도 했다.[32] 2011년에는 상주보 아래의 제방이 비로 무너졌는데, 이는 상주보가 가동보 수문의 왼쪽에 위치해 있어 수문을 열었을 때 왼쪽 제방 부분에 타격을 주었기 때문이라고 대항전문가들은 주장했다. 박창근 교수는 상주보 설계 자체가 잘못되었다고 주장했는데, "상주보 가동보의 수문을 하천의 좌측쪽으로 기울여서 설치를 하다 보니 상주보 수문을 열면서 물살이 빨라졌고, 빠른 물살이 기존에 있던 제방 밑동을 쳤기" 때문이다.[33] 보로 인한 문제는 이것뿐만 아니라 가장 중요한 문제, 곧 수질에도 영향을 미치는데, 이를 다음 절에서 분석한다.

—

수질을 둘러싼 논쟁

2014년 7월 낙동강이 초록빛으로 물들자 2013년보다 40일 빨리 조류경보가 내려졌다. 조류경보는 클로로필-a가 25 이상 100 이하, 남조류 세포수가 5,000 이상이어야 한다. 시민지식동맹은 4대강 사업의 영향 때문에 녹조 현상이 일어났다고 주장했고, 정부는 이상 고온현상 때문이라고 강변했다. 2014년 여름 기온은 평년보다 2도가 낮았고 비는 50밀리미터가 더 내렸다. 2014년 10월 기온이 6도 이하로 떨어졌는데도 강정고령보에는 조류경보가 해제되지 않았다. 방송국 기자

32) 정수근, 〈4대강 사업으로 농경지 침수 피해, 법원이 첫 인정〉, 《오마이뉴스》, 2016년 6월 14일.

33) 김도연, 〈4대강 사업의 재앙 시작 ⋯ 왜관철교·상주보 붕괴〉, 《참세상》, 2011년 6월 27일.

가 환경부 직원에게 원인을 묻자 "복합적이라서 사실 저희도 정확하게 모르기 때문에 물어보시면 어떻게 결론을 단정지어서 말씀을 드릴 수 없습니다"라고 답했다.[34] 2014년 언론은 4대강에서 녹조로 인해 물고기들이 집단 폐사한 사실, 수질 개선을 위해 사용한 소독제가 늘어나면서 정수장에서 발암물질 검출이 늘어난 사실 등을 보도하여 시민들을 긴장시키며 4대강 사업의 수질 개선 효과에 대한 의구심을 증폭시켰다.

'녹조라떼'로 대표되는 4대강 사업 이후의 수질 문제는 시민지식동맹이 보를 해체해야 된다고 주장하는 가장 중요한 이유로 부상했다. 4대강 사업의 5대 목표 중 하나인 수질 개선은 주로 준설과 보를 통해 물의 양을 늘려서 달성된다. 하지만 수질은 물의 양과 유속, 오염원, 하수 처리시설과 폐수종말처리시설 등의 환경기초시설의 확충, 수온 등 다양한 변수가 영향을 미친다.

가장 널리 이용되는 수질 측정 지표는 BOD(Biochemical Oxygen Demand, 생물학적 산소 요구량), COD(Chemical Oxygen Demand, 화학적 산소 요구량), TN(Total Nitrogen, 총 질소량), TP(Total phosphorus, 총 인량)로, 수질에 관한 정부 보고서나 대항전문가들의 보고서에 빠짐없이 등장한다. BOD와 COD는 물의 오염도를 나타내는 대표적인 지표들로, 유기물을 분해하는 데 필요한 산소량을 다른 방식으로 계산한 것인데, 이것이 높을수록 유기물이 많이 포함된 오염된 물을 의미한다. "TN과 TP는 호수의 부영양화를 일으키는 대표적인 물질들이며 TN은

---

34) 김도훈, 〈녹조는 무더위 때문? … 낙동강 아직도 조류경보〉,《KBS 뉴스9》, 2014년 10월 29일.

1.5ppm, TP는 0.15ppm이며 환경기준 등급 외의 수질"이다.[35]

4대강 사업에서 수질 관리를 위한 전략과 대책은 전방위적이었다. 우선 시급성·오염도·상수원의 규모 등에 따라 4대강 유역 중 총 34개 지역을 중점관리유역으로 선정하여 집중관리를 시도했다. 또한 COD와 TP에 대한 소호의 기준은 있으나 하천의 기준이 없어 2010년부터 시행했다.[36] 수질 개선을 위해 4대강 사업이 실행한 세부 사업들을 열거하면 다음과 같다.[37]

- TP 저감을 위한 하·폐수 처리장에 인처리시설 보강
- 수질오염총량관리제 확대 실시
- 환경기초시설 확충 및 고도화: 생활하수 처리시설, 산업폐수 종말처리시설, 가축분뇨 공공처리시설 확대
- 비점오염원 저감 확대
- 수질 모니터링 확대

4대강 사업의 이러한 전방위적 대책에도 불구하고 수질 악화는 시민지식동맹의 최대 공격 포인트였다. 가장 문제가 되는 것은 강에 보를 세움으로써 물길을 막아 각각의 구간들이 거대한 호수로 변한다는 점이다. 물이 흘러야 오염 물질들이 씻겨 내려가고 유기물과 퇴적물의 부패를 막는데, 보는 물을 고이게 함으로써 수질을 악화시킨다.

---

35) 김정욱, 앞의 책, 47쪽.
36) 국토해양부, 앞의 글, 201~203쪽.
37) 국토해양부, 앞의 글, 203~214쪽.

곧 "고인 물은 썩는다"는 평범한 원리다. 따라서 물의 유속은 대단히 중요한 지표인데, 대항전문가들은 낙동강 건기의 경우 안동에서 바다까지 4대강 사업 전 18.3일이 걸렸던 것이 4대강 사업 후 185.8일이 걸린다고 주장했다.[38] 4대강 사업으로 인해 유속이 떨어지는 것을 염려한 국립환경과학원은 자체적으로 4대강 체류시간을 시뮬레이션 하는데 낙동강의 경우 20배 이상 유속이 느려졌다.[39]

〈그림 8-3〉 낙동강 보 건설로 인한 식물플랑크톤의 증가[40]

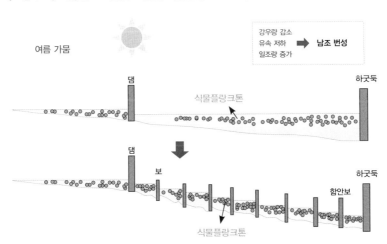

4대강조사위원회의 4대강에 대한 수질검사는 4대강 사업 이후 연례행사가 되었다. 가령 이 위원회는 2016년 6월 낙동강 본류의 두 개

38) 김정욱, 앞의 책, 44쪽.

39) 박재현, 〈낙동강 녹조와 보 관리수위〉, 낙동강포럼 발표자료, 2014년 11월 28일.

40) 주기재, 〈낙동강 수생태계 건강성 회복 방안〉, 낙동강포럼 발표자료, 2014년 7월 8일.

지점과 함안보·합천보·달성보 세 개 지점에서 채수를 해 분석했다. 보가 설치된 부분에서 채수해 분석한 결과 수심이 깊은 곳은 "수질환경기준상 BOD는 함안보·합천보가 3등급(보통), 달성보는 5등급(나쁨)을 나타내며, COD는 합천보 4등급(약간 나쁨), 함안보·달성보 5등급(나쁨)"을 나타냈다.[41] 이들은 수질악화와 조류발생의 주요원인을 보의 건설로 인한 유속의 감소, 유기물이 씻겨 내려가지 못해 침전되어 쌓이고 이에 따라 산소량이 감소하는 것이라고 주장했다.[42]

낙동강은 영남 인구 1,300만 명의 식수원이고, 4대강 사업 당시 여덟 개 보를 건설하여 최대사업비가 투자된 곳이라 녹조문제는 더 큰 논란을 일으켰다. 낙동강 유역은 4대강 중 강수량이 가장 적은 유역으로, 지난 30년간 여름 강우는 점차 늘었고 겨울 강우는 점차 줄었다. 낙동강 유역의 대규모 녹조의 발생은 강우량 감소, 일조량 증가, 그리고 보의 건설로 인한 유속의 감소가 주요원인이었다. 가령 2013년 6월부터 9월의 강우량은 605밀리미터로 20년 평균 865밀리미터보다 훨씬 못 미쳤다. 조류와 수질은 장마와 태풍의 영향이 강한데, 최근 몇 년 사이 한반도에 큰 태풍이 온 적이 드물었다. 비가 적게 내리는 기간에는 상대적으로 일조량이 늘어 녹조가 번성하는 데 한몫을 했다. 녹조와 수질의 문제는 복잡한 요인들의 영향을 받지만, 대항전문가들은 4대강의 구조적인 문제, 즉 보의 설치가 낙동강을 작은 호수들로 만들었고, 이것이 녹조의 번성을 가속화시킨 원인이라고

---

41) 4대강조사위원회, 〈낙동강 수질, 퇴적토 및 낙동강 상류 영풍석포제련소 주변 환경조사 보고서〉, 국회세미나 발표, 2016년 7월 28일, 5쪽.

42) 4대강조사위원회, 앞의 글, 6쪽.

주장했다. 이 주장을 시각화시킨 것이 〈그림 8-3〉이다.

대항전문가들은 호수의 수질이 좋아진 경우는 없다고 주장하는데, 가령 "소양댐·의암댐·청평댐·팔당댐의 수질은 계속해서 나빠지고 있다"는 점을 내세운다.[43] 시민지식동맹은 강우량과 일조량을 인간이 조절할 수 없다면 수질 악화와 녹조의 원인이 되는 보를 철거하자고 주장하고 있다. 수질과 녹조 문제가 제기될 때마다 4대강의 보들은 항상 '유력한 용의자(usual suspect)'가 될 것이다.

—

경제적 효과 논쟁

22.2조 원을 투자하는 대규모 토목 사업의 경제적 효과는 얼마나 될까? 4대강 사업이 추진된 시기는 2008년 글로벌 금융위기 직후로 정부 주도의 공공부문 투자가 필요한 시점이었다. 4대강 사업이 경제 회복과 인프라 확충에 도움이 된다면 시민들로부터 정당성을 상당 부분을 인정받게 된다. 하지만 4대강 마스터플랜에서 경제적 효과는 반 페이지밖에 나오지 않는다. 정부는 4대강 사업이 "녹색뉴딜 사업으로 지역경제를 활성화하는 데 견인" 역할을 한다고 주장하고, 34만 명의 일자리 창출과 40조 원의 실물경기 회복에 도움이 된다고 주장했다.[44] 어떻게 해서 이 수치가 나왔는가? 이는 한국은행이 2006년에 만든 산업연관표를 단순하게 적용시킨 것인데, 건설업의 경우 10억

---

43) 김정욱, 앞의 책, 48쪽.
44) 4대강 살리기 추진본부, 앞의 글, 362쪽.

원을 투자할 때 17.3명의 일자리가 생기고 생산유발계수는 2.04가 된다. 이것을 4대강 사업의 총 공사비에 그대로 대입시킨 것이다.

22.2조 원이 투자되는 사업에 이러한 단순공식을 대입하여 추진한다는 것이 상식적으로 맞는 판단인가? 정부가 약속한 경제효과는 곧바로 정부가 발표한 자료에 의해 반박되었다. 대항전문가 김정욱 교수는 정부 자료를 바탕으로 4대강의 경제효과가 완전히 허구라고 주장한다.[45]

국토해양부는 2010년 4대강 공사현장에 직접 투입되어 일하는 인원이 5월 13일 현재까지 1만 364명으로 집계됐다고 밝혔다. 원래 정부가 약속했던 일자리 규모가 34만 명이다. 사업기간을 3년으로 잡았을 경우 연평균 11만 3,000명이 되어야 하는데 정부의 약속과는 많은 차이가 난다. 게다가 1만 364명 중 고용보험 적용을 받는 사람은 2,425명이고, 이 가운데 상용직이 130명, 일용직이 2,295명이다. [중략] 우리나라 산업연관표라는 통계를 보면 토목건설업이 만들어내는 일자리 수가 제조업보다 두 배가 많은 건 사실이지만 농업, 축산업, 도·소매업과는 비교가 되지 않을 정도로 적다. 일자리 창출을 위해 토목건설업에 투자하겠다는 말은 다른 산업과 비교해봤을 때 틀린 말이다. 오히려 다른 산업에 투자해야 한다.

실제로 공사현장을 방문하면 사람들이 보이지 않고 포클레인과 덤프트럭 등 중장비만 보인다. 토목공사의 경우 이러한 중장비 의존도

---

45) 김정욱, 앞의 책, 59~60쪽.

가 높다. 정부의 통계와 계산은 맥락이 없고 산업의 특성을 고려하지 않으며 철저하게 수행하지 않은 주먹구구식 계산방법이었다.

4대강 사업에 대한 또 다른 경제학적 문제는 아주 단순한 편익 대 비용(Benefit/Cost) 비율이었다. 투자한 돈이 100이고 그로 인한 편익이 100이면 그 비율은 1이 된다. 투자한 만큼 이익이 있어야 된다는 말이다. 대항전문가 중 경제학자인 홍종호 교수는 4대강 재판에 제출한 자료를 언론에 공개하며 "4대강, 100원 투자해 25원도 못 건진다"고 주장했다.[46] 홍 교수가 계산한 네 가지 시나리오에 의하면 4대강 사업의 편익 대 비용은 최하가 0.16, 최고가 0.24였다. 대규모 국책사업의 경우 최소 0.8~0.9 정도의 비율이 나와야 하는데 이는 터무니없이 낮은 수치였다. 이명박 정부는 4대강 사업을 추진할 때 이 사업이 재해 예방사업이기 때문에 예비타당성 검사를 실시하지 않았다. 국가재정법 시행령 상 500억 원이 넘는 국가사업은 예비타당성을 받아야 하지만, 재해예방사업의 경우 면제될 수 있다는 점을 이용한 것이다. 즉 사업의 타당성을 철저히 따져보지 않고 4대강 사업이 추진된 것이다.

홍종호 교수의 지적이 보도되자마자 4대강 살리기 추진본부는 반박자료를 내며 홍 교수의 계산은 "사실왜곡"이라고 강력하게 반발했다.[47] 국토해양부의 반박자료는 편익 대 비용이 0.92~3.46이라고 밝히면서 홍 교수의 계산과는 큰 차이를 보였다. 하지만 이 자료는 다음과 같은 구절을 붙임으로써 이 비율 계산이 경합될 수밖에 없음을

---

46) 조홍섭, 〈4대강, 100원 투자해 25원도 못 건진다〉, 《한겨레》, 2010년 9월 12일.

47) 4대강 살리기 추진본부, 〈'4대강 경제적 타당성 없다'는 사실왜곡〉, 보도해명자료, 2010년 9월 12일.

스스로 시인했다. "수자원 분야의 경제성 분석은 정보부족, 방법론상 한계, 계량화하기 어려운 다양한 편익의 처리문제 등 한계를 지님". 이런 한계가 있는데도 정부는 다양한 방법으로 편익을 높게 측정했다.

대항전문가들의 주장대로 만약 경제성이 전혀 없다면 과연 무엇 때문에 4대강 사업이 추진된 것일까? 대항전문가들은 4대강 사업이 '토건마피아'가 벌인 전형적인 사업이라고 지적한다. 토건마피아는 "개발관료·개발공사·국책연구기관·건설회사·건설협회·부동산개발업자·금융기관·학자"가 연결된 "거대한 공생적 먹이사슬"이다.[48] 이들은 이해관계로 연결되어 있으며 지배지식동맹은 토건세력의 중요한 일원이다. 4대강 사업 이후의 감사결과를 보면 대항전문가들과 환경단체의 주장이 설득력을 얻는다. 박창근 교수는 《MB의 비용》이란 책에서 4대강 사업이 토건세력에 혈세를 퍼 준 사안임을 감사원 자료와 재판기록을 통해 증명했다. 4대강 사업 당시 건설사들끼리 담합이 이루어졌고 각종 비리가 저질러졌지만 정부는 수수방관했다.

국토부가 4대강 사업을 진행하는 과정에서 건설사들이 턴키 입찰 담합으로 취득한 부당이득은 약 1조 6,615억 원에 이른다. 정부가 담합을 방조했다는 판결이 나왔으며, 4대강 사업 입찰담합 혐의로 기소된 건설사 대표들에게 집행유예가 선고됐다(2014년 2월). 김중겸 전 현대건설 사장은 징역 8월에 집행유예 1년, 서종욱 전 대우건설 사장은 징역 1년 6월에 집행유예 2년을 선고받았다. 또 건설사 협의체 운영위원을 맡아 담합을 주도한 손문영 전 현대건설 전무는 징역 2년의 실형을 선고받

---

48) 조명래, 《녹색토건주의와 환경위기》, 한울아카데미, 2013, 37쪽.

고 법정구속되었다.[49]

곧 지배지식동맹은 권력과 자본의 편에 포섭되거나 공생의 관계로 철저한 계산 없이 사업 추진의 정당성을 제공했다. 대항전문가들은 이들이 과학과 학문의 자율성을 포기한 채 권력과 자본에 곡학아세한 경우라고 비판했다.

생태계 논쟁

금강이 좋아 공주에 사는 《오마이뉴스》의 김종술 기자는 4대강 사업으로부터 강을 보호하기 위해 2008년부터 지금까지 모니터링을 해오고 있어 '금강의 요정'이란 별명을 얻었다. 2010년 초 4대강 사업으로 인해 금강의 공사장 주변에서 수천 마리의 물고기 떼가 폐사한 것은 금강 생태계 비극의 시작에 불과했다. 2012년 10월에는 수십만 마리의 물고기가 집단 폐사해 썩은 냄새가 금강에 진동하자 환경부·부여군·한국수자원공사·국토해양부의 직원들이 연일 동원되어 헛구역질을 하며 죽은 물고기를 포대에 담았다.[50] 2014년 여름에는 금강에서 큰빗이끼벌레가 발견되기도 했다. 맨 처음 이 이상한 생물체를 발견한 김 기자는 정체를 알아내고자 손으로 만져보고 피부에 발라보

---

49) 박창근, 〈맨 얼굴의 4대강사업〉, 지식협동조합 좋은나라 엮음, 《MB의 비용》, 알마, 2015, 128쪽.

50) 환경운동연합·대한하천학회, 앞의 책, 73~74쪽.

기도 했다. 큰빗이끼벌레는 악취를 풍기며 죽으면서 용존산소를 고갈시켜 생태계를 위협한다. 금강에 광범위하게 번지는 이 벌레로 인한 논란이 가열되자 정부는 큰빗이끼벌레가 인체와 생태계에 무해하다고 주장했다. 김 기자는 이 벌레가 강의 생태에 어떤 영향을 미치는지 알기 위해 직접 먹어보았다. 일종의 자발적인 생체실험이었다. 그는 이 벌레를 먹은 후 "온몸에 두드러기와 두통이 밀려왔고 이후 2달가량 두통약을 끼고 살았다".[51] '금강의 요정'이 더러운 물에 서식하는 수상쩍은 벌레와 같이 살 수 없는 노릇이었다. 금강은 4대강 사업 이후 물고기 집단 폐사, 녹조, 해로운 벌레들로 매년 언론의 주목을 받고 있다.

금강의 이러한 지저분한 이야기와는 달리 4대강 사업은 '생태계 복원'을 목표로 생물다양성을 확보하고 개체수를 늘려 생태계의 건강성을 회복하려는 사업 의도를 가지고 있었다. 정부가 제시한 생태계 파괴의 주요원인은 물의 부족으로 인한 강의 건천화와 이와 연계된 수질 악화였다.[52] 정부는 4대강 사업 전 4개월에 걸친 환경영향평가를 실시했고, 평가 결과 생태계 교란에 대한 경고가 있었지만 사업 진행을 막지는 못했다.

대항전문가들은 환경에 대한 광범위한 숙고 없이 4대강 사업을 진행한다면 하천 생태계가 파괴될 것이라고 경고했다. 보를 세우면 강의 흐름을 막아 기존 생태계가 크게 교란되고, 준설로 인한 모래톱의 상실은 이를 의지해 사는 동식물의 서식처가 파괴된다는 이유에서

---

51) 환경운동연합·대한하천학회, 앞의 책, 80쪽.
52) 4대강 살리기 추진본부, 앞의 글, 34~35쪽.

다. 강을 정비하는 것은 육지와 강을 연결한 부분, 곧 '수변습지'를 파괴하는 일로, 다양한 생물이 위기에 놓이게 된다. 생태전문가 김정욱 교수는 수변습지의 중요성을 다음과 같이 주장한다.

> 육지에 사는 동물들은 물을 마시러 강가로 내려오고, 강에 사는 잠자리, 반딧불이, 개구리와 같은 생물들은 수변습지를 거쳐 육지로 올라간다. 식물들도 차츰차츰 수변습지를 따라 올라가면서 제각기 살아갈 장소를 정해간다. 식물뿐만 아니라 모든 생물의 생태계가 그렇게 이루어진다. [중략] 4대강 토목공사는 물길을 직선으로 만들고, 콘크리트 둑을 쌓아 강과 육지를 단절시키는 것이다. 그리고 댐에 물을 가두어 썩게 해 생태계의 재앙을 초래할 것이다.[53]

대항전문가들은 여러 동식물이 멸종위기에 처할 것이라고 경고했다. 특히 흰수마자·재두루미·단양쑥부쟁이·미호종개·얼룩새코미꾸리·수달·표범장지뱀·묵납자루·귀이빨대칭이 등이 위험하다고 구체적으로 열거했다.[54] 이 가운데 4대강 사업 중에서 가장 관심을 많이 받은 생물은 단양쑥부쟁이인데, 연보랏빛 꽃잎을 가진 국화과 식물이며 단양과 충주 등지에 분포한 한국 고유종이다. 4대강 공사 도중 남한강 주변의 바위늪구비와 도리섬 등에서 자생지가 발견되자 환경부는 공사 중지 명령을 내렸다. 언론의 관심과 비판으로 정부는 단양쑥부쟁이의 원형을 일부 보존하고 일부는 대체서식지를 마련하여 잘

---

53) 김정욱, 앞의 책, 63~64쪽.
54) 김정욱, 앞의 책, 66쪽.

자라고 있다고 발표했다. 하지만 시민지식동맹이 대체서식지에 찾아가 직접 확인한 결과 단양쑥부쟁이는 거의 찾아볼 수 없고 쑥대밭이 된 불모지 같은 모습이라고 비판했다.[55]

다른 멸종위기의 종들도 4대강 사업 과정에서 속속 발견되면서 정부 측과 4대강 사업 반대 측의 공방이 계속되었다. 2011년 6월 금강 살리기 11공구에서는 2급 멸종위기 동물인 맹꽁이의 집단서식지가 발견되었다. 대항전문가들은 집단서식지를 보존해야 한다고 주장했지만 정부는 맹꽁이들을 포획하여 대체서식지로 옮겼다.[56] 반대 측은 맹꽁이 자체가 서식지에 예민하여 서식지를 파괴하는 것은 적절치 못한 대책이라고 비난했다.[57] 2011년 4월에는 4대강 사업 낙동강 구간에서 멸종위기종인 귀이빨대칭이가 집단 폐사된 것을 두고 공방이 일어났다. 반대 측은 대규모 준설로 인해서 귀이빨대칭이가 죽었다고 정부를 성토했고, 정부 측은 동절기의 냉해, 물 부족 그리고 준설 등 다양한 요인으로 폐사했다고 항변했다.[58]

4대강 사업으로 인해 물고기들의 생태계가 파괴되고 있음을 반대 측은 강력히 항의했다. 특히 흰수마자·꾸구리·묵납자루·미호종개 등의 멸종위기종은 위험에 처했는데, 정부는 이 비판을 막기 위해 총 11개 어종에 대해 인공증식 및 복원기술을 개발했다.[59] 4대강 사업 후 물고기 생태계가 변했다는 증거들이 속속들이 제시되었다. 국립환경

---

55) 김정수, 〈4대강 공사로 이사 간 단양쑥부쟁이 어디 갔지?〉, 《한겨레》, 2013년 10월 3일.

56) 국토해양부, 앞의 글, 2012, 222쪽.

57) 조성민, 〈대전 갑천 맹꽁이 서식지 공방 … 이전 VS 보전〉, 《연합뉴스》, 2011년 8월 4일.

58) 국토해양부, 앞의 글, 2012, 223쪽.

59) 국토해양부, 앞의 글, 2012, 225쪽.

과학원의 조사 결과 4대강 전후로 배스와 블루길 같은 외래종이 낙동 강과 영산강에 크게 늘어났으며, 고인 물을 좋아하는 물고기들인 가 시고기·가시납지리는 낙동강·영산강 등에서 크게 늘어났다.[60] 이는 4대강이 강에서 호수로 변하는 증거이며, 강의 생태계가 급작스럽게 바뀌고 있음을 뜻했다.

대항전문가들은 생태계의 파괴를 막기 위해 보를 해체하고 '재자 연화' 정책을 실시하라고 제시했다.[61] 독일과 미국 등에서 하천 복원 운동이 활발히 일어나고 있는 것은 자연재해를 줄일 수 있을 뿐만 아 니라 생태계를 회복할 수 있기 때문이다. 대항전문가들은 4대강의 16 개 보를 모두 해체하는 데 2,016억 원이 든다는 수치도 제시했다.[62] 4 대강 사업의 해외지식동맹인 하천 분야의 세계적인 전문가 알베르트 라이프 교수는 이미 2010년에 4대강 사업 이후의 생태계 문제를 다 음과 같이 예견했고, 이는 현재 상당 부분 실제로 발생하고 있어 한 국 시민이 목도하고 있는 현실을 잘 반영하는 듯하다.

라이프 교수 강변과 수중 생태계 및 얕은 강에 사는 동식물의 서식지가 사라지면서 이곳에 정착한 생물종은 멸종하고, 강변은 늘 물에 젖어 있는 새로운 환경으로 변할 것이다. 그런 환경에서는 특히 여름철 수 온 증가와 조류 증식으로 강물의 산소 함유량이 줄고 부영양화가 발생

---

60) 김기범, 〈'4대강 보, 생태계 교란' 고인 물 좋아하는 물고기 급증〉, 《경향신문》, 2013년 2 월 13일.

61) 김정욱, 〈4대강사업의 후유증과 해결방안: 재자연화〉, 《생명의 강》 1(1), 2012, 1~8쪽.

62) 윤석구, 〈4대강 콘크리트댐 해체방법과 비용〉, 《대한하천학회 토론회, 국회에 바란다 발 표자료집》, 2012.

하여 수질이 악화되는 현상이 일어나게 된다. [중략] 한국정부의 이런 지극히 기술관료적인 조처는 '강 살리기'가 아니다. 이는 현존하는 소중한 자연생태계를 파괴하고 이를 인공호수나 인공운하로 바꾸는 행위일 뿐이다.[63]

---

63) 알베르트 라이프, 〈4대강 사업이 한국 하천 환경에 미치는 문제점〉, 《프레시안》, 2010년 8월 30일.

에필로그

: 지식민주주의를 향하여

철인왕 대 지민

소크라테스의 죽음이 플라톤 인생의 이피퍼니였다면, 황유미의 죽음은 황상기 인생의 이피퍼니였다. 아테네 귀족 출신의 전도유망한 그리스 청년은 소크라테스의 죽음으로 정치인이 되기를 포기하고 철학을 운명으로 받아들인 반면, 속초의 택시 운전사는 딸의 죽음을 밝히기 위해 생업을 포기하고 거리의 정치를 운명으로 받아들였다. 서양철학 2,000년은 플라톤 철학의 주석에 불과하다는 화이트헤드의 언급에서 알 수 있듯이, 플라톤은 인류 지성의 최고봉에 올라간 사람이다. 플라톤처럼 얼마나 많은 지식인이 철인왕, 곧 지식권력과 정치권력을 동시에 획득하기를 무의식적으로 열망했던가. 《철학의 사회학(The sociology of philosophies)》의 저자 랜들 콜린스는 동서고금을 통틀어 기원전 600년부터 기원후 1900년까지, 즉 2,500년 동안 인류 지성사에서 독창적인 철학이나 사상을 만들어낸 메이지 사상가들은 총 136

명에 불과했다고 지적한다.[1] 당대의 천재들이라고 불리던 인물들은 시간이라는 괴물에 잡아먹힌 채 잊혀졌고, 오직 불멸의 독창성과 깊이를 가진 천재 중의 천재만이 살아남았는데, 그중 한 명이 플라톤이다.

철학이나 교양보다 생존이 당면과제인 황상기 씨는 한국에 사는 평범한 가장이다. 경제적으로 좀 더 여유가 있었다면 딸을 반도체공장이 아니라 아카데미아(대학)로 진학시켰을 거라고 말하는 그는 삼성백혈병 사태가 아니었다면 누구도 들어보지 못했을 이름이다. '플라톤 대 황상기'라는, 있을 법하지 않은 대비는 '철인왕 대 지민'이라는 지식정치의 전형적 유형을 제공하기에 의미 있다.

플라톤이 지식정치에서 중요한 이유는 그가 정치권력과 지식권력의 관계에 대한 아이디어의 원형을 제공했고, 그 영향력이 지대했기 때문이다. 고대 그리스의 위대한 두 발명품은 철학과 민주주의였고, 전자를 발명한 플라톤은 후자를 경멸했다. 플라톤은 《국가》에서 전제정·과두정·금권정·민주정이라는 네 가지 정치체제를 분석했고 이 모두에 대해 비판적이었지만, 유독 민주정에 대해 혹평했다. 플라톤은 배를 국가에, 선주를 민중에, 그리고 조타술이 능한 전문가를 현자에 비유하면서 다음과 같이 설명한다.[2] 배(국가)를 조정하는 항해술은 전문적인 식견과 지식이 필요한데, 선주(국가의 주권을 가진 인민)는 무지한 선원들의 선동에 의해(선동적인 정치가들) 조타술에 능한 사람(전

---

1) Randall Collins, *The Sociology of Philosophies*, Cambridge, MA: Harvard University Press, 1998, p. 77.

2) 플라톤, 《국가》, 박종현 역주, 서광사, 2005, 393~394쪽.

문가, 현인)을 쓸모없이 취급하는데 이것이 민주주의라는 것이다. 플라톤은 인민이 무지하고 편견과 감정에 사로잡혀 일을 처리하는 속성으로 인해 민주주의는 현자를 무시한다고 진단한다. 민주주의의 이런 단점을 극복하기 위해서 플라톤은 정치권력과 지식권력을 일체화한 인민의 수호자, '철인왕'을 대안으로 내세운다. 지성과 덕성을 겸비한 철학자가 왕이 됨으로써 공동체를 보호하고 정의를 구현할 수 있다는 그의 이상은 일종의 계몽된 전제정 또는 요즘말로 표현하면 '전문가 독재'였다.

인민의 지적 능력을 의심한 정치 사상가들은 의외로 많다. 급진적인 자유주의 사상가였던 존 스튜어트 밀은 지식이 출중한 사람이 그렇지 못한 사람보다 더 많은 투표권을 가져야 한다고 주장했다. "모든 사람이 평등한 투표권을 가져야 하는가? 이것은 완전히 다른 문제이며, 내 판단으로는 명백히 잘못된 것이다. 자신과 관련된 어떤 문제에서, 지식과 지혜가 모자란 사람보다는 뛰어난 사람으로 하여금 자신의 일을 처리하도록 하지 않을 사람은 없을 것이다."[3] 밀은 투표뿐만 아니라 통치에서도 전문성이 요구되며, 유권자가 행정업무에 개입할수록 효율성이 떨어지고 사회 전체의 이익이 감소한다고 주장했다. 막스 베버는 《직업으로서의 정치》에서 대중은 감정에 치우치기 쉬운 특징이 있기 때문에 정책에 분별력이 없다고 말했고, 조지프 슘페터는 인민이 조작에 속기 쉬운 존재로 "이슈를 제기하거나 결정하는 것이 아니라 인민의 운명을 형성할 이슈는 대개 인민을 대신해서

3) 데이비드 헬드, 앞의 책, 2010, 174쪽.

제기되고 결정된다"고 주장한다.[4]

플라톤·밀·베버·슘페터 같은 사상가들이 살았던 시대가 현대사회와는 확연히 다르지만, 그들은 정치에 있어 시민이 공동체의 주요 정책을 결정하는 일은 좋지 못하다는 견해를 피력했다. 대신 정치권력은 정치가에게, 지식권력은 전문가에게 위임함으로써 통치가 올바르게 행해질 수 있다는 것이다. 나는 이 이중의 위임이 왜 문제가 되는지를 이 책의 경험적 연구를 통해서 밝혔다. 여기서 핵심이 되는 질문들은 '시민은 해당 문제에 대한 지적 능력이 있는가?' '이중의 위임이 실제로 어떻게 작동하는가?' '해당 사안을 바라보는 시각이 경합된다면 어떤 방식으로 해결되는가?'이다.

민주주의는 시민적 능력을 요구하는데, 특히 시민의 '지적' 능력은 중요하다. 가령 가장 기본적으로 대표를 선출할 때 투표용지에 적힌 후보자의 이름을 읽을 줄 알아야 한다. 더 나아가 정책이나 사안에 대한 계몽된 이해를 가져야만 민주주의는 작동한다. 내가 말하는 지민(知民)은 지적 능력을 계발하여 정치와 일상생활을 가로질러 정책과 정치에 지적으로, 그리고 정치적으로 개입하는 정치적 주체를 일컫는다. 지민은 기존의 시민의 연장선 위에 있지만, 새로운 권리와 능력을 획득하고 확장한다는 의미에서 새로운 이름이 필요하다. 지민이 출현하는 조건은 정보화 시대의 급격한 진전, 관료기구의 모순과 생활정치(하위정치)의 부상, 지식(정보)의 국제적 유통, 전문가체제의 분열, 고등교육의 보편화 등을 들 수 있다.

'지민'은 해당 사안을 숙의하고 토론하며 탐구할 줄 아는 지적 능

---

4) 데이비드 헬드, 앞의 책, 289쪽.

력을 지녔다. 지민은 공부하는 시민이자 참여하는 시민이다. '촛불소녀'는 광우병에 대한 지식을 인터넷과 친구들로부터 수집하고 분석했다. 삼성백혈병 사태의 당사자들은 세미나에 참석하고 통계를 읽고 현장의 자세한 정보를 대항전문가들에게 제공했다. 4대강 활동가들은 보의 안전성을 점검하고 녹조의 상황을 파악하고 정부를 전방위로 감시했다. 시민과학센터의 활동가들은 줄기세포 논문을 직접 읽고 〈PD수첩〉과 숙의하여 황우석의 부정행위를 밝혔다. '지식인으로서의 시민'은 지식을 아래로부터 해석하고 논쟁하며 때로는 생산하는 능력을 지니고 있다. 지민은 다양한 정보원을 통해서 자신의 지적 능력을 '계발'하는 적극적인 시민이다. 반면 '시민으로서의 지식인', 곧 대항전문가들은 직접 전문적 지식을 생산할 수 있고 지배지식동맹의 부당한 작동에 반발하여 체계적으로 대항지식을 구성한다. 전문가 이전에 민주주의의 구성원으로서 이들은 다른 시민들과 '함께' 협동을 통해 시민지식동맹을 형성한다.

이중의 위임을 주장하는 사상가들은 '실제로' 이것이 어떻게 작동하는지를 경험적으로 분석하지 않았다. 즉 이들의 주장은 대단히 관념적이며 '살이 없는 인간'들을 상정하는 문제를 안고 있다. 무엇보다 지식인들을 전문성·공평무사·회의주의·공동체주의·실력주의·객관성·숙의와 같은 자질을 갖춘 규범적인 존재로만 정의해서는 안 된다. 이 책이 보여주듯 그들 또한 이익을 좇는 존재이며, 권력과 자본으로부터 유혹을 받는 존재이다. 삼성의 고용과학자들은 수억 원에 달하는 연구비를 받았고, 4대강 찬성 전문가들은 막대한 연구비와 고위직을 제공받았다. 따라서 로버트 달은 수호자 통치(철인왕에 의한 통

치)에 반대하며 다음과 같이 말한다.[5]

> 국가를 잘 통치하는 것은 지식 이상을 필요로 한다. 국가의 통치는 또
> 한 청렴성, 권력에 대한 모든 무한한 유혹에 대한 확고한 저항, 자신이
> 나 한 집단의 이익보다는 공공선에 대한 지속적이고 흔들리지 않는 헌
> 신을 요구한다.

전문가들의 지식은 국가정책과 시민의 삶에 막대한 영향을 끼치
기 때문에 이들은 민주주의에 대한 덕성과 전문가 윤리를 체계적으
로 교육받을 필요가 있다. 황우석 사태로 인한 지식인 집단의 '윤리
적 대몰락'은 오로지 성공과 출세만을 좇는 지식인 집단의 거짓이 한
국사회에 어떤 영향을 끼쳤는지를 웅변해준다. 황우석 사태 이후 '연
구윤리'가 크게 주목받은 것은 전문가 집단의 윤리의식이 체계적이
고 제도적으로 이루어져야 한다는 한국 민주주의의 요청이기도 했
다. 따라서 한국 민주주의의 질적 진전을 위해 지식권력이 정치권력
과 부당한 관계를 맺지 않도록 하는 다양한 제도적 장치와 문화적 프
로그램이 필요하다.

정치권력과 지식권력이 결합된 철인왕(또는 수호자) 통치는 현실적
으로 대단히 위험하다. 특히 국가권력이 비대하고 권위주의 문화가
강하며 지식인의 민족주의적 또는 국가주의적 성향이 강한 한국에서
이들의 결탁은 더욱 위험하다. 대통령이 직접 실험실을 방문하고 생
명윤리문제를 관리하겠다고 천명하고, 청와대 수석이 공동저자가 되

---

5) 로버트 달, 《민주주의》, 김왕식·장동진·정상화·이기호 옮김, 동명사, 1999, 104쪽.

고, 정부와 기업이 수백억 원의 연구비를 투자했지만 한국과학 사상 최악의 스캔들이 되어버린 황우석 사태. 대통령의 주요 정치과제로 전문가 수천 명이 동원되고 22조 원의 막대한 예산을 투자했지만 성과가 거의 없다고 감사원이 판명한 4대강 사업. 현장과 노동자의 몸에서 끊임없이 증거가 나오지만 국가지식기구의 전문가들과 삼성의 고용과학에 의해 부인된 삼성백혈병 사태. 애초 전문가들이 위험하다고 지적했는데도 대통령의 말 한마디로 정책이 바뀌고 반대 전문가들이 찬성 전문가들로 돌변한 광우병 촛불사태. 이들 모두 정치권력과 지식권력의 비민주적인 결합이 어떤 결과들을 불러왔는지를 잘 보여준다. 민주주의는 천재를 필요로 하지 않는다. 대신 우리 자신들의 협동적 지성을 요구한다.

—

지배지식동맹의 민주화와 시민지식동맹의 제도화

지식정치에서 지식 구성을 둘러싼 권력과 자원의 독점 또는 불균등은 중요한데, 이는 지식정치가 지배지식동맹과 시민지식동맹 간의 대결로 이어지는 이유이다. 동시에 지식정치는 불확실성과 복잡성속에서 창발적으로 구성되는데, 이는 양 진영의 행위자들이 적극적이고 전략적으로 사회조직을 동원할 뿐만 아니라 다양한 과학적 지식을 동원하고 생산한다는 뜻이다. 이것이 자원과 조직이 우세한 지배지식동맹이 때때로 시민지식동맹을 이기지 못하는 이유이다.

지배지식동맹은 한편으로 전문적인 국가지식기구를 가지며, 다른 한편으로 막대한 권력과 자원을 독점한다. 가령 삼성백혈병 문제에서 정부는 표면적으로는 '비인격적인 조정자'이지만, 산재를 다룸에 있어 관리 중심의 과학에 막대한 연구비를 투자하면서 노동자의 질병을 통계적으로 무의미하게 처리한다. 지배지식동맹의 다른 축인 삼성은 이윤 추구가 주된 목적이기 때문에 문제가 되는 반도체산업 직업병을 적극적으로 부인하고 자신들의 입장을 대변하는 고용과학을 동원한다. 반올림이라는 시민지식동맹은 권력과 자원의 부족으로 말미암아 시민들의 회비와 대항전문가들의 자발적 참여에 의존한다.

강력한 통제력을 가지고 있는 정부에 대항하는 국가지식기구의 전문가들은 드물다. '영혼 없는 공무원'은 개인적인 특징이라기보다 막스 베버가 말한 관료제의 일반적인 특징과 한국 정치의 권위주의가 결합해 만들어진 산물이다. 정부에 속한 전문가와 관료 들을 일괄적으로 무책임·무사안일·복지부동하다고 말하기는 힘들다. 적어도 이 책의 사례 연구들에서는 그들도 대단히 열심히 일하는 것으로 판단된다. 문제는 지식권력의 정치권력에의 종속, 국가지식기구의 관성과 폐쇄성, 대항전문가와 시민의 배제, 생활정치(하위정치)의 부상에 대한 기존 관료지식기구의 부적응 등이다. 한국적 권위주의 문화와 권력이 사유화된 상황에서 이 지식기구에 속한 전문가들이 독립적이고 객관적인 목소리를 내기는 힘들다. 예를 들어 국가지식기구의 전문가들은 노무현 정부 때는 행정수도 이전 찬성 보고서를 올리고, 이명박 정부 때는 반대 보고서를 올렸다. 정부 내의 많은 전문가가 미국산 쇠고기 수입과 4대강 사업을 반대했지만, 대통령의 정치적 결단에 허무하게 입장을 바꾸거나 침묵했다.

정부의 외부에 있더라도 대학·연구기관·학술단체·기업에 있는 전문가들은 지배지식동맹에 더욱 쉽게 편입된다. 4대강 사업이나 삼성백혈병 사태처럼 이들이 정부와 기업에 포섭되는 경우도 종종 있지만, 많은 경우 이들은 지배지식동맹에서 적극적으로 활동하기보다는 자신의 연구와 자리를 위해 묵인하거나 동조한다. 가령 4대강 사업에서 적극적으로 찬동한 인사는 소수이며 수천 명의 전문가들이 묵묵히 이 거대한 사업에 참여했다. 이들은 제자들에게 인건비를 주어야 하고, 연구실적을 내야 하며, 자신의 자리와 연구실을 위해 실용적으로 정부정책을 묵인하고 암묵적으로 공모한다. 설사 정부가 추진하는 논쟁적인 정책에 반대하더라도 정부와 척을 지는 것은 위험하기 때문에 시민지식동맹에 참여하기는 대단히 힘들다. 스타 과학자나 잘나가는 전문가는 국가와의 동맹을 통해 자원을 자기 쪽으로 끌어들여 자신의 야망을 충족시키려 하고, 국가는 이들을 통해 정책의 정당성을 획득하려 한다. 황우석은 대통령·장관·청와대 보좌관·국회의원·서울시장 등 국가권력과 긴밀한 관계를 맺음으로써 가장 강력한 지배지식동맹을 형성했다.

권력과 자원의 불균형은 이처럼 지배지식동맹과 시민지식동맹의 형성에 구조적 영향을 미친다. 하지만 이런 차이가 지식 구성 자체를 결정한다고 생각하면 환원론적 오류이다. 이 책에서 분석했던 지식정치는 안정화되지 않는 지식들을 다루는데, 이때 전문가적 혼란이 일어나고 시민지성이 대두하며 서로 다른 증거들을 확보하고 두 동맹 사이의 지식은 경합된다. 가령 미국산 쇠고기 수입을 둘러싸고 광우병의 정의·번역·추이는 격렬한 논쟁으로 변하고, 미국산 쇠고기의 안전성에 대한 의심이 다각도로 제기되며, 시민들이 인식하고 경험한 쇠고기에 대한 성보가 인터넷을 뒤덮는다. 삼성백혈병 사태의 경우 노동자들은 반도체공장의 화학물질의 흐름을 분석하고 현장의 작업조건에 대해 아래로부터 지식을 구성한다. 대항전문가들은 해외 논문을 면밀히 분석하고 국내 환자들의 사례 연구를 통해 이 질병에 대한 새로운 지식을 만들어냈다. 따라서 지배지식동맹의 막강한 자원·조직·권력에 대항하기 위해 시민지식동맹은 공유정옥이 표현하는 대로 "맨땅에 헤딩하는" 시련을 뚫고 지식을 구성해낸다.

지식정치가 창발적으로 구성된다는 말은 지배지식동맹과 시민지식동맹의 대결을 미리 예단할 수 없으며, 여러 상황과 증거에 의해서 예측할 수 없는 방향으로 나아간다는 뜻이다. 속초의 택시 운전사가 딸의 죽음을 밝히기 위해 벌인 투쟁이 〈또 하나의 약속〉이라는 영화로 만들어져 전국적으로 상영되고 국제적 운동으로 진화할지는 누구도 상상하지 못했을 것이다. 《사이언스》의 표지 논문을 두 번이나 장식하고 대통령까지 나서서 지원한 국가 과학자의 몰락이 충격으로 다가왔던 것은 미국인들이 9·11 사태 전 비행기가 세계무역센터로 돌진하는 것을 상상하지 못했던 것과 비슷한 경우일 것이다. 시간이 지난 지금의 시점이 아니라 당시의 실제 시간으로 분석해야만(real-time analysis) 이 구성의 과정이 보이며, 권력과 자원에 의해 지식 구성이 결정될 것이라는 환원론적 시각에서 벗어날 수 있다.

하지만 시민지식동맹 측이 얼마나 처절하게 싸웠는가를 이 책을 통해서 느낀다면 한편으로 국가를 중심으로 한 지배지식동맹이 민주화될 필요가 있고 다른 한편으로 시민사회를 중심으로 한 시민지식동맹이 좀 더 안정적인 자원을 확보해야 된다는 점을 무시할 수 없다. 지배지식동맹의 민주화를 위해 정부정책의 수립·집행·평가에 있어 다양한 숙의제도와 시민 참여가 확대되어야 한다. 무엇보다 지배지식동맹이 자원과 권력을 독점하지 못하도록 민주적으로 통제해야 한다. 수조 원의 세금이 국가의 연구개발비로 지출되는 상황에서 시민들이 필요로 하는 분야들에 연구비가 지원되어야 하고, 이를 직접 시민들이 결정하는 제도를 도입할 필요가 있다. '수행되지 않은 과학(undone science)'은 배제된 과학으로, 시민들의 건강·환경·안전을 위해 수행될 필요가 있으나 국가나 전문가들에 의해 체계적으로 배제된 과학이다. 이런 연구들이 수행될 수 있도록 시민의 참여와 숙의제도를 확대시킴으로써 지배지식동맹을 민주화시킬 수 있을 것이다.

다른 한편 시민지식동맹의 제도화는 안정적인 자원을 동원하고 대항전문가를 확보하기 위해서 필요하다. 반올림운동의 성공은 단지 그 단일 사안을 위해 모인 전문가와 시민이 협동한 것이 아니라 원진레이온 사태부터 근골격계 투쟁에 이르기까지 수십 년을 헌신했던 전문가 그룹과 활동가 그룹이 존재했기 때문에 가능했다. 반올림은 이미 형성되어 있었던 한노보연, 노동건강연대, 건강한 노동세상 등의 전문가와 활동가 들에게 지적·물적 자원을 제공받았다. 황우석 사태는 시민과학센터라는 전문가 운동단체의 눈부신 활약에 의해 벌어졌고, 광우병 사태는 네트워크화된 지민들이 주축이 되었지만 무수한 전문운동단체가 결합되어 더 큰 파괴력을 가졌다. 4대강 사업의 시민지식동맹은 환경운동연합·녹색연합·환경정의 같은 환경단체들의 조직력과 전문성에 의해서 뒷받침되었다. 따라서 지배지식동맹의 비민주성을 감시·견제하고 이에 대항할 전문성과 자원을 축적할 수 있도록 시민지식동맹의 제도화가 필요하다.

민주적 전문가

환경운동연합 활동가 4대강 사업 전에는 환경운동연합 위원회 형태로 자연생태 전문가들과 만나 술자리에서 호형호제하던 분들이 상당히 많았거든요. 그런데 4대강 사업이 딱 시작되고 얼마 안 되었을 때부터는 그분들이 제 연락조차 안 받더라고요. 환경운동연합에 관여하는 것 자체가 정권의 감시 대상이었고, 그렇게 하다가 어느새 그분들이 4대강 찬성 입장에 서게 됐고, 그래서 거의 인간관계가 끊어지는…… 4대강 사업이 한 남자의 인생사에 굉장히 큰 영향을 미쳤다고 볼 수 있죠.

자신의 이익을 위해 이제까지의 지식·신념·친구를 가차 없이 등지는 지식인에 대한 배신감으로 이 활동가는 마음에 큰 상처를 입었다. 이 책의 경험연구에서 밝힌 전문가들의 모습은 시민들이 기대하는 이미지가 아니다. 전문가의 규범적 이미지는 자기의 이익을 넘어 공공의 건강·안전·지식·환경을 만드는 데 기여하는 사람이다. 이 책이 제시하는 모든 증거가 보여주듯 상당수의 전문가는 민주주의의 적이다. 이 책은 한국 전문가 집단의 윤리·정체성·문화의 재구성을 요청한다.

전문가 집단의 사회과학적 분석은 크게 세 가지 모델로 나뉜다. 사회적 수탁 모델, 독점적 반민주 모델, 그리고 민주적 모델.[6] 이 가운

---

6) Albert Dzur, *Democratic Professionalism: Citizen Participation and the Reconstruction of Professional Ethics, Identity, and Practice*, University Park, PA: The Pennsylvania State University Press, 2008, p. 130.

데 첫 번째는 비정치적 모델이고 나머지 둘은 정치적 모델이다. 뒤르 켐과 파슨스가 제안한 전문가 모델에서 전문가들은 건강·교육·연구 ·안전·환경·언론 등의 분야에서 중요한 역할을 '수탁'받고 '지식, 자 기 규제, 그리고 사회적 책임'으로 무장하여 사회에 봉사하는데, 그 반대급부로 사회로부터 지위와 특권을 부여받는다.[7] 시민은 전문가 를 신뢰하고, 전문가는 자신의 이익을 넘어서 사회의 이익에 봉사한 다. 이 모델에 의하면 도덕적 존재로서의 전문가는 특정 편견이나 이 데올로기에 물들지 않는 보편적인 잣대를 자기의 업무에 적용하는 비정치적 존재이다.

독점적 반민주 모델은 기능주의적 사회적 수탁 모델을 반박한다. 이 시각에 의하면 전문가 집단은 '자기의 이익을 위해' 영역을 독점 하고 특정 정치적 어젠다에 다른 그룹이나 시민이 참여하는 것을 배 제하고 기술관료적 입장에서 자신들의 기술적 우위를 확보하려는 집 단이다.[8] 사회적 수탁 모델은 전문가는 기본적으로 상인과 다르다고 주장하는데, 독점·반민주적 모델은 전문가는 상인과 다를 바가 없다 고 주장한다. 기술관료로서 전문가는 선출된 공직자와 정치인을 돕 는 계층으로 부상하지만 시민이 접근할 수 없는 공간에서 은밀히 주 요 정책을 결정하는 데 영향을 미친다.

민주적 모델은 전문가의 독점적이고 반민주적 행태들이 경험적으 로 꾸준히 드러나자 민주적 지향을 가진 일군의 전문가 그룹이 참여 와 숙의 지향적인 모델을 제시하고 실행하면서 구체화되었다. 이 전

---

7) Albert Dzur, 앞의 책, p. 63.

8) Albert Dzur, 앞의 책, p. 80.

문가들은 자신들의 전문적인 영역을 독점하지 않고 시민들을 참여시키며 협동하여 공동으로 지식을 생산한다.[9] 업무 공유를 통해 사회적 권위와 지식을 공유함으로써 사회적 신뢰를 강화시키려는 모델이다.

현실에서 이 세 가지의 전문가 모델은 공존한다. 이 책에서 다루고 있는 지배지식동맹과 시민지식동맹의 전문가들은 각각 독점적 반민주 모델과 민주적 모델로 나누어도 크게 무리가 없을 것이다. 시민지식동맹은 지배지식동맹의 기술관료적·배타적·이해중심적인 작동에 대한 불만으로부터 형성된다. 전문가들이 정책을 입안하고 결정하는 데 지대한 영향을 미친다면 전문가 집단 전체의 민주화는 한국 민주주의의 질적 진전을 위해 반드시 필요한 문제가 된다. 시민과 공익을 무시하고 면밀한 숙의와 참여 없이 정치권력과 기업에 봉사하는 전문가는 민주주의의 해악일 뿐만 아니라 엄청난 사회적 갈등과 시민의 세금 낭비를 불러오기 때문이다.

민주적 전문가의 양산을 위해 국가·시민사회·대학은 다양한 제도와 프로그램을 마련해야 한다. 황우석 사태 이후 생명윤리법의 개정이 이루어졌고, 국가생명윤리위원회가 제도적 기틀을 잡았고, 대학·연구기관·학술단체에서 연구윤리 교육이 확립된 것은 좋은 예이다. 전문가의 사회적 영향력은 막대하기 때문에 자신들의 전문영역뿐만 아니라 전문가와 정부의 관계, 전문가와 시민의 관계, 민주주의의 이념과 제도 등에 대한 학습이 필요하다. 따라서 정부·전문가·시민의 민주적 관계가 어떻게 이루어져야 하는지를 지속적으로 논의할 수 있는 공간과 프로그램을 개발해야 한다.

---

9) Albert Dzur, 앞의 책, p. 105.

탈경계정치와 지식시민권

삶에 경계가 없듯 정치에도 경계가 없다. '삶이 곧 정치'라는 페미니즘의 주장이 진실이라면 앞의 말도 진실이다. 지민의 출현은 생활정치 또는 하위정치의 부상과 깊이 연관된다. 정부가 수입하기로 결정한 쇠고기가 '나와 가족의 건강'에 위협이 된다고 판단하여 촛불집회가 일어났다. '내 딸이 공장에서 화학물질에 노출되어 죽거나 다쳤다'고 생각하기 때문에 거리로 뛰쳐나간다. '내가 사는 주위의 환경이 공해나 개발로 살기 힘들어지기' 때문에 정부와 기업에 항의한다. 생활정치 또는 하위정치의 부상은 산업사회에 기반을 둔 대의정치(계급적 대표들로 구성된 의회와 행정부)의 구조적 위기와 연결된다. 울리히 벡이 말하듯이 시민을 대신해서 뽑힌 정치기구는 시민의 생활문제를 풀지 못하고 '좀비'가 된다. 정부의 무능력은 이 책에서도 밝혔듯이 국가관료기구와 전문가의 무능과도 연결된다. 기존의 기술관료적 접근은 생활정치를 푸는 데 한계를 지닌다. 아무도 문제를 풀어줄 수 없다는 판단에 시민들은 직접 정치에 뛰어들게 된다.

시민들이 펼치는 생활정치에도 경계가 없다. 미시적이라고 생각했던 문제들은 전국적인 문제, 곧 거시적 문제가 되고 때때로 정부와 기업을 뒤덮는 정치적 사안이 된다. 광우병 사태, 삼성백혈병 사태, 가습기 살균제 문제 등 생활의 문제는 정치의 문제가 되고 미시와 거시의 구분은 무의미하게 된다. 곧 생활정치는 탈경계정치다.

생활정치는 국가주의적 프레임에 도전한다. 정치권에서 많이 동원되는 '민생'이나 '서민'은 "시민을 정당한 주권과 시민권의 주체로 보는 것이 아니라 늘 보살피고 베풀어줘야 할 '어리석은 백성'으로 대상화"시키는 것이다.[10] 이 책에서 나는 시민들이 이런 국가적 앎의 방식이 자신들의 문제를 해결해줄 수 없다는 것을 인지하여 어리석은 백성임을 거부하고 스스로 앎의 방식을 채택하고 지민으로 진화하는 과정을 보여주었다. 이들은 국가지식기구와 지배지식동맹이 제공하는 지식을 면밀히 검토하고 비판하며 자신들이 직접 나서서 현장으로부터 지식을 재구성한다.

국가가 시민들의 문제를 파악하고 이해하는 데 실패함으로써 시민들은 자신들의 알 권리, 지식생산에 참여할 권리, 해석할 권리를 주장하는데, 이는 지식시민권의 확장으로 나아간다. 시민권은 국가·시민사회·경제 영역들 간의 갈등과 타협이라는 긴 역사적 과정을 통해 성취된 결과물이다. 토머스 마셜이 분석했던 공민권·정치권·사회권은 18~20세기를 거치면서 각각 공고화되었다. 20세기 후반부터 시작된 생활정치의 급격한 성장은 다양한 시민권을 요구하고 획득하게 되는데 생태적 시민권, 문화적 시민권, 글로벌 시민권 등 시민권은 한층 더 도약하게 된다. 이 책에서 나는 민주주의의 전통적인 이해방식, 곧 무지한 시민과 전문가의 협력형태로서의 민주주의를 반박하고 시민이 지민이 되어 국가와 기업을 상대로 쟁투를 벌이면서 지식시민권을 획득하는 과정을 분석했다. 자신의 문제를 국가나 전문가가 풀어줄 수 없다면 자신이 직접 나서서 지식을 수집하고 생산하고 해석할 수밖에 없다. 이는 이 책의 네 가지 사례연구뿐만 아니라 현재 한국사회에서 광범하게 벌어지고 있는 여러 정치적 이슈에서 실제로

---

10) 조대엽,《생활민주주의의 시대: 새로운 정치 패러다임의 모색》, 나남출판, 2015, 39쪽.

중요하게 부상하고 있는 문제들이다. 가습기 살균제 사태에서 시민 지식동맹은 피해자를 직접 찾아내어 아래로부터 질병의 원인·과정·결과를 해석하고 정부와 기업을 압박해왔다. 사드 문제에서는 미사일의 전자파가 인체와 농업에 유해하다고 시민사회에서는 주장하고 있다. 즉 거의 모든 정치적 이슈에서 지식투쟁이 벌어지고 있으며, 시민들은 지민이 되어 직접 지식정치에 뛰어들게 된다. 다양한 시민권이 긴 역사적 과정을 통해 성취되었듯이 지식권 또한 국가와 기업과의 기나긴 투쟁과 타협을 통해 성취되고 확대될 것이다.

———

지식민주주의를 향하여

민주주의의 이념은 "권력이 소수의 손에 있는 것이 아니라 전체 인민의 손에 있다"는 것이다.[11] 그렇다면 지식민주주의는 인민의 머리에 있어야 한다. 지식민주주의는 숙의민주주의를 요청하며, 공동체의 문제를 지식을 통해 숙고하고 집단적으로 푸는 것을 의미한다. 하지만 현실적으로 이 숙의의 공간은 불편부당의 원칙을 가지고 공평하게 이루어지는 것이 아니라 지식·자원·권력의 불균등 속에서 갈등과 쟁투를 수반한다. 민주주의의 이념이 2,500년 전에 그리스인들에 의해 발명되었지만 전 지구적으로 승리하기까지 오랜 시간이 걸렸듯이, 지식민주주의의 이념 또한 기술관료적 체제가 여전히 지배적인 상태

---

11) 데이비드 헬드, 앞의 책, 36쪽. 고대 그리스의 위대한 장군이자 정치가였던 페리클레스의 말.

에서 실제적으로 확장되고 정착되는 데 많은 시간이 걸릴 것이다.

"권력은 부패하는 경향이 있으며, 절대 권력은 절대 부패한다"[12] 반면에 지식은 독단적인 경향이 있으며 절대 지식은 절대 독단적이다. 이 점이 시민의 참여와 숙의가 없는 정치권력과 지식권력의 결합이 위험한 이유이다. 정치엘리트와 지식엘리트 들은 이중의 위임으로 인해 시민이 자신의 주인임을 망각하며, 이때 주인은 하인이 되고 하인은 주인이 된다. 이 책은 지배지식동맹 곧 정치엘리트와 지식엘리트의 동맹이 독단적인 결정에 의해 민주주의를 위험에 빠뜨리고 시민의 자원을 낭비하고 사회를 혼란에 빠뜨리는 사례들을 경험적으로 보여주었다. 시민이 똑똑하지 않으면 민주주의는 허약해지고, 지식엘리트가 정치엘리트와 부당하게 손을 잡으면 사회는 방향을 잃어버린다. 지식민주주의는 단순히 시민을 '위해서' 지식엘리트들에게 시민이 권한을 위임하는 것이 아니라 중요한 공동체의 문제를 시민·지식인·정부가 '함께' 머리를 맞대어 지혜를 짜내는 것이다. 따라서 지식민주주의는 참여민주주의를 기반으로 하며, 각자의 지적 재능을 조화롭고 민주적으로 결합시키는 것이다. 곧 협동적 지성은 독단적 지성보다 바람직할 뿐만 아니라 더 효율적이다.

민주주의의 가장 중요한 두 이념이 자유와 평등이라면 지식민주주의의 가장 중요한 두 이념도 지식의 자유와 평등일 수밖에 없다. 지배지식동맹에 의한 지식의 독점은 지식의 자유와 평등을 위반한다. 시민지식동맹은 이들의 지식 독점을 문제 삼고 지식 생산과 해석의 권리와 자유를 주장하며 시민들에 의한 지식 생산과의 평등한 대우

---

12) 영국의 정치가이자 사상가인 존 액튼(John Acton) 경의 말.

를 주장한다. 곧 지적 평등은 지적 자유의 선제조건이다. 따라서 지적 평등 없이 지적 자유는 없다.

어쩌면 지식권력은 정치권력보다 위험할지 모른다. 왜냐하면 지적으로 우수하다는 것은 우생학적으로 해석될 여지가 있으며, 이는 지식엘리트가 무의식적으로 시민들에 대한 지배를 정당화할 수 있는 논리로 작용한다. 철인왕의 논리, 곧 '똑똑한 자가 지배한다'는 논리는 지식의 평등을 성취하는 데 심대한 장애물이 되며, 기술관료의 작동을 문제시하지 않는 태도와 연결된다. 한국의 지식엘리트들이 생물학적 우월감, 유교사회의 문화적 유산(곧 지식계급인 양반계급이 국가의 통치를 담당한 전통) 그리고 학벌사회에서의 지적 위계를 체화한다면 이는 지식민주주의의 진전에 상당한 장애가 될 것이다. 자유민주주의가 시민과 군주 또는 국가 간의 기나긴 싸움의 결과로서 얻은 것이라면 어쩌면 지식민주주의도 시민과 지식인 간의 기나긴 싸움의 결과로서 쟁취될지도 모를 일이다. 이 책의 경험연구가 보여주듯이 지식의 자유와 평등을 위해서, 곧 지식민주주의의 진전을 위해 시민들은 지식엘리트들과의 대결도 서슴지 않을 것이다. 왜냐하면 민주주의에서 지식권력은 소수의 머리에 있는 것이 아니라 전체 인민의 머리에 있기 때문이다. 따라서 지식민주주의의 주체는 지식엘리트가 아니라 지민이다. 지민은 권력-지식의 부당한 동맹에 맞서 새로운 지식, 새로운 정치, 새로운 공동체를 창조하는 지적·정치적 주체이다. 우리는 지금 협동적 지성으로 무장한 지민의 탄생과 이들이 주도하는 지식민주주의의 도래를 목도하고 있다. 지식인의 시대가 가고 지민의 시대가 왔다.

참고문헌

4대강사업조사평가위원회, 《4대강사업 조사평가 보고서》, 2014.

4대강조사위원회, 〈낙동강 수질, 퇴적토 및 낙동강 상류 영풍석포제련소 주변 환경조사보고서〉, 국회세미나 발표, 2016년 7월 28일.

4대강 살리기 추진본부, 《4대강 살리기 마스터플랜》, 국토해양부, 2009.

_____, 〈'4대강 경제적 타당성 없다'는 사실왜곡〉, 보도해명자료, 국토해양부, 2010년 9월 12일.

강수택, 《다시 지식인을 묻는다》, 삼인, 2001.

강양구, 〈서울대 교수 381명 "한반도 대운하는 대재앙 부른다"〉, 《프레시안》, 2008년 3월 10일.

강양구·김병수·한재각, 《침묵과 열광: 황우석 사태 7년의 기록》, 후마니타스, 2006.

강태선, 〈원진레이온 직업병투쟁의 협상론적 해석〉, 《보건학논집》 52(2), 2015.

경상남도 낙동강사업 특별위원회, 《낙동강사업 특별위원회 활동백서》, 2012.

고준환, 《덫에 걸린 황우석》, 답게, 2006.

공유정옥, 〈반도체산업의 노동안전을 둘러싼 전문성의 정치: 삼성반도체 노동자의 백혈병 문제를 중심으로〉, 전문성의 정치와 민주주의 학술포럼 가톨릭대학교 발표, 2011년 7월 1일.

_____, 〈산업안전보건연구원의 '사회적 판단'이 문제다〉, 《매일노동뉴스》, 2011년 12월 12일.

_____, 〈전자산업 종사자의 업무상 질병 특성 및 쟁점〉, 대한직업환경의학회

주관 제45회 산업안전보건강조주간 세미나 발표 자료, 2012년 7월 3일.

구본권, 〈감사원 "4대강 설계부실로 16개 보 중 15개 문제, 수질 왜곡"〉, 《한겨레》, 2013년 1월 17일.

구해근, 《한국 노동계급의 형성》, 신광영 옮김, 창비, 2002.

국토해양부, 《4대강 살리기 사업: 총론편》, 2012.

국회사무처, 〈국정감사 농림해양수산위원회회의록〉, 2006년 10월 31일.

_____, 〈제273회 국회 농림해양수산위원회 회의록 제2호〉, 2008년 5월 7일.

_____, 〈제273회 국회 국회본의회 회의록 제3호〉, 2008년 5월 8일.

권동희, 〈산업안전보건연구원과 역학조사가 문제다〉, 《매일노동뉴스》, 2011년 12월 5일.

김기범, 〈'4대강 보, 생태계 교란' 고인 물 좋아하는 물고기 급증〉, 《경향신문》, 2013년 2월 13일.

_____, 〈22조 쏟은 4대강 치수 효과도 '미미'〉, 《경향신문》, 2015년 9월 17일.

김기흥, 《광우병 논쟁》, 해나무, 2009.

김근배, 《황우석 신화와 대한민국 과학》, 역사비평사, 2007.

김도연, 〈4대강 사업의 재앙 시작 … 왜관철교·상주보 붕괴〉, 《참세상》, 2011년 6월 27일.

김도훈, 〈녹조는 무더위 때문? … 낙동강 아직도 조류경보〉, 《KBS 뉴스9》, 2014년 10월 29일.

김동광, 〈대중의 과학이해: 일반인이 읽는 과학기술〉, 한국과학기술학회 지음, 《과학기술학의 세계》, 휴먼사이언스, 2014.

김동노, 〈한국의 사회운동과 국가: 국가의 사회개입과 사회운동의 정치지향성〉, 김동노 외 《한국사회의 사회운동》, 다산출판사, 2013.

김병기, 〈서울대 교수들 "대체 누가 정치인인가"〉, 《오마이뉴스》, 2008년 2월 5일.

김봉규, 〈"삼성백혈병" 배경에는 反노동적 관리 방식 있다〉, 《프레시안》, 2010년 12월 28일.

김상호·배준호·윤조덕·박종희·원종욱·이정우, 《산재보험의 진화와 미래》, 21

세기북스, 2014.

　김상희·홍희덕, 〈삼성전자 반도체 공정에서 1급 발암물질 벤젠 검출〉, 노동부 국정감사 보도자료, 2009년 10월 23일.

　김세균·최갑수·홍성태 엮음, 《황우석 사태와 한국사회》, 나남출판, 2006.

　김용선, 〈광우병과 변종 크로이츠펠트 야콥병〉, 《가정의학회지》 25(7), 2004.

　김용철·윤성이, 《전자민주주의》, 오름, 2005.

　김은아, 〈산보연의 역학조사는 '과학적 판단'이 준거〉, 《매일노동뉴스》, 2011년 12월 8일.

　김은성, 《사전예방원칙의 정책타당성 분석 및 제도화 방안》, 한국행정연구원, 2010.

　김정수, 〈4대강 공사로 이사 간 단양쑥부쟁이 어디 갔지?〉, 《한겨레》, 2013년 10월 3일.

　김정욱, 《나는 반대한다: 4대강 토건공사에 대한 진실 보고서》, 느린걸음, 2010.

　_____, 〈4대강사업의 후유증과 해결방안: 재자연화〉, 《생명의 강》 1(1), 2012.

　김정호, 〈미국·유럽 이어 아시아, 9개국 17개 도시 한국 촛불 꺼질 때까지 계속됩니다 쭈욱~〉, 《오마이뉴스》, 2008년 6월 5일.

　김정훈, 〈민주화 과정에서의 사회운동의 분화와 변화에 대한 연구〉, 조희연 외 엮음, 《거대한 운동에서 차이의 운동들로》, 한울아카데미, 2010.

　김종영, 〈복합사회현상으로서의 과학과 과학기술복합동맹으로서의 황우석〉, 《역사비평》 74, 2006.

　_____, 《지배받는 지배자: 미국 유학과 한국 엘리트의 탄생》, 돌베개, 2015.

　김지원·김종영, 〈4대강 개발과 전문성의 정치〉, 《ECO》 17(1), 2013.

　김철규·김선업·이철, 〈미국산 쇠고기 수입 반대 촛불집회 참여 10대의 사회적 특성〉, 《경제와 사회》 80, 2008.

　김형렬, 〈원인규명 어려운 질병의 보상, 어떻게 풀어갈 것인가〉, 《삼성과 하이닉스 사례로 본 반도체 직업병 문제 국회토론회 자료집》, 2015년 12월 15일.

　김환석, 〈과학기술 민주화를 다시 생각한다: 황우석 사태에 대한 성찰을 중심으로〉, 《한국의 과학기술 민주화: 회고와 전망》, 시민과학센터 10주년 기념 심포지업, 2007.

달, 로버트(Dahl, Robert Alan), 《민주주의》, 김왕식·장동진·정상화·이기호 옮김, 동명사, 1999.

라이프, 알베르트(Reif, Albert), 〈4대강 사업이 한국 하천 환경에 미치는 문제점〉, 《프레시안》, 2010년 8월 30일.

마셜, 토머스 험프리(Marshall, Thomas Humphrey)·보토모어, 톰(Bottomore, Tom), 《시민권》, 조성은 옮김, 나눔의 집, 2014.

민경배, 《사이버스페이스의 사회운동》, 한국학술정보, 2006.

민주사회를 위한 변호사모임 〈의견서: 2008헌마436 미국산 쇠고기 및 쇠고기 제품 수입위생조건 위헌확인〉, 헌법재판소 제출, 2008년 6월 5일.

_____, 《민변 촛불백서》, 2010.

민태원, 〈"2007년 전 세계 141마리만 발병 5년 후에는 완전 소멸"〉, 《국민일보》, 2008년 5월 8일.

바흐친, 미하일(Bakhtin, Mikhail Mikhailovich), 《프랑수아 라블레의 작품과 중세 및 르네상스의 민중문화》, 이덕형 외 옮김, 아카넷, 2004.

박병률, 〈홍수피해, 4대강 사업 후 더 늘었다〉, 《경향신문》, 2013년 10월 14일.

박상표, 〈왜 재협상이 필요한가? 국제적 미 쇠고기 수입조건 변화와 한국〉, 《촛불운동 2주년 토론회 자료집》, 참여연대 느티나무, 2010년 5월 19일.

박석순, 《부국환경이 우리의 미래다》, 사닥다리, 2012.

박일환·반올림, 《삼성반도체와 백혈병》, 삶이보이는창, 2010.

박재광, 《나의 조국이여, 대운하를 왜 버리려 합니까?》, 해치, 2009.

박재현, 〈낙동강 녹조와 보 관리수위〉, 낙동강포럼 발표자료, 2014년 11월 28일.

박창근, 〈녹색성장 정책과 4대강 살리기 사업의 문제〉, 《경제와사회》 83, 2009.

_____, 〈낙동강에 설치한 보의 안전성 분석과 향후 대책〉, 《생명의 강》 1(1), 2012.

_____, 〈맨 얼굴의 4대강사업〉, 지식협동조합 좋은나라 엮음, 《MB의 비용》, 알마, 2015.

박희제, 〈공중의 과학이해 연구의 두 흐름: 조사연구와 구성주의 PUS의 상보적 발전을 향하여〉,《과학기술학연구》 2(2), 2002.

　＿＿＿, 〈미국산 쇠고기 파동과 대중의 위험인식의 합리성〉,《현상과 인식》 33(4), 2009.

　반현, 〈황우석 사건과 텔레비전 뉴스〉, 원용진·전규찬 엮음,《신화의 추락, 국익의 유령: 황우석, 〈PD수첩〉 그리고 한국의 저널리즘》, 한나래, 2006.

　방승배, 〈'삼성전자 백혈병' 조정위 권고안 3대 논란〉,《문화일보》, 2015년 7월 24일.

　백승욱, 〈경계를 넘어선 연대로 나아가지 못하다〉, 당대비평 기획위원회 엮음, 《그대는 왜 촛불을 끄셨나요》, 산책자, 2009.

　백욱인,《한국사회운동론》, 한울아카데미, 2009.

　벡, 울리히(Beck, Ulrich), 〈이명박 정부, 시장·미국에 충성 … 절대적 국민 건강권 내버렸다〉,《한겨레》, 2008년 6월 25일.

　방희경, 〈삼성 반도체 직업병 조정권고안 언론보도의 문제점〉, '삼성전자 반도체 직업병 조정권고안' 보도를 통해 본 삼성의 언론지배 국회토론회, 2015년 10월 12일.

　백도명, 〈업무상 질병 승인과정의 문제점과 대책〉, 대한직업환경의학회 주관 제45회 산업안전보건강조주간 세미나 발표 자료, 2012년 7월 3일.

　산업안전보건연구원, 〈반도체 제조공정 근로자의 건강실태 역학조사 보고서 요약본〉, 2008년 12월 29일.

　＿＿＿,《반도체 제조 사업장에 종사하는 근로자의 작업환경 및 유해요인 노출 특성 연구》, 2012.

　서울중앙지방검찰청, 〈줄기세포 논문조작 사건 수사결과〉, 2006년 5월 12일 발표.

　서이종,《과학사회논쟁과 한국사회》, 집문당, 2005.

　석진환, 〈미국 한인주부들도 '광우병 미국소'에 뿔났다〉,《한겨레》, 2008년 5월 9일.

　선명수, 〈독일 역사의 경고 "4대강 사업, 더 큰 홍수·식수원 오염"〉,《프레시안》, 2010년 9월 16일.

송기호,《한미 FTA의 마지노선》, 개마고원, 2006.

_____,《곱창을 위한 변론》, 프레시안북, 2008.

스미스, 테드(Smith, Ted) 외,《Challenging the Chip: 세계 전자산업의 노동권과 환경정의》, 공유정옥 외 옮김, 메이데이, 2009.

시민과학센터,《시민의 과학》, 사이언스북스, 2011.

신우석, 〈한반도 대운하, 어떻게 '4대강 사업'으로 둔갑했나〉,《프레시안》, 2013년 8월 25일.

신진욱,《시민》, 책세상, 2008.

우딩, 존(Wooding, John) · 레벤스타인, 찰스(Levenstein, Charles),《노동자 건강의 정치경제학》, 김명희 외 옮김, 한울아카데미, 2008.

우명숙, 〈한국의 복지제도 발전에서 산재보험 도입의 의의: 복지제도 형성과 발전주의적 국가개입〉,《한국사회학》41(3), 2007.

우석균, 〈미국산 쇠고기는 광우병에 안전하지 않다〉, 국회공청회 자료집, 2006년 4월 28일.

우희종, 〈미국 쇠고기 개방에 따른 광우병의 사실과 환상〉, 광우병의 과학적 진실과 한국사회의 대응방안 토론회 자료집. 2008년 5월 19일.

_____, 〈신종인수공통전염병으로서의 프리온 질병〉,《생화학분자생물학회소식》3월호, 2010.

유성규, 〈최장집 교수 "생명공학 매개 애국주의 동원 … 비판 입막는 유사파시즘 연출〉,《국민일보》, 2006년 1월 12일.

윤명희, 〈청소년과 디지털 참여: 커뮤니티의 감성적 상호작용 분석을 중심으로〉,《한국사회학》43(5), 2009.

윤석구, 〈4대강 콘크리트댐 해체방법과 비용〉,《대한하천학회 토론회, 국회에 바란다 발표자료집》, 2012.

윤성이, 〈2008년 촛불과 정치참여 특성의 변화〉,《세계지역연구논총》27(1), 2009.

윤순진 · 이동하, 〈4대강 사업에 대한 TV 뉴스의 의제 설정과 프레임〉,《ECO》14(1), 2010.

이동연, 〈촛불집회와 스타일의 정치〉,《문화과학》 55, 2008.

이미경, 〈삼성전자, 산재 인정 막아 1년에 143억 이득〉, 보도자료, 2011년 10월 5일.

이여영, 〈"황우석에 다시 연구 기회를" 76.8%〉,《중앙일보》 2007년 1월 28일.

이영순, 〈광우병의 과학적 진실〉,《CFE Report》 48, 2008.

이창호·배애진, 〈뉴미디어를 활용한 다양한 사회운동방식에 대한 고찰: 2008년 촛불집회를 중심으로〉,《한국언론정보학보》 44, 2008.

이해림, 〈이 대통령 "물 부족 문제, 4대강 사업으로 해결"〉,《한국정책방송》, 2010년 4월 22일.

이해영,《낯선 식민지, 한미 FTA》, 메이데이, 2006.

이해진, 〈촛불집회 10대 참여자들의 참여 경험과 주체 형성〉,《경제와 사회》 80, 2008.

임순현, 〈대법, 삼성전자 반도체공장 '백혈병 산재' 불인정〉,《연합뉴스》, 2016년 8월 30일.

임자운, 〈첨단 산업의 유해성과 그 해소 방안: 삼성반도체 사례를 중심으로〉,《노동법연구》 39, 2015.

임지선·허재현, 〈삼성반도체 '발암성 물질' 6종 사용 확인〉,《한겨레21》, 2010년 5월 24일.

임지현, 〈'대중독재'의 지형도 그리기〉, 임지현·김용우 엮음,《대중독재》, 책세상, 2004.

정성윤, 〈대법원, PD수첩 '광우병 보도' 무죄 확정〉,《법률신문》, 2011년 9월 2일.

정수근, 〈4대강 사업으로 농경지 침수 피해, 법원이 첫 인정〉,《오마이뉴스》, 2016년 6월 14일.

정지민,《주-나는 사실을 존중한다》, 사담, 2009.

정태석, 〈광우병 반대 촛불집회에서 사회구조적 변화 읽기〉,《경제와 사회》 81, 2009.

정해관, 〈보건학적 관점에서 본 프리온병의 현황과 전망〉,《대한보건연구》

34(1), 2008.

조갑제·김성욱,《거짓의 촛불을 끄자》, 조갑제닷컴, 2008.

조대엽,《한국의 사회운동과 NGO》, 아르케, 2007.

_____,《생활민주주의의 시대: 새로운 정치 패러다임의 모색》, 나남출판, 2015.

조명래,《녹색토건주의와 환경위기》, 한울아카데미, 2013.

조병희, 〈광우병 인식의 사회적 구성〉, 정진성 외 편집,《위험사회, 위험정치》, 서울대학교출판문화원, 2010.

조성민, 〈대전 갑천 맹꽁이 서식지 공방 … 이전 VS 보전〉,《연합뉴스》, 2011년 8월 4일.

조소영, 〈4대강의 뒤늦은 진실: 심명필 VS 박창근 끝장토론〉,《한겨레TV》, 2013년 1월 24일.

조홍섭, 〈"4대강, 100원 투자해 25원도 못 건진다"〉,《한겨레》, 2010년 9월 12일.

조희연, 〈'거대한 운동'으로의 수렴에서 '차이의 운동들'로의 분화〉, 조희연 외 엮음,《거대한 운동에서 차이의 운동들로》, 한울아카데미. 2010.

조희정·강장묵, 〈네트워크 정치와 온라인 사회운동: 2008년 '미국산 쇠고기 수입 반대 촛불집회' 사례를 중심으로〉,《한국정치학회보》42(3), 2009.

주기재, 〈낙동강 수생태계 건강성 회복 방안〉, 낙동강포럼 발표자료, 2014년 7월 8일.

주성수·정상호 편저,《민주주의 대 민주주의》, 아르케, 2006.

차윤정·전승훈,《신갈나무 투쟁기》, 지성사, 2009.

최명애·유희진, 〈"대운하 반대" 교수 2466명, 최대규모 지식인 집단행동〉,《경향신문》, 2008년 3월 25일.

최석범,《4대강 X파일: 물 부족 국가에 대한 감춰진 진실》, 호미, 2011.

최영락·이은경,《세계 1위 메이드 인 코리아: 반도체》, 지성사, 2004.

최영일, 〈썩고 있는 낙동강, 보를 부셔라!〉,《YTN 라디오 최영일의 뉴스 정면승부》, 2016년 8월 8일.

최영재, 〈사건 뉴스 프레임의 덫에 걸린 황우석 보도〉, 원용진·전규찬 엮음,《신화의 추락, 국익의 유령: 황우석,〈PD수첩〉 그리고 한국의 저널리즘》, 한나래,

2006.

최원형, 〈"운하 건설 땐 홍수 피해 막지 못해"〉, 《한겨레》, 2008년 1월 31일.

최인진, 〈獨 하천전문가, 4대강 사업 중단 촉구〉, 《경향신문》, 2011년 8월 12일.

최종덕, 〈기획적 속임과 자발적 속임의 진화발생학적 해부〉, 황우석 사태로 보는 한국의 과학과 민주주의, 민주사회정책연구원 주최 토론회, 2006년 2월 2일.

카슨, 레이첼(Carson, Rachel), 《침묵의 봄》, 김은령 옮김, 에코리브르, 2011.

콘돌프, 매티아스(Kondolf, Mathias), 〈세계적 관점에서 본 진정한 하천복원의 특징〉, 《댐, 준설, 수로정비가 진정한 강 살리기 사업인가?》, 4대강 사업 국제 심포지엄, 2010년 9월 29일.

플라톤, 《국가》, 박종현 역주, 서광사, 2005.

하승우, 《풀뿌리공론장에 대한 이론적 고찰》, 경희대학교 정치학과 박사학위논문, 2006.

하트, 마이클(Hardt, Michael)·네그리, 안토니오(Negri, Antonio), 《다중》, 조정환·정남영·서창현 옮김, 세종서적, 2008.

한국과학기술학회, 《과학기술학의 세계》, 휴먼사이언스, 2014.

한학수, 《진실, 그것을 믿었다: 황우석 사태 취재 파일》, 사회평론, 2014.

허우긍·손정렬·박배균 엮음, 《네트워크의 지리학》, 푸른길, 2015.

허정헌·강지원, 〈인의협 "광우병 발견 때 수입중단 늦어" 과학적 진실 토론회〉, 《한국일보》, 2008년 5월 20일.

헬드, 데이비드(Held, David), 《민주주의의 모델들》, 박찬표 옮김, 후마니타스, 2010

홍성태, 〈촛불집회와 민주주의〉, 《경제와 사회》 80, 2008.

_____, 《생명의 강을 위하여》, 현실문화, 2012.

환경운동연합·대한하천학회, 《녹조라떼 드실래요: 4대강에 찬동한 언론과 者들에 대하여》, 주목, 2016.

황준범, 〈독일운하 방문 이명박 "내년엔 대동강 답사 간다"〉, 《한겨레》, 2006년 10월 25일.

〈PD수첩〉, "미국산 쇠고기, 과연 광우병에서 안전한가", 2008년 4월 29일.

Adorno, Theodor, *The Stars Down to Earth*, London: Routledge, 1994.

Amnesty International, *Policing the Candlelight Protests in South Korea*, 2008.

Bakker, Karen, "Water: Political, Biopolitical, Material", *Social Studies of Science* 42(4), 2012.

Beck, Ulrich, *The Reinvention of Politics*, Cambridge: Polity Press, 2000.

Bloor, David, *Knowledge and Social Imagery,* Chicago: University of Chicago Press, 1991.

Brown, Nik, Brian Rappert and Andrew Webster(eds.), *Contested Futures: A Sociology of Perspective Techno-Science*, Aldershot, UK: Ashgate, 2000.

Brown, Phil, "Popular Epidemiology and Toxic Waste Contamination", *Journal of Health and Social Behavior,* 33, 1992.

_____, *Toxic Exposure: Contested Illnesses and the Environmental Health Movement*, New York: Columbia University Press, 2007.

Brown, Phil and Stephen Zavestoski, "Social Movements in Health: An Introduction", in Phil Brown and Stephen Zavestoski(eds.), *Social Movements in Health,* Oxford: Blackwell Publishing, 2005.

Bucchi, Massimiano and Federico Neresini, "Science and Public Participation", in Edward Hackett et al.(eds.), *The Handbook of Science and Technology Studies*(3rd ed.), Cambridge: The MIT Press, 2008.

Carroll, Patrick, "Water and Technoscientific State Formation in California", *Social Studies of Science* 42(4), 2012.

Cohen, Jean and Andrew Arato, *Civil Society and Political Theory*, Cambridge, MA: The MIT Press, 1992.

Collins, Harry and Robert Evans, "The Third Wave of Science Studies: Studies of Expertise and Experience", *Social Studies of Science* 32(2), 2002.

Collins, Randall, *The Sociology of Philosophies*, Cambridge, MA: Harvard University Press, 1998.

Corburn, Jason, *Street Science: Community Knowledge and Environmental Health*

Justice, Cambridge, MA: The MIT Press, 2005.

Dierkes, Meinolf and Claudia von Grote, *Between Understanding and Trust*: *The Public, Science and Technology*, Amsterdam, Netherlands: Harwood Academic Publishers, 2001.

Dyer, Owen, "Hospitals to Spend 200m Pounds to Prevent Spread of vCJD", *BMJ* 322, 2001.

Dzur, Albert, *Democratic Professionalism*: *Citizen Participation and the Reconstruction of Professional Ethics, Identity, and Practice*, University Park, PA: The Pennsylvania State University Press, 2008.

Edmond, Gary, "The Law-Set: The Legal-Scientific Production of Medical Propriety", *Science, Technology, & Human Values* 26(2), 2001.

Environ, "Samsung Worker Exposure Characterization Study", 2011.

_____, "Exposure Reconstruction and Risk Opinion for Six Employees Diagnosed with Hematopoietic Cancers", 2011.

Epstein, Steven, *Impure Science*: *AIDS, Activism, and the Politics of Knowledge*, Berkeley: University of California Press, 1996.

Fenster, Mark, *Conspiracy Theories*: *Secrecy and Power in American Culture*, Minneapolis, MN: University of Minnesota Press, 1999.

Festinger, Leon, Henry Riecken and Stanley Schachter, *When Prophecy Fails*, Minneapolis, MN: University of Minnesota Press, 1956.

Foucault, Michel, *Power/Knowledge*: *Selected Interviews and Other Writings 1972~1977*, Colin Gordon(ed.), New York: Pantheon Books, 1980.

_____, *Discipline and Punish*: *The Birth of the Prison*, Alan Sheridan(trans.), New York: Vintage Books, 1995.

Franklin, Sarah, *Embodied Progress*: *A Cultural Account of Assisted Conception*, London: Routledge, 1997.

Freidson, Eliot, "Communication Research and the Concept of the Mass", *American Sociological Review* 18(3), 1953.

Frickel, Scott, *Chemical Consequences: Environmental Mutagens, Scientist Activism, and the Rise of Genetic Toxicology*, New Brunswick: Rutgers University Press, 2004.

Frickel, Scott et al., "Undone Science: Charting Social Movement and Civil Society Challenges to Research Agenda Setting", *Science, Technology, & Human Values* 35(4), 2010.

Funtowicz, Silvio and Jerry Ravetz, "Science for the Post-Normal Age", *Futures* 25(7), 1993.

Geuss, Raymond, *History and Illusion in Politics,* Cambridge: Cambridge University Press, 2001.

Giddens, Anthony, *The Consequences of Modernity*, Stanford: Stanford University Press, 1990.

Goffman, Erving, *Frame Analysis: An Essay in the Organization of Experience*, Cambridge, MA: Harvard University Press, 1974.

Goldstein, Arnold, *The Psychology of Group Aggression*. West Sussex, England: John Wiley & Sons Ltd, 2002.

Goodwin, Jeff and James Jasper, *Rethinking Social Movements*, New York: Rowman & Littlefield Publishers, 2004.

Gregory, Jane and Steve Miller, *Science in Public: Communication, Culture, and Credibility*. Cambridge, MA: Basic Books, 1998.

Grossberg, Lawrence, *We Gotta Get Out of This Place: Popular Conservatism and Postmodern Culture*, London: Routledge, 1992.

Gusfield, Joseph, "Mass Society and Extremist Politics", *American Sociological Review* 27(1), 1962.

Guston, David, *Between Politics and Science: Assuring the Integrity and Productivity of Research*, Cambridge: Cambridge University Press, 2000.

Harmon-Jones, Eddie and Judson Mills, *Cognitive Dissonance: Progress on a Pivotal Theory in Social Psychology*, Washington DC: American Psychological Association, 1999.

Hwang, Woo Suk et al., "Evidence of a Pluripotent Human Embryonic Stem Cell Line Derived from a Cloned Blastocyst", *Science* 303(5664), 2004.

Hwang, Woo Suk et al., "Patient-specific Embryonic Stem Cells Derived from Human SCNT Blastocysts", *Science* 308(5729), 2005.

Irwin, Alan, *Citizen Science: A Study of People, Expertise and Sustainable Development*, New York: Routledge, 1995.

Jasanoff, Sheila, *Science at the Bar: Law, Science, and Technology in America*, Cambridge, MA: Harvard University Press, 1995.

Kim, Inah et al., "Leukemia and non-Hodgin Lymphoma in Semiconductor Industry Workers in Korea", *International Journal of Occupational and Environmental Health* 18(2), 2012.

Kim, Leo and Han Woo Park, "Diagnosing Collaborative Culture of Biomedical Science in South Korea: Misoriented Knowledge, Competition, and Failing Collaboration", *East Asian Science, Technology and Society* 9, 2015.

Knight, Peter, *Conspiracy Culture*, London: Routledge, 2000.

Knoll-Smith, Steve and H. Hugh Floyd, *Bodies in Protest: Environmental Illness and the Struggle over Medical Knowledge*, New York: New York University Press, 1997.

Kurzman, Charles and Lynn Owens, "The Sociology of Intellectuals", *Annual Review of Sociology* 28, 2002.

Latour, Bruno, *Reassembling the Social: An Introduction to Actor-Network-Theory*, Oxford: Oxford University Press, 2005.

Lava, Rebecca, Philip Mirowski and Samuel Randalls, "Introduction: STS and Neoliberal Science", *Social Studies of Science* 40(5), 2010.

Leiss, William, "Two Stinking Cows: The Mismanagement of BSE Risk in North America", in Leiss and Powell(eds.), *Mad Cows and Mother's Milk*(2nd. ed), Montreal & Kingston: McGill-Queen's University Press, 2004.

McAdam, Doug, John McCarthy, and Mayer Zald, *Comparative Perspectives on Social Movements*, Cambridge: Cambridge University Press, 1996.

Melucci, Alberto, "A Strange Kind of Newness: What's 'New' in New Social Movement?" in E. Larana et al.(eds.), *New Social Movement: From Ideology to Identity*, Philadelphia: Temple University Press, 1994.

Meyer, David and Sidney Tarrow(eds.), *The Social Movement Society: Contentious Politics for a New Century*, Lanham, MD: Rowman & Littlefield Publishers, 1998.

Michael, Mike, "Comprehension, Apprehension, Prehension: Heterogeneity and the Public Understanding of Science", *Science, Technology, & Human Values* 27(3), 2002.

Michaels, David, *Doubt is Their Product: How Industry's Assault on Science Threatens Your Health*, Oxford: Oxford University Press, 2008.

Miller, Byron, *Geography and Social Movements*, Minneapolis: University of Minnesota Press, 2000.

Mills, C. Wright, *The Sociological Imagination*, New York: Oxford University Press, 1959.

Moore, Kelly, *Disrupting Science: Social Movements, American Scientists, and the Politics of the Military, 1945~1975*, Princeton: Princeton University Press, 2008.

Morello-Frosch, Rachel, Stephen Zavestoski, Phil Brown, Rebecca Altman, Sabrina McCormick, and Brian Mayer, "Embodied Health Movements", in Scott Frickel and Kelly Moore(eds.), *The New Political Sociology of Science*, Madison, WI: The University of Wisconsin Press, 2006.

Neidhardt, Friedhelm, "The Public as a Communication System", *Public Understanding of Science* 2, 1993.

Norris, Pippa, *Democratic Phoenix: Reinventing Political Activism*, Cambridge: Cambridge University Press, 2002.

Offe, Claus, "New Social Movements: Challenging the Boundaries of Institutional Politics", *Social Research* 52(1), 1985.

_____, "How can We Trust our Fellow Citizens?" in Mark Warren(ed.), *Democracy and Trust*, Cambridge: Cambridge University Press, 1999.

O'Neill, Kate, "How Two Cows Make a Crisis: U.S.-Canada Trade Relations and Mad Cow Disease", *The American Review of Canadian Studies* 35(2), 2005.

_____, "U.S. Beef Industry Faces New Policies and Testing for Mad Cow Disease", *California Agriculture* 59(4), 2005.

Parker, Martin, "Human Science as Conspiracy Theory", in Jane Parish and Martin Parker(eds.), *The Age of Anxiety: Conspiracy Theory and the Human Sciences*, Oxford: Blackwell Publishers, 2001.

Paxton, Robert, *The Anatomy of Fascism*, New York: Vintage Books, 2004.

Rajan, Kaushik, *Biocapital: The Constitution of Postgenomic Life*, Durham, NC: Duke University Press, 2006.

Rose, Nikolas, *The Politics of Life Itself: Biomedicine, Power, and Subjectivity in the Twenty-First Century*, Princeton: Princeton University Press, 2007.

Schattschneider, E. E., *The Semi-Sovereign People*, New York: Holt, Rinehart, and Winston, 1960.

Shils, Edward, "The Theory of Mass Society", *Diogenes* 10, 1962.

Simerly, Calvin et al., "Molecular Correlates of Primate Nuclear Transfer Failures", *Science* 300(5617), 2003.

Sismondo, Sergio, *An Introduction to Science and Technology Studies*(2nd ed.), West Sussex, UK: Wiley-Blackwell, 2010.

Stauth, Georg and Bryan Turner, "Nostalgia, Postmodernism and the Critique of Mass Culture", *Theory, Culture, & Society* 5, 1998.

Stehr, Nico, *Knowledge Societies*, London: Sage Publications, 1994.

van Steenbergen, Bart, "The Condition of Citizenship: an Introduction", in Bart van Steenbergen(ed.), *The Condition of Citizenship*, London: Sage Publications, 1994.

Wilmut, Ian et al., "Viable Offspring Derived from Fetal and Adult Mammalian Cells", *Nature* 385(6619), 1997.

Wynne, Brian, "Public Understanding of Science", in Shelia Jasanoff et al.(eds.), *Handbook of Science and Technology Studies*, London: Sage Publications, 1995.

_____, "May the Sheep Graze Safely: A Reflective View of the Expert-Lay Knowledge Divide", in S. Lash(ed.), *Risk, Environment, and Modernity*, London: Sage, 1996.

_____, "Seasick on the Third Wave: Subverting the Hegemony of Propositional-ism", *Social Studies of Science* 33(3), 2003.

찾아보기

지식민주주의를 향한 시민지성의 도전

지민의 탄생

지은이 | 김종영

1판 1쇄 발행일 2017년 3월 20일

발행인 | 김학원
경영인 | 이상용
편집주간 | 김민기 위원석 황서현
기획 | 문성환 박상경 임은선 김보희 최윤영 조은화 전두현 최인영 이혜인 이보람 정민애 이효온
디자인 | 김태형 유주현 구현석 박인규 한예슬
마케팅 | 이한주 김창규 이정인 함근아
저자 · 독자 서비스 | 조다영 윤경희 이현주(humanist@humanistbooks.com)
용지 | 화인페이퍼
인쇄 | 청아문화사
제본 | 정민문화사

발행처 | (주)휴머니스트 출판그룹
출판등록 | 제313-2007-000007호(2007년 1월 5일)
주소 | (03991) 서울시 마포구 동교로23길 76(연남동)
전화 | 02-335-4422 팩스 | 02-334-3427
홈페이지 | www.humanistbooks.com

ⓒ 김종영, 2017

ISBN 979-11-6080-020-3 03300

* 이 도서의 국립중앙도서관 출판예정도서목록(CIP)은 서지정보유통지원시스템 홈페이지(http://seoji.nl.go.kr)와 국가자료공동목록시스템(http://www.nl.go.kr/kolisnet)에서 이용하실 수 있습니다.(CIP제어번호: CIP2017005802)

만든 사람들

편집주간 | 황서현
기획 | 박상경(psk2001@humanistbooks.com) 전두현 이효온
편집 | 김선경
디자인 | 박인규